Allons-y!
Le français par étapes

Sixth Edition

Cahier de travaux pratiques

Jeannette D. Bragger ▪ **Donald B. Rice**
The Pennsylvania State University *Hamline University*

THOMSON

HEINLE

Australia Canada Mexico Singapore Spain United Kingdom United States

Text Credits

39, article from *Vital*, no. 102, mars 1989, p. 37; **129,** "Paysage français" from Paul Claudel, *Poésies diverses*, Éditions Gallimard, 1928; **157–158,** excerpt from Émilie Carles *Une Soupe aux Herbes Sauvages*, Jean-Claude Simoën, 1977 (Livre de poche); **162–163,** excerpt from Guillame Oyono-Mbia, *Notre fille ne se mariera pas*, ORTF/DAEC, 1971; **182, 186, 190, 191,** excerpts from *Phosphore*, "Vivement la Fac!", no. 114, juillet, 1990, pp. 12–16; **203–204,** chart from *Francoscopie*, p. 56, Éditions Larousse, 1991; **218,** excerpt from *Nana*, no. 18 mai 1990; **232,** poem from *Petites gouttes de chant pour créer un home*, René Philombe, reprinted in *Le Monde*, 8 fév. 1973; **255,** "Le roi de la formule Un," (Enzo Ferrari) in *Ensemble mensuel pour les jeunes*, jan. 1988; **285–287,** excerpt from Fernand Reynaud, "Ses *grandes histoires*," Philips Records; **300–301,** "Une jeune Montréalaise", *Planète jeunes*, no. 18, déc. 1995–jan. 1996, pp.5–8; **312–313,** from *Francoscopie*, pp. 37–39, Éditions Larousse, 1991; **338,** Max Jacob, "La saltimbanque en wagon de troisième classe," *Les pénitents en maillots roses*, 1925; **341–342,** article from *Juniorscopie*, Welcomme & Willerval, Éditions Larousse, p. 207; **344,** article from *Journal français d'Amérique*, 9–22 sept. 1988; **349,** excerpt from *Where Boston*, oct. 1990; **350,** *Pariscope*.

Realia Credits

1, ads" China Express, La Chaumière de Chine, La Pagode d'Orient, Copacabana, Manneken-Pis, Auberge aux Sept Trésors, The Cockney Tavern; **2,** SNCF, Direction de la communication, ad: CODEC; **3,** Telerama, 18 sep. 2003; **4,** *Pariscope*, 11–17 sep. 2002; **9–12,** bottle labels: Schweppes France, Cordier, La Belle Brasseuse, St-Yorre, Cidou, Société Générale des Eaux Minérales de Vittel, Orangina, Finley, Château Lieu-jean, Chênailles, La Closerie, Tourtel, Casino; **17,** menu Tarte Julie Diffusion; **18,** Courtesy of Tabac de la Sorbonne. Paris, France; **23,** ad: Mc Donald's Corp.; **24–5,** place mat: Nice Masséna, Mc Donald's Corp; **39,** Système Charcot; **40,** ad Panasonic; **41,** Hewlett Packard; **47,** *Planète Jeune*, Bayard; **64,** (BR) Corbis; **66,** (BL) Corbis; **66,** (B) Corbis; **67,** (B) Own Franken, Stock Boston; **70,** from "Le voyage à Lubeck," *Flash Hebdo Loisirs*, no. 597, 3–13 mars 1990 (cover, pp. 1, 11, 20, 47); **76,** from *Frommer's American Guidebook*, Simon & Schuster, Inc., 1989; **77–79,** " "Michelin" from *Michelin Guide Vert Provence* (1995). Permission No. 95–433; **85,** Festival de Cornouailles, Quimper; **100–101,** brochure: SEMVAT, Réseau urbain; **110–13,** ads: Dodge Daimler-Chrysler, Jaguar, Renault, Lancia; **145–6** brochures: Cacel Vallon des Fleurs, L'orée de Mercantour, Rafting, **146,** Moulin de la Salaou; S.I. de la Moyenne Vallée du Var; **168,** brochure: FNAC; **173,** ads: Carrefour, Fnac, Monet; *Être Etudiant*; **210,** Dermolat Schering Corp., Kenilworth, N.J.; **211,** from *Nice Matin*, lundi 8 Juin 1987; **212–213,** packaging: Laboratoire USPA, Laboratoire Phosma S.A., Vademecum; **218,** *Pariscope*, 11–17 sept. 2002, pp. 218A; **219–220,** brochure: Hôtel Mercédes; **224,** ad: Quick; **236–237,** ads: CIEFF (Centre International d'Études Françaises de l'Université de Bourgogne), IMFE (Institut Montpelliérain d'Études Françaises), ICFL (Institut de Langue et de culture Françaises), CITEF (Cours Intensifs de Français), CUEF (Centre Universitaire d'Études Françaises, Université Stendhal Grenoble III); **245,** brochure: Hôtel St. Germain; **247, 263–265,** MICHELIN from *Michelin Guide Rouge France* (1995). Permission No. 95–433; **305–306,** ads: Restaurant Mayombe, Le Missippi Queen, Le Cactus, Groupement National de Prévoyance et d'Information, Café-Concert Ragtime, Coustouzy Meubles, Établissements thermal de Brides-les-Bains, Aubuisson Pub, Madame de Savigny; **327–328,** ads: Académie des Hôtesses et Stewards, CESCE (Centre d'Études Supérieures de la Communication d'Entreprise, Langues et Affaires, ISEA (Institut Supérieur de l'Entreprise et des Affaires), École Supérieure d'Art, CERAM.

For permission to use material from this text, contact us:

web	www.thomsonrights.com
fax	1-800-730-2215
phone	1-800-730-2214

Printed in the United States of America at Globus Printing.

ISBN: 0-8384-6027-5

2 3 4 5 6 7 8 9 10 08 07 06 05 04

Table des matières

Preface

Organization

The Workbook for *Allons-y! Le français par étapes*, Sixth Edition, is organized as follows:

- **Lisons!** Reading strategies, reading selection, and comprehensive activities
- **Écrivons!** A self-correcting text on the grammar of the **étape** (students who do not score 80% or above on this test are referred to the **Pratique de la grammaire** at the back of the Workbook, which contains highly structured review exercises on the topic of the test); semi-controlled and open-ended authentic writing activities that reinforce the vocabulary and the grammar of the **étape** (NOTE: For many of these activities, especially in the early chapters, answers are provided in a separate Answer Key).

The **Point d'arrivée** of each Workbook chapter parallels the **Point d'arrivée** of the Textbook and includes the following sections:

- **Écoutons!** Listening activities correlated with the Student Tapes (answers are provided in the Answer Key.
- **Rédigeons!** Open-ended writing activities that combine the functions, vocabulary, grammar, and theme of the chapter
- **Travail de fin de chapitre** An additional listening activity from the Student Tape and, in most chapters, a word-game (crossword puzzle, rebus, anagram, etc.) that reviews some of the vocabulary of the chapter.

The five **Dossier-Découvertes** provide support and expansion activities for the corresponding sections in the text.

Development of Skills

The separation of the communicative functions (in the Workbook) and structured grammar practice (on the Internet) places the responsibility on the student and makes the development of communicative skills more interesting and challenging. In turn, this organization relieves the tedium of mechanical exercise and correction and allows instructors to give time to the development of the reading, writing, and listening skills.

Reading (Lisons!) The Workbook contains many authentic texts that include literary excerpts, the popular press, realia, etc. In each text, students are directed to apply a specific reading strategy (e.g., skimming, scanning, use of cognates, guessing from context, word families, reading for gist, reading for supporting detail). All of these strategies are applied to a variety of text types to assure sufficient practice through regular re-entry.

Writing (Écrivons!/Rédigeons) The exercises in these sections are communicative, often personalized, writing assignments that range from lists to sentences to paragraphs to multiple paragraphs. Each chapter ends with an extended writing activity that asks students to use the vocabulary, grammar, and functions learned in the particular chapter as well as previous ones. The writing tasks are keyed to the software program *Système-D:* Writing Assistant for French, for students who have access to this program.

Système-D's array of on-line tools include:

- Bilingual dictionary of more than 10,000 entries complete with examples of usage and audible pronunciation.

- Second dictionary with over 30,000 words for advanced learners of French

- Reference grammar, including 250,000 conjugated verb forms and examples of correct use

- Index to functional phrases

- Sets of thematically related vocabulary items

- Word processor and spell checker, enabling students to capture the fruits of their labors in an electronic file that, when printed out, provides both student and teacher with a legible product.

Extensive cross linking between dictionary, grammar, and functions ensures easy access for the student to the very different ways in which English and French sometimes express the same ideas.

The tracking program, which records every student action within the program, can provide teachers with insights into how individual students approach the writing process (e.g., linearly or recursively) and thus with the means to provide direction to students on an individual basis.

L'art d'écrire Beginning in Chapter 9, this section is included in the three **étapes** of each chapter. In all, these twelve writing lessons constitute a systematic writing development course similar to the typical freshman English composition course. Students are given explanations with examples of a particular writing strategy in a series of activities. Among the strategies presented are the expansion of the sentence, punctuation, personal and business letters, the development of an idea, the organization of a paragraph, the linking of sentences (temporal and logical), how to identify key words in a text, how to use the dictionary, and how to imitate French syntax.

Listening (Écoutons!) The student tapes that accompany *Allons-y!*, Fifth Edition, focus on listening comprehension rather than on speaking. The material for each chapter (found on the Student Tape for that chapter) usually consists of three segments. The first segment deals with pronunciation and corresponds to the Pronunciation section of each étape in the textbook. (Since these sections only appear in Chapters 1 through 11, the Student Tape for Chapter 12 has only two segments.) The second segment provides a variety of activities: dictation, sound and word discrimination, specific task listening. The final segment offers a conversation or monologue that provides practice in listening for gist and for detail.

We hope that students will find their experience with this Workbook both rewarding and enjoyable.

chapitre préliminaire

Apprenons une langue étrangère!

Lisons! (*Let's read!*)

You're probably already able to read some French, even though you've barely begun your formal study of the language. Here and on pages 2–4 are six texts that a first-time visitor to France might want to read.

*I. Qu'est-ce que c'est? (*What is it?*)   Using your knowledge of English (and any other languages you know) as well as your experience in reading similar material, identify each *type* of text.

RESTAURANTS

Pathya 白天鹅餐廳
222, rue Championnet - 18ᵉ
01 42 28 98 68
**SPECIALITES CHINOISES
et THAILANDAISES**
Tous les jours - M° Guy-Moquet

CASA NOSTRA OTlj jusqu'à minuit
Vend et Sam 0h 30
Restaurant Pizzeria (150 couverts)
67- 69 rue de Douai 9ᵉ -
Face au cinéma Pathé Wepler

LA LÉGENDE DE CUBA !
Restaurant Historique
Rhumerie - Bar - Cigares Club
Orchestres Live - Concerts exceptionnels
Soirées événementielles
LE RESTAURANT · BAR CUBAIN
LA BODEGUITA DEL MEDIO
FIESTA MOJITO !
Unique à Paris !
Orchestres Live de 17h à 20h.
5 salles de 5 à 200 personnes
10, RUE DES LOMBARDS 75004 PARIS

MIYAKO
Spécialités de brochettes grillées
Sushi et sashimi japonais - Livraison à domicile
Formule 10,37€ - Menu 15,24€ vin cps - Carte 24,39€
121, rue de l'Université 7ᵉ - 01 47 05 41 83
MIYAGAWA
1bis, av. de Versailles 16ᵉ - 01 45 27 01 83

Chez **PETROUCHKA**
SPECIALITES RUSSES
Déjeuners - Dîners aux chandelles
AMBIANCE TZIGANE avec MUSICIENS
*L'une des meilleures cuisines
russes de la capitale* (Figaroscope 95)
49, rue Laborde (8ᵉ). TLJ

PARADIS DU FRUIT
*Repas végétariens et exotiques
servis non stop de 12 à 2h - 7j/7*
4, rue St-Honoré 1ᵉʳ - 01 40 39 93 99
M° Châtelet les Halles - Sortie Pont Neuf

Casa Tina
Les plus belles Tapas !
18, rue Lauriston 16ᵉ - Etoile
Rés. : 01 40 67 19 24

1 _____

_____

MÉTÉO

1,36 €
1,29 €
Café doux
Le paquet de 250 g.
Prix au kilo 5,16 €.

2,96 €
Tablette de chocolat Crunch
Le lot de 3 x 100 g
+ 1 tablette gratuite - 400 g.
Prix au kilo 7,40 €.

1,50 €
Fromage blanc battu
20 % MG.
Le lot de 8 x 100 g - 800 g.
Origine France.
Prix au kilo 1,88 €.

1,05 €
P'tit break pomme vanille
Le lot de 2 x 180 g - 360 g.
Origine France. Prix au kilo 2,92 €.

2 _____

3 _____

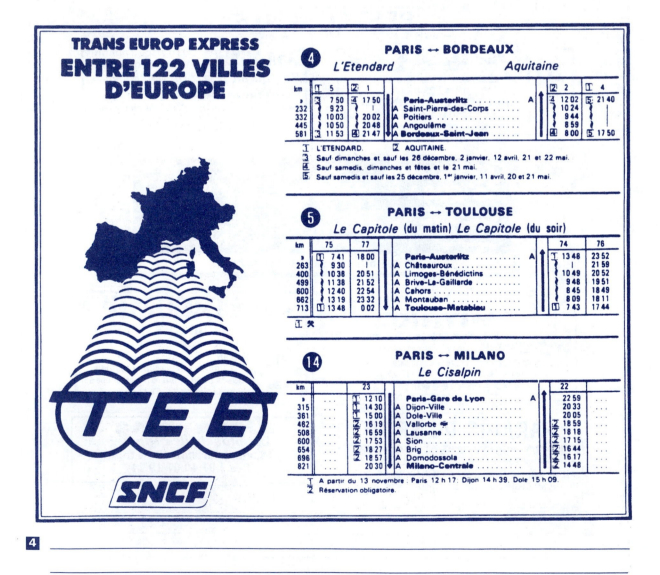

TRANS EUROP EXPRESS
ENTRE 122 VILLES D'EUROPE

TEE
SNCF

4 — **PARIS ↔ BORDEAUX**

L'Etendard   *Aquitaine*

km	5	1			2	4
»	7 50	17 50	Paris-Austerlitz	A	12 02	21 40
232	9 23		A Saint-Pierre-des-Corps		10 24	
332	10 03	20 02	A Poitiers		9 44	
445	10 50	20 48	A Angoulême		8 59	
581	11 53	21 47	A Bordeaux-Saint-Jean		8 00	17 50

1 L'ETENDARD.   2 AQUITAINE.
3 Sauf dimanches et sauf les 26 décembre, 2 janvier, 12 avril, 21 et 22 mai.
4 Sauf samedis, dimanches et fêtes et le 21 mai.
5 Sauf samedis et sauf les 25 décembre, 1er janvier, 11 avril, 20 et 21 mai.

5 — **PARIS ↔ TOULOUSE**

Le Capitole (du matin) *Le Capitole* (du soir)

km	75	77			74	76
»	7 41	18 00	Paris-Austerlitz	A	13 48	23 52
263	9 30		A Châteauroux			21 59
400	10 38	20 51	A Limoges-Bénédictins		10 49	20 52
499	11 38	21 52	A Brive-La-Gaillarde		9 48	19 51
600	12 40	22 54	A Cahors		8 45	18 49
662	13 19	23 32	A Montauban		8 09	18 11
713	13 48	0 02	A Toulouse-Matabiau		7 43	17 44

14 — **PARIS ↔ MILANO**

Le Cisalpin

km		23			22	
»	. . .	12 10	Paris-Gare de Lyon	A	22 59	. . .
315	. . .	14 30	A Dijon-Ville		20 33	. . .
361	. . .	15 00	A Dole-Ville		20 05	. . .
462	. . .	16 19	A Vallorbe		18 59	. . .
508	. . .	16 59	A Lausanne		18 18	. . .
600	. . .	17 53	A Sion		17 15	. . .
654	. . .	18 27	A Brig		16 44	. . .
696	. . .	18 57	A Domodossola		16 17	. . .
821	. . .	20 30	A Milano-Centrale		14 48	. . .

1 A partir du 13 novembre : Paris 12 h 17, Dijon 14 h 39, Dole 15 h 09.
2 Réservation obligatoire.

4 _____

_____

FRANCE 5 ARTE

6.45 Méthode Victor : Anglais. Leçon 43. *4282171.* **7.00** D **Exploration planète.** *Animaux sous surveillance. 94404.* **7.30** D **L'enfance dans ses déserts.** *Joanasi, enfant de la banquise. 7390.* **8.00 Debout les zouzous.** Mimi la souris. 64, rue du Zoo. Rolie Polie Olie. T Bamboubabulle. Ces animaux rigolos. *9679019.* **8.55 Les maternelles.** Magazine. D *Abc bébé.* Question à la nutritionniste, avec le docteur Laurence Plumey. La grande discussion : Avoir un enfant autiste. Les maternelles.com. D *Prends soin de lui.* Le pêle-mêle. *55085767.* **10.20 Le journal de la santé.** *5740572.* **10.40 Carte postale gourmande.** *Paris. 4211882.* **11.10** D **Habiter seul et ensemble.** *1621201.* **12.05 Midi les zouzous.** *3800268.* **13.45 Le journal de la santé.** *186369.*

14.10 D **Les intrus**
(3/11) Le gang des mangoustes.
De Serge Dubor. *229336.*

14.40 D **Aux confins de l'univers**
De James Mcquillan
(USA, 2001). *7497591.*

15.35 T D **Esteqlal, Malalaï, lycées de Kaboul**
De Parviz Kimiavi (France, 2002).
9282125. **Voir ci-contre.**

16.35 D **Dieux et démons**
(2/3) Le requin...
ancien dieu, nouvelle idole.
De Jérôme Ségur (France, 2002).
4380387.

17.35 100 % question Jeu. *44336.*

18.05 C dans l'air Magazine. *9192572.*

19.00 ARTE

19.00 D **Chicago**
D'Otto Deppe
(Allemagne, 2002). *15626.*

19.45 Arte info *475442.*

20.15 T D **Etre une femme au Kosovo**
De Victoria Schultz (Fr., 2002).
403648. **Voir ci-contre.**

M6

6.00 M6 music. Stéréo. *55355.* Et à 10.10. **7.00 Morning live.** Magazine. *5471959.* **9.10 M6 boutique.** *3892713.* **10.45 Star Six.** Divertissement. *7611046.* **11.54 Six minutes midi.** *6116881.* **12.05 La Vie de famille.** *Eddie est timbré.* Série américaine. *8099220.*

12.35 Docteur Quinn, femme médecin
La mine.
Série américaine. *8372404.*

13.35 Double Mensonge
Téléfilm américain
de Larry Elikann (1998).
Avec Gary Cole, Karen Sillas,
Ron Lea. Un officier marié
et père de deux enfants
décide de se faire passer
pour mort afin d'épouser
une autre femme. *2264930.*

15.15 Les Anges du bonheur
L'ange de la mort.
Série américaine. *7179510.*

16.05 M6 music Stéréo. *889572.*

17.05 80 à l'heure
Magazine. *681336.*

17.55 Stargate : SG-1
Un message dans une bouteille.
Série américaine. *6672171.*

18.55 Charmed
Les sorciers sont partout.
Série américaine. *6807201.*

19.45 T **Caméra café**
Série française. *9482249.*

19.54 Six minutes *9471133.*

20.05 Une nounou d'enfer
Histoires d'eau.
Série américaine. *720510.*

20.40 T **Caméra café**
Série française. *8430733.*

20.45

Thema
Le voyage selon Chatwin

20.50 F **Cobra Verde**
Film d'aventures de Werner Herzog (Allemagne, 1987). VF. 106 mn. Avec Klaus Kinski, King Ampaw, Joseph Lewgoy. Au XIXᵉ siècle, l'épopée d'un paysan devenu esclavagiste au Dahomey. D'après un roman de Bruce Chatwin. *139084.* **Voir ci-contre.**

22.30 D **Les Chants nomades de Bruce Chatwin**
(1 et 2/2) De Paul Yule (G.-B., 1999). Portrait de Bruce Chatwin, écrivain-voyageur érudit, expert en œuvres d'art, et journaliste doué d'un solide sens de l'humour et de l'autodérision. *3758828.* **Voir ci-contre.**

0.35 D **Why are you creative ?** *Blixa Bargeld. 36614909.* **0.40** T F **Théodora, impératrice de Byzance,** péplum de Riccardo Freda (Fr.-It., 1952). NB. VF. 88 mn. Avec Gianna Maria Canale, Georges Marchal. A Byzance, au VIᵉ siècle, le destin d'une jeune danseuse devenue impératrice. *2273485.* **2.10** D **Blur Live 13.** *3664398.* ➔ **2.55 Fin.**

20.50

Popstars

Divertissement. Les quarante candidats sélectionnés la semaine dernière sont maintenant élèves à l'atelier, à Paris. Au terme de l'émission, le jury éliminera huit d'entre eux. *927201.*

22.05

Ally Mc Beal

T Série américaine.
Avec Calista Flockhart, John Michael Higgins, Peter Mac Nichol. *Plaisirs défendus.* Ally a le coup de foudre pour une maison qui tombe en ruine. Elle l'achète sans réfléchir. 22.55 *L'envol.* Ally défend un homme dont le rêve d'enfant est de voler. *1362220.*

23.45 E = M6 spécial. *Hommes, femmes : sommes-nous faits pour nous entendre ?* Magazine. Présentation : Mac Lesggy. *7758442.* **1.40 M6 music.** Stéréo. *30278282.* ➔ **6.00 Fin.**

5 _____

_____

_____

_____

tous les films de la semaine

SIGNIFICATION DES CODES

AN : films d'animation
AV : aventure • **CD** : comédie dramatique • **CO** : comédie
CT : court métrage • **DA** : dessin animé • **DC** : documentaire • **DP** : drame psychologique
DR : drame • **ER** : érotique • **FA** : fantastique • **FD** : film de danse • **FM** : film musical
FN : film noir • **FP** : film politique • **GR** : guerre • **HO** : horreur • **KA** : karaté
PO : policier • **SF** : science-fiction • **TH** : thriller
WS : western

D		**E**		**F**		**G**	
De l'eau tiède sous un pont rouge	**CD**	Elling	**CO**	Le fabuleux destin d'Amélie Poulain	**CO**	Ghost in the shell	**DA**
Le défi	**FM**	L'enterrement du soleil	**DP**	La famille Tenenbaum	**CO**	Ghost world	**CD**
Les Demoiselles de Rochefort	**CO**	Entre chiens et loups	**TH**	Fausto 5.0	**FA**	Gitano	**TH**
Le dernier château	**AV**	Esther Kahn (version intégrale)	**CD**	La femme des sables	**DP**	Les glaneurs et la glaneuse	**DC**
Les diables	**CD**	Etre et avoir	**DC**	La fiancée de Dracula	**FA**	Gosford park	**CD**
17 fois Cécile Cassard	**DP**	L'évangile selon St Matthieu	**DP**	Filles perdues, cheveux gras	**CO**	Goshu le violoncelliste	**DA**
17, rue Bleue	**DR**	Expédition panda en Chine	**AV**			Gothic	**DP**
						Le goût du saké	**DP**
						Gouttes d'eau sur pierres brûlantes	**CO**
						Goya	**CD**
						La guerre des boutons	**CO**

6 _____

_____

*II. Vous venez d'arriver en France. (*You've just arrived in France.*)   Use your basic reading skills to solve the following "problems" for your traveling companions. Refer to the texts in Exercise I.

1. Someone wants to know the weather for Paris today.

_____
_____
_____

2. Some of your companions want to watch TV in their hotel rooms. What series might they like? Indicate times and channels.

_____
_____
_____

Others might like to watch a movie. Again indicate time(s) and channel(s).

_____
_____
_____

3. What kinds of food are served in the restaurants advertised?

_____
_____
_____

4. Some of your companions would like to go to a movie. They want to see a comedy. Select two or three comedies from the listing and write down their titles.

_____
_____
_____

5. To save money, some people want to go to a store and buy some food. What are some of the items they could buy?

_____

_____

_____

6. A friend of one of the people traveling with you has to join a tour group in Toulouse. What time can she get a train to Toulouse tomorrow morning? How long will the trip take?

_____

_____

_____

Écrivons! (Let's write!)

III. Les signes graphiques (*Diacritic marks*)

A. Since English doesn't use diacritic marks, or accent marks, English speakers often overlook them in French. This exercise is designed to help you notice diacritics. In the following paragraph about two professional dancers, circle each letter that has a diacritic mark. You should find sixteen such letters.

Françoise et Dominique: danseurs complètement français, malgré cet héritage de l'école allemande qu'ils ont reçu l'un et l'autre. Dans le contenu et dans le livret de leurs premières œuvres, dans le choix de musiques, de costumes, ils sont souvent restés explicitement proches du patrimoine culturel français ou méditerranéen. Proches aussi du folklore, ou tout au moins de danses et de musiques traditionnelles; il semblerait que ce fût là une volonté de remonter aux sources—sources européennes ou plus lointaines.

B. Now copy the following sentences, making sure to include all diacritics. Check the number of diacritic marks you've written against the number in parentheses at the end of each sentence.

1. **accent aigu** (*acute accent*)
   Nous préférons célébrer la majorité d'André en été. (8)

   _____

2. **accent grave** (*grave accent*)
   Le père et le frère espèrent voir leur chère mère à Genève. (7)

   _____

3. **accent circonflexe** (*circumflex*)
   Le maître du château rêve d'être des nôtres. (5)

   _____

4. **cédille** (*cedilla*)
   Commençons par les livres de français que tu as reçus. (3)

   _____

*IV. Cognates

A. **Les villes du monde.** (*The cities of the world.*)   The French names of most major cities in the world are cognates with English. Write the French names of the cities numbered on the map on page 6. Be sure to include all accent marks. When you've finished, circle the number of each city whose name is *exactly* the same in both French and English.

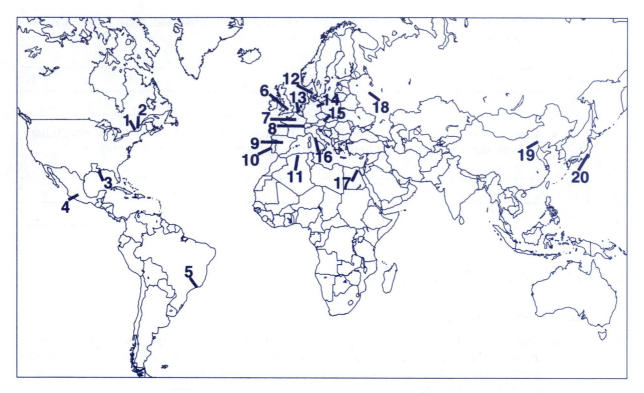

Choose from these cities in French: **Alger, Beijing, Berlin, Bruxelles, Le Caire, Copenhague, Genève, Lisbonne, Londres, Madrid, Mexico, Montréal, Moscou, La Nouvelle-Orléans, Paris, Québec, Rio de Janeiro, Rome, Tokyo, Vienne**

1. _____

2. _____

3. _____

4. _____

5. _____

6. _____

7. _____

8. _____

9. _____

10. _____

11. _____

12. _____

13. _____

14. _____

15. _____

16. _____

17. _____

18. _____

19. _____

20. _____

B. Les prénoms. (*First names.*)   Many French first names are also cognates with English—for example, **Hélène, Bernard, Isabelle, Paul, Francine, Vincent**. There are some "false friends" in French, however: for example, **Jean** is a male name while **Claude** may be either a male or a female name. To familiarize yourself with some of the French first names you'll be using in *Allons-y!*, read the following lists; then do the exercise that follows.

Male names: Alain, Alfred, Bernard, Charles, Christian, Didier, Éric, Étienne, François, Georges, Gérard, Hervé, Jacques, Jean, Jean-Luc, Jean-Marc, Jean-Pierre, Marc, Matthieu, Michel, Nicolas, Pierre, Robert, Sacha, Serge, Stéphane, Vincent, Xavier, Yves

Female names: Anne-Marie, Annick, Béatrice, Bénédicte, Chantal, Christiane, Claire, Émilie, Francine, Françoise, Germaine, Hélène, Irène, Isabelle, Jeanne, Laure, Michèle, Mireille, Nicole, Pascale, Simone, Stéphanie, Sylviane, Véronique, Yvette, Yvonne

Male or female names: Claude, Dominique

In a tiny village in France, there are nine boys and nine girls of school age. Curiously, the first letters of the **prénoms** of eight boys (**garçons**) make up the name of the ninth boy; similarly, the first letters of the **prénoms** of eight girls (**filles**) make up the name of the ninth girl. Using the eighteen names listed below, complete the anagrams.

Prénoms (par ordre alphabétique): Alain, Alfred, Annick, Christian, Émilie, Étienne, Irène, Jacques, Jean-Marc, Laure, Matthieu, Nathalie, Nicolas, Robert, Simone, Sylviane, Véronique, Yvonne

Garçons   **Filles**

_____   _____

_____   _____

_____   _____

_____   _____

_____   _____

_____   _____

_____   _____

_____   _____

= _____   = _____

🎧 *Écoutons!* *(Let's listen!)*

CD1-2 The **Écoutons!** activities (except in the **Chapitre préliminaire**) are found in the fourth (and final) section of each workbook chapter. The recorded material that accompanies this section is located on the Student Audio CDs that accompany *Allons-y!*

Exercice 1. The sounds of French. The French equivalents of the five basic English vowels (*a, e, i, o, u*) are [a], [ə], [i], [o], [y]. Listen and repeat.

[a]	Madame	Coca	garçon		[o]	**au**	**eau**	rose
[ə]	de	demi	Monsieur		[y]	nature	une	étudiante
[i]	merci	limonade	kir				

There are in French, however, six other vowels that are close to these basic vowel sounds: [e], [ɛ], [ø] [œ], [ɔ], [u]. Listen and repeat.

[e]	café	thé	les		[œ]	moteur	acteur	neuf
[ɛ]	express	verre	bière		[ɔ]	Coca	Orangina	limonade
[ø]	Monsieur	bleu	Europe		[u]	pour	vous	rouge

French also has three nasal vowels; that is, the sound is pushed through the nose rather than through the mouth: [ã], [ɛ̃], [ɔ̃]. Listen and repeat.

[ã] française   blanc   menthe

[ɛ̃] **un**   vin   pain

[ɔ̃] allons   citron   non

While doing the preceding exercises on the vowel sounds, you probably noticed that many of the French consonants are pronounced very much like English consonants. Consequently, you should have little trouble with the following phonemes. Listen and repeat.

[b]	**b**ière	**b**lanc	[k]	**c**rème	**k**ir
[p]	**p**ressé	éta**p**e	[s]	pre**ss**é	**c**itron
[d]	**d**emi	Ma**d**ame	[z]	frai**s**e	Ma**d**emoiselle
[t]	Vi**tt**el	ci**t**ron	[v]	**V**ittel	**v**ous
[m]	**m**enthe	crè**m**e	[l]	**l**ait	a**ll**emande
[n]	**n**ature	limo**n**ade	[r]	**r**ouge	me**r**ci
[g]	**g**arçon	**g**uitare			

There are, however, a few consonant sounds that are not as easily recognizable. Listen and repeat the following.

[ʃ]	**ch**apitre	dou**ch**e	[j]	b**i**ère	Perr**i**er
[ʒ]	**j**e	rou**g**e	[ɥ]	S**u**isse	h**u**it
[ɲ]	espa**gn**ol	si**gn**e	[w]	**ou**i	b**oi**sson

CD1-3 **Exercice 2. Des boissons.** Now that you've heard and repeated all the basic sounds of French, practice them by listening to and repeating some of the drinks you might want to order in a café.

une limonade	une menthe à l'eau	un verre de blanc
un demi	un Coca	un thé nature
un verre de rouge	un thé citron	un Perrier
un express	un Orangina	un kir
un café crème	une bière allemande	un citron pressé
un Vittel	un lait fraise	une bière française

CD1-4 ***Exercice 3. Au café.** Now that you're a little more familiar with these sounds, let's practice listening to some spoken French. Imagine that a large group of people arrive at a café. As the waiter struggles to get their orders, you "keep score" on the checklist provided below.

_____	un café au lait	✓ _____	une limonade
✓ _____	un café crème	_____	un Perrier
✓ _____	un express	✓ _____	un Vittel
_____	une bière allemande	_____	un verre de blanc
_____	une bière française	_____	un verre de rouge
_____	un demi	_____	un kir
_____	un thé citron	_____	un citron pressé
_____	un thé nature	_____	une orange pressée
✓✓ _____	un thé au lait	✓ _____	une menthe à l'eau
_____	un Coca	_____	un diabolo citron
_____	un Orangina		

chapitre **1**

Allons prendre quelque chose!

Première étape *Commandons!* *(Text pp. 11–21)*

Lisons!

■ Tuyau-Lecture
Predicting from Context and Format

The physical context and the layout or format of a text can help you understand what you're reading. For example, the sizes of the typefaces and the location of words and phrases can provide clues about the information on the label of a bottle. If you recognize cognates and use the knowledge you have already gained from reading labels written in English, you'll find that the format allows you to identify the name and type of product, the quantity, and other information.

When you want something to drink, it is not always necessary to go to a café. Sometimes you may go to a store to buy a bottle of soda, beer, etc. While you can tell a lot from the color of the liquid and the size and shape of the bottle, it is often important to make sure you know what you're getting by reading the label.

*I. Deux étiquettes françaises. (*Two French labels.*)   Based on your familiarity with labels on American beverages, complete the analysis of the following two French labels by listing the appropriate French words.

A. Tonic

   1. brand name <u>Schweppes</u>

   2. type of product <u>Indian-Tonic</u>

   3. description of product <u>Soda aux extraits d'orange</u>

   4. quantity (volume) <u>75 L</u>

   5. address of bottler <u>Paris le Thomesnil</u>

B. Wine

   1. year in which wine was produced <u>1988</u>

   2. type of wine <u>bottled reserve</u>

   3. name of vineyard <u>Grand vins Cuvée</u>

   4. name of distributor <u>Co.</u>

   5. alcoholic content <u>11.5%</u>

   6. quantity (volume) <u>5</u>

■ T u y a u - L e c t u r e

Recognizing Cognates

Many French words are easy for an English-speaking reader to guess because they resemble English words. These familiar-looking words, called *cognates,* provide you with a large vocabulary from the time you begin the study of French.

*II.   **Quelques boissons françaises.** (*A few French beverages.*)   Study the labels from twelve beverages available in France (pp. 10–12). Then answer the questions. Do the exercise on page 12, making use of your knowledge of American labels and your ability to recognize cognates.

5

FLOREAL

ROSÉ DE BÉARN
APPELLATION BÉARN CONTRÔLÉE
MIS EN BOUTEILLE À LA PROPRIÉTÉ
LES VIGNERONS DU VIC-BILH MADIRAN
64350 - LEMBEYE - FRANCE
PRODUIT DE FRANCE

750ml   12% vol.

4

EAU MINÉRALE NATURELLE
Vittel
Grande Source

Vittel
Grande Source
e 1,5 L.

MINÉRALISATION CARACTÉRISTIQUE

Calcium Ca²⁺	0,202 g/l	Sulfate SO₄²⁻	0,306 g/l
Magnésium Mg²⁺	0,036 g/l	Hydrogénocarbonate HCO₃⁻	0,402 g/l
Sodium Na⁺	0,003 g/l		

Grâce à sa composition minérale équilibrée et à sa très faible
teneur en sodium, Vittel pénètre facilement
dans les cellules, entraîne les impuretés, stimule les reins
et favorise la détoxication.

Chaque jour Vittel vous aide doucement et
régulièrement à entretenir votre forme. Il n'y a aucune
contre-indication. Cure thermale toute l'année :
lithiase, goutte, obésité, cellulite.

Informations consommateurs Vittel : BP 43 - 88800 Vittel.
Le Club Méditerranée à Vittel, c'est le village
grande forme dans 450 hectares de domaine vert
au cœur des Vosges.

SOCIÉTÉ GÉNÉRALE DES EAUX MINÉRALES DE VITTEL
FRANCE.

le 29 décembre 1903.
la Santé Publique.
sec et tempéré.
EMB 88516

6

JOUEZ SUR 36.15
CODE ORANGINA
ET GAGNEZ
DES MILLIERS DE CADEAUX
SUR VOTRE MINITEL

ORANGINA
A LA PULPE D'ORANGE

150 cl

7

Finley
MARQUE DÉPOSÉE

TONIC

SODA AUX EXTRAITS D'ORANGES AMÈRES
ET D'ÉCORCES DE QUINQUINA
(CONTIENT DE LA QUININE).

150 cl.

8

Chênailles

Vin de Table Français

11% vol   73 cl

MIS EN BOUTEILLE PAR E.V.P. F00220

179   324   L. RUEL POITIERS

9

Cidre Bouché
BRUT
Alc 4,5% Vol.   75 cl
La Closerie

10

GRAND VIN DE BORDEAUX
1987

Château Lieujean
CRU BOURGEOIS
HAUT-MÉDOC
APPELLATION HAUT-MÉDOC CONTRÔLÉE

12,1 % vol.   e 750 ml
MIS EN BOUTEILLE AU CHÂTEAU
S.C.E.V. Château Lieujean Saint-Sauveur de Médoc 33250 Pauillac France
PRODUCT OF FRANCE

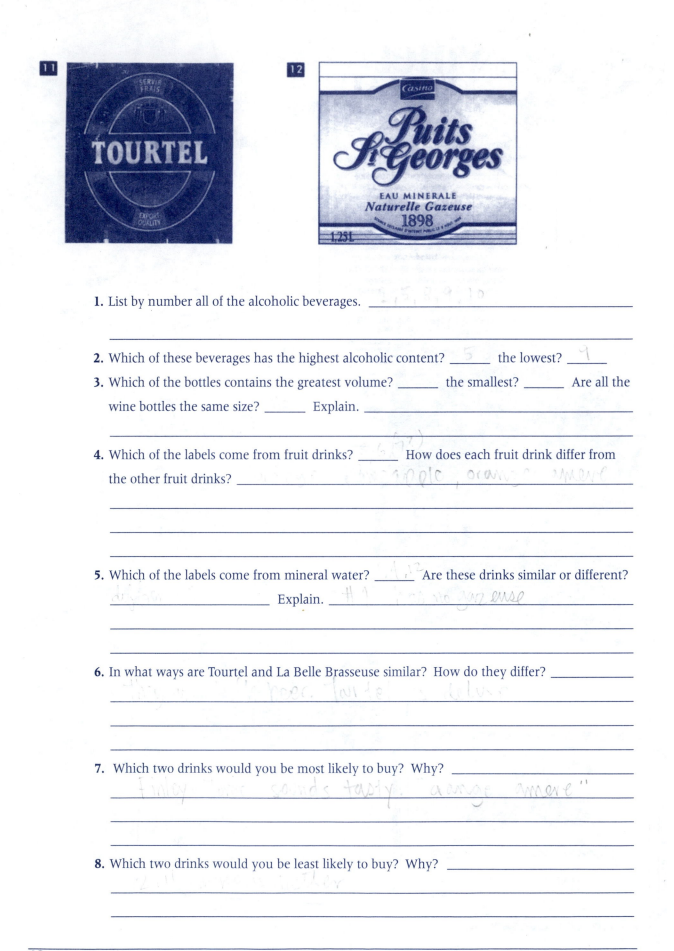

11 TOURTEL
SERVIR FRAIS
EXPORT QUALITY

12 Casino
Puits St Georges
EAU MINERALE
Naturelle Gazeuse
1898
1,25 L

1. List by number all of the alcoholic beverages. _7, 8, 9, 10_____

_____

2. Which of these beverages has the highest alcoholic content? __5___ the lowest? __9___

3. Which of the bottles contains the greatest volume? _____ the smallest? _____ Are all the wine bottles the same size? _____ Explain. _____

_____

4. Which of the labels come from fruit drinks? _6 (7?)_ How does each fruit drink differ from the other fruit drinks? _____ apple, orange, mneve_____

_____

_____

_____

5. Which of the labels come from mineral water? _____ Are these drinks similar or different? _____ Explain. _#1 ___ in ___ ense_____

_____

_____

6. In what ways are Tourtel and La Belle Brasseuse similar? How do they differ? _____

_____

_____

_____

7. Which two drinks would you be most likely to buy? Why? _____

_____ sounds tasty. orange mneve"_____

_____

_____

8. Which two drinks would you be least likely to buy? Why? _____

_____

_____

Écrivons!

■ Pratique de la grammaire

In this **étape**, you've studied the conjugation of **-er** verbs (first and second persons) and the differences between **tu** and **vous**. To verify that you've learned these structures, take *Test 1* below. You will find the answers and scoring instructions in the Answer Key. A perfect score is 20. If your score is less than 16, or if you wish additional practice, do the self-correcting exercises for **Chapitre 1, Étape 1**, in the *Pratique de la grammaire* at the back of this **Cahier.**

Test 1

Use the verb provided to ask and answer a question. Pay attention to the person or persons to whom you are speaking.

fumer

1. Martine, _____ ?

2. Oui, _____ un peu.

voyager

3. Éric et Jean-Pierre, _____ beaucoup?

4. Oui, _____ assez souvent.

étudier

5. Nathalie, _____ beaucoup?

6. Oui, _____ beaucoup.

habiter

7. Annick et Sylvie, est-ce que _____ à Paris?

8. Non, _____ à Issy.

parler

9. Mme Letellier, est-ce que _____ anglais?

10. Non, mais _____ italien et espagnol.

NOTE FOR CORRECTIONS: 1 point for each correct subject pronoun, 1 point for each correct verb form; *total: 20*

*III. Le petit déjeuner et le déjeuner. You're seated in a café. When the waiter comes, you order something to eat and drink. On the basis of the drawings, write what you order.

1. *un sandwich au jambon et un demi* _____
2. _____
3. _____
4. _____
5. _____
6. _____
7. _____

*IV. Au café. Two friends are having lunch at a café. Complete their conversation, using words or expressions that make sense and fit grammatically into the sentence.

JACQUES: Ah, voilà le garçon. _____, Monsieur!

GARÇON: Oui, _____ désirez?

JACQUES: Moi, _____ une omelette _____ et un _____. Et _____, Thierry?

THIERRY: Je _____ un sandwich _____ et une _____.

Quelques moments après (*a few moments later*).

GARÇON: Voilà, Messieurs.

THIERRY ET
JACQUES: _____, Monsieur.

GARÇON:	_____, Messieurs.
THIERRY:	Tiens! Voilà Mireille. Salut, Mireille.
MIREILLE:	Salut, Thierry. Salut, Jacques.
JACQUES:	Qu'est-ce que tu vas prendre?
MIREILLE:	Eh bien, moi, je voudrais _____ et _____.

*V. Martine et Gérard. Martine and Gérard are French university students. Ask them the following questions. Then answer the questions according to the information suggested by the drawings. Vary the form of your questions.

1.   2.   3.

Ask Martine and Gérard . . .

1. if they live in Paris.

   Est-ce que vous habitez à Paris?   *Oui, nous habitons à Paris.*

2. if they speak French.

   _____   _____

   _____   _____

3. if they study a lot.

   _____   _____

   _____   _____

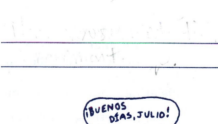  

4.   5.   6.

Ask Gérard . . .

4. if he sings.

   _____   _____

   _____   _____

5. if he eats a lot.

[handwritten] Tu manges beaucoup? n'est-ce pas?   _[handwritten text illegible]_

6. if he speaks Spanish.

[handwritten] Est-ce que tu parles espagnol?   _[handwritten] Oui, je parle espagnol un peu._

7.   **8.**   **9.**

Ask Martine . . .

7. if she speaks German.

[handwritten] Est-ce que tu parles Allemand   _[handwritten text illegible] Allemande_

8. if she travels often.

9. if she swims well.

VI. À vous, maintenant!   You're going to write an e-mail in which you'll introduce yourself to a new French friend. Using the verbs and adverbs listed below, write at least six sentences that you might include in this message. In each sentence use one of the following subjects: **je** or **ma famille et moi, nous** or **mes amis et moi, nous**. Use a separate sheet of paper.

Verbs: **chanter, étudier, fumer, habiter, manger, nager, parler, travailler, voyager**
Adverbs: **beaucoup, bien, mal, un peu, souvent, rarement**

Deuxième étape _Salut... Bonjour..._ (Text pp. 22–28)

Lisons!

I. Prélecture: On va manger quelque chose.   Answer the following questions.

1. When you're hungry, either for a snack between meals or for a light lunch or supper, what kinds of food do you like to eat? _____

_____

2. If you go out to get this food, where do you go? _____

_____

3. How much do you usually pay? _____

_____

4. Is any of this food you like to eat sold from sidewalk stands? If so, what? _____

_____

*II. Deux autres possibilités. (*Two other possibilities.*)   You've already learned that in a café one can get sandwiches, omelets, and other foods to eat. When in France, however, you don't necessarily have to go to a café for a snack or a light meal. Two other possibilities are a sidewalk food shop called **une briocherie** or a small snack restaurant called **un salon de thé**. Whether at a café or a **briocherie,** using your newly acquired knowledge of French and the basic reading skills of predicting from format and recognizing cognates, you should be able to do more than just point at what you want or always order the same thing—that is, you should be able to *read* the menu.

A. La briocherie. This shop gets its name from **une brioche**—a light, sweet bun raised with yeast and eggs. However, you can buy numerous other treats there, both sweet (**sucré**) and salty (**salé**). The following sign can be seen on the street in front of a **briocherie** in Lyon. Study it. Then indicate what special deal is being offered.

_____

_____

La Brioche Lyonnaise

croissants   pizzas

brioches   glaces

croques   boissons

REPAS   PLATEAU

1 produit salé

1 produit sucré

1 boisson

(à partir de 2,75 euros)

Tabac de la Sorbonne

SANDWICHES

THON	4,90 €
CLUB (Jambon, Emmental, tomate, ...	4,90 €
mayonnaise)	
CRUDITÉS (Salade, carottes râpées, . . .	4,30 €
tomate, œuf dur, mayonnaise)	
POULET	4,90 €
Mixte (Jambon, Emmental)	3,80 €
Pâté	2,90 €
Rillettes	2,90 €
Jambon de Paris	2,90 €
Saucisson sec	2,90 €
Saucisson à l'ail	2,90 €
Camembert	2,90 €
Emmental	2,90 €
Suppl. cornichons . . . . 0,30 €	
Suppl. ketchup . . . . 0,50 €	
Suppl. mayonnaise . . . . 0,80 €	

SALADES COMPOSÉES

CAROTTES RAPÉES	3,45 €
ASSIETTE DE CRUDITÉS	5,75 €
(Pommes de terre, carottes, tomates, concombres)	
SALADE DE SAISON	3,45 €
SALADE DE TOMATES	3,45 €
SALADE MIXTE	4,55 €
(Salade, carottes, tomates)	
SALADE PARISIENNE	6,80 €
(Salade, tomates, œuf dur, gruyère, jambon de Paris)	
SALADE MEXICAINE	6,80 €
(Salade, tomates, haricots verts, œuf dur, maïs)	
SALADE NIÇOISE	7,25 €
(Salade, tomates, œuf dur, haricots verts, thon, anchois, olives vertes)	
CHICKEN SALADE	7,25 €
(Salade poulet froid, riz, tomates, haricots verts, maïs)	

PETIT DÉJEUNER FRANÇAIS à 6,75 €
Café ou Crème ou Chocolat ou Thé,
Tartine, Croissant, Confiture, Jus d'orange.

B. Tabac de la Sorbonne. You and a non French-speaking friend stop at a café near the Sorbonne (part of the University of Paris). Study the organization of the menu on this page and on page 19 and then answer the questions.

1. Identify (in English) the six main sections of the menu.

_____

_____

2. What is the function of the italicized words in parentheses?

_____

_____

Nom _____ Cours _____

ŒUFS ET OMELETTES (2 œufs)

OMELETTE JAMBON . . . . 3,70 €
OMELETTE FROMAGE . . . . 3,70 €
OMELETTE MIXTE . . . . . . 4,70 €
(Jambon, fromage)
OMELETTE PARMENTIER . . . . 3,70 €
OMELETTE "SORBONNE" . . . . . . 5,45 €
(Pommes de terre, jambon, fromage)

ŒUFS AU PLAT NATURE . . . . 3,10 €
ŒUFS AU PLAT JAMBON . . . . 3,70 €
OMELETTE NATURE . . . . . 3,10 €

PLATS CHAUDS

POULET FRITES . . . . 6,50 €
FRANCFORT FRITES . . . . 6,10 €
STEAK FRITES . . . . 6,90 €
ASSIETTE DE FRITES . . . . 2,80 €

DESSERTS

FRUIT . . . . 1,10 €
TARTE DU JOUR . . . . 4,00 €
TARTE TATIN . . . . 4,75 €
CRÈME CARAMEL . . . . 2,30 €
MOUSSE AU CHOCOLAT . . . . . . 2,30 €
YAOURT NATURE . . . . 1,10 €
Suppl. Chantilly . . . . 0,80 €

FROMAGES

Camembert . . . . 2,90 €
Gruyère . . . . 2,90 €

SERVICE 15 % COMPRIS
Tip 15 % included

Pour tout paiement un ticket
doit vous être présenté.

La Maison n'est pas responsable
des objets perdus ou échangés.

3. What do you think **Suppl. ketchup** and **Suppl. mayonnaise** mean at the end of the sandwich section?

_____

4. The café offers a breakfast special. How much does it cost and what do you get?

_____

5. What would you get if you ordered each of the following:

a) **assiette de crudités** _____

b) **yaourt nature** _____

c) **salade parisienne** _____

Écrivons!

Pratique de la grammaire

In this **étape**, you've studied the conjugation of **-er** verbs (third person) and the definite article (**le**, **la**, **l'**, **les**). To verify that you've learned these structures, take *Test 2* below. You will find the answers and scoring instructions in the Answer Key. A perfect score is 12. If your score is less than 10, or if you wish additional practice, do the self-correcting exercises for **Chapitre 1, Étape 2**, in the *Pratique de la grammaire* at the back of this **Cahier.**

Test 2

First, write sentences using the words suggested.

1. Liliane et Sylvie / fumer beaucoup

_____

2. Carole / ne pas manger beaucoup

_____

3. M. et Mme Chartier / habiter à Toulouse

_____

4. on / parler français à Genève

_____

5. Jean-Pierre / ne pas aimer le vin

_____

Now, complete the responses to the following questions, using the appropriate form of the definite article.

6. —Tu voudrais une salade?
   —Non, merci. Je n'aime pas _____ salade.

7. —Vous voudriez un Orangina?
   —Non, merci. Je n'aime pas beaucoup _____ boissons gazeuses.

8. —Vous allez prendre un Perrier?
   —Non, je n'aime pas _____ eau minérale.

9. —Tu voudrais un chocolat?
   —Non, je n'aime pas _____ chocolat.

10. —Elle va prendre un sandwich?
    —Non, elle préfère _____ omelettes.

_____

NOTE FOR CORRECTIONS: items 1–5 = 1 point for each correct verb form, 1 point for each correct use of **ne... pas**; *total:* 7; items 6–10 = 1 point for each correct definite article; *total:* 5

III. On se rencontre. (*People run into each other.*) For each of the drawings below, imagine a short dialogue.

A. Bonjour... When there are two people in the picture, have them greet each other. When there are three people, have them make introductions. Use the names accompanying the drawings, when appropriate.

1. Mme Serreau, M. Nougent

_____

_____

_____

_____

_____

_____

2. Dominique, Marie-Hélène

_____

_____

_____

_____

_____

_____

3. Simone Verdun, Germaine Ledoux, Jacques Olivier

_____

_____

_____

_____

_____

_____

_____

4. Bénédicte Masson, Jean-Pierre Thibault, Vincent Beauchamp

_____

_____

_____

_____

_____

_____

_____

B. Au revoir. Now have the people say good-bye to each other.

5. Marcel, Sylvie

_____

_____

_____

6. Georges Molina, Andrée Gerbal

_____

_____

_____

IV. Moi, j'aime mieux... Choose at least three items from each category and indicate your personal attitude toward them. Use each of the following expressions at least once: **aimer beaucoup, aimer bien, aimer mieux** (*better*), **aimer un peu, ne pas aimer, ne pas aimer du tout** (*not at all*), **détester.**

Modèle: boissons chaudes (thé, café, chocolat)

> *En général, je n'aime pas les boissons chaudes. J'aime bien le chocolat, j'aime un peu le café, mais je n'aime pas du tout le thé.*

1. boissons chaudes (thé, café, chocolat)

_____

_____

2. boissons froides (Coca, eau minérale, Orangina, limonade)

_____

_____

3. petit déjeuner (café au lait, chocolat, croissants, thé)

_____

_____

4. déjeuner (salade, sandwiches, omelettes, frites)

_____

_____

V. Trois amis. Write two short paragraphs about some friends of yours. In the first paragraph, discuss *one* friend. In the second paragraph, talk about *two* other friends. Use as many of the suggested verbs and adverbs as possible. If you choose to talk about a male friend, begin with **Mon ami**; for a female friend, use **Mon amie**. When talking about two friends, if they are both female, use **Mes amies**; otherwise, use **Mes amis**. Use a separate sheet of paper.

Verbs: **aimer, chanter, étudier, habiter, manger, parler, préférer, travailler, voyager**
Adverbs: **beaucoup, bien, mal, un peu, souvent, rarement**

Troisième étape *Tu aimes les fast-foods?* (Text pp. 29–37)

Lisons!

American culture has had a strong influence on France. One obvious example is the development of fast-food restaurants, led by McDonald's. Since you've probably had considerable experience with McDonald's in the United States, you would be well equipped to function in the French version.

*I. Un menu.   First study the McDonald's menu. Then use your prior knowledge of both English and McDonald's as well as the French you already know to answer the questions that follow.

Notre Hamburger : le goût véritable d'un steak 100 % pur bœuf.

Notre Cheeseburger : le goût véritable d'un steak 100 % pur bœuf avec une tranche de fromage fondant.

Notre Filet-O-Fish® : le goût délicieux d'un filet de poisson bien doré.

Notre Doublecheeseburger : le double plaisir de deux steaks 100 % pur bœuf avec deux tranches de fromage.

Nos fameuses frites croustillantes et bien dorées.

Difficile de résister à notre célèbre Big Mac® avec deux steaks hachés 100 % pur bœuf, accompagné de sa sauce spéciale, de salade fraîche, d'oignons...

...Ou à nos Chicken McNuggets, savoureux beignets de poulet croustillants et bien dorés.

Salade Jardin : préparée le jour même, comme toutes les salades McDonald's. Une délicieuse composition de salade, céleri, carottes, radis, tomates, concombres, fromage, œuf.

Salade aux Crevettes. L'harmonie gourmande : crevettes, salade, céleri, carottes, radis, tomates, concombres, œuf.

Salade du Chef. Un savoureux mélange de jambon, dinde, salade, céleri, carottes, radis, tomates, concombres, fromage, œuf.

Vanille, fraise ou chocolat : les parfums au choix de nos délicieux Milkshakes.

Nos desserts à fondre de plaisir : chaussons aux fruits ou sundaes.

Spécial enfants. Notre Happy Meal® : un délicieux menu conçu spécialement pour les enfants avec des jeux et des surprises à collectionner.

C'est bon comme ça chez McDonald's.®

A. Les mots apparentés. (*Cognates.*)

    1. List the French words for five vegetables whose French names you can recognize because of their resemblance to English. _____

_____

    2. List ten other French words whose meaning you can guess because of their resemblance to English. _____

_____

B. L'image et le contexte.   Using the photos and the linguistic context (that is, those words that you know or recognize), find the French words or expressions that correspond to the following English words or expressions.

    1. chicken _____

    2. egg _____

    3. fish _____

    4. fruit pastries (pies) _____

    5. games _____

    6. shrimp _____

    7. slice _____

    8. strawberry _____

RESTAURANT McDonald's® - Nice-Masséna
20, av. Jean Médecin - Tél. 04.93.62.09.04

1er Anniversaire de votre restaurant **McDonald's®** Nice-Masséna, pour tout achat du fameux **Big-Mac™** un délicieux **SUNDAE** vous sera offert

BIENVENUE A NICE
où il se passe toujours quelque chose

WELCOME TO NICE...
where it is all happening

WILLKOMMEN IN NIZZA...
wo immer 'was los ist

BIENVENIDOS EN NIZA...
donde siempre occurre algo

BENVENUTI A NIZZA...
dove succede sempre qualche cosa

Date	Heure	MANIFESTATIONS	Lieu
Lundi 1 juin	20h00	Orch. symph. de Vienne Dir. Georges Prêtre	Acropolis
Sam. 6 juin	16h00	"Symphonie n° 4" G. Mähler	Opéra
Dim. 7 juin	16h00		
Dim. 7 juin	10h00	"Messe du couronnement" de Mozart	Cathédrale
Lun. 8 juin	20h30	Concert Simply Red	Théâtre Verdure
Mer. 10 juin	21h00	"La Création" de J. Haydn	Cathédrale
Sam. 13 juin	21h00	Jazz - Nuit du jazz azuréen	Centre cult. Cimiez av. de la Marne
Mer. 17 juin	21h00	"Te Deum" de Jean-Baptiste Lully	Cathédrale
Mar. 16 juin	19h30		
Jeu. 18 juin	19h30	"Hérodiade" de Jean Massenet	Acropolis
Dim. 21 juin	14h30	Direction Georges Prêtre	
Mar. 23 juin	19h30		
Sam. 20 juin	10-21h	Assemblée 173ᵉ District du Rotary Inter	Acropolis
Jeu. 25 juin	21h00	"5ᵉ Symphonie" A. Brückner	Cathédrale
Ven. 26 juin	21h00		
Ven. 26 juin	20h30	Concert Diane Dufresne	Théâtre Verdure
Mer. 8 juillet		Concert Paul Young	Théâtre Verdure
Jeu. 16 juillet		Concert David Bowie	Stade de l'Ouest

II. Un set de table. (*A place mat.*)   Even though the basic format of American fast-food restaurants remains the same when transported to other cultures, each country usually adds its own particular touches. One example is the place mat. Study this place mat from a McDonald's restaurant in Nice (on the Mediterranean coast). Then do the exercises that follow.

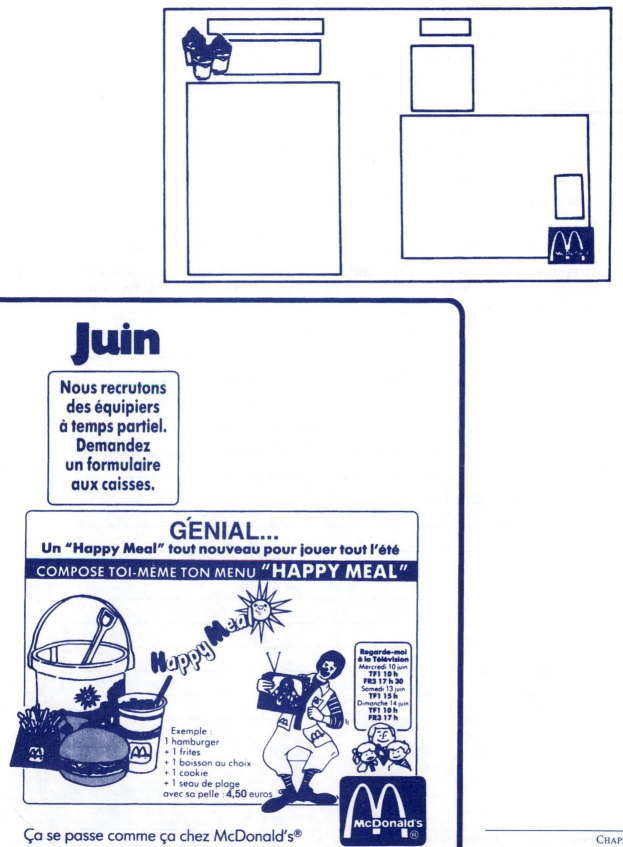

Juin

Nous recrutons des équipiers à temps partiel. Demandez un formulaire aux caisses.

GÉNIAL...
Un "Happy Meal" tout nouveau pour jouer tout l'été

COMPOSE TOI-MÊME TON MENU "HAPPY MEAL"

Happy Meal

Regarde-moi
à la Télévision
Mercredi 10 juin
**TF1 10 h
FR3 17 h 30**
Samedi 13 juin
TF1 15 h
Dimanche 14 juin
**TF1 10 h
FR3 17 h**

Exemple :
1 hamburger
+ 1 frites
+ 1 boisson au choix
+ 1 cookie
+ 1 seau de plage
avec sa pelle : **4,50** euros

Ça se passe comme ça chez McDonald's®

A. Comprenez-vous? (*Can you understand?*)   Many of the words on the place mat may look strange to you, but you can probably figure out the type of information being communicated. Look at the following list. If an item is included on the place mat, put its number in the appropriate location on the outline (p. 25); if it is not, cross it out.

1. an ad for "Happy Meals"

2. the current month

3. the times you can see Ronald McDonald on TV

4. addresses of the other McDonald's restaurants in Nice

5. listings of music concerts in Nice

6. an ad for a radio station

7. the address and telephone number of this McDonald's restaurant

8. listings of sporting events in Nice

9. an announcement that McDonald's is hiring part-time workers

10. a menu

11. a special anniversary offer

B. La France et les États-Unis. (*France and the United States.*) On the basis of the information provided on the French place mat, what cultural differences between France and the United States might you deduce?

_____

_____

_____

_____

_____

_____

_____

_____

_____

_____

_____

_____

_____

_____

_____

_____

_____

_____

_____

Écrivons!

■ Pratique de la grammaire

In this **étape**, you've studied the conjugation of the verb **être**, nouns of profession, and adjectives of nationality. To verify that you've learned these structures, take *Test 3* below. You will find the answers and scoring instructions in the Answer Key. A perfect score is 20. If your score is less than 16, or if you wish additional practice, do the self-correcting exercises for **Chapitre 1, Étape 3**, in the *Pratique de la grammaire* at the back of this **Cahier**.

Test 3

Complete the following conversations, using the appropriate forms of the verb **être** and of the nouns or adjectives suggested.

architecte / avocat

1. Mme Bérard, vous _êtes est architecte Mme _____ ?

2. Non, je _ne suis pas architecte, je suis avocat._____ .

espagnol / portugais

3. Manuel et Juan, vous _êtes est espagnol Mme _____ pa _____ ?

4. Non, _nous ne sommes pas espagnol, nous sommes portugais._____ .

russe / mexicain

5. Est-ce que Tatiana _es _____ ?

6. Non, elle _ne sont pa est russe, elle est _____ mexicain_____ .

étudiant / professeur

7. Michèle, tu _es est étudiant_____ ?

8. Non, je _ne suis pas étudiant, _____ professeur._____ .

français / canadien

9. Françoise et Anne-Marie, elles _sont est français _____ ? _____ ?

10. Non, elles _ne sont pa _____ .

NOTE FOR CORRECTION: 1 point for each correct form of **être**; 1 point for each correct noun or adjective; *total: 20*

*III. Des photos.   You're creating a web site of pictures taken during your recent travels around the world. Using the clues in the photo, complete the caption for each photograph.

Modèle:

Herbert Reed

Herbert est professeur. Il est anglais.
Il habite à Londres.

1. Jean-Yves Leroux

_____

_____

_____

_____

2. Ana et Marta González

_____

_____

_____

_____

3. Dolores Rey

_____
_____
_____

4. Kathryn Mallory

_____
_____
_____

5. Hugo Fierbach et Rolf Vogel

_____
_____
_____

6. Francesca Martinello

_____
_____
_____

7. François Denis

_____
_____
_____
_____

8. Jean-Pierre et Catherine Letourneur

_____
_____
_____
_____

*IV. **Les cartes de débarquement.** You're working for a tourist service that coordinates travel for international groups. Using the information on your group list, fill out the landing cards (**cartes de débarquement**) for the members of your group. They will be traveling from New York to Paris on Air France flight 017.

Group #2087   17 July 2003   New York–Paris   AF 017

Name	Gender	Country	Address	Occupation
Abruzzi, Marcello	M	Turin, Italy	via Garibaldi	businessman
Delteil, Jean-Claude	M	Montreal, Canada	rue Sainte-Catherine	accountant
Fodéba, Annie	F	Lyons, France	rue Jean Moulin	doctor
Frye, Alan	M	Bristol, England	Dickens Boulevard	farmer
Kramer, Hilda	F	Munich, Germany	Leopold Strasse	secretary
Oh, Mata	F	Sapporo, Japan	Hamamatsucho	dentist
Sormani, Helen	F	Zurich, Switzerland	Dietzinger Strasse	teacher

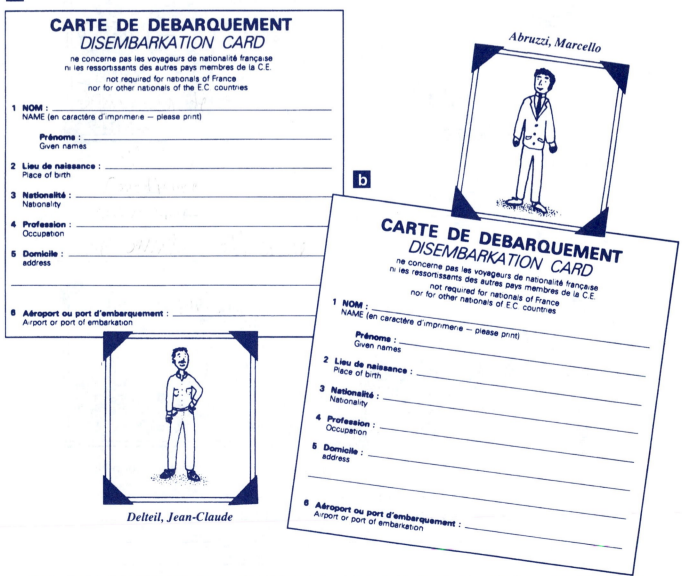

c

CARTE DE DEBARQUEMENT
DISEMBARKATION CARD
ne concerne pas les voyageurs de nationalité française
ni les ressortissants des autres pays membres de la C.E.
not required for nationals of France
nor for other nationals of the E.C. countries

1 **NOM :** _____
NAME (en caractère d'imprimerie — please print)

Prénoms : _____
Given names

2 **Lieu de naissance :** _____
Place of birth

3 **Nationalité :** _____
Nationality

4 **Profession :** _____
Occupation

5 **Domicile :** _____
address

6 **Aéroport ou port d'embarquement :** _____
Airport or port of embarkation

Fodéba, Annie

d

CARTE DE DEBARQUEMENT
DISEMBARKATION CARD
ne concerne pas les voyageurs de nationalité française
ni les ressortissants des autres pays membres de la C.E.
not required for nationals of France
nor for other nationals of the E.C. countries

1 **NOM :** _____
NAME (en caractère d'imprimerie — please print)

Prénoms : _____
Given names

2 **Lieu de naissance :** _____
Place of birth

3 **Nationalité :** _____
Nationality

4 **Profession :** _____
Occupation

5 **Domicile :** _____
address

6 **Aéroport ou port d'embarquement :** _____
Airport or port of embarkation

Frye, Alan

e

CARTE DE DEBARQUEMENT
DISEMBARKATION CARD
ne concerne pas les voyageurs de nationalité française
ni les ressortissants des autres pays membres de la C.E.
not required for nationals of France
nor for other nationals of the E.C. countries

1 **NOM :** _____
NAME (en caractère d'imprimerie — please print)

Prénoms : _____
Given names

2 **Lieu de naissance :** _____
Place of birth

3 **Nationalité :** _____
Nationality

4 **Profession :** _____
Occupation

5 **Domicile :** _____
address

6 **Aéroport ou port d'embarquement :** _____
Airport or port of embarkation

Kramer, Hilda

f

CARTE DE DEBARQUEMENT
DISEMBARKATION CARD

ne concerne pas les voyageurs de nationalité française
ni les ressortissants des autres pays membres de la C.E.
not required for nationals of France
nor for other nationals of the E.C. countries

1 **NOM :** _____
NAME (en caractère d'imprimerie — please print)

Prénoms : _____
Given names

2 **Lieu de naissance :** _____
Place of birth

3 **Nationalité :** _____
Nationality

4 **Profession :** _____
Occupation

5 **Domicile :** _____
address
_____
_____

6 **Aéroport ou port d'embarquement :** _____
Airport or port of embarkation

Oh, Mata

g

CARTE DE DEBARQUEMENT
DISEMBARKATION CARD

ne concerne pas les voyageurs de nationalité française
ni les ressortissants des autres pays membres de la C.E.
not required for nationals of France
nor for other nationals of the E.C. countries

1 **NOM :** _____
NAME (en caractère d'imprimerie — please print)

Prénoms : _____
Given names

2 **Lieu de naissance :** _____
Place of birth

3 **Nationalité :** _____
Nationality

4 **Profession :** _____
Occupation

5 **Domicile :** _____
address
_____
_____

6 **Aéroport ou port d'embarquement :** _____
Airport or port of embarkation

Sormani, Helen

h

CARTE DE DEBARQUEMENT
DISEMBARKATION CARD

ne concerne pas les voyageurs de nationalité française
ni les ressortissants des autres pays membres de la C.E.
not required for nationals of France
nor for other nationals of the E.C. countries

1 **NOM :** _____
NAME (en caractère d'imprimerie — please print)

Prénoms : _____
Given names

2 **Lieu de naissance :** _____
Place of birth

3 **Nationalité :** _____
Nationality

4 **Profession :** _____
Occupation

5 **Domicile :** _____
address
_____
_____

6 **Aéroport ou port d'embarquement :** _____
Airport or port of embarkation

Fill out the last card for yourself. ▶

*V. Au Quick.   Three friends go to a Quick fast-food restaurant for lunch. After deciding what to eat and placing their order, they talk to an acquaintance of one of the three, who is eating at the same place. Complete their conversation with appropriate words and phrases that you've learned.

PASCALE: Alors, les amis, c'est l'heure du déjeuner. On _____ au Quick?

FRANCINE: Oui, _____? J'aime beaucoup _____ fast-foods.

MICHEL: Moi, aussi.

PASCALE: Eh bien, Francine, qu'est-ce que tu _____?

FRANCINE: _____ un Long Bacon et _____ limonade. Et _____, Michel?

MICHEL: Je _____ un Cheeseburger et _____ frites.

PASCALE: Tu prends une _____?

MICHEL: Oui, un jus d'orange.

PASCALE: Très bien. S'il vous plaît, deux Long Bacons, un Cheeseburger, deux limonades, un jus d'orange _____ des frites.

FRANCINE: Tiens! Voilà Jorge. Il _____ mexicain. Jorge! Jorge! _____, Jorge! Comment _____?

JORGE: Oh, ça va _____. Et toi, Francine?

FRANCINE: _____. Jorge, mes amis Pascale et Michel.

JORGE,
PASCALE,
MICHEL: _____.

PASCALE: Alors, Jorge, tu _____ mexicain. Tu _____ donc (*therefore*) espagnol.

JORGE: Oui. Et vous deux, vous _____ français?

PASCALE: Non. Francine et Michel _____ français, mais moi, je _____ suisse. Mais nous _____ tous les trois (*all three of us*) étudiants à la Sorbonne.

JORGE: Ah, bon. Moi aussi, je suis _____ à la Sorbonne.

 *Écoutons!*

CD1-5 ***I. Dans la rue et au café.** You will hear some conversations that take place in the street or at a café. Match each conversation with the appropriate description. In some instances, more than one answer may be possible.

a. friends seeing each other in the street
b. acquaintances running into each other in the street
c. students meeting for the first time
d. older strangers meeting for the first time
e. friends having a drink together in a café
f. strangers having a drink in a café
g. friends saying good-bye
h. acquaintances saying good-bye

1. ___a___   2. ___c___   3. ___e___   4. ___g___   5. ___f___   6. ___b___

*II. Distinguez! *(Distinguish!)* In each part of this activity, try to discriminate between the similar-sounding words you will hear. Although some of the words will be unfamiliar, you should concentrate on making the appropriate distinctions.

CD1-6 **A.** *Un* **ou** *une?* Listen to each statement and tell whether the drink that is ordered is masculine (**un**) or feminine (**une**).

Modèle: You hear: Un diabolo menthe, s'il vous plaît.

You circle: (**un**) *une*

1. (un) une   3. un une   5. un une
2. un (une)   4. (un) une   6. (un) une

CD1-7 **B.** *Le, la* **ou** *les?* Listen to each statement and tell whether the food or drink mentioned is masculine singular (**le**), feminine singular (**la**), or masculine or feminine plural (**les**).

Modèle: You hear: Je n'aime pas du tout le fromage.

You circle: (**le**) *la   les*

1. (le) la les   4. (le) la les   7. le (la) les
2. (le) la les   5. le (la) les   8. le la les
3. le la (les)   6. le (la) les   9. (le) la les

CD1-8 **C.** *Il, elle, ils* **ou** *elles?* Listen to each statement and tell whether the subject pronoun is masculine singular (**il**), masculine plural (**ils**), feminine singular (**elle**), or feminine plural (**elles**).

Modèle: You hear: François? Mais il ne parle pas chinois.

You circle: (**il**) *elle   ils   elles*

1. il elle ils elles   6. il (elle) ils elles
2. il (elle) ils elles   7. (il) elle ils elles
3. (il) elle ils elles   8. il (elle) ils elles
4. il elle ils elles   9. il elle ils elles
5. il elle ils (elles)   10. (il) elle ils elles

CD1-9   **D. Masculin ou féminin?** Listen to each statement and tell whether the person whose nationality is given is male or female.

Modèle: You hear: Mathilde est française.

You circle: *m* (*f*)

1. m f   5. m f   8. m f

2. m f   6. m f   9. m f

3. m f   7. m f   10. m f

4. m f

CD1-10 ***III. Cette valise est à vous?** (*Does this suitcase belong to you?*)   You're working as the representative of an American tour group in Paris. One of your jobs is to meet arriving flights and help people find their luggage. On this occasion, you're stuck with several pieces of luggage that have not been claimed. Based on the short conversations you overhear, try to match the person and the baggage tag. If a conversation doesn't match any of the tags, mark an X.

1. _____   4. _____

2. _____   5. _____

3. _____

CD1-11 *IV. Mini-dictée: Deux étudiants étrangers à Paris. Listen to this short text about two foreign students in Paris. It will be read first at normal speed and then more slowly so that you can fill in the missing words. You may listen again, if necessary.

Jacques _et_ Marisa sont _étudiants_____. Ils ne sont pas

_française_____ et _italienne_____

_____ à Paris. Jacques _est_ suisse. _____

souvent au café. Marisa _est italienne_____. Elle

_____ les fast-foods.

Rédigeons! (Let's write!)

Write an imaginary conversation that takes place either in a café or in a fast-food restaurant in Paris. You and an acquaintance of your parents (Mr. . . .) have made plans to meet for lunch. A French friend of yours (Janine Leclair) joins you. During lunch, Mr. . . . and Janine try to find out about each other. Make sure that everyone gets something to eat. Use the *Système-D* writing assistant to help you.

PHRASES: Greetings; introducing; thanking; advising
VOCABULARY: Food; drinks; professions; trades; occupations
GRAMMAR: Present tense

(**Writing Hint:** The information listed above may be of help as you do this writing assignment. The **Phrases** category refers to the **Pour se débrouiller** section of the **Lexique** for this chapter in your textbook. The category **Vocabulary** refers to the **Thèmes et contextes** section of the **Lexique** at the end of this chapter in the textbook. The category **Grammar** refers to one of the structures in the textbook chapter. You will also find corresponding categories in the **Système-D** computer program.)

🎧 Travail de fin de chapitre

CD1-12 *I. Quatre conversations

A. You will hear four short conversations (Dialogues 1–4). Listen to each conversation and try to match its number with the appropriate description. You will not understand all of what's being said; however, use the French you've already learned and any other clues you can pick up to identify the context for each conversation.

_____ **a.** Three university students go to a café for lunch.

_____ **b.** Two friends have lunch in a café.

_____ **c.** Two high school students stop at a café for something to drink. While there, a friend of one of them comes by.

_____ **d.** Two friends go to a fast-food restaurant for lunch and one of them runs into an older acquaintance.

CD1-12   **B.** Listen again to the four conversations. Then answer the following questions.

Dialogue 1

1. What does each person order? _____

_____

_____

2. How many drinks does the waiter suggest? _____

_____

Dialogue 2

3. What are the names of the three customers? _____

_____

4. What does each one order? _____

_____

5. Why do the three people laugh? _____

_____

_____

CD1-13   ### Dialogue 3

6. Why doesn't Laurent like the Quick restaurant? _____

_____

7. What does he finally order at the café? _____

_____

CD1-14   ### Dialogue 4

8. Which of the two friends knows Mme Launay? _____

_____

9. How do you know that? _____

_____

10. What do Florence and Thibeault order to eat and/or drink? _____

_____

_____

*II. Jeu: Quelque chose à manger. The white blocks of letters are the names of drinks you can order in a café. Using the clues (the number of spaces and the letters or punctuation marks provided), fill in the names of the drinks. Then transfer some of the letters, following the arrows, to the shaded blocks in the middle. If you're correct, the shaded blocks will contain the name of something to eat that can also be ordered in a café.

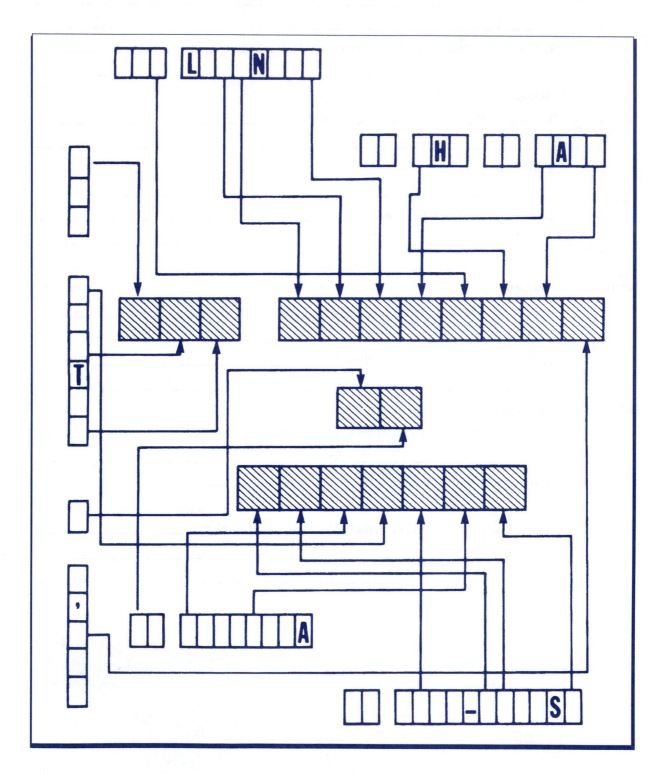

chapitre 2

Faisons connaissance!

Première étape *C'est à toi, ça?* (Text pp. 48–58)

Lisons!

*In France, as in the United States, advertising (what the French call **la publicité** or **la pub**) is big business. Consequently, when you are in France, you are bombarded with ads for all types of merchandise. In this **étape**, you will work on reading ads for products that you as a student might want or need.*

*I. Prélecture.   Answer the following questions about ads on the basis of your general knowledge and your ability to observe.

1. Even if someone did not understand a single word of French, what physical cues might allow that person to distinguish the ad from the rest of this magazine page?

   _____

   _____

   _____

   _____

   _____

Mais il serait aussi responsable d'accidents cérébraux (lésions, aires d'apoplexie) et d'un certain nombre d'affections neurologiques. Présent dans toutes les cellules du cerveau où il joue un rôle de transmetteur, le glutamate peut, à certains moments, se trouver en minuscules quantités dans les espaces intercellulaires. Mais il arrive que le cerveau soit brusquement privé d'oxygène, alors le glutamate devient plus abondant et envahit les cellules principales, les neurones, et les noie. Nécessaire à la vie, le glutamate se transforme alors en tueur.

Un détecteur ultrasensible. C'est le dernier gadget pour détecter plus facilement la moindre grosseur dans un sein. Il s'agit d'une poche en latex d'une vingtaine de centimètres de diamètre, remplie de silicone liquide, que l'on place sur le sein. Son application augmente considérablement la perception de la dimension de la plus minuscule grosseur. A travers cette poche, la palpation d'un grain de sel donne l'impression d'un caillou, un cheveu humain est aussi épais qu'un morceau de fil de fer. Comment le « sensor pad » permet-il de détecter les grosseurs les plus infimes ? En éliminant friction, chaleur et autres stimuli, il ne permet qu'à la seule perception de la forme de l'anomalie de parvenir au cerveau.

BOND EN AVANT DE LA RECHERCHE SUR LE CANCER

«Nous affirmons qu'il est réalisable et cliniquement utile de se servir des polymorphismes de l'A.D.N. (Acide DésoxyriboNucléique) pour déterminer le risque de cancer.» Traduite en clair, cette phrase signée par 14 cancérologues de réputation internationale – américains, anglais, suédois et allemands – publiée dans le fameux « New England Journal of Medicine », signifie que le dépistage aussi bien que le traitement de certains cancers vont devenir possibles. L'explication de cet optimisme et de cet espoir se trouve à l'échelon le plus intime de la cellule humaine. L'A.D.N. des chromosomes. Les biologistes se sont attelés au décryptage des quelque 100 000 gènes qui forment un individu. C'est ainsi qu'ils ont découvert sur le chromosome 11, puis sur le 13, puis sur le 17, des gènes dont la présence ou l'absence correspond à l'existence d'un cancer. Sur les chromosomes 11 et 17, la présence de certains gènes dits «oncogènes» ou cancéreux, est liée à des cancers du sein. Sur le chromosome n° 13, c'est l'absence d'un gène baptisé Rb qui coïncide avec l'apparition d'un cancer rare mais redoutable de la rétine – le rétinoblastome – chez les enfants (1 cas pour 15 000 à 34 000 naissances). Le Rb a sous sa dépendance la synthèse d'une protéine essentielle à la croissance cellulaire normale. Son absence correspond à une croissance cellulaire anormale, cancéreuse. Ainsi découvert, isolé et classé, le gène Rb a-t-il permis la

mise au point d'un test prédictif du rétinoblastome à partir d'un simple prélèvement sanguin. Test d'une importance capitale puisqu'il peut être effectué avant la naissance, ce qui met les futurs parents en face de leurs responsabilités. Mais le gène Rb n'est pas spécifique au rétinoblastome. Il est également impliqué dans la genèse des cancers du poumon à petites cellules, 20 % des cancers primitifs du sein et la moitié des cas de cancers des os. Ce gène Rb vient d'être réimplanté au sein du chromosome n° 13 d'une souris porteuse d'une tumeur et la croissance de celle-ci a été bloquée. Cette expérience prouve que la protéine codée par le gène Rb est capable d'enrayer la formation d'une tumeur. Des essais sur l'homme sont envisagés «d'ici un an ou deux», a déclaré le Pr Wenhwa Lee, qui dirige les chercheurs de l'université de Californie qui ont réussi cette expérience. Un autre cancérologue américain, Steven Rosenberg, veut aller plus vite et plus loin. A la fin janvier, il se préparait à implanter chez de grands malades des «gènes manipulés». Pour la première fois, on devrait savoir s'il est possible d'aller «tuer un cancer dans l'œuf». ∎

Jean V.-Manevy

2. When you read an ad in a newspaper or magazine, how often do you expect to find the following types of information?

	Always	Usually	Rarely or never
a. type of product	☐	☐	☐
b. brand name	☐	☐	☐
c. name and address of manufacturer	☐	☐	☐
d. price	☐	☐	☐
e. materials, ingredients, and/or features	☐	☐	☐
f. picture of the product	☐	☐	☐
g. reasons for buying the product	☐	☐	☐
h. testimonials	☐	☐	☐

*II. Ordinateurs.   Read the two ads for electronic products. Then tell which types of information listed in the preceding exercise are contained in each ad.

Hewlett Packard	**Casio**
_____	_____
_____	_____
_____	_____
_____	_____
_____	_____
_____	_____

Tuyau-Lecture
Skimming and Scanning

Skimming and scanning are two techniques you can use when your main concern is to get information from a document or text. Skimming involves looking quickly over the material to get a general idea of the type of text you're dealing with and the basic content you're likely to find. In skimming, you make use of the physical layout and design of the text as well as any cognate words that are immediately apparent. Exercise II basically asks you to skim the ads for Hewlett Packard and Casio products.

Scanning involves looking over the material in search of a certain type of information. In scanning, you focus your attention on specific details while ignoring unrelated information. For example, you scan plane schedules and TV program listings for information about your particular destination or about programs playing at the current time. In the exercise that follows, you'll be asked to scan the Hewlett Packard and Casio ads in order to answer certain questions.

Skimming and scanning usually occur simultaneously and are very useful when you have a specific need for information and are confronted with a text containing large amounts of unfamiliar vocabulary.

*III. **Ordinateurs (suite).** Scan the ads in Exercise II in order to answer the following questions.

1. What is the main difference between the Casio and the Hewlett Packard products?

_____

_____

2. What are some of the features of the Hewlett Packard laptop?

_____

_____

3. What is the approximate price in American dollars of the Hewlett Packard laptop? Can you buy similar computers for the same or a lower price in the United States? _____

_____

_____

4. According to the ad, what is the PB 80 ideal for? _____

_____

_____

5. No price is suggested for the PB 80. How might you find out more about this particular electronic gadget? _____

_____

_____

6. Which of these two products would you find the most useful? Why? (Or, if neither would help you, explain why not.) _____

_____

_____

Écrivons!

■Pratique de la grammaire

In this **étape**, you've studied the conjugation of the verb **avoir** and possessive adjectives (first and second person forms). To verify that you've learned these structures, take *Test 4* below. You will find the answers and scoring instructions in the Answer Key. A perfect score is 16. If your score is less than 13, or if you wish additional practice, do the self-correcting exercises for **Chapitre 2, Étape 1**, in the *Pratique de la grammaire* at the back of this **Cahier**.

Test 4

First, complete each sentence with the appropriate form of the verb **avoir.**

1. Pour aller en ville, nous _____avons____ une voiture.

2. Jacques et Bénédicte _____ont_____ une voiture aussi.

3. Nathalie _____a_____ un vélo.

4. Toi, tu _____ une motocyclette, non?

5. Non, moi, j'_____ un trottinette.

6. Et vous, qu'est-ce que vous _____avez_____?

Now, complete each of the following sentences, using an appropriate form of the possessive adjectives. Pay attention to the speaker (indicated in parentheses at the beginning) as well as to the person spoken to.

7. (Henri) Tiens, voici _____ chambre. Mais, Jean-Jacques, où est _____ta_____ chambre?

8. (Pierre et Yvonne) Où sont _____nos_____ clés? Quel désastre!

   (Éric) Calmez-vous! Voici _____vos_____ clés!

9. (Sylvie) Martine, voici _____ton_____ vélo. Mais je ne peux pas trouver (*I can't find*)

   _____ vélo.

10. (Nathalie) Tiens, François, je te présente _____mon_____ amie Chantal. Chantal, François.

11. (Robert) Alain, tu aimes _____mes_____ disques compacts?

   (Alain) Ah, oui. J'aime beaucoup _____tes_____ CD.

12. (Philippe) M. Lavenne, j'aime beaucoup _____ta_____ voiture. Je voudrais bien avoir une voiture comme ça!

NOTE FOR CORRECTION: items 1–6 = 1 point for each correct form of **avoir;** *total: 6;* items 7–12 = In some cases, there are two possible ways to complete the sentence; 1 point for each correct possessive adjective; *total: 10*

*IV. Il y a...   Look at the drawings of Pascale's room and Didier's room.

First, list at least ten objects that you see in Pascale's room.

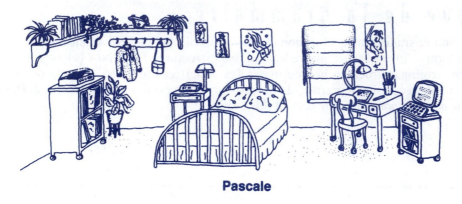

Pascale

Dans la chambre de Pascale, il y a *un bureau*

_____

_____

Didier

Now list at least five items in Didier's room that are *not* found in Pascale's room.

Dans la chambre de Didier, il y a _____

_____

_____

*V. Petites conversations. (*Short conversations.*) Complete the following conversations, using the expressions **il y a** or **voilà** or the appropriate form of the verbs **être** or **avoir**.

1. —À Cassis _____ *sont* _____ des avocats?

   —Oui. Tiens! Regardez! _____ *Voilà* _____ un avocat.

   —Ah, oui. M. Rocard. Il _____ *est* _____ de Marseille, mais il

   _____ *a* _____ une maison à Cassis.

2. —Nous sommes à l'université?

   —Oui. Regardez! _____ *Sont Voilà* _____ des étudiants. Là, au restaurant universitaire.

   —Est-ce qu'ils _____ *sont* _____ français?

   —Non, espagnols et allemands. _____ *Il y a* _____ beaucoup d'étudiants étrangers (*foreign*) ici.

3. —Où est-ce que Nathalie habite?

   —Est-ce qu'elle _____ *a* _____ un appartement?

   —C'est possible. _____ *Il y a* _____ des appartements pour étudiants dans l'avenue Dauphine.

   —Où _____ *est* _____ l'avenue Dauphine?

   —_____ *Voilà* _____ l'avenue Dauphine. Tout droit (*straight ahead*).

*VI. À qui est-ce? (*Whose is it?*) Using the information suggested, complete the following exchanges.

1. Alain is looking for his pens. Francine sees where they are.

   ALAIN: Où sont _____ *mes* _____ stylos?

   FRANCINE: Ils sont dans _____ *ton* _____ sac à dos.

2. Alain and Francine are looking at Didier's house.

   ALAIN: Francine, c'est _____ *ta* _____ maison?

   FRANCINE: Non, c'est _____ *la* _____ maison _____ *de* _____ Didier. Je n'habite pas dans une maison. J'ai un appartement.

   ALAIN: Ah, oui? Où est _____ *ton* _____ appartement?

3. Francine has found a set of keys.

   FRANCINE: Didier et Christine, ce sont _____ *vos* _____ clés?

   CHRISTINE: Oui, ce sont _____ *nos* _____ clés.

4. Alain is looking at Francine's stereo.

   ALAIN: Francine, c'est _____ *ta* _____ chaîne stéréo?

   FRANCINE: Oui, et ce sont _____ *mes* _____ disques compacts aussi.

5. Francine and Alain are trying to find out whose desk this is.

   FRANCINE: À qui est ce bureau?

   ALAIN: Didier, ce n'est pas _____ *ton* _____ bureau?

   CHRISTINE: Mais non, c'est _____ *mon* _____ bureau.

6. Didier is looking for a computer.

DIDIER: Christine, où est _____ ordinateur?

CHRISTINE: Je n'ai pas d'ordinateur, mais voici _____ calculatrice.

7. Alain and Francine can't find their bikes.

ALAIN: Francine, où sont _____ vélos?

CHRISTINE: Vous cherchez _____ vélos? Ils sont dans le garage.

VII. Les chambres à la résidence universitaire. You've been asked to send a letter to a French exchange student who is planning to spend a year at your university. Write a paragraph in which you describe a typical room in a residence hall and explain what she will need. Use the expressions **il y a, il n'y a pas,** and **tu auras besoin de** (*will need*). Begin your paragraph with: **Dans une chambre typique...** Use the *Système-D* writing assistant to help you.

VOCABULARY: Classroom; bedroom; toilette
GRAMMAR: **avoir** expressions
DICTIONARY: **avoir**

Deuxième étape *Chacun ses goûts...* (Text pp. 59–65)

Lisons!

Skimming and scanning strategies are not limited to "practical" texts, such as timetables, schedules, ads, etc. We also use these techniques when reading newspapers and magazines. In the exercises that follow, you'll apply skimming and scanning to a common type of article found in today's print media: mini-portraits of famous people.

*I. Prélecture. Based on your experience looking at newspapers and magazines, answer the following questions.

1. What elements of layout are typical of a mini-portrait of a celebrity? _____

_____

2. List at least five types of information (for example, the person's name) that you almost always find in a short celebrity portrait. _____

_____

_____

3. List at least three other types of information that you sometimes find in a short celebrity portrait. _____

_____

*II. Trois célébrités. Rapidly scan the three portraits of the following people. Then identify each person's claim to fame.

Rokia Traoré

Rokia est née 1974 dans la région de Belidougou au Mali. Son père est diplomate; elle grandit, avec ses six frères et sœurs, au Mali, en Arabie Saoudite et en Belgique. Dès son jeune âge, Rokia aime chanter. Après deux années d'études à l'université, elle se lance dans la musique. Elle fait ses premières armes comme rappeuse dans le groupe malien «Let's Fight». En 1997, elle enregistre son premier album «Mouneïssa», qui plonge aux sources des rythmes traditionnels mandingues. Depuis, cette auteur-compositeur-interprète a sorti un deuxième album, «Wanita», qui a conquis des publics du monde entier. Sur scène, elle chante, danse et s'accompagne de divers instruments et communique son amour de la musique.

Ladji, loin devant!

Ladji Doucouré est né en région parisienne, sa mère est sénégalaise et son père malien. A ses débuts, comme tous les jeunes de son âge, il rêvait à une carrière de footballeur. Mais un jour il suit une copine sur un stade et bientôt il montre de grandes dispositions pour le décathlon, la discipline la plus difficile de l'athétisme (il faut être excellent dans dix épreuves différentes!). Lors des championnats du monde en 2000 au Chili il remporte plusieurs médailles et en 2001, aux championnats d'Europe juniors, il s'adjuge la première place sur le podium. Le jeune décathlonien poursuit des études commerciales tout en s'entraînant pour les Jeux Olympiques.

Du ski au tennis

Né à Marseille, Sébastien déménage à Ancelle à l'âge de deux ans, une petite station située à dix kilomètres de Gap. C'est là qu'il découvre, non pas le tennis, mais le ski. *"A la montagne, c'est difficile d'y échapper. Tout le monde débute par le ski."* A cinq ans, nouveau déménagement pour la famille Grosjean. Direction Pra-Loup. Sébastien n'abandonne pas le ski, qu'il continue à pratiquer en club jusqu'à onze ans. Mais entre-temps, il découvre le tennis. *"On avait un court de tennis juste en face de chez nous et j'allais souvent jouer dessus avec des copains. Sans ça, je suivais des cours à l'école de tennis du coin. Ils avaient un court couvert et j'y jouais une heure par semaine."*

1. Rokia Traoré _____

2. Ladji Doucouré _____

3. Sébastien Grosjean _____

III. En plus. (*In addition.*)   Scan the portraits a second time, a little more slowly. Then write a short paragraph in English about each of the three people. Use a separate sheet of paper.

Écrivons!

Pratique de la grammaire

In this **étape**, you've studied the conjugation of the verb **faire** and information questions. To verify that you've learned these structures, take *Test 5* below. You'll find the answers and scoring instructions in the Answer Key. A perfect score is 11. If your score is less than 9, or if you wish additional practice, do the self-correcting exercises for **Chapitre 2, Étape 2**, in the *Pratique de la grammaire* at the back of this **Cahier.**

Test 5

First, complete each of the following sentences, using the appropriate form of the verb **faire**.

1. Qu'est-ce que vous _____ ce soir?

2. Alain _____ *fait* _____ du tennis.

3. Frédérique et moi, nous _____ *faisons* _____ du ski nautique.

4. M. et Mme Matthieu _____ *font* _____ une promenade en voiture.

5. Tu _____ *fais* _____ une promenade à pied?

6. Non, je _____ *fais* _____ un tour à vélo.

Now, provide the question that provoked each of the following responses.

7. _____ ?

   Reims se trouve au nord-est de Paris.

8. _____ ?

   Nous mangeons des omelettes.

9. _____ ?

   Matthieu et Janine parlent chinois.

10. _____ ?

    Parce que je n'ai pas faim.

11. _____ ?

    Elle travaille à Rouen.

NOTE FOR CORRECTION: items 1–6 = 1 point for each correct form of **faire**; *total: 6;* items 7–11 = 1 point for each question form used appropriately, no points for other parts of the sentence; *total: 5*

*IV. Ce qu'on aime faire le week-end.   Annick, Denis, and Nelly are discussing what they each like to do on the weekend when they have some free time. Complete their conversation, using an appropriate form of **faire** or **avoir**, a question word, or another word or expression that you know and that makes sense.

ANNICK: Denis et Nelly, qu'est-ce que _____ le week-end si (*if*) vous

n'_____ pas de devoirs (*homework*)?

DENIS: Moi, _____ du tennis. Toi aussi, Nelly?

NELLY: Moi, non. J'aime rester à la maison et _____ de la musique.

ANNICK: C'est vrai? Alors, tu ne _____ de tennis?

NELLY: Non, mais mes amis et moi, nous _____ beaucoup de

promenades. Et toi, Annick, tu _____ du sport?

ANNICK: Moi, j'adore _____ des tours à vélo.

DENIS: Ah, oui. Moi aussi. Mais je _____ de vélo.

_____ on peut louer (*can rent*) un vélo?

NELLY: _____ un magasin (*store*) où on peut louer des vélos dans la
rue St-Pierre.

*V. Une interview.   You've been chosen to interview a French person who's attending your university. Prepare questions that you could ask in order to elicit the following information. Don't translate word for word, but look for French equivalents.

1. where he/she lives in France (**en France**)

_____

2. whether he/she lives in a house or an apartment

_____

3. whether he/she works or is a student in France

_____

4. (if he/she works) where he/she works / (if he/she is a student) what he/she is studying (*Make up two questions.*)

_____

_____

5. whether he/she prefers sports or music

_____

6. why he/she doesn't like American beer

_____

7. what he/she likes to do on the weekend

_____

8. whether or not he/she is a skier

_____

VI. Encore une interview. (*Another interview.*)   You need to make up several questions that could be used to interview a French-speaking applicant for *one* of the following positions.

   1. a roommate

   2. a live-in baby-sitter for your little brother and sister (or your children)

   3. a companion for your aging parents

Circle the position you have chosen. Then make up six to eight appropriate questions. Once again, do not translate word for word. Use as many question words as you can. Do this exercise on a separate sheet of paper.

VII. Vous voulez rencontrer quelqu'un. (*You want to meet someone.*)   You decide to make use of a dating service to meet some new people. The first service you contact sends you a questionnaire that includes the following questions. Answer them truthfully and in complete sentences.

UNI CENTRE: LES RENCONTRES D'AUJOURD'HUI
♥ ♥ 94, RUE SAINT-LAZARE · PARIS, 9E ♥ ♥

QUESTIONNAIRE

1. Où est-ce que vous habitez? .... *J'habite a Waukesha.*

2. Êtes-vous originaire de la ville où vous habitez? ....
   ....

3. Est-ce que vous travaillez? Où? ....
   ....

4. Avez-vous une voiture? ....
   ....

5. Quels sports aimez-vous le mieux? ....
   ....

6. Quelle musique préférez-vous? ....
   ....

7. Qu'est-ce que vous aimez faire le week-end? ....
   ....
   ....

8. Quelles émissions regardez-vous à la télévision? ....
   ....
   ....
   ....
   ....

Nom _____   Cours _____

VIII. Vous voulez rencontrer quelqu'un (suite).   Not satisfied with the first dating service, you decide to try another. This time, instead of sending a questionnaire, they ask you to write a paragraph about yourself. Use the *Système-D* writing assistant to help you.

VOCABULARY: Food; traveling; leisure; personality
PHRASES: Describing people; writing a letter
GRAMMAR: **faire** expressions
DICTIONARY: **faire**

Troisième étape *Voici ma famille!* (Text pp. 66–76)

Lisons!

Using reading strategies such as scanning and skimming and relying on the many cognates between French and English, you've already been able to read a variety of texts. This process has also been aided by the fact that the texts were printed. Postcards and letters, however, are usually handwritten, which introduces an additional complication. In the exercises that follow, you'll work on recognizing letters and numbers as they appear in handwriting.

I. Prélecture.   Study the handwritten note in English, left by the writer for his wife. Then do the activities that follow.

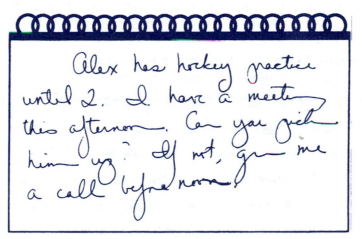

1. Circle any words that are difficult to read.

2. Which of these words can you figure out despite the poor handwriting? What allows you to

identify them? _____

_____

_____

_____

II. L'écriture. (*Handwriting.*)   While letters and numbers are the same in both French and English, differences in handwriting styles between the two languages can cause some problems.

A. Les lettres.   Rewrite the following words in your own handwriting. Then circle any letters that are formed in a different fashion in French.

1. _Mademoiselle_ 5. _être_
2. _français_ 6. _nature_
3. _généralement_ 7. _déjeuner_
4. _préparer_ 8. _Avez-vous_

B. Les chiffres. (*Numbers.*) Study the handwritten French numbers from 0 to 9. Then rewrite the following numbers in your own handwriting.

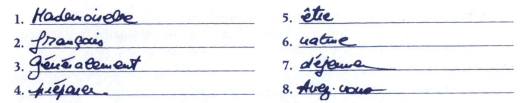

0   1   2   3   4   5   6   7   8   9

1. _36_ 5. _50_
2. _27_ 6. _11_
3. _49_ 7. _47_
4. _18_ 8. _62_

■ Tuyau-Lecture

Guessing from Context

When faced with an unfamiliar word or, in the case of a handwritten text, with a word whose letters you can't completely make out, you can often figure out the probable meaning from the context—that is, from surrounding words that you do recognize. As a general rule, don't be afraid to make intelligent guesses about the meanings of words and phrases. If you're wrong, succeeding sentences will probably warn you to go back and try again.

*III. Trois portraits de famille. Read the family descriptions written by three French speakers. Then, guessing from context when necessary, answer the questions that follow.

> Je m'appelle Jean-Philippe Chaumette et j'ai 17 ans. J'habite avec ma famille à Lyon. J'ai un père, une mère et deux sœurs. Sandrine a 13 ans et Laurence a 15 ans. Mon oncle Etienne, le frère de mon père, et sa femme Véronique ont deux fils. Ils s'appellent Bernard et Emmanuel. J'ai de la famille dans d'autres villes de France aussi. Mon grand-père, le père de ma mère, habite à Bordeaux avec ma grand-mère. Les parents de mon père habitent à Grenoble.

1. Who is the oldest child in Jean-Philippe Chaumette's immediate family? And the youngest?

2. Which set of grandparents lives the closest to Jean-Philippe? _____

Je m'appelle Isabelle Metz, j'ai 24 ans
et j'étudie l'allemand et l'anglais dans
le but d'enseigner. Je vis à Strasbourg
avec mes parents et ma sœur Laurence
qui a 20 ans. Notre appartement a quatre
pièces et deux grands balcons. Mon père
travaille à la SNCF et ma mère est secrétaire
à l'université.

Toute ma famille habite en Alsace. J'ai deux
oncles qui portent le même prénom: Bernard.
L'un est le frère de ma mère, l'autre celui
de mon père. Mes cousins sont tous plus
jeunes que moi: François, Lucie, Marie,
Béatrice et Emmanuel.

Cette année, j'ai commencé à prendre des cours
de guitare et je m'exerce dès que j'ai un
moment de loisir. J'aime aussi sortir avec mes
amis. Nous allons au restaurant ou au
cinéma au moins une fois par semaine.
Pendant les vacances, je fais des randonnées
dans d'autres régions de France. Cet été,
j'irai découvrir les volcans d'Auvergne.

3. Where does Isabelle Metz live? How many people live with her? _____
_____ parents et ma sœur _____

4. What do her uncles have in common? _____
_____
_____

5. How does Isabelle spend her free time? _____
_____
_____

Je m'appelle Françoise et je suis belge. J'habite à Namur, une petite ville au sud de la Belgique, avec mon mari et ma famille. J'ai deux enfants, une fille et un fils: Pascale et Bernard. Mais, comme ils sont déjà grands, vingt-cinq et vingt-deux ans, ils n'habitent plus à la maison. Ils ont leur propre appartement. Par contre, mon beau-fils Stéphane, le plus jeune garçon de mon second mari, habite encore chez nous. Il a seulement dix-huit ans et il fait ses études à l'université. J'ai aussi un autre beau-fils plus âgé, Patrick, qui est marié et qui a un petit garçon de quatre ans. C'est mon premier petit-fils! Je suis très heureuse d'être grand-mère. Comme nous habitons tous dans la même ville, nous nous voyons assez souvent. C'est très agréable d'avoir toute sa famille autour de soi!

6. Where do Françoise and her family live? _____
_____

7. How do you know that Françoise is considerably older than Jean-Philippe or Isabelle?
_____
_____

8. In what way(s) does Françoise's family differ from the traditional idea of a family?
_____
_____
_____
_____

Écrivons!

▪Pratique de la grammaire

In this **étape**, you've studied the possessive adjectives (third person forms). To verify that you've learned this structure, take *Test 6* below. You'll find the answers and scoring instructions in the Answer Key. A perfect score is 7. If your score is less than 6, or if you wish additional practice, do the self-correcting exercises for **Chapitre 2, Étape 3**, in the *Pratique de la grammaire* at the back of this **Cahier.**

Test 6

Complete each of the following sentences, using an appropriate form of the possessive adjective.

1. —C'est la voiture d'Henri?

   —Non, _____ voiture est bleue.

2. —Ce sont les amis de Jean-Pierre et de Francine?

   —Non, _____ amis sont allemands.

3. —C'est le cahier de Mathilde?

   —Non, _____ cahier est rouge.

4. —C'est la maison de M. et Mme Moreau?

   —Non, _____ maison est blanche.

5. —Ce sont les clés de Pierre?

   —Non, voici _____ clés.

6. —C'est l'amie de Michel?

   —Non, _____ amie s'appelle Jacqueline.

7. —C'est l'amie de Martine?

   —Non, _____ amie s'appelle Anne.

_____

NOTE FOR CORRECTION: 1 point for each correct possessive adjective form; *total:* 7

*IV. Lequel aimes-tu mieux? (*Which one do you prefer?*)   In each case, tell whether you prefer the item pictured below or a similar item belonging either to you or to your family. Use a possessive adjective in your answer.

Modèle: Lequel aimes-tu mieux—ton vélo ou le vélo de Michèle?
J'aime mieux mon vélo. or *J'aime mieux son vélo.*

la chaîne stéréo de Gérard

notre voiture

mon programme

la maison des Blanchet

le vélo de Michèle

les posters de Chantal

1. Laquelle aimes-tu mieux—ta chaîne stéréo ou la chaîne stéréo de Gérard? _____
_____

2. Laquelle aimez-vous mieux—votre maison ou la maison des Blanchet? _____
_____

3. Lesquels aimes-tu mieux—tes posters ou les posters de Chantal? _____
_____

4. Laquelle aimez-vous mieux—votre voiture ou notre voiture? _____
_____

5. Lequel aimes-tu mieux—ton programme ou mon programme? _____
_____

V. Ma famille.   Answer the following questions about you and your family.

1. Comment vous appelez-vous? _____

2. Quel âge avez-vous? _____

3. Vous êtes combien dans votre famille? _____

4. Combien de frères est-ce que vous avez? Comment est-ce qu'il(s) s'appelle(nt)? _____
_____

5. Combien de sœurs est-ce que vous avez? Comment est-ce qu'elle(s) s'appelle(nt)? _____
_____

6. Quel est le prénom de votre grand-mère (la mère de votre père)? _____

7. Quel est le nom de famille de votre grand-père (le père de votre mère)? _____

8. Votre mère est-elle d'une famille nombreuse? Et votre père? Expliquez (*explain*). _____
_____
_____

VI. J'aime bien...   Write a paragraph about one relative from *each* of the categories listed below.

Modèle: tante

J'aime bien ma tante Béatrice. Elle a 37 ans. Elle est très petite. Elle a les yeux bleus et les cheveux blonds. Elle est mariée et elle a deux fils. Elle habite à New Haven. Elle travaille à la maison. Elle aime beaucoup le théâtre.

1. oncle ou tante   **3.** grand-père ou grand-mère

2. cousin ou cousine

SYSTÈME-D

VOCABULARY: Body; hair colors; face; house; geography
PHRASES: Describing people
GRAMMAR: Possessive adjectives

VII. Voici ma famille.   Your family has invited a young French-speaking student to spend the year with them. They ask you to write a letter to the exchange student, expressing their pleasure in her upcoming visit and describing your family. Complete the letter, giving as much information as you can about your family.

◆◆◆

Chère Colette,   *le 22 septembre*

   Ma famille et moi, nous sommes très heureux d'apprendre que vous allez passer l'année chez nous. Je m'appelle _____,

j'ai _____ ans et je suis étudiant(e) à

_____. Je voudrais vous faire une petite description de ma famille.

   Nous sommes _____

_____

_____

_____

_____

_____

_____

_____

_____

_____

_____

   Nous attendons avec impatience votre arrivée.

                          Cordialement,

                          _____

Point d'arrivée *(Text pp. 77–81)*

🎧 *Écoutons!*

I. L'alphabet

A. You will have probably noticed that many of the letters in French are quite similar to those in English. For example, repeat the following letters:

a b c d f l m n o p q r s t v

Now repeat the following letters that are different. You will do each one twice:

h k u w x y z

Finally, there are two pairs of letters that can be confusing to speakers of English. Repeat each of the pairs several times:

e i   g j

To spell in French, you need to know several other expressions. For double letters, say **deux** (*two*) before the letters: **deux l, deux p, deux s, deux t.** If a letter has an accent mark, say the name of the accent after the letter: **e accent aigu (é), e accent grave (è), i accent circonflexe (î), c cédille (ç).** The same is true for a capital letter **(majuscule)** and a small letter **(minuscule): F majuscule, d minuscule.**

CD1-17 ***B. Comment s'écrit... ?** (*How is it written?*)   Knowing the alphabet will come in handy, particularly when someone gives you names or addresses over the telephone. In this exercise, a French friend is telling you about two people you could contact while traveling in the south of France. Your friend spells out the last names, the street names, and the names of the towns. (Your friend assumes you can spell the first names and cognate words such as **avenue** and **boulevard**.) Write in the spaces provided the names and addresses.

_____   _____

_____   _____

_____   _____

C. Épelez... (*Spell . . .*)   You in turn may need to spell in French when making reservations or filling out forms for someone. Imagine that you're trying to reserve a hotel room over the telephone. The clerk asks you for the following information, which you should be ready to spell in French for your instructor:

1. your last name

2. your first name

3. the name of the street where you live

4. your city

5. your state

CD1-18 *II. Dans mon sac à dos… Dans ma chambre…   Two students, Mireille and Vincent, are going to describe what can be found in their backpacks. Write **M** under the picture of each item Mireille has in her backpack and **V** under the picture of each item Vincent has. Not everything in the picture is mentioned on the CD. Mireille will begin.

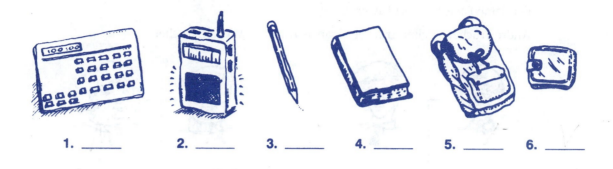

1. _____   2. _____   3. _____   4. _____   5. _____   6. _____

Now Vincent and Mireille will describe what they have in their dorm rooms. Once again, write **V** or **M** under the picture of each possession. Not everything in the picture is mentioned on the CD. This time Vincent will speak first.

7. _____   8. _____   9. _____   10. _____

11. _____   12. _____   13. _____   14. _____

15. _____   16. _____   17. _____   18. _____

*III. Une famille. The names of several members of the same family are listed below. One of the children is going to explain how these people are related to each other. As you listen to her explanation, fill in the family tree with the initials of the people she talks about.

Nicolas Clément / Cécile Clément / François Clément / Marguerite Clément / Pauline Clément / Raymond Clément / Sylvie Clément / Alfred Clément

Ghislaine Favier / Henri Favier

André Truchet / Céline Truchet / Francis Truchet / Michèle Truchet

*IV. *Avoir* ou *être*. Certain forms of the verbs **avoir** and **être** resemble each other closely. For each of the following sentences, circle which of the two forms you hear and then write the corresponding infinitive (**avoir** or **être**). You may not recognize every word in the sentence; listen carefully for the verb.

Modèle: You hear: Vraiment? Il est avocat? Quelle surprise!

You circle: (*il est*)   *il a*

You write: *être*

1. elle a   elle est   _____

2. tu es   tu as   _____

3. ils sont   ils ont   _____

4. il a   il est   _____

5. tu as   tu es   _____

6. elles ont   elles sont   _____

CD1-21 * **V. Mini-dictée.** Complete the following conversation by writing the missing words. The conversation will be read twice.

—Ah, voilà _____ de Bernard. Elle s'appelle Yvonne. Salut, Yvonne.

—Salut, Stéphane. Où sont _____ ?

—Comment? Moi je _____ frères, mais j'ai deux sœurs.

—Ah, oui. Elles _____ un appartement dans la rue Mauclair.

Qu'est-ce qu'elles _____ comme distractions?

—Ma sœur Denise _____, elle _____ du tennis;

ma sœur Isabelle _____ la politique.

—Moi, _____ la musique. Je suis pianiste.

—Ah, bon. _____ tu aimes comme musique?

—Je _____ la musique classique.

CD1-22* **VI. Un portrait.** Claire Turquin, a young French woman, talks about herself and her family during a radio interview. Listen to her self-description, then answer the questions. Circle the letter(s) of the correct response(s).

1. Claire habite
   - **a.** à l'université.
   - **b.** dans une grande maison près de Paris.
   - **c.** dans un petit appartement à Paris.

2. …n'habite(nt) pas avec Claire.
   - **a.** Ses parents
   - **b.** Son grand-père
   - **c.** Ses frères
   - **d.** Ses sœurs

3. Elle a
   - **a.** une stéréo et des disques compacts.
   - **b.** des photos.
   - **c.** un vélo.
   - **d.** une auto.

4. Elle n'aime pas beaucoup
   - **a.** le ski.
   - **b.** le vélo.
   - **c.** le camping.
   - **d.** le basket-ball.

5. À l'université elle n'aime pas
   - **a.** les sciences.
   - **b.** l'histoire.
   - **c.** les langues.
   - **d.** la géographie.

Rédigeons!

Un autoportrait. You are going to spend a semester studying in France and have asked to stay with a French family. To help the French housing bureau match you with a family, you need to write a short self-portrait. Use the *Système-D* writing assistant to help you.

SYSTÈME-D

VOCABULARY: Family members; personality; sports; leisure
PHRASES: Describing a person

Travail de fin de chapitre

CD1-23 *I. Deux étudiants.** Listen now to a short conversation between two students—Henri and Janine. Tell whether the characteristics below apply to Henri (**H**), to Janine (**J**), or to neither one (**X**).

1. être de Rennes _____
2. habiter à Lyon _____
3. être d'une famille nombreuse _____
4. avoir deux frères et une sœur _____
5. avoir des sœurs qui sont étudiantes _____
6. aimer le tennis _____
7. faire de la danse classique _____
8. aimer les sports de combat _____

*II. Jeu: Qui gagne l'ordinateur? Five students of different nationalities are attending a private school in Switzerland. One of them would like a computer, but his/her parents refuse to buy one. Consequently, he/she enters a lottery and wins the first prize—a computer! Using the clues given below, figure out which of the five students wins the computer.

Hint: After reading each clue, write something down. If you can fill in one of the boxes in the chart, do so. For example, for the statement **Le garçon canadien a un frère et une sœur,** put **Montréal** in the city box next to the number 2 in the brothers/sisters column. If you don't have enough information to fill in a box, jot down a connection. For example, **Éric aime écouter des disques compacts,** write down **Éric—CD—musique.** Be careful! Write only one name or number or item per box.

Les élèves s'appellent Jean, Louise, Éric, Sara et Peter. Ils sont de Londres, Paris, New York, Montréal et Madrid. Ils ont le nombre suivant de frères et de sœurs: 0, 1, 2, 3, 4.

Les pères des lycéens sont avocat, ingénieur, homme d'affaires, médecin et professeur. Les élèves aiment beaucoup la musique, le football, le cinéma, le théâtre et la politique.

Ils ont (ou voudraient avoir) une voiture, un magnétoscope, un ordinateur, une chaîne stéréo et une motocyclette.

1. Le garçon canadien a un frère et une sœur.
2. Éric aime écouter des disques compacts.
3. La fille anglaise s'intéresse beaucoup aux élections.
4. Éric n'est pas canadien.
5. Le père de Sara travaille dans une université. Il enseigne la littérature.
6. L'élève qui a une Kawasaki 500 a un frère et n'a pas de sœurs.
7. Sara aime regarder des films d'horreur.
8. Le père de Sara parle espagnol à la maison.
9. Le fils du médecin a beaucoup de disques compacts.
10. L'élève qui aime les sports est canadien.
11. Le médecin a trois filles et deux fils.
12. Le fils de l'homme d'affaires aime beaucoup Shakespeare et Molière.
13. Jean adore le football.
14. Louise est la fille de l'ingénieur.
15. Sara a deux frères et une sœur.
16. Le père canadien n'est pas ingénieur et il n'est pas dans le commerce.
17. Peter voudrait être à Broadway.
18. Le fils de l'avocat a une Volkswagen.
19. La fille du professeur invite des amis à regarder des vidéos.
20. Le fils de l'homme d'affaires a un frère, mais il n'a pas de sœur.

Nom	Ville d'origine	Frères et sœurs	Profession du père	Activités	Possessions
		0			
		1			
		2			
		3			
		4			

Dossier-Découvertes: Paris

I. Connaissez-vous Paris? *(Do you know Paris?)*   Show how familiar you are with Paris by writing the numbers for the following place names in the appropriate place on the map.

1. l'ARC DE TRIOMPHE	**9.** le JARDIN DU LUXEMBOURG
2. la BASILIQUE du SACRÉ-CŒUR	**10.** le MUSÉE DU LOUVRE
3. BEAUBOURG (le CENTRE POMPIDOU)	**11.** le MUSÉE D'ORSAY
4. la CATHÉDRALE de NOTRE-DAME	**12.** la RIVE DROITE
5. la CONCIERGERIE	**13.** la RIVE GAUCHE
6. l'HÔTEL DES INVALIDES	**14.** la SEINE
7. l'ÎLE DE LA CITÉ	**15.** la TOUR EIFFEL
8. l'ÎLE-SAINT-LOUIS	**16.** le PARC DE LA VILLETTE

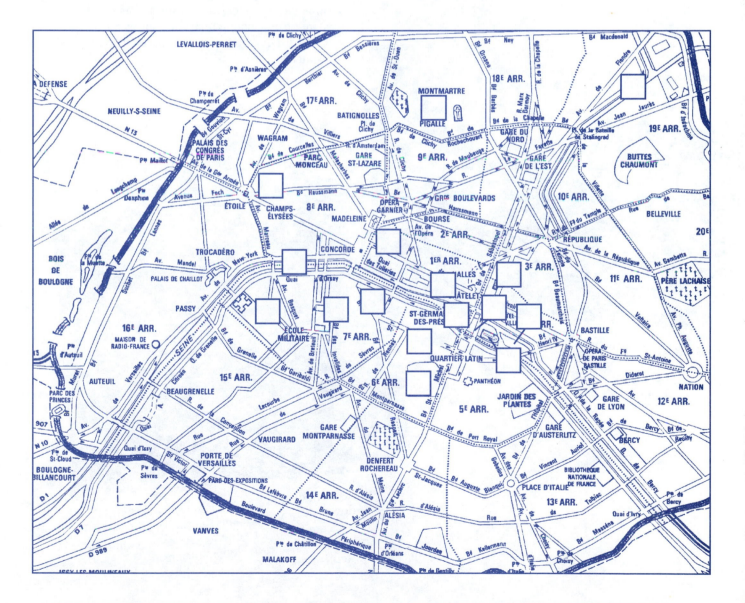

II. LECTURE: Paris et ses quartiers.   Read the following description of how Paris is organized, then answer the questions that follow.

Du point de vue administratif, Paris se divise en 20 *arrondissements. Chaque* arrondissement a un *maire*, une *mairie* et *plusieurs commissariats de police.*

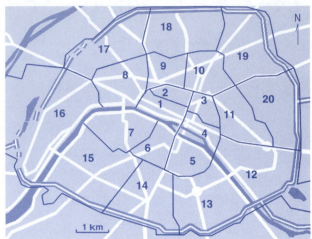

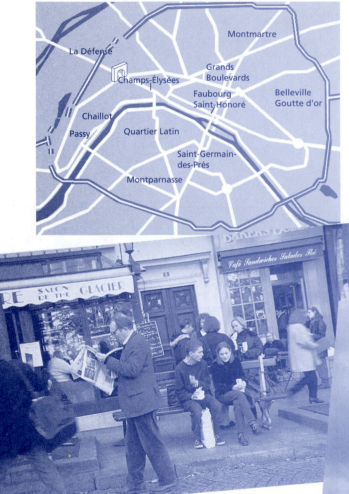

Du point de vue culturel et social, Paris se divise en *quartiers*. Chaque quartier a son *propre* caractère. Voici quelques quartiers particulièrement distinctifs:

Situé sur la Rive gauche, le **Quartier latin** est le centre de la vie universitaire. Sa rue principale, le boulevard Saint-Michel, est toujours *pleine* d'étudiants du *monde entier.*

Non loin du Quartier latin se trouve le quartier de **Saint-Germain-des-Prés** (nommé d'après *la plus vieille église de* Paris). Les *gens* continuent à fréquenter ses cafés (comme les «Deux Magots» et le «Café de Flore», anciens *lieux de rendez-vous* des existentialistes.

Situé *près de* la gare du même nom, le quartier de **Montpar-nasse** *a attiré* pendant longtemps des peintres, des compositeurs et des écrivains (français et américains—Ernest Hemingway et Henry Miller, par exemple).

Près de la Seine se trouvent les quartiers de **Chaillot** et de **Passy.** C'est là qu'on trouve beaucoup d'*ambassades.* C'est aussi le Paris résidentiel des classes riches.

Au *nord* de la Concorde et des Champs-Élysées, le **faubourg Saint-Honoré** est le centre des industries du parfum et de la *haute couture.*

DICO

arrondissement: districts
chaque: each
maire: mayor
mairie: city hall
plusieurs commissariats de police:
   several police stations
quartiers: sections, neighborhoods
propre: own
pleine d': full of
monde entier: whole world
non loin: not far
la plus vieille église: the oldest church
gens: people
lieux de rendez-vous: meeting places
près de: near
a attiré: attracted
nord: north
haute couture: high fashion
ambassades: embassies

L'avenue des Champs-Élysées, qui *s'étend* de l'Arc de Triomphe jusqu'à la place de la Concorde, est le centre du Paris cosmopolite. Tous les jours, des *milliers* de touristes *viennent se promener* sur ce large boulevard *bordé de* cinémas, de cafés de luxe et de *stands d'automobiles.*

Sur la Rive droite, *le long des* **Grands Boulevards** se trouvent un grand nombre de théâtres, de cinémas, de cafés et de *grands magasins* (comme Le Printemps et les Galeries Lafayette).

Le quartier de **Montmartre** est *le lieu le plus contrasté* de la capitale. *À côté de vieilles maisons* avec de petits *jardins* se trouvent les *boîtes de nuit* de Pigalle et l'animation de la place du Tertre où une *foule* d'artistes proposent de faire le portrait des touristes.

DICO

s'étend: stretches
milliers: thousands
viennent se promener: come walk
bordé de: lined with
stands d'automobiles: car displays
le long de: along
grands magasins: department stores
le lieu le plus contrasté:
   the place with the greatest contrasts
à côté de: next to
vieilles maisons: old houses
jardins: gardens

boîtes de nuit: nightclubs
foule: crowd
ouest: west
nombreux bureaux: numerous offices
centre commercial: shopping center
font: make
entièrement aménagé depuis:
   completely developed since
affaires: business
est: east
densément peuplés: densely populated
forte: high
travailleurs immigrés: foreign workers

À *l'ouest* de Paris se trouve le quartier de la **Défense.** De *nombreux bureaux* et le plus grand *centre commercial* d'Europe *font* de ce quartier, *entièrement aménagé depuis* 1956, un véritable centre d'*affaires.*

À l'*est* et au nord de Paris se trouvent les quartiers populaires de **Belleville** et la **Goutte d'or.** Ces quartiers *densément peuplés* ont une *forte* concentration de *travailleurs immigrés.*

A. Make a list of *at least* six pieces of information that you learned by reading about the sections of Paris and that you think would be useful for a friend of yours planning to go there.

_____

_____

_____

_____

_____

_____

_____

_____

_____

_____

B. What large American city are you most familiar with? Is its organization in any way similar to that of Paris? Explain.

_____

_____

_____

_____

_____

C. Surfeurs, renseignez-vous! Make use of the Internet to find more information about Paris.

1. List any useful sites you discover while surfing; bring them to class to share with your classmates.

_____

_____

_____

2. What new bits of information can you find about places you already know about? What new sites or activities can you discover? Bring these to class also.

_____

_____

_____

_____

_____

_____

chapitre  3

Renseignons-nous!

Lisons!

*Whether in your own hometown or in a different city, you'll often want to read about opportunities for entertainment. The city of Toulouse, in southwestern France, publishes a biweekly entertainment guide called **Flash: L'Hebdo Loisirs**. In this **étape**, you'll make use of your skimming and scanning skills to read parts of an issue of **Flash**.*

*I. Prélecture. To begin, think about reading an entertainment guide for an American city with which you are familiar.

1. The first thing you would probably want to do is to locate the table of contents. What visual and linguistic clues will help you find it? _____

_____

_____

_____

2. Describe how you would go about making use of the guide, once you had found the table of contents. _____

_____

_____

_____

_____

_____

*II. *Flash: L'Hebdo Loisirs*. Take a quick look at the pages of **Flash** reproduced on page 70. Then do the exercises that follow on page 71.

FLASH ...L'Hebdo Loisirs

Semaine du 3 au 13 mars
N° 967, 5F

Sommaire

1

AU BLUE'S NOTE

PHILIPPE LEJEUNE
GERARD FREMAUX
Duo jazz

Philippe Lejeune : *piano*
Gérard Frémaux : *batterie*

CALLEJA QUARTET
Les 9 et 10 mars

Se succèdent blues, compositions originales et standards hiératiques. De plus Calleja a su réunir la section rythmique idéale. On a pu lire dans Jazz Magazine à propos de Richard Calleja *"qu'il est l'un des saxophonistes français les plus intéressants à l'heure actuelle."*

A 22 H AU RAGTIME
SIOU BROTHERS
Sextet blues
Les 9 et 10 mars

Le Ragtime :
14 place Arnaud Bernard.
05.61.22.73.01.

LE RENDEZ-VOUS ROCK DU SUD TOULOUSAIN

11

A 18 H A LA BODEGA
LE FLAMENCO
PACO DE ALHAMBRA
Flamenco

A 22H AU MANDALA

BATUCADA
Musique brésilienne

SPECIAL JAZZ CLUB, les **mardis** et **mercredis**.

Le Mandala :
23, rue des Amidonniers.
05.61.23.95.58.

ENSEMBLE PONTORMO
GROUPE VOCAL DE TOULOUSE

Direction : Alix BOURBON

«LE VOYAGE A LUBECK»

Œuvres de J. S Bach et D. Buxtehude

Mardi 13 mars, à 21h, en L'Eglise Saint-Exupère

20

ESPACE CROIX-BARAGNON
24 rue Croix-Baragnon
05.61.52.57.72.
Du 21 février au 24 mars
Isabelle Mottes
Peintures

DIAGONAL
37 place des Carmes
05.61.55.57.59.
Jusqu'au 24 mars
Graham Rawle
"Boxes, photo-collages, tableaux en trois D, installations.

GALERIE, CHARLENE RIBIERE
2 rue Dalayrac
05.61.99.09.99.
Jusqu'au 31 mars
Monique Malbert
peintures
"Femmes, Fleurs et Fruits"

GALERIE MUNICIPALE DU CHATEAU D'EAU
Place Laganne
05.61.42.61.72
Du 1er mars au 2 avril
Espace I, II et III
"20 ans de photographies créatives en France"

ART-SUD
17 rue Peyras
05.61.23.37.27.
Jusqu'au 10 mars
Isabelle Bloch
Peintures

ESPACE DES ARTS
Plein Centre - Colomiers
05.61.78.15.41.
Du 23 février au 31 mars
André Nouyrit
Sculptures et peintures
Mercredi 14 mars, à 20h30, conférence de Marguerite Gaston sur le thème «Sculpture et Nature».

GALERIE AXE ACTUEL
11 pl. de la Daurade
05.61.22.43.32.
Jusqu'au 17 mars
Marie Ducaté
Œuvres récentes

47

A. 1. On what page is the table of contents located? _____

    2. Were you able to use the same cues that you mentioned in Exercise I, Question 2? Explain.

    _____

    _____

    3. Tell your friends which page(s) of *Flash* they should consult for information about the activities in which they're interested.

      a. Katie would like to see a play. _____

      b. Tom would like to go see a French movie. _____

      c. Diane would like to see an exhibit of paintings. _____

      d. Lynn has heard that there is a place in Toulouse where you can get free-fall lessons. _____

      e. Jim wants to go to hear some jazz. _____

      f. Roger is mainly interested in having a good meal. _____

      g. Ginny wants to hear some Bach or some Beethoven. _____

B. Not all of your friends can read French; help those who ask for your assistance.

    1. Diane, a painter, is interested in seeing the work of other female painters. How many choices does she have? _____ She wants to know what hours the galleries are open. Based on the information provided in *Flash,* what would be the easiest way for you to get her such information? _____

    2. Where will Jim be able to listen to some jazz? _____ Some of your other friends like music, but don't particularly care for jazz. What other kinds of music can you hear in Toulouse? _____

    3. Will Ginny be able to hear some Bach or Beethoven? _____ Where? _____ In what form? _____

Écrivons!

In this **étape,** you've studied the verb **aller,** the use of **à** with the definite article, and the immediate future. To verify that you've learned these structures, take *Test 7* below. You'll find the answers and scoring instructions in the Answer Key. A perfect score is 10. If your score is less than 8, or if you wish additional practice, do the self-correcting exercises for **Chapitre 3, Étape 1,** in the *Pratique de la grammaire* at the back of this **Cahier.**

Test 7

Complete each of the following sentences with the appropriate form of the verb **aller** and, when necessary, with **à** and a definite article.

1. Où est-ce que vous _____ le week-end?

2. Jean et moi, nous _____ souvent _____ musée.

3. Vincent _____ quelquefois _____ piscine.

4. Maman et Papa _____ toujours _____ église.

5. Et toi, qu'est-ce que tu _____ faire ce week-end?

6. Moi, je _____ aller _____ théâtre.

_____

NOTE FOR CORRECTION: 1 point for each correct verb form and 1 point for each correct form of **à** + definite article; *total:* 10

*III. Je suis désolé(e), mais c'est impossible! Sometimes when you and your friends are invited to go somewhere, you unfortunately must decline. Using the cues provided, complete the notes declining the invitations by explaining that you are going somewhere else.

Modèle: je (cinéma) / Jeanne (bibliothèque)

Je vais au concert ce soir. Est-ce que Jeanne et toi, vous voudriez y aller aussi? Marc

> *Je suis désolée, mais c'est impossible. Moi, je vais au cinéma et Jeanne va à la bibliothèque.   Alice*

1. je (stade) / Michel (rester à la maison avec son petit frère)

Nous allons à la piscine cet après-midi. Toi et Michel, vous voudriez y aller aussi? Jeanne-Marie

> *Je suis désolé(e), mais c'est impossible.*

2. je (cathédrale) / Yvette et Jacqueline (musée)

On va au parc aujourd'hui. Tu voudrais y aller aussi? Tu voudrais inviter Yvette et Jacqueline aussi?   Hervé

> *Je suis désolé(e), mais*

3. Vincent et moi, nous (théâtre)

On va au concert ce soir. Vincent et toi, vous voudriez nous accompagner?   Chantal

IV. Ce soir et demain. (*Tonight and tomorrow.*) List at least three places where you are going to go and three things you are going to do in the next 24 hours or so. Suggested expressions: **ce soir, demain, demain matin, demain après-midi, demain soir.**

Modèle: *Ce soir je vais aller au théâtre.*
Demain après-midi je vais jouer au tennis.

1. _____
_____

2. _____
_____

3. _____
_____

4. _____
_____

5. _____
_____

6. _____
_____

*V. Laissez un mot. (*Leave a message.*) You're supposed to meet a French-speaking friend at his dorm room. When you get there, he is not in. After waiting a few moments, you write a note to explain where you'll be (are going) and what you're going to do.

Modèle: You'll be at the library doing your French homework.

> *Jacques, je vais à la bibliothèque. Je vais faire mon français.*   Janet

1. You'll be at the park. You're going to take a walk.

2. You and a friend are going downtown (**en ville**). You're going to the bookstore; your friend is going to listen to some CDs.

3. You're going to your friend's house (**chez**). You're going to work on the computer (**à l'ordinateur**); your friend is going to watch TV.

VI. Ma ville (Mon quartier). Describe your town or, if you live in a large city, your neighborhood (**quartier**) by giving precise information about what one finds or does not find there.

   Modèle: *Dans ma ville (dans mon quartier) il y a trois églises, mais il n'y a pas d'hôpital.*

> **SYSTÈME-D**
>
> **VOCABULARY:** City; store
> **PHRASES:** Describing objects; comparing & contrasting

Deuxième étape *Où se trouve... ? (Text pp. 103–110)*

Lisons!

*When visiting a city, tourists are usually interested not only in evening entertainment but also in the sites and attractions for which the city is famous. Thus, they often use a guidebook to find their way around. In this **étape**, you'll use your reading skills to compare an excerpt from the well-known French guidebook series, the **Guide Michelin**, with guidebooks published here in the United States. One major difference is that the **Guide Michelin** has one volume, the **Guide rouge**, that lists hotels and restaurants for all the cities in France, and a series of smaller volumes, the **Guide vert**, that present tourist attractions by region. While scanning and skimming the excerpts from the **Guide vert** for Provence, a region in southern France, you'll discover other differences.*

*I. Prélecture. What types of information (other than listings of restaurants and hotels) would you expect to find in a guidebook for tourists visiting a fairly large city in the United States?

_____

_____

_____

■ Tuyau-Lecture
Skimming Section Heads

Publications such as guidebooks are often divided into small, easy-to-read segments. To facilitate the use of these segments, the publisher provides various titles and subtitles. Consequently, when skimming a text, it is very useful to start by looking first at the major headings, and then at the minor ones.

*II. Deux guides. Skim the extracts for San Diego in **Frommer's** and for Nîmes in the **Guide vert** on pages 76–79.

   1. What types of information do you find in both guidebooks? _____

   _____

   _____

   2. What differences do you notice between the two guidebooks? _____

   _____

   _____

SAN DIEGO

The oldest city in California and the second largest on the Pacific Coast, San Diego has a Spanish/Mexican heritage. Interstate 5 connects San Diego with Los Angeles, 137 miles to the north, and San Diego is about 18 miles north of the U.S.–Mexican border at Tijuana.

A couple of years ago San Diego was only the third-largest city on the West Coast. But the numbers who came to look and decided to stay have increased by the day. Now San Diegans are beginning to wonder about the virtues of beauty.

San Diego is probably the best all-around vacation spot in the country, and blessed with the best climate. It's now the eighth-largest city in the U.S., though if you stood at its busiest corner you'd never know it. San Diego's secrets are sunshine (most of the time), mild weather, soft winds, one of the most famous natural harbors in the world, and a very informal lifestyle. This adds up to sailing on Mission Bay or the Pacific; fishing, snorkeling, scuba-diving, and surfing (what else do you do with 70 miles of county waterfront?); lots of golf (there are over 60 courses) and tennis, biking, jogging, sunbathing, even hang-gliding into an unending supply of air currents. Or you can just go fly a kite any day.

Mission Bay Park alone has 4,600 acres for boating and beachcombing. However, to save San Diego from being totally overrun by visitors, the Lord, in his infinite wisdom, gave the city an ocean cooled to a chilly average of 62°—not exactly bathtub temperature for swimming, but not bad for surfers who wear wet suits—and who cares ·if you're fishing? Then there's the surrounding territory—within reasonable driving time you can be in the desert, the mountains, or even another country.

About 6,000 pleasure boats are moored in the bay, and that's where the U.S. Navy berths the Pacific submarine fleet, along with an impressive collection of over 100 warships.

Many of San Diego's most popular attractions are discussed below; however, listings of current entertainment happenings are best found in the Sunday edition of the *San Diego Union*, in the *La Jolla Light*, a weekly newspaper appearing every Thursday, and in the *Reader* (a free tabloid), also appearing on Thursday.

The excellent **San Diego Convention and Visitors Bureau and International Visitors Information Center**, 11 Horton Plaza, at 1st Ave. and F St. (tel. 619/236-1212), is open daily from 8:30 a.m. to 5:30 p.m. They offer visitors to San Diego a one-stop service center for information on hotels, entertainment, sightseeing, fishing licenses, boating permits, and even sports events, bullfights, other Tijuana attractions, not to mention Mexican auto insurance. For a recorded message about all sorts of local events, call 619/239-9696.

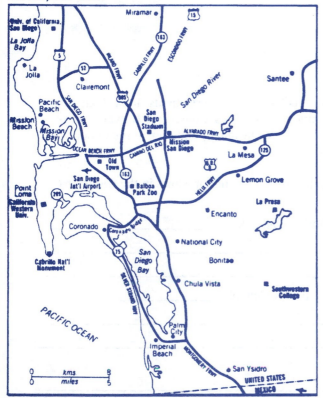

THINGS TO SEE AND DO:

San Diego Zoo

With more than 3,200 animals, this world-famous zoo contains one of the most exotic collections of wildlife anywhere, yet it's right in Balboa Park, just minutes from downtown San Diego. You can wander through the 100 acres, which are also lavishly landscaped as a botanical garden (some of the plants provide food for the animal residents), and admire the baby orangutans, koalas, the finest collection of primates ever assembled, and tropical birds with plumage of every imaginable color.

For a bird's-eye view of the animals, you can take the **Skyfari Aerial Tramway** across the treetops of the zoo ($2 for adults, $1.50 for children 3 to 15). There's also a great bus tour in which driver-guides point out some of the more exotic creatures living along the path of the three-mile tour ($3 for adults, $2.50 for children). Admission to the zoo is $10.50 for adults, $2.50 for children. There's also a **Children's Zoo** with a petting section and a nursery where baby animals are raised. Admission is 50¢; under 3, free.

From July to Labor Day the zoo is open daily from 9 a.m. to 5 p.m. Between Labor Day and the end of June it closes at 4 p.m. For additional information, call 619/234-3153 or 231-1515.

Seaport Village

One of San Diego's centers for shopping and dining is Seaport Village, 849 W. Harbor Dr., at Pacific Coast Hwy. (tel. 619/235-4013). It is easily reached by following Harbor Drive south from the Maritime Museum.

The 22-acre complex is beautifully landscaped and has more than 70 shops including galleries and boutiques selling hand-crafted gifts, collectibles, and many imported items. Two of my favorite shops are **Hug-A-Bear** (tel. 619/230-1362), with a selection of plush bears and woodland animals, and the **Seaport Kite Shop** (619/232-2268), with kites from around the world. I also enjoy the **Upstart Crow & Co.** (619/232-4855), a delightful combination bookstore and coffeehouse.

The restaurants in and near Seaport Village run the gamut from take-out stands to a Mexican bakery and more conventional facilities. The **Harbor House**, at 831 W. Harbor Dr. (tel. 619/232-1141), offers good seafood with a pleasant view.

Old Town

The spirit of the "Birthplace of California," the site of the first European settlement on the West Coast, is captured in the six-block area northwest of downtown San Diego. Although the Old Town was abandoned more than a century ago for a more convenient business center near the bay, it has again become a center of interest—this time as a State Historic Park. Some of its buildings have been restored, and the combination of historic sights, art galleries, antique and curio shops, restaurants, and handcraft centers make this an interesting and memorable outing.

The park is bounded by Congress, Twiggs, Juan, and Wallace Streets. There's a map of Old Town's layout at the intersection of Twiggs and San Diego Streets to help you find your way around.

Many of the historic buildings here have been restored or reconstructed. They include the magnificent **Casa de Estudillo**, the **Machado/Stewart Adobe**, the **San Diego Union's newspaper office**, the old one-room **Mason Street schoolhouse**, and the **stables** from which Alfred Seeley ran his San Diego–Los Angeles stagecoach line. (The latter now houses a collection of horse-drawn carriages.)

Wild Animal Park

A sister institution of the world-famous San Diego Zoo, the San Diego Wild Animal Park (tel. 619/747-8702), located in the San Pasqual Valley, 30 miles north of downtown San Diego via Interstate 15 and then via Rancho Parkway, is a 1,800-acre wildlife preserve dedicated to the preservation of endangered species. Some 2,500 animals from Africa and Asia roam free here, much as they would in their native habitats. You can watch gorillas at play in the giant Gorilla Grotto, or wander through the giant aviary where exotic birds fly freely in a lush African setting.

The Wild Animal Park is open daily in summer from 9 a.m. to 6 p.m. Monday to Thursday, to 8 p.m. Friday to Sunday; daily till 4 p.m. the rest of the year. Adults pay $14.95; children 3 to 15, $8.95. Price of admission includes the monorail and all shows. Parking is $2.

★★★ NÎMES

128 471 h. (les Nîmois)

Carte Michelin n° ▨▨ pli 9 ou ▨▨▨ pli 27 ou ▨▨▨ plis 25, 26.

Posée au pied des collines calcaires des garrigues, élégante, gaie, vivante. Nîmes offre le visage accueillant d'une grande ville d'art fière de son prestigieux patrimoine gallo-romain, impressionnant témoin d'un passé grandiose.

En outre, chaque année, les arènes, le jardin de la Fontaine ou le temple de Diane servent de cadre à des manifestations artistiques.

Ville de vieille tradition industrielle (vêtements, chaussures) qui transforme aussi les productions agricoles locales (conserveries de fruits au sirop, commerce du vin), ville administrative (chef-lieu du Gard), elle essaye depuis peu de développer ses activités culturelles.

Parmi les spécialités gastronomiques nîmoises, retenons la brandade de morue, les olives confites, le « caladon », biscuit sec aux amandes, et le croquant Villaret, fabriqué depuis deux cents ans dans le même four.

Mais tout cela ne doit pas faire oublier que Nîmes est le temple de la tauromachie : les corridas dans les règles de l'art aux arènes, les courses camarguaises, les lâchers de taureaux dans les rues, remportent un immense succès populaire et portent haut le renom de la cité *(voir le chapitre des Principales manifestations en fin de volume)*.

UN PEU D'HISTOIRE

Le crocodile enchaîné – Capitale des Volques Arécomiques, Nîmes était à la tête d'un vaste territoire de 24 oppidums entre mer et Cévennes, du Rhône à la montagne de Sète, quand elle accepta sans difficulté la domination romaine. Son nom – Nemausus – vient d'une source sacrée autour de laquelle était née la ville indigène. La date de l'implantation de la colonie romaine, l'identité de son fondateur, son statut et l'origine ethnique des colons sont actuellement l'objet de controverses. La version admise jusque-là voyait en Auguste le père fondateur d'une colonie romaine peuplée de vétérans d'Égypte installés ici après la bataille d'Actium (31 avant J.-C.), colonisation illustrée par la fameuse monnaie au crocodile enchaîné. Certains historiens estiment cependant que Nîmes fut une colonie latine créée sous César ou peu après sa mort (44 avant J.-C.).

Luttes religieuses – Avec l'empreinte romaine, le trait le plus marquant de l'histoire nîmoise est l'âpreté des luttes religieuses séculaires. Au 5ᵉ s., les Wisigoths, qui règnent sur tout le pays de Toulouse au Rhône, se heurtent à la population catholique en voulant imposer l'hérésie arienne (ne reconnaissant pas la divinité du Christ) ; les églises sont fermées et les persécutions durent pendant une grande partie du 6ᵉ s.

Nouvelles difficultés du 13ᵉ s. ; les Nîmois prennent fait et cause pour les albigeois *(voir le guide Vert Michelin Pyrénées Roussillon Albigeois)*. Mais, dès l'apparition du terrible Simon de Montfort à la tête des croisés du Nord, la ville préfère se rendre sans résistance (1213). Au 14ᵉ s., une vague d'intolérance frappe les Juifs, pourtant bien intégrés à la vie économique et intellectuelle locale ; ils sont expulsés de la ville et leurs biens confisqués.

Au 16ᵉ s., Nîmes devient huguenote : c'est le rempart de la nouvelle religion dans le Midi, les trois quarts des habitants ayant opté pour la Réforme. La ville ressemble alors à une petite Genève qui se gouverne de façon autonome et traque le catholicisme. Le 29 septembre 1567, la tragédie de la Michelade se traduit par le massacre de 200 catholiques, principalement des prêtres. Il s'ensuit une longue période de troubles, de guerres et de persécutions, qui s'étend sur tout le 17ᵉ s. et ne prend fin qu'à la Révolution, vécue ici comme une revanche des protestants sur les catholiques.

L'essor économique – A plusieurs reprises, dans son histoire, Nîmes est passée de la prospérité à la déconfiture. Au début du 15ᵉ s. en particulier, les guerres, les incursions des routiers, des tremblements de terre et la peste ont fait, de l'antique et altière Nemausus, un bourg de cent feux, rattaché à un bailliage du Vivarais.

Dès la fin du 15ᵉ s., la ville se relève, on y travaille le bois, le cuir, la soie et le verre ; Louis XI ordonne la création d'une manufacture de drap et d'étoffe de laine. Mais c'est surtout sous le règne de François Iᵉʳ que Nîmes se développe ; l'industrie des étoffes s'intensifie et, dès lors, la progression ne s'arrête plus. Au 18ᵉ s., les tissages nîmois (soierie et serge) font tourner plus de 300 métiers et occupent 10 000 personnes. Cette production, entre les mains de la bourgeoisie protestante, s'exporte en Espagne, au Portugal et aux Indes. Au 19ᵉ s., l'arrivée du chemin de fer favorise les activités industrielles et l'extension du vignoble gardois. De nos jours, Nîmes est une ville où domine le secteur tertiaire. S'ouvrant vers le tourisme européen, elle affiche également d'ambitieux projets d'urbanisme, comme le Carré d'Art, au cœur du centre historique *(p. 155)* ou le complexe de logements « Nemausus » **(BZ)** au Sud de la ville, conçu par l'architecte Jean Nouvel.

LES MONUMENTS ROMAINS *visite : environ 3 h*

★★★ **Arènes (CV)** ⊙ – *Voir également p. 33.* Cet amphithéâtre merveilleusement bien conservé est le frère jumeau de celui d'Arles : sensiblement de la même époque (fin du 1ᵉʳ s., début du 2ᵉ s. de notre ère), de mêmes dispositions, de dimensions et de contenance voisines (133 m sur 101 m, 24 000 spectateurs), il ne s'en distingue que par des nuances architecturales dans les galeries où la voûte en berceau, de tradition romaine, se substitue au plafond plat, de tradition grecque.

Les spectacles – Ils étaient extrêmement variés et, la plupart du temps, sanguinaires. Annoncés à grand fracas publicitaire, les combats de gladiateurs étaient très prisés. Prisonniers de guerre, condamnés, professionnels ou aventuriers, les gladiateurs appartenaient à différentes écuries, entraînées par des sortes d'imprésarios qui les louent très cher à de riches notables, le plus souvent candidats à des fonctions publiques.

Guide Michelin, Provence

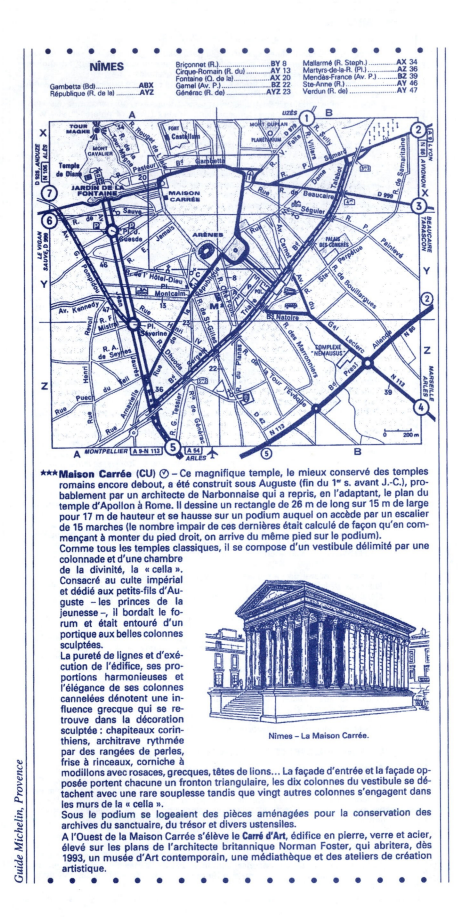

★★★**Maison Carrée** (CU) ☉ – Ce magnifique temple, le mieux conservé des temples romains encore debout, a été construit sous Auguste (fin du 1ᵉʳ s. avant J.-C.), probablement par un architecte de Narbonnaise qui a repris, en l'adaptant, le plan du temple d'Apollon à Rome. Il dessine un rectangle de 26 m de long sur 15 m de large pour 17 m de hauteur et se hausse sur un podium auquel on accède par un escalier de 15 marches (le nombre impair de ces dernières était calculé de façon qu'en commençant à monter du pied droit, on arrive du même pied sur le podium).

Comme tous les temples classiques, il se compose d'un vestibule délimité par une colonnade et d'une chambre de la divinité, la « cella ». Consacré au culte impérial et dédié aux petits-fils d'Auguste – les princes de la jeunesse –, il bordait le forum et était entouré d'un portique aux belles colonnes sculptées.

La pureté de lignes et d'exécution de l'édifice, ses proportions harmonieuses et l'élégance de ses colonnes cannelées dénotent une influence grecque qui se retrouve dans la décoration sculptée : chapiteaux corinthiens, architrave rythmée par des rangées de perles, frise à rinceaux, corniche à modillons avec rosaces, grecques, têtes de lions... La façade d'entrée et la façade opposée portent chacune un fronton triangulaire, les dix colonnes du vestibule se détachent avec une rare souplesse tandis que vingt autres colonnes s'engagent dans les murs de la « cella ».

Sous le podium se logeaient des pièces aménagées pour la conservation des archives du sanctuaire, du trésor et divers ustensiles.

A l'Ouest de la Maison Carrée s'élève le **Carré d'Art**, édifice en pierre, verre et acier, élevé sur les plans de l'architecte britannique Norman Foster, qui abritera, dès 1993, un musée d'Art contemporain, une médiathèque et des ateliers de création artistique.

Nîmes – La Maison Carrée.

Guide Michelin, Provence

★★ Jardin de la Fontaine (AX) – Ce monumental jardin est l'œuvre inattendue d'un ingénieur militaire du 18ᵉ s., J.-P. Mareschal. Situé au pied et sur les premières pentes de la colline – le mont Cavalier – que surmonte la tour Magne, il respecte le plan antique de la fontaine de Nemausus qui s'étale en miroir d'eau, avant d'alimenter des bassins et un canal. La fontaine, en réalité, est une résurgence de type karstique d'eaux de pluie qui s'infiltrent dans les garrigues calcaires au Nord-Ouest de la ville. Dans l'Antiquité, ce quartier sacré comprenait, outre la fontaine, un théâtre, un temple et des thermes.

Temple de Diane (AX) – Cet édifice, qui daterait de la première moitié du 2ᵉ s., est connu sous le nom de temple de Diane, mais on ignore quelle était sa véritable fonction. Il s'intégrait sans doute à un ensemble architectural beaucoup plus vaste encore enfoui, et comprenait plusieurs niveaux (restes d'escaliers). Occupé par des religieuses bénédictines au Moyen Âge qui firent leur église sans l'altérer gravement, il fut ruiné pendant les guerres de Religion en 1577.

★ Tour Magne (AX) ⓥ – Plantée au sommet du mont Cavalier, au point le plus haut de la ville, la tour Magne est le plus remarquable vestige de la puissante enceinte de Nîmes élevée en 15 avant J.-C., dont le tracé et une trentaine de tours ont été reconnus ces dernières années. A l'origine, la tour Magne faisait partie d'un rempart préroman et fut simplement renforcée et surélevée sous Auguste. Polygonale à trois étages, haute de 34 m depuis les travaux de déblaiement de Traucat *(p. 153)* au 16ᵉ s., on y accède par un escalier intérieur de 140 marches qui conduit à une petite plate-forme d'où la **vue★** est fort belle sur le Ventoux, les Alpilles, Nîmes, la plaine du Vistre et les Garrigues. De la rue Stéphane-Mallarmé, belle vue sur la tour.

AUTRES CURIOSITÉS

★ Musée d'Archéologie (DU M¹) ⓥ – Installé dans l'ancien collège des Jésuites, il présente, dans la galerie du rez-de-chaussée, de nombreuses sculptures antérieures à la conquête romaine : buste de guerriers gaulois, stèles, frises et des objets de cette époque (armes, céramiques) ainsi qu'une importante collection d'inscriptions romaines.

★ Musée des Beaux-Arts (ABY M²) ⓥ – Il a été réaménagé en 1986 sous la direction de l'architecte J.-M. Wilmotte. Au rez-de-chaussée, une vaste mosaïque romaine, découverte à Nîmes au 19ᵉ s., représente la demande en mariage d'Admète. Au 1ᵉʳ étage, l'ensemble des salles présente des tableaux des écoles italienne, hollandaise, flamande et française, du 15ᵉ au 19ᵉ s. Parmi les œuvres importantes, remarquer celles de Giambono *(Le Mariage mystique de sainte Catherine)*, Bassano *(Suzanne et les vieillards)*, Rubens *(Portrait d'un moine)*, Seghers *(Les Adieux du Christ à sa mère)*, Jean-François de Troy *(La Moissonneuse endormie)*, Natoire *(Vénus et Adonis)*, Paul Delaroche *(Cromwell devant le cercueil de Charles 1ᵉʳ)*. Citons encore Carbone, Rivalz, Subleyras, Berthélémy *(La Thomyris)*, Alexandre Colin, Giraud *(Souvenir de Tahiti)*.

Maison natale d'Alphonse Daudet (CU E) – Au nº 20, boulevard Gambetta. Vaste demeure bourgeoise dont l'entrée est encadrée de colonnes.

Fontaine Pradier (DV) – Construite en 1848. La statue, qui symbolise Nîmes, a eu pour modèle Juliette Drouet, amie de Pradier avant de devenir celle de Victor Hugo.

Le Vieux Nîmes – Ce secteur sauvegardé se groupe autour de la cathédrale et offre un ensemble de ruelles anciennes dans lesquelles s'ouvrent notamment de pittoresques passages intérieurs.

Cathédrale Notre-Dame et St-Castor (CDU) – Élevée en 1096 et souvent remaniée au cours des siècles, elle fut reconstruite presque entièrement au 19ᵉ s.

★ Musée du Vieux Nîmes (CU M³) ⓥ – Installé dans l'ancien palais épiscopal (17ᵉ s.), au cœur de la ville ancienne, ce musée fondé en 1920 par un émule de Frédéric Mistral présente de nombreux souvenirs régionaux dans un décor ancien remarquablement mis en valeur.

EXCURSIONS

Oppidum de Nages ; source Perrier – *Circuit de 44 km – environ 2 h 1/2. Quitter Nîmes par la rue Arnavielle (AZ), prolongée par la route de Sommières, D 40.*

Caveirac – 2 679 h. Un imposant château du 17ᵉ s. en fer à cheval abrite la mairie. Il a conservé deux tours d'angles carrées couvertes de tuiles vernissées, des fenêtres à meneaux, de belles gargouilles et un grand escalier à rampe en fer forgé. Une route, la D 103, emprunte le vaste porche d'entrée.

Calvisson – 2 725 h. Calvisson, bourg paisible au milieu des vignes, est au centre d'une plaine appelée la Vaunage.

Dans le centre du bourg, prendre le CD 107 vers Fontanès ; sortir du village et prendre à gauche la route signalée vers le Roc de Gachonne.

De la table d'orientation aménagée au sommet d'une tour, on découvre une **vue** pittoresque sur le village aux toits de tuiles rouges, sur la vallée du Vidourle au Sud-Ouest et le pic St-Loup à l'Ouest, tandis qu'au loin la vue s'étend vers la Méditerranée et les Pyrénées.

Oppidum de Nages – *Page 152.*

Prendre la D 345 qui traverse Boissières dominé par un château médiéval très restauré. Suivre la D 107, tourner à droite dans la N 113 puis à gauche dans la D 139.

Source Perrier ⓥ – La source forme une nappe d'eau souterraine d'une température de 15° ; le gaz naturel, très abondant, qui s'en échappe, est recueilli par des captages pour être réincorporé à l'eau. On visite les importants ateliers de fabrication de bouteilles, d'embouteillage, d'étiquetage, d'emballage et de stockage.
La production, qui était de 24 millions de bouteilles en 1938 et de 70 millions en 1949, dépasse maintenant 800 millions de bouteilles par an grâce à un matériel d'embouteillage automatisé. Outre la France et les pays de la Communauté, les principaux clients sont les États-Unis, le Canada, le Royaume-Uni, la Suisse, l'Australie et l'Arabie Saoudite.

*III. Un itinéraire. Guidebooks written in French often use the infinitive, rather than the present tense or the imperative, when laying out an itinerary. Read the following itinerary for a tour of Nîmes and its Roman monuments. Then *trace* the route on the map below. Vocabulary aids: **prendre** (*to take*), **suivre** (*to follow*), **laisser** (*to leave*).

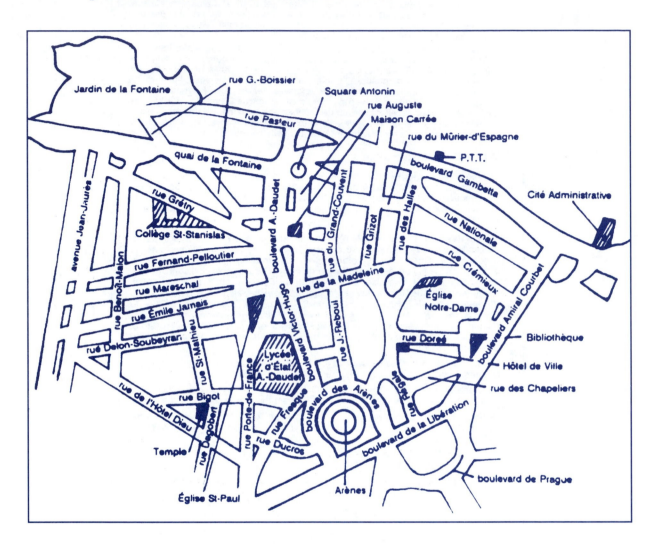

Prendre comme point de départ de la visite le boulevard des Arènes.

Visiter les Arènes (l'amphithéâtre de Nîmes).

Suivre en auto le boulevard Amiral Courbet jusqu'au boulevard Gambetta. Tourner à gauche et suivre le boulevard Gambetta jusqu'au square Antonin; prendre le boulevard A.-Daudet. Laisser la voiture près de la Maison Carrée.

Visiter la Maison Carrée (un temple romain).

Reprendre la voiture. Suivre la rue Auguste et tourner à gauche après (*after*) le square Antonin, puis suivre le quai de la Fontaine jusqu'au Jardin de la Fontaine.

Visiter le parc. Reprendre la voiture et revenir aux Arènes par le boulevard Victor-Hugo.

Écrivons!

■ Pratique de la grammaire

In this **étape,** you've studied the use of **de** with the definite article and the imperative. To verify that you've learned these structures, take *Test 8* below. You'll find the answers and scoring instructions in the Answer Key. A perfect score is 10. If your score is less than 8, or if you wish additional practice, do the self-correcting exercises for **Chapitre 3, Étape 2,** in the *Pratique de la grammaire* at the back of this **Cahier.**

Test 8

First, complete each sentence with the appropriate form of **de** and a definite article.

  1. Tu joues _____ piano, non?

  2. Tu as l'adresse _____ hôtel?

  3. Quel est le numéro de téléphone _____ amis de Michèle?

  4. Le restaurant est près _____ cathédrale.

  5. La banque est à côté _____ bureau de poste.

Now, give the indicated commands. Pay attention to the person(s) you are addressing.

  6. Dites à votre amie de regarder.

  _____

  7. Dites à vos amis de ne pas parler anglais.

  _____

  8. Proposez à la classe de chanter.

  _____

  9. Dites à votre ami de faire attention.

  _____

  10. Dites à vos frères (*brothers*) de rester à la maison.

  _____

NOTE FOR CORRECTION: items 1–5 = 1 point for each correct form of **de** + definite article; *total: 5;* items 6–10 = 1 point for each correct command; *total: 5*

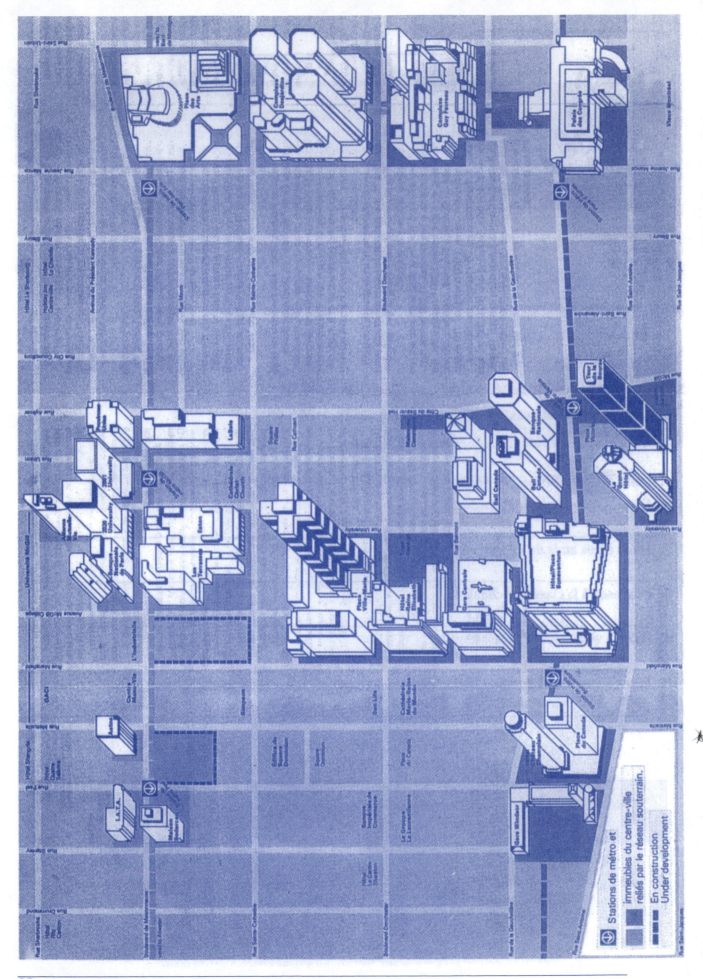

*IV. Montréal: La ville souterraine. A large part of downtown Montreal is connected by a series of underground walkways. Study the map of this underground city (**ville souterraine**) on p. 82. Then use an appropriate preposition of place to explain the relationship between each set of places.

Modèle: la gare Windsor / la gare Centrale
La gare Windsor est près de la gare Centrale.

1. l'hôtel Bonaventure / la gare Centrale

_____

2. le Grand Hôtel / la tour de la Bourse

_____

3. le Complexe Desjardins / la place des Arts / le Complexe Guy Favreau

_____

4. la station de métro Peel / la Maison Sodercan

_____

5. la station de métro Victoria / le Grand Hôtel

_____

6. la gare Centrale / la Baie

_____

7. le Complexe Desjardins / la rue Sainte-Catherine / le boulevard Dorchester

_____

8. la Banque Nationale de Paris / les Terrasses

_____

*V. Des ratures. (*Erasures.*) Your younger brother and his friends are spending a week at the lycée Camus (see p. 115 of your textbook). They've been given instructions on how to get to various points in the city from the school, but, unfortunately, certain parts of the instructions got wet in the rain and have been erased. The starting point is the lycée Camus.

1. Complete the first set of instructions, using appropriate forms of **aller, continuer, tourner,** and **traverser.**

> Vous _____ au musée des Beaux-Arts. Vous _____ à droite dans la rue Nôtre-Dame et vous _____ jusqu'au boulevard Victor-Hugo. _____ à gauche et _____ tout droit. Vous _____ la place de la Révolution et le musée est sur votre gauche, à côté du restaurant La Bonne Soupe.

2. This time some prepositions and adverbs are missing. Complete the directions, using expressions such as **au, sur le, dans la, près de, à gauche,** etc.

Vous allez au théâtre municipal. Vous tournez _____ la rue Notre-Dame et vous allez _____ boulevard Victor-Hugo. Vous tournez à gauche _____ et vous continuez _____ place de la Libération. Vous tournez _____ le boulevard Gambetta et vous continuez _____. Le théâtre est sur votre gauche, _____ parc.

*VI. Rendez-vous à... h devant le... (*Meet at . . . o'clock in front of the . . .*) You rarely see your new French-speaking friends from Montreal. Consequently, you leave them notes, saying what your plans are and explaining where and when to meet. Since they don't know the city very well, you give them directions.

1. You're in the city represented by the map on p. 115 of your text. You leave a note for your friend Gérard and his sister Évelyne, saying that you are going to the movies. They're staying in an apartment in the rue de Verdun.

> *Nous allons au cinéma ce soir. Rendez-vous à 8h devant le cinéma Manet, sur le boulevard Manet. Vous allez dans la rue de Verdun jusqu'à*

2. It's another day. This time you're going to a soccer game. You'll meet your friends in front of the **église St-Vincent de Paul,** which is very near the stadium.

> *Il y a un match de foot ce soir au stade municipal. Rendez-vous à*

SYSTÈME-D

VOCABULARY: City; directions & distance
PHRASES: Giving directions; telling time; describing objects
GRAMMAR: Imperative

Troisième étape *Rendez-vous à 10 heures!* (Text pp. 111–120)

Lisons!

*Tarascon is only one of many small cities in France that organize annual festivals. In this section of the **Cahier**, you'll read about a festival that takes place in Quimper, a city of some 60,000 inhabitants in Brittany (**la Bretagne**), the westernmost province of France. This region of France was settled in the fifth century by people from Britain, and the Celtic influence is still very strong. (For example, the area around Quimper is still known as **la***

*Cornouaille, the same name as the southern part of the British Isles—Cornwall.) The inhabitants of Brittany, **les Bretons,** are fiercely independent and retain many vestiges of their original language. Consequently, when looking at the program for the festival at Quimper, even native French speakers will find words they do not understand.*

*I. Prélecture. List the different types of information you would expect to find in a brochure designed to attract tourists to a regional festival. _____

_____

RENCONTREZ LA BRETAGNE

QUIMPER
Festival de Cornouaille
21 AU 27 JUILLET

Depuis 1923, Quimper, ville d'art et d'histoire, rassemble les ferments de la tradition populaire bretonne.

Au début, fête des costumes, des chants et des danses, le Festival de Cornouaille a su s'étendre aux diverses expressions des cultures bretonnes et celtiques d'hier et d'aujourd'hui.

Pendant sept jours, du 21 au 27 juillet, le Festival, avec ses spectacles, ses concerts, ses animations, ses expositions, ses milliers de participants en costumes, apparaît comme l'un des grands moments de la vie culturelle bretonne.

Mais c'est aussi la fête authentique qui s'installe au cœur de la cité, de chaque côté de sa rivière marine, sur ses places et ses allées, dans ses rues et ses jardins. Et cela, pour l'enthousiasme des visiteurs de l'été et le plaisir profond des Bretons venus retrouver leurs racines.

PROGRAMME PROGRAMME PROGRAMME PROGRAMME PROGRAMME PROGRAMME PROGRAMME

Date	Heure		Prix du billet
LUNDI 21	21h00	Théâtre en Breton	4€
	21h30	Chant et musique de Corse et de Bretagne **I MUVRINI et Melaine FAVENNEC**	7€
MARDI 22	18h30	Musique et danse de Bretagne et d'Ecosse	3,5€
	21h00	**FEST-NOZ** avec "Sonerien Du" et jeux bretons	3€
MERCREDI 23	17h00	Spectacle de marionnettes : Enfants / Adultes **La Forêt des Fleurs**	1,5€ / 3€
	18h00	Présentation des Costumes de Bretagne	4€
	18h30	Musique et danse de Bretagne	3,5€
	21h00	Théâtre en français : **La Révolte des Bonnets Rouges**	4€
	21h30	Musique d'Irlande avec **STOCKTONS WING**	8,5€
JEUDI 24	17h00	Spectacle de marionnettes : Enfants / Adultes **La Forêt des Fleurs**	1,5€ / 3€
	18h30	Musique et danse de Bretagne et d'Ecosse	3,5€
	21h30	**TRI YANN** en concert	10€
VENDREDI 25	14h00	**Excursion** en Cornouaille	7€
	15h00	**Exposition-vente** des artisans-luthiers	3€
	17h00	Spectacle de Marionnettes : Enfants / Adultes **La Forêt des Fleurs**	1,5€ / 3€
	18h00	**CONCERT-CRÉATION** de Jean-Pierre Lécuyer **"Une Vielle à la Mer"**	3,5€
	19h00	**NOCTURNE AU VIEUX QUIMPER** Animations éclatées : 23 groupes (chant-musique) · Diaporama. Théâtre en français et en breton · Conteurs · Marionnettes · Artisans. Expositions Repas de campagne et des ports. Dégustation de produits du terroir.	3,5€

Date	Heure		Prix du billet
SAMEDI 26	10h30	Concours de biniou-braz et bombarde	*
	14h00	Concours de biniou-koz et bombarde	*
	14h00	Concours de batteries	*
	14h30	**FESTIVAL DES GROUPES D'ENFANTS** Musique · Chant · Danse · Théâtre	4€
	16h30	**CONCERT** et conférence-animation A la découverte du chant et des instruments traditionnels de Bretagne	3,5€
	17h00	**CONCERT DE BAGADOU**	4€
	21h30	**BALLET NATIONAL DE POLOGNE "SLASK"** 100 artistes · 1 800 costumes	8,5€ / 11,5€
DIMANCHE 27	9h00	Messe en langue bretonne	3€
	10h30	**GRAND DÉFILÉ DES GUISES BRETONNES** 2 500 participants	7€
	14h30	**ABADENN VEUR** (La Grande Assemblée) 2 000 participants Spectacle de chant, danses, traditions Danse des mille	4€
	15h00	**CONCERT DE BAGADOU**	*
	18h00	Triomphe de la Fête	*
	18h30	Animations par les bagadou	*
	21h30	Soirée des lauréats **MUSIQUE ET DANSE DE BRETAGNE ET D'ÉCOSSE** Feu d'artifice en musique	4€
	22h00	Fest-noz de clôture	

Vous trouverez le programme complet de toutes les manifestations dans le PROGRAMME OFFICIEL qui sera en vente à partir du 10 juillet à la Permanence et à l'Office du Tourisme.

Le Comité se réserve le droit de modifier le programme sans préavis.

You will be able to find the full series of events in the OFFICIAL PROGRAMME, which will be on sale from the 10th of July at the Local Festival Office and the Tourist Office.

The Committee has the right to alter the programme as necessary without prior notice.

Sie finden das Programm aller Veranstaltungen in dem offiziellen Programm, das ab dem 10. Juli in der Kartenverkaufsstelle und im Verkehrsbüro verkauft wird.

Das Komitee behält sich das Recht vor, das Programm ohne vorherige Benachrichtigung zu ändern.

* Entrée gratuite

Le Festival c'est aussi :

- des STAGES : harpe · vielle · danse évolutive;
- des ATELIERS* : initiation à la danse bretonne;
- MUSIQUE DANS LA RUE* : 20 groupes dans les vieux quartiers;
- la TAVERNE* avec ses animations musicales en après-midi et en soirée;
- des EXPOSITIONS* avec le concours du Musée Départemental Breton, du Cercle Culturel Quimpérois et de l'Association La Boéze;
- des CONFÉRENCES*;
- des COLLOQUES*;
- le SALON DU PRODUIT BRETON, organisé par l'Association "Vent d'Ouest";
- du CINÉMA, avec la collaboration de l'Atelier Régional Cinématographique de Bretagne, l'Association Daoulagad Breizh et la SOREDIC.

RENSEIGNEMENTS
FESTIVAL DE CORNOUAILLE
2, place de la Tour d'Auvergne · B.P. 77 · 29103 QUIMPER CEDEX

REDUCTIONS

GROUPES (tribune réservée) :	Samedi soir	7€ · 10€
	Dimanche (Défilé + Abadenn Veur)	8,5€
	(journée complète)	13€
GROUPES DE JEUNES	Samedi soir	4€ · 5,5€
	Dimanche (Défilé)	1,5€
	(Abadenn Veur)	3,5€
ENFANTS	: Gratuit jusqu'à 12 ans, sauf marionnettes	

II. Les mots apparentés. Read the four paragraphs that serve as an introduction to the festival and underline all of the English cognates. Then, with the help of these cognates, summarize the main ideas of the introduction to the best of your ability.

_____

_____

_____

_____

_____

III. Au Festival de Cornouaille. Read the program of activities. Then pick out at least four activities that various members of your family might particularly like. For each activity, specify the family member, the date and time of the activity, the cost of admission (if any), and the reason for your choice.

1. _____   3. _____

   _____   _____

   _____   _____

   _____   _____

2. _____   4. _____

   _____   _____

   _____   _____

   _____   _____

Écrivons!

◼Pratique de la grammaire

In this **étape,** you've studied the verb **prendre** and how to tell time. To verify that you've learned these structures, take *Test 9* below. You'll find the answers and scoring instructions in the Answer Key. A perfect score is 12. If your score is less than 10, or if you wish additional practice, do the self-correcting exercises for **Chapitre 3, Étape 3,** in the *Pratique de la grammaire* at the back of this **Cahier**.

Test 9

First, complete each sentence, using the appropriate form of the verb in parentheses.

1. (prendre) Moi, je _____ l'autobus pour aller à l'école.

2. (prendre) Mes parents _____ le métro pour aller au travail.

3. (prendre) Qu'est-ce que vous _____ pour le petit déjeuner?

4. (comprendre) Tu _____ toujours le prof d'anglais?

5. (apprendre) Qui _____ à faire du ski nautique?

6. (prendre) Mes amis et moi, nous _____ souvent le déjeuner au café.

Now, write the indicated time using numbers and A.M. or P.M.

7. Il est neuf heures du matin.

_____

8. Il est sept heures moins le quart du soir.

_____

9. Il est onze heures et demie du matin.

_____

10. Il est minuit moins vingt.

_____

11. Il est deux heures et quart de l'après-midi.

_____

12. Il est midi cinq.

_____

_____

NOTE FOR CORRECTION: items items 1–6 = 1 point for each correct form of **prendre**; *total: 6;* items 7–12 = 1 point for each correct time; *total: 6, no partial credit*

IV. **Questions personnelles.** Answer the following questions about you, your family, and your friends.

1. Combien de cours est-ce que vous prenez? _____

_____

_____

2. Quelles langues est-ce que vous apprenez? _____

_____

3. Est-ce que vos amis apprennent le français aussi? _____

_____

_____

4. Est-ce que vous comprenez toujours vos professeurs? _____

_____

_____

5. Vous et votre famille, est-ce que vous prenez souvent le petit déjeuner ensemble?

_____

_____

6. Est-ce que vous prenez toujours votre temps quand vous faites quelque chose? _____

_____

_____

*V. **Une lycéenne française.** Anne-Marie Réveillon tells about her life as a student in a French **lycée.** Complete the paragraphs with the appropriate forms of the following verbs: **aller, apprendre, avoir, commencer, comprendre, continuer, être, étudier, parler, prendre.**

Je _____ en seconde au lycée Max Jacob à Quimper. (Seconde, c'est l'équivalent, plus ou moins, de l'année «sophomore» dans une école américaine.)

J'_____ un emploi du temps très chargé (*a very heavy schedule*).

Je _____ onze cours. J' _____ deux langues vivantes: l'anglais et l'allemand. Et j' _____ aussi le latin et le grec. Mon cours préféré, c' _____ le cours d'anglais. Mon grand-père maternel _____ de Grande-Bretagne et il _____ anglais à la maison de temps en temps. Par conséquent, je _____ sans difficulté mon professeur d'anglais.

Mes cours _____ à 8h du matin et ils _____ jusqu'à 5h de l'après-midi. Heureusement (*fortunately*) nous _____ deux heures pour le déjeuner. Mes amis et moi, nous _____ d'habitude à un café ou à un fast-food près du lycée.

VI. **Tu voudrais aller aux Fêtes de la Tarasque?** While spending the summer in Tarascon, you meet a student from Spain who has just arrived in town. Using the information in the textbook (p. 111 and p. 112), complete the note on page 89 inviting him/her to join you and your friends at the festival.

Cher (Chère) _____,

Samedi, c'est les Fêtes de la Tarasque à Tarascon. J'y vais avec mes amis.

Tu voudrais nous accompagner?

Le matin il y a _____ et _____.

L'après-midi quelques-uns (some) de mes amis vont _____;

d'autres (others) préfèrent _____. Nous allons nous retrou-

ver à 7h30 du soir au bord du Rhône pour _____.

Ensuite nous allons _____ et _____.

Tu voudrais y aller? Eh bien, rendez-vous à _____ h.

Tu habites près de la piscine, n'est-ce pas? Eh bien, pour aller

_____, tu _____

_____

_____

À bientôt,

_____

VII. Tu voudrais aller au festival? Imagine that you've just met a French-speaking foreign student and would like to invite him to join you and your friends at a festival in your town or region. Write your new friend a note similar to the one in Exercise VI.

VOCABULARY: City; flowers; days of the week; time expressions; time of day
PHRASES: Making an appointment; giving directions; inviting; telling time
DICTIONARY: prendre

Point d'arrivée *(Text pp. 121–125)*

🎧 Écoutons!

CD1-24 **I. L'intonation.** Intonation refers to pitch, the rising and falling of the voice within the speaking range. Rising intonation indicates continuation—that there is more to follow. Falling intonation signals closure—that is, the end of a sentence or idea. French intonation patterns are determined by word groups and by the type of utterance. Listen to the following examples:

1. In the basic intonation pattern, voice pitch rises and falls:

Nous habitons à Paris.

Ma sœur et moi, nous habitons à Paris.

Ma sœur et moi, nous habitons à Paris depuis trois ans.

Notice that the voice rises at the end of each group except the last.

2. Short phrases and sentences as well as commands and short information questions are all marked by falling intonation:

Bonjour, Madame. Dépêche-toi, mon petit!

Je ne sais pas. Comment allez-vous?

3. Questions that can be answered by **oui** or **non** are marked by rising intonation:

Tu aimes danser? Elle a des frères et des sœurs? C'est ton livre?

Take a few minutes to practice these basic intonation patterns by saying the following sentences aloud. In each case, when you hear the number of the sentence, read the word groups, listen to the model intonation, and then repeat the word groups.

First, practice the basic sentence pattern with rising and falling intonation.

1. Elle a deux frères.

2. Elle a deux frères et une sœur.

3. Dans ma chambre j'ai une chaîne stéréo et des disques compacts.

4. Dans ma chambre j'ai un téléviseur, un frigo, un bureau et un lit, mais je n'ai pas de chaîne stéréo.

5. Je n'aime pas danser.

6. Je n'aime pas chanter, mais j'adore écouter des CD de musique classique.

Now practice some short utterances with falling intonation.

7. Très bien, merci.

8. Quelle heure est-il?

9. Merci beaucoup.

10. Un moment, s'il vous plaît.

And finally, practice some yes-no questions with rising intonation.

11. Tu as faim?

12. Est-ce qu'elles habitent à Paris?

13. Ce sont vos clés, Madame?

14. Vous voulez prendre quelque chose?

CD1-25–28 *II. **Les renseignements.** People frequently need to ask for directions. Match each conversation you hear with the appropriate drawing.

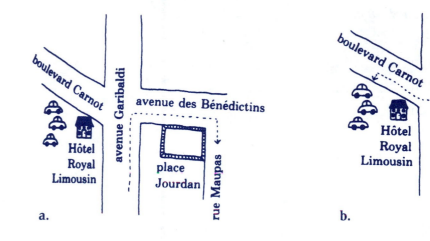

a.

b.

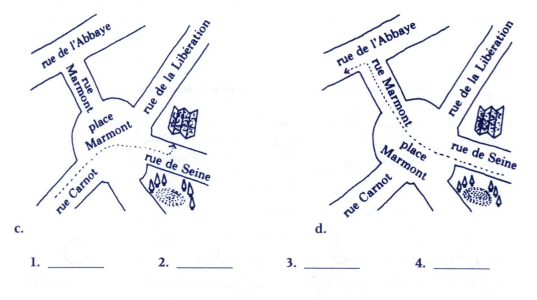

c.

d.

1. _____   **2.** _____   **3.** _____   **4.** _____

CD1-29–32 *III. **À quelle heure?** In each conversation that you'll hear, a time is mentioned. Match each conversation to the appropriate clock.

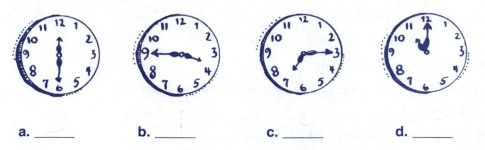

a. _____   b. _____   c. _____   d. _____

CD1-33 *IV. **Une journée chargée.** (*A busy day.*) Christiane Barbey is an executive in an advertising firm in Quimper. In addition to her regular work, she is also one of the organizers of the Festival de Cornouaille. Listen to her conversation with her secretary. Then fill in her appointment schedule for the busy day just before the opening of the festival.

vendredi 18 juillet

9h _____

10h _____

11h _____

12h _____

1h _____

2h _____

3h _____

4h _____

5h _____

6h _____

7h _____

8h _____

9h _____

CD1-34 *V. **Mini-dictée: Le quartier de l'université.** Listen to this description of the area around the University of Nancy and fill in the missing words. The description will be read twice.

Le quartier de l'université est _____ la gare. Pour aller à l'université, vous

prenez _____ Chabot _____ boulevard de

l'Université. La bibliothèque municipale est _____ l'université.

_____ il y a un restaurant et _____ restaurant se

trouve une librairie. La librairie est _____ l'École. Pour s'amuser, les

étudiants vont au café _____ boulevard de l'Université et aussi

_____ Royal, qui se trouve _____ de Bourgogne.

CD1-35–37 *VI. **Des messages**. You find yourself alone in the apartment of the French family with whom you are staying. The parents (**M. et Mme Loridon**) and your French "brother" (**Matthieu**) are all out, so you have to answer the phone. Listen to each conversation and fill in the time, place, and any other relevant information on the message pad by the phone.

Rendez-vous à __8__ h __15__

à _____

_____

_____

_____

Rendez-vous à __ h __

à _____

_____

_____

_____

Rendez-vous à __9__ h __00__

à _____

_____

_____

_____

CD1-38 *VII. Où êtes-vous? You'll be given three sets of directions, either by a stranger or by a friend. Follow each set of instructions, tracing your route on the map below and indicating where you end up. If you get lost, listen to the directions again.

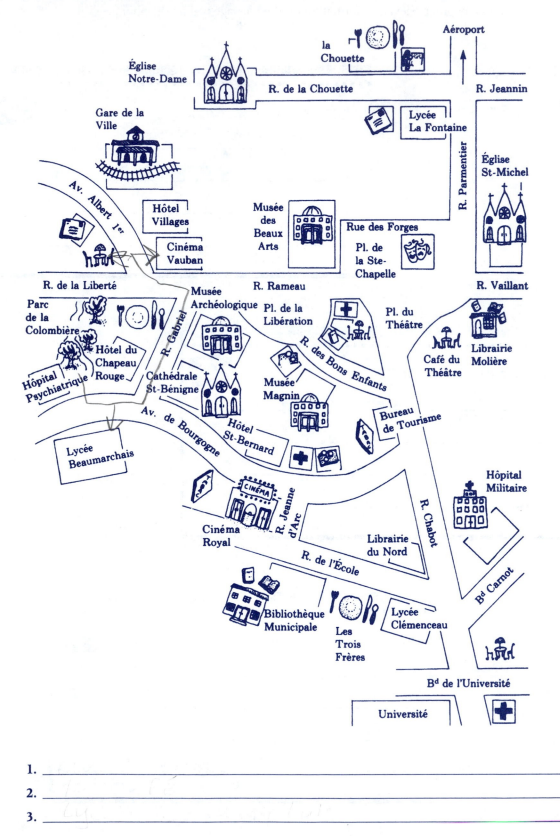

1. _____

2. _____

3. _____

Rédigeons!

Votre région. Create a small brochure advertising your town or area to French-speaking tourists. Include a title, a short general description, a list of attractions, a map of places of interest, and suggestions for activities.

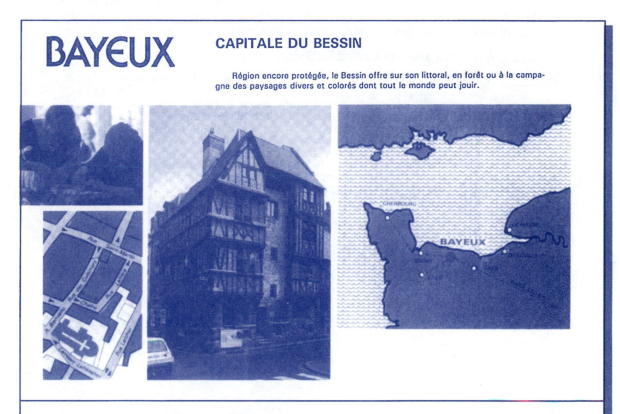

BAYEUX

CAPITALE DU BESSIN

Région encore protégée, le Bessin offre sur son littoral, en forêt ou à la campagne des paysages divers et colorés dont tout le monde peut jouir.

Bayeux, centre religieux, puisque ville épiscopale depuis le IVᵉ siècle, Bayeux, centre culturel grâce à la richesse naturelle du Bessin d'une part, à l'empreinte religieuse d'autre part, s'inscrit bien comme la capitale d'une région rurale et maritime.

Vous y pratiquerez toutes les activités de loisirs liées à l'art, à la gastronomie, à la mer, à la forêt...

1) Dentelle d'aujourd'hui à l'École dentellière.
2) Maison à pans de bois du XIVᵉ siècle - La plus ancienne maison de Bayeux et plan de situation.
3) Les cinq rencontres du Général de Gaulle avec Bayeux, notamment le 14 juin 1944 et le 16 juin 1946 (discours sur la Constitution).
4) L'Hôtel de Ville (autrefois Evêché) du XVᵉ au XVIIIᵉ siècle.
5) La majestueuse Cathédrale (XIᵉ et XIIIᵉ siècles) domine paisiblement la ville.
6) Musée Mémorial de la Bataille de Normandie - 1944.
7) Mannequins en uniforme allemands et américains (Musée de la Bataille de Normandie).
8) Rond Point de Vaucelles - Monument de la Libération - Seul monument en France avec l'effigie du Général de Gaulle de son vivant.
9) Mémorial et Cimetière britanniques.

🎧 Travail de fin de chapitre

CD1-39 ***I. Dans la rue.**

A. You'll hear four short conversations in which people ask for directions. Match the number of the conversation (1, 2, 3, 4) with the appropriate brief description. You will not understand most of each conversation in detail; simply listen for the general context.

_____ A motorist asks a policeman for directions.

_____ A tourist asks a passerby for directions, but the passerby can't help.

_____ A student tells a friend how to get somewhere in town.

_____ A student explains to a friend how to get to a relative's house.

B. Listen again to the four conversations. Then do the following exercises.

Conversation 1. Diagram the instructions given in the conversation. Use the following proper names: **la rue Saint-Jacques, l'avenue Lafayette, le boulevard Saint-Germain.**

CD1-40 **Conversation 2.** Diagram the location of the store that the person is going to. Use the following proper names: **Hachette, Saint-Michel, Duprès, Longchamp.**

CD1-41 **Conversation 3.** Circle the number of the statement that best describes the passerby in this conversation:

     1. impolite and not at all helpful
     2. polite and a bit helpful
     3. polite, but not helpful at all
     4. impolite, but very helpful

CD1-42 **Conversation 4.** Answer the following questions. Use the following proper names as needed: **Hautes-Feuilles, Petits Fours, Haussmann.**

     1. Why does Hélène call Élisabeth? _____

     2. Where is Élisabeth? _____

     3. What is the address? _____

*II. Jeu: Mots croisés. Do the following crossword puzzle in French by filling in the words missing from the clues. Don't worry about accent marks: the letter **E** may stand for **é** or **è** or **ê** or **e**. (A few of the more difficult answers have been provided.)

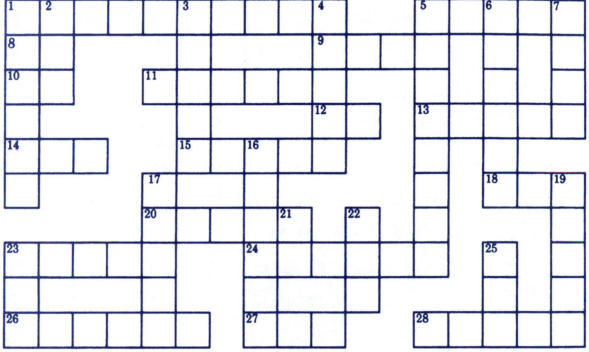

Horizontalement

1. On achète des choses sucrées et des choses salées à une *briocherie*_____.

5. On achète un journal (*newspaper*) dans un bureau de _____.

8. Vous allez souvent _____ théâtre?

9. Ils habitent près d'ici? Quelle est _____ adresse?

10. Je _____ voudrais pas être ingénieur.

11. Marc est un élève sérieux. Il fait toujours ses devoirs. Il _____ beaucoup.

12. Qui _____ à la piscine? Vous y allez? Tiens! Nous aussi.

13. On va aux Fêtes de la Tarasque dans la _____ de Tarascon.

14. Est-ce qu'il y a _____ pharmacie près d'ici?

15. Les jeunes Français font des études secondaires dans un collège ou dans un _____.

18. Où est Cécile? Voici _____ livres.

20. —La bibliothèque, s'il vous plaît?

—Je m'excuse, mais je ne suis pas d'ici. Demandez à l'_agent_ _____ de police.

23. J'ai, tu as, elle a, etc. Ce sont les formes du verbe _____.

24. Le continent où se trouve la France s'appelle l' _____.

26. L' _____ St-Sauveur, elle est protestante ou catholique?

27. Quel âge avez-vous? J'ai dix-sept _____.

28. Vous avez des lettres à envoyer (_to send_)? Allez au bureau de _____.

Verticalement

1. Il y a beaucoup d'argent dans une _____.

2. S'il vous plaît, la _____ Mazeppa, elle est près d'ici?

3. Le maire et ses adjoints travaillent à l' _____ de ville.

4. Je suis _élève_ _____ dans un lycée à Bordeaux.

5. Jacqueline _____ la rue Dauphine pour aller à la pharmacie.

6. Les gens du Midi (du sud de la France) aiment jouer aux _boules_ _____.

7. On retrouve ses amis au _____ pour parler et pour prendre quelque chose à boire ou à manger.

16. On va voir le film _Chicago_ au _____ Rex.

17. Vous aimez voyager par le train? Il y a cinq _____ à Paris: St-Lazare, Montparnasse, etc.

19. On fait du sport au _____.

21. Est-ce que _____ as tes clés?

22. _____, je préfère la musique moderne.

23. Quel _____ avez-vous?

25. Ma sœur et moi, nous cherchons _____ CD. Est-ce qu'ils sont chez vous?

chapitre **4**

Allons en ville!

Première étape *Vous allez en ville! (Text pp. 132–139)*

Lisons!

*One of the principal means of getting around many French cities is by bus. In this **étape**, you'll be asked to use your reading skills (predicting, scanning, skimming, recognizing cognates, guessing from context) to read a bus schedule and related information. The schedule comes from the bus system of Toulouse, a city of some 350,000 inhabitants located in southwestern France.*

*I. Prélecture. You've just arrived in Toulouse, where you have not yet gotten to know anyone. You want to take the bus to explore the city. What kinds of information would you want to know about taking a bus from where you are staying to downtown?

_____

_____

_____

*II. Plan et horaires

A. Rapidly skim the brochure on pages 100 and 101. Then explain in English what types of information are provided on each page.

1. cover (left panel) _____

_____

2. back page (right panel) _____

_____

3. inside, upper _____

_____

4. inside, lower _____

_____

B. You have a room in a residence hall at the **cité universitaire du Mirail.** Skim the brochure to find the answers to the following questions.

1. Is this a schedule for the whole bus system or for a single bus line? How can you tell?

_____

2. What is the closest place for you to go to buy bus tickets? _____

_____

3. How often do buses run during the week? On the weekend? _____
_____
_____

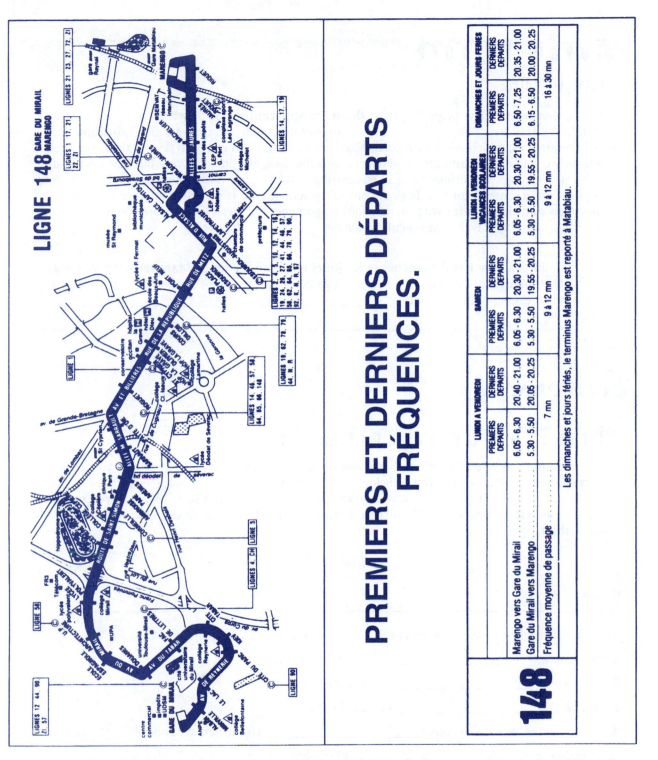

PREMIERS ET DERNIERS DÉPARTS FRÉQUENCES.

148		LUNDI A VENDREDI		SAMEDI		LUNDI A VENDREDI VACANCES SCOLAIRES		DIMANCHES ET JOURS FERIES	
		PREMIERS DÉPARTS	DERNIERS DÉPARTS	PREMIERS DÉPARTS	DERNIERS DÉPARTS	PREMIERS DÉPARTS	DERNIERS DÉPARTS	PREMIERS DÉPARTS	DERNIERS DÉPARTS
	Marengo vers Gare du Mirail	6.05 - 6.30	20.40 - 21.00	6.05 - 6.30	20.30 - 21.00	6.05 - 6.30	20.30 - 21.00	6.50 - 7.25	20.35 - 21.00
	Gare du Mirail vers Marengo	5.30 - 5.50	20.05 - 20.25	5.30 - 5.50	19.55 - 20.25	5.30 - 5.50	19.55 - 20.25	6.15 - 6.50	20.00 - 20.25
	Fréquence moyenne de passage	7 mn		9 à 12 mn		9 à 12 mn		16 à 30 mn	

Les dimanches et jours fériés, le terminus Marengo est reporté à Matabiau.

4. Pick out three places you might want to go on the bus and name the bus stops where you would get off.

        Destination   **Bus stop**

   a. _____   _____

   b. _____   _____

   c. _____   _____

5. On your first day in Toulouse (a Saturday), you go downtown in the afternoon and plan to eat in a restaurant on the rue d'Alsace. At what time should you be at your bus stop to avoid missing the last bus back to the Cité? _____

False Cognates

You've already seen how helpful cognates **(les mots apparentés)** can be when you're scanning a text. In this text, for example, there are words such as **urbain, ligne, tickets, bus, information,** and **fréquences,** which are quite recognizable from English. However, from time to time you'll run into false cognates **(les faux amis)**—French words that look like English words but that have quite different meanings. The primary way of recognizing a false cognate is that the apparent English word does not make sense in context. For example, in the sentence **Le train entre en gare et nous montons dans le premier wagon,** the word **wagon** does not mean *wagon;* from context, you can probably guess that it is the equivalent of *train car.*

In the sentence **Les dimanches et les jours fériés, le terminus Marengo est reporté à Matabiau,** the word **reporté** is a false cognate. Using all of your reading skills, try to figure out the meaning of this sentence. _____

_____

Écrivons!

■ **P r a t i q u e d e l a g r a m m a i r e**

In this **étape,** you've studied the verb **vouloir** and the days of the week. To verify that you have learned these structures, take *Test 10* below. You'll find the answers and scoring instructions in the Answer Key. A perfect score is 13. If your score is less than 11, or if you wish additional practice, do the self-correcting exercises for **Chapitre 4, Étape 1,** in the *Pratique de la grammaire* at the back of this **Cahier.**

Test 10

First, complete each sentence with the appropriate form of the verb **vouloir.**

1. Qu'est-ce que tu _____ faire ce soir?

2. Mes parents _____ rester à la maison.

3. Moi, je _____ aller au cinéma.

4. Et vous autres, est-ce que vous _____ voir le film avec nous?

5. Anne-Marie ne _____ pas y aller.

6. Jacques et moi, nous _____ bien vous accompagner au cinéma.

Now, fill in the blanks in the calendar with the days of the week. Remember that French calendars do not begin with Sunday.

juin

_____	_____	_____	_____	_____	_____	_____
		1	2	3	4	5
6	7	8	9	10	11	12
13	14	15	16	17	18	19
20	21	22	23	24	25	26
27	28	29	30			

NOTE FOR CORRECTION: items 1–6 = 1 point for each correct form of **vouloir;** *total: 6;* days of the week = 1 point for each correct day; *total: 7*

III. Moi, je... Using the expressions below, write five sentences that tell how you get around town. Use at least one expression from each column in each of your sentences. Use as many of the words and expressions as you can.

d'habitude	aller	à pied	en ville
souvent	prendre	le métro	au...
toujours		l'autobus	à la...
de temps en temps		un taxi	à l'...
quelquefois		mon vélo	à...
rarement		la voiture	
ne... jamais			

Modèle: *D'habitude je vais à l'université à pied.* or *Quelquefois je prends l'autobus pour aller à l'université et quelquefois j'y vais dans la voiture de mon frère. Je ne prends jamais de taxi.*

1. _____

_____

2. _____

_____

3. _____

_____

4. _____

_____

5. _____

_____

IV. Des invitations. Use the verb **vouloir** to extend invitations to the following people. Whenever possible, choose activities that might interest them. Use the *Système-D* writing assistant to help you.

Modèle: ✻✻✻✻✻✻✻✻✻✻✻✻✻✻✻✻✻✻✻✻✻✻✻✻✻✻✻✻✻✻✻✻✻✻✻✻

> *Chère Isabelle,*
> *Est-ce que tu veux venir (to come) avec nous samedi soir? Nous allons voir un film de d'Éric Rohmer. Si tu veux y aller, téléphone-moi ce soir.*
> Diane

VOCABULARY: Days of the week; leisure; arts; sports
PHRASES: Inviting; telling time
DICTIONARY: vouloir

1. un(e) ami(e)

2. deux ou trois camarades de classe

3. votre père et/ou votre mère

V. Vos activités. Complete the paragraphs from two e-mails that you're writing, using some of the suggested expressions. Use the *Système-D* writing assistant to help you.

A. To your parents: **le lundi, le mercredi soir, le samedi après-midi, le dimanche,** etc.

VOCABULARY: Days of the week; time expressions, time of day; leisure
PHRASES: Sequencing events; linking events

> *La vie à l'université est assez monotone . . .*

B. To a friend who does not go to your school: **ce soir, demain matin, demain soir, dimanche après-midi,** etc.

> *C'est vendredi. Le weekend va bientôt commencer! . .*

Deuxième étape *Prenons le métro!* *(Text pp. 140–149)*

Lisons!

*Most Americans arrive in France by plane, and most commercial flights from the United States arrive at Charles de Gaulle Airport in Roissy, a northern suburb of Paris. Consequently, one of the first situations they need to deal with is getting from the airport into the city. In this **étape,** you will apply your reading skills to a brochure about one means of getting into the city—a train-bus service called **Roissy-Rail.***

*I. Prélecture. Imagine that you're arriving in Paris and that someone has told you about the train-bus service between the airport and the city. What information would you need about this service before making use of it? Complete the following list.

the cost of a ticket, _____

_____

_____

_____

*II. Roissy-Rail. Using the brochure, answer the following questions about the train-bus service.

LES LIAISONS PARIS-AÉROPORTS

PARIS ◄────► AÉROPORT CHARLES DE GAULLE

LES TRANSPORTS :

BUS AIR FRANCE de 5 h 45 à 23 h
    Paris/CDG 2A/CDG 2B/CDG 1

de 6 h à 23 h CDG/Paris
Toutes les 12 mn

Départ de Paris vers CDG :
PLACE CHARLES-DE-GAULLE - ETOILE
(Avenue Carnot)
PORTE MAILLOT (près agence AF)

Départ de CDG vers Paris :
CDG 2A porte A5
CDG 2B porte B6
CGD 1 porte 36 niveau arrivée

Trajet moyen : 40 mn – 6€

ROISSY RAIL de 5 h 25 à 23 h 25 Paris/CDG

de 5 h 10 à 23 h 45 CDG/Paris
Toutes les 15 mn
Départ de Paris vers CDG :
Toutes les stations de la ligne B du RER
Départ de CDG vers Paris :
CDG 2A porte A5
CDG 2B porte B6
CDG 1 porte 28 ou 30 niveau arrivée

Trajet moyen : 35 mn
6€ Gare du Nord en 1re classe
(navette comprise)

1. If we arrive at Terminal Number 1 at Charles de Gaulle, where do we get on the shuttle bus?

   _____

2. How much will our train ticket cost? How long will it take to get into Paris?

   _____

3. If we have a hotel near the Jardin du Luxembourg, should we get off at the Gare du Nord?

   _____

4. If we have a hotel near the Saint-Sulpice station (D6 on the metro map on p. 141 of your textbook), how could we get there from the airport? (Where would we switch from the RER to the metro?)

   _____

   _____

Écrivons!

▪Pratique de la grammaire

In this **étape,** you've studied adverbs used to designate the present and the future as well as the expressions **espérer** and **avoir l'intention de.** To verify that you've learned these structures, take *Test 11* below. You'll find the answers and scoring instructions in the Answer Key. A perfect score is 8. If your score is less than 7, or if you wish additional practice, do the self-correcting exercises for **Chapitre 4, Étape 2,** in the *Pratique de la grammaire* at the back of this **Cahier.**

Test 11

Write sentences using the elements provided.

1. je / être chez moi / maintenant

   _____

2. ils / dîner au restaurant / demain soir

   _____

3. qu'est-ce que / tu / faire / cet après-midi

   _____

4. elle / faire un voyage / la semaine prochaine

   _____

5. moi, je / avoir l'intention de / aller en France / l'année prochaine

   _____

6. je / espérer / visiter l'Allemagne aussi

_____

7. nous / avoir l'intention de / faire nos devoirs / ce soir

_____

8. nous / espérer / étudier / demain soir aussi

_____

_____

NOTE FOR CORRECTION: 1 point for each correct verb form; *total: 8*—in some cases, more than one possible answer (for example, present or immediate future for items 2 and 3)

*III. Mais oui.   Antoine's friends ask him questions about his activities. Using the calendar as a guide, play the role of Antoine and answer the friend's questions. Today is June 6.

JUIN	
lundi 6	*matin: travailler à la maison; après-midi: aller en ville; soir: aller au cinéma avec des amis*
mardi 7	*visiter le musée*
mercredi 8	*après-midi: faire des courses en ville; soir: rester à la maison*
jeudi 9	*matin: faire un tour à vélo; soir: aller à une discothèque*
dimanche 12	*matin: aller à l'église; après-midi: déjeuner avec mes parents*
lundi 13	*faire des achats*
mardi 14	*aller à Londres (mardi 14—dimanche 19)*

Modèle: Tu aimes te promener à vélo?
            Mais oui. Je vais faire un tour à vélo jeudi matin.

1. Tu travailles à la maison de temps en temps? _____

_____

2. Tu vas souvent en discothèque?_____

_____

3. Quand est-ce que tu vas en ville? _____

_____

4. Tu aimes voyager? _____

_____

5. Tu as besoin d'acheter quelque chose pour le voyage? _____

_____

6. Tu vas au cinéma avec tes amis de temps en temps? _____

_____

7. Tu as le temps de déjeuner avec tes parents? _____

_____

8. Tu vas faire des courses en ville bientôt? _____

_____

IV. L'avenir. (*The future.*) Different people have different plans and dreams for the future. Using the suggested expressions, write three sentences for each situation. Tell about (a) your best friend **(mon meilleur ami, ma meilleure amie),** (b) your parents, and (c) yourself.

1. cette année / avoir l'intention de

a. _____

b. _____

c. _____

2. l'année prochaine / vouloir

a. _____

b. _____

c. _____

3. un jour / espérer

a. _____

b. _____

c. _____

* V. Prenez le métro! Using the information provided on page 140, and the metro map on page 141 of the textbook, write notes to the following people, telling them how to use the metro to meet you. Write the second and third notes on a separate sheet of paper.

1. Your German friend Greta is staying in the Latin Quarter. She wants to see the Arc de Triomphe. Départ: station Saint-Michel (E5) → arrivée: station Charles de Gaulle-Étoile (B4) / sortie: avenue de Friedland

> Greta,
>
> On va visiter l'arc de Triomphe demain après-midi. Pour prendre le
> métro, tu vas à la station Saint-Michel, et tu prends la direction
> _____. Tu changes à _____, direction
> _____. Tu descends à la station _____.
> Rendez-vous à 3h. à la sortie (exit) dans l'avenue de Friedland.
>
> Paul

2. Your Brazilian friend Jorge is staying behind the Gare Montparnasse. He wants to go see a play at the Comédie-Française. Départ: station Pasteur (D6) → arrivée: station Palais-Royal (D5) / sortie: rue St-Honoré

3. Your Egyptian friends Anwar and Farah are staying near the place d'Italie. They want to see the basilica of the Sacred Heart (**Sacré-Cœur**) in Montmartre. Départ: station Place d'Italie (E7) → arrivée: station Barbès-Rochechouart (E3) / sortie: boulevard Rochechouart

Troisième étape   *Je veux prendre un taxi!* (Text pp. 150–160)

Lisons!

Although most French cities have excellent public transportation systems, the French, like Americans, all like to have their own car. One evidence of this love affair with the automobile is the vast number of car ads that appear in weekly and monthly magazines. Because the visual impact of any ad is usually more important than the words used, you can probably read and evaluate car ads in French even though your French is still limited.

*I. Prélecture.   Study the two ads from American magazines (pages 110–111). Then answer the questions.

1. First, consider only the picture part of the ad. What does it suggest?

   a. Avenger _____

   _____

   b. Jaguar _____

   _____

2. Now consider the titles (the parts printed in the largest typeface). What is (are) the key word(s) in each title?

   a. Avenger _____

   b. Jaguar _____

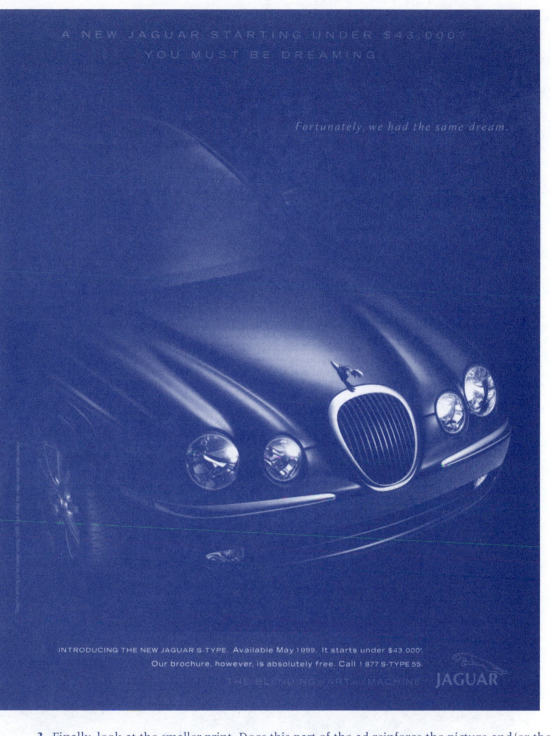

3. Finally, look at the smaller print. Does this part of the ad reinforce the picture and/or the title? Does it introduce new ideas?

   a. Avenger _____

   _____

   b. Jaguar _____

   _____

*II. La pub en France.   Now look at the French ads for two automobiles: a Renault Twingo and a Lancia Y. Read the two ads in the same way you read the American ads in Exercise I. Then answer the questions.

   1. What similarities do you notice in the two ads? _____
_____

   2. What differences do you notice in the two ads? _____
_____

CRÉATEUR D'AUTOMOBILES   **RENAULT** *twingo*

NOUVELLE COLLECTION
Twingo Tech'Run, c'est un intérieur sport
avec volant cuir, jantes alliage, moteur
16V de série mais aussi un coloris inédit :
le bleu cyclade... une des nombreuses
couleurs de la nouvelle collection.
TWINGO. ELLE CACHE BIEN SON JEU.

TWINGO *Tech Run*. REMETTEZ-VOUS AU SPORT.

CZY 92

Lancia Y. Sens de la sécurité.

Si vous succombez aux charmes de la Lancia Y, sachez qu'elle saura toujours vous protéger. Tout chez elle a été conçu pour que protection et plaisir soient indissociables. Pour préserver les affinités qui vous unissent, la Lancia Y vous garantit une sécurité optimisée avec entre autre les Airbags Lancia®*, l'ABS*, le dispositif anti-incendie du système FPS, la structure anti-chocs des sièges arrière, les barres de renfort latéral ou l'antivol électronique. Aimer, c'est avoir confiance et c'est pour cela que la Lancia Y vous offre la route sous haute protection.

Il Granturismo
Le Grand Tourisme

Une gamme à partir de 8271€. Modèle présenté : Lancia Y 1.2 16v LX 14071€ (hors options). Prix au 01.07.98. AM.99. * En option. Pour toute information ou essai : tél. **0 803 06 1000** (1,09 F TTC/mn).

3. What characteristics in the consumer does each ad appeal to?

    a. Lancia Y _____

_____

b. Renault Twingo _____

_____

_____

4. In what ways are the American ads different from the French ads? _____

_____

_____

5. Are these differences generally true, or are they true only for the particular set of American

ads reproduced here? _____

_____

_____

Écrivons!

■ Pratique de la grammaire

In this **étape,** you've studied the present, the immediate future, and the imperative of pronominal verbs. To verify that you've learned these structures, take *Test 12* below. You'll find the answers and scoring instructions in the Answer Key. A perfect score is 12. If your score is less than 10, or if you wish additional practice, do the self-correcting exercises for **Chapitre 4, Étape 3,** in the *Pratique de la grammaire* at the back of this **Cahier.**

Test 12

First, complete each sentence with the appropriate form of the verb in parentheses.

1. (se lever) À quelle heure est-ce que tu _____ d'habitude?

2. (se lever) Je _____ vers 7h.

3. (se coucher) À quelle heure est-ce que vous _____ le samedi soir?

4. (se coucher) Nous _____ généralement vers minuit.

5. (ne pas se téléphoner) Pourquoi est-ce que Maman et Tante Véronique

_____ l'après-midi?

6. (se reposer) C'est parce que Tante Véronique _____ tous les

jours entre 1h et 4h de l'après-midi.

Now, write sentences using the elements provided.

7. à quelle heure / tu / se lever / demain matin / ?

_____

8. vous / avoir l'intention de / se coucher avant minuit / ?

_____

9. je / ne pas vouloir / s'acheter de CD

_____

Finally, write the indicated commands.

10. Dites à votre petite sœur de se dépêcher.

_____

11. Dites à vos invités de s'asseoir.

_____

12. Dites à votre ami de ne pas s'inquiéter.

_____

_____

NOTE FOR CORRECTION: 1 point for each correct form; *total: 12*

*III. Les vacances.   Complete the following letters written by people either on vacation or getting ready for vacation. Use the appropriate forms of the verbs suggested. The same verb may be used more than once. Be sure to distinguish between pronominal and nonpronominal verbs. Verbs: **aller, s'amuser, se coucher, faire, se lever, prendre, se préparer, se promener, se reposer, se retrouver, visiter**

1. Jean-Jacques is writing his parents about life at his summer camp **(camp d'adolescents).**

> Chers Maman et Papa,
>
>   Tout va bien! Il fait un temps splendide! On passe toute la journée à faire du sport et on mange très bien. Le seul inconvénient, c'est que nous _____ de très bonne heure (6h30 du matin) et que nous _____ assez tôt aussi (9h du soir). À part ça, c'est vraiment très sympa ici et je _____ bien.
>
>   Grosses bises,
>
>   Jean-Jacques

2. Mireille, who is spending her vacation at the family summer home, is writing to her school friend.

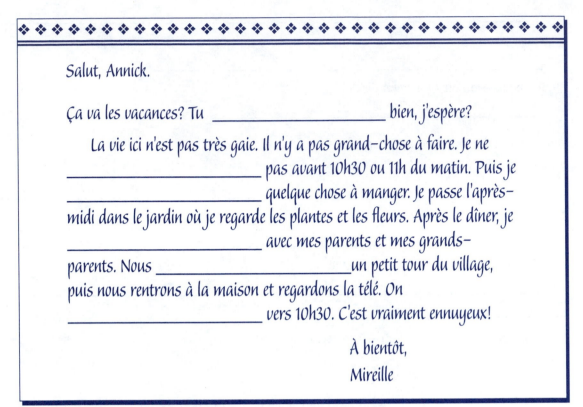

Salut, Annick.

Ça va les vacances? Tu _____ bien, j'espère?

La vie ici n'est pas très gaie. Il n'y a pas grand-chose à faire. Je ne _____ pas avant 10h30 ou 11h du matin. Puis je _____ quelque chose à manger. Je passe l'après-midi dans le jardin où je regarde les plantes et les fleurs. Après le dîner, je _____ avec mes parents et mes grands-parents. Nous _____ un petit tour du village, puis nous rentrons à la maison et regardons la télé. On _____ vers 10h30. C'est vraiment ennuyeux!

À bientôt,
Mireille

3. Henri has just arrived in Florence, Italy, after a long drive. He is writing to his best friend.

Éric,

Nous venons d'arriver à Florence. Nous sommes tous très fatigués. Il est 11h30 du soir. Je vais _____ bientôt. Demain on ne va pas faire grand-chose. Nous voulons _____ un peu. Mardi nous allons _____ la ville et mercredi nous allons repartir pour Rome.

Toi et ta famille, vous _____ à partir pour le Maroc, non? Amusez-vous bien!

À bientôt,
Henri

4. Catherine is writing to her aunt about her family's vacation plans.

> *Ma chère Tante Caroline,*
>
> *Nous partons bientôt pour Biarritz. Papa et Jean-Louis, ils y _____ en voiture demain. Ils aiment _____ en auto! Maman et moi, nous allons _____ le train vendredi. Nous allons _____ à Biarritz le 3 juillet.*
>
> *On te téléphonera la semaine prochaine.*
>
> > *Grosses bises,*
> > *Catherine*

*IV. On vous a laissé un mot. (*There's a message for you.*) You and your foreign student dormmates rarely see each other during the day. Consequently, you leave each other written messages on the bulletin board in the hall. Use the suggested expressions to complete your response to each of the following messages. Expressions: **assieds-toi! (asseyez-vous!), amuse-toi bien! (amusez-vous bien!), dépêche-toi (dépêchez-vous), ne te dépêche pas (ne vous dépêchez pas), ne t'énerve pas (ne vous énervez pas), ne t'inquiète pas (ne vous inquiétez pas)**

1

Jacqueline et moi, nous allons voir le nouveau film de Depardieu ce soir. Tu veux venir avec nous?

Anne-Marie

Je voudrais bien, mais je dois travailler. On dit que c'est un très bon film . . .

2

Nous avons rendez-vous avec Alain et ses parents ce soir. J'ai cours jusqu'à 4h.30, puis j'ai des courses à faire en ville. Je vais faire un effort pour rentrer avant 7h.

Gérard

... Nous avons beaucoup de temps. Alain a téléphoné. Ses parents arrivent à 8h.

3

Quelle catastrophe! Je dois retrouver Bénédicte et sa cousine en ville ce soir, mais je n'ai pas ma voiture et le dernier autobus est à 9h. Qu'est-ce que je vais faire? Comment est-ce que je vais y aller?

Daniel

... *Tu peux prendre ma voiture à moi. J'ai beaucoup de devoirs à faire ce soir. Je vais à la bibliothèque, mais je peux y aller à pied.*

* **V. Les Berthier.** Using the verbs suggested, describe what is going on in the lives of the Berthiers. Then answer the questions about your own life.

Modèle: Antoine / ne pas vouloir, avoir envie de
Antoine ne veut pas se coucher à 10h. Il a envie de regarder la télé.

Et vous, est-ce que vous vous couchez souvent à 10h?
Non, moi, je me couche d'habitude vers minuit ou 1h du matin.

Couche-toi, Antoine. Il est déjà 10h.

Mais Papa, il y a un très bon film à la télé.

1. Sophie / se lever, rester au lit

_____

_____

Et vous, le matin, est-ce que vous vous levez tout de suite ou est-ce que vous préférez rester

un peu au lit? _____

_____

2. Jacques, Philippe / se retrouver, faire des courses

_____

_____

Et vous, où est-ce que vous retrouvez vos ami(e)s? _____

_____

3. Pascale, Vincent / ne pas se dépêcher, rentrer

_____

Et vous, quand est-ce que vous vous dépêchez? _____

_____

4. Alain, Chantal, Michel / jouer à (+ infinitif), se promener

_____

Et vous, qu'est-ce que vous préférez? _____

_____

5. Jeanne, Madeleine / acheter, s'acheter

_____

_____

Et vous, qu'est-ce que vous voudriez vous acheter? _____

_____

*VI. Tu vas arriver à l'aéroport Charles de Gaulle.   Georges Martin is writing to his French-Canadian friend, Louise Villandré, to explain how she should get to his apartment when she arrives in Paris. Complete the letter with the appropriate forms of the suggested verbs. Verbs: **s'arrêter** (*to stop*), **arriver, descendre, prendre**

☆☆

Chère Louise,

    J'attends avec impatience le jour de ton arrivée. Tu vas
_____ à l'aéroport Charles de Gaulle. Pour aller
à Paris, tu _____ le car Air France. Il
_____ deux fois—le premier arrêt, c'est à l'avenue
des Ternes; le second arrêt, c'est à la place Charles de Gaulle-Étoile
(près de l'Arc de Triomphe).
    Tu _____ à la place Charles de Gaulle-Étoile.
Là, il y a deux possibilités. Si tu _____ un taxi,
tu vas payer 4 euros. Si tu _____ l'autobus 22, tu
vas payer 1 euro, mais tu vas _____ six fois. Tu
_____ à la place Possoz et mon adresse, c'est
54, avenue Paul Doumer.

                    À bientôt,

                    Georges

VII. Pour aller chez moi, tu...   Imagine that a French friend is coming to visit you. She'll arrive at an airport, a train station, or a bus station **(une gare routière)** in your town. You'll be unable to meet her. Therefore, write a letter explaining how she can use some form (or forms) of public transportation to get to where you live. Use the *Système-D* writing assistant to help you.

VOCABULARY: City; means of transportation
PHRASES: Advising; reassuring; giving directions

Point d'arrivée   *(Text pp. 161–165)*

🎧 *Écoutons! (Let's listen!)*

CD2-2   ***I. Pourquoi est-ce qu'ils vont en ville?**   Listen to the four conversations. Then write the number of each conversation under the appropriate drawing.

_____

_____

_____

_____

CD2-3   ***II. Comment est-ce qu'ils vont en ville?**   Listen to the four conversations. Then match the number of each conversation with the appropriate form of transportation.

_____ en taxi   _____ en métro

_____ en autobus   _____ à vélo

CD2-4 ***III. Les verbes pronominaux**

    A. Tell whether each thing said is a question, a statement, or a command by circling the appropriate punctuation.

        1. ? . !

        2. ? . !

        3. ? . !

        4. ? . !

        5. ? . !

        6. ? . !

        7. ? . !

        8. ? . !

CD2-5   **B.** Now, tell whether each of the following is in the present **(présent)** or the future **(futur).**

        1. présent   futur

        2. présent   futur

        3. présent   futur

        4. présent   futur

        5. présent   futur

        6. présent   futur

CD2-6 ***IV. Les nombres**

    A. Combien? Quel numéro? Write the number you hear in each of the following statements.

    Modèle: You hear: *Marie-Louise habite quarante et un, rue de Fleurus.*
             You write: _____*41*_____

        1. _____   **4.** _____

        2. _____   **5.** _____

        3. _____   **6.** _____

CD2-7   **B. C'est combien?** Write the final amount involved in each transaction you hear.

    Modèle: You hear: *C'est combien, ce livre?*
                       Trois euros trente.
                       Trois euros trente? C'est pas cher.

        You write: à la librairie _____*3,30 euros*_____

        1. dans un taxi _____

        2. au guichet _____

        3. au bureau de poste _____

        4. au café _____

        5. au bureau de tabac _____

*V. Vous voulez prendre un message? You're alone in the home of some French friends. The parents **(M. et Mme Roche)** and the children **(Christine et Matthieu)** are all out for the evening. When the phone rings, you answer and take messages for the absent family members. Fill in the message slips with the vital information. You may write in French or in English; the important thing is to get the basic message.

MESSAGE IMPORTANT

_____ a appelé

pour _____

Message: _____

MESSAGE IMPORTANT

_____ a appelé

pour _____

Message: _____

*VI. Samedi soir à Paris. Listen to the following conversation between Claire, who is French, and her American friend, David. Then answer the questions by circling the letter of the correct response.

1. Ce soir Claire et David vont…

   a. dîner au restaurant.

   b. aller au cinéma.

   c. visiter la place de l'Étoile.

   d. chercher des amis au club des Américains.

2. Qui prend les billets de métro?

   a. Claire a un carnet; elle a un billet pour David.

   b. David prend deux billets.

   c. Claire prend deux billets.

   d. David prend son billet, mais Claire a déjà son billet.

3. Quel est l'itinéraire de David et de Claire?

   a. Wagram / Opéra / église de Pantin

   b. Mairie d'Issy / Gallieni / Wagram

   c. Wagram / Opéra / Monge

   d. Opéra / Mairie d'Issy / Monge

4. À qui est-ce que Claire et David parlent?

   a. à un ami de Claire qui veut parler à un Américain

   b. à un Allemand qui aime beaucoup les films italiens

   c. à un ami de Claire qui va prendre le métro à Châtelet

   d. à un Allemand qui veut aller à la place de l'Étoile

Rédigeons!

Une lettre à un(e) ami(e). You and a friend (or relative) have made plans to go downtown one week from today. Write a letter to a French friend, inviting him/her to join the two of you. Begin the letter with **Cher (Chère)…** and end with **Bien à toi.** Use a separate sheet of paper. Include the following ideas:

1. Mention what day it is today and tell what your plans are for the same day next week.

2. Invite your friend to join you and the other person.

3. Explain what means of transportation you will use and why.

4. Mention one or two things you hope and/or intend to do in town.

5. Tell your friend to call you **(Téléphone-moi).** Specify two times (such as Monday evening) when you are likely to be home.

VOCABULARY: Days of the week; means of transportation; store; arts
PHRASES: Inviting; writing a letter

Travail de fin de chapitre

CD2-10–2-14 ***I. Le métro de Paris.**   In this chapter, you're going to learn about the Paris subway system. Part of using that system is recognizing the many station names. To familiarize yourself with some of the most frequently used proper names, listen to the short conversations between people talking about using the metro. In each conversation, two stations will be mentioned by name; find each station in the list on page 126 and put the number of the conversation next to it.

_____ Chapelle (Porte de la)	_____ Nation
_____ Châtelet	_____ Neuilly (Pont de)
_____ Châtillon-Montrouge	_____ Orléans (Porte d')
_____ Clignancourt (Porte de)	_____ Pantin (Église de)
_____ Concorde	_____ République
_____ Italie (Place d')	_____ St-Denis-Basilique
_____ Montparnasse-Bienvenüe	_____ Sèvres (Pont de)
_____ Montreuil (Mairie de)	_____ Vincennes (Château de)

CD2-15 *II. Samedi soir.**

A. Listen to three friends discussing their plans for Saturday evening. Then answer the following questions by circling the letter of the correct response.

1. Où est-ce qu'ils vont?

    a. à un concert   **b.** au cinéma   **c.** au musée   **d.** à une discothèque

2. Comment est-ce qu'ils y vont?

    a. en taxi   **b.** en voiture   **c.** en autobus   **d.** en métro

3. Combien de personnes y vont?

    a. 1   **b.** 2   **c.** 3

B. Listen again to the conversation among the three friends (Laurent, Élisabeth, Hélène), and answer the questions.

1. Qui ne va pas aller au concert? Pourquoi pas? _____

_____

2. Qui propose d'aller au cinéma? Pourquoi est-ce qu'ils ne vont pas tous les trois au cinéma?

_____

_____

3. Pourquoi les deux qui vont au concert décident-ils de prendre le métro? _____

_____

4. Où est-ce qu'ils vont se retrouver? _____

_____

*III. Jeu de mots.** Unscramble the five sets of letters to form the names of means of transportation. Then reassemble the circled letters to form the name of a frequently used **direction** of the Paris metro system.

BUTUSOA   _ _ _ ⊖ _ _ ⊖

LOVE   _ ⊖ ⊖ _

ROTEM   _ _ _ ⊖ ⊖

IDAEP   _ ⊖ _ _ ⊖

TENRINA   ⊖ _ ⊖ ⊖ ⊖ _ ⊖

Direction   _ _ _ _ _ _ ' _ _ _ _ _ _ _ _

Dossier–Découvertes: LA FRANCE

I. D'où viennent-ils? *(Where do they come from?)*   Use the clues and the material you've read in the **Dossier-Découvertes** to figure out where everyone comes from. If the answer begins with **Il vient de...,** you use the proper noun of the French region; if it begins with **Il est...,** you use the adjective that corresponds to the region.

Modèles: Il est né à Kourou. (Il vient de...)
Il vient de Guyane.

Elle habite à Caen. (Elle est...)
Elle est normande.

1. Elle vient de la région qui se trouve à l'extrémité ouest de la France. (Elle est...) _____

_____

2. Dans sa région, il y a des villes célèbres comme Marseille, Cannes et Avignon. (Il est...) _____

_____

3. Ils parlent euskara. (Ils sont...) _____

_____

4. Sa région est entourée par les régions suivantes: Centre, Bourgogne, Rhône-Alpes, Languedoc-Roussillon, Midi-Pyrénées et Limousin. (Elle vient de...) _____

_____

5. Besançon est la ville principale de sa région. (Il vient de...) _____

_____

6. Leur région a une frontière *(border)* avec l'Allemagne. (Elles sont...) _____

_____

II. Qu'est-ce que vous avez appris sur la France?   Show what you've learned about France in the **Dossier-Découvertes** by asking the questions to which the following are the answers.

1. Belgium, Germany, Switzerland, Spain, Italy _____

_____

2. the "Chunnel" _____

_____

3. the "DOM-TOM" _____

_____

4. Kourou _____

_____

5. Terre Adélie _____

_____

6. hexagon _____

_____

7. the "euro" _____

_____

8. the *Marseillaise* _____

_____

9. 58 million people _____

_____

10. 1982 _____

_____

11. 22 / 96 / 4 (three questions) _____

_____

_____

_____

12. a "préfet" _____

_____

13. la "langue d'oïl" and la "langue d'oc" and "le franco-provençal" _____

_____

14. "l'euskara" _____

_____

15. "le flamand," "l'alsacien," "le breton," "le basque" _____

_____

16. Belgians and Italians _____

_____

17. 1974 _____

_____

18. "beurs" _____

_____

19. 413 million _____

_____

20. Nobel prize for physics _____

_____

21. tennis player and singer originally from Cameroun _____

_____

III. Ce que je ne savais pas. *(What I didn't know.)*   Make a list of at least six pieces of information you learned in the **Dossier-Découvertes** about France.

_____

_____

_____

_____

IV. Lecture: «Paysage français» par Paul Claudel.   The following poem by Claudel (1868–1955) evokes a country scene in the province of Burgundy **(la Bourgogne)**. Read the poem once for the pleasure of the words, then read it again and answer the questions that follow.

La rivière sans se dépêcher
Arrive au fond[1] de la vallée

Assez large pour qu'un pont[2]
La traverse d'un seul bond[3]

Le clocher[4] par-dessus[5] la ville
Annonce une heure tranquille

Le dîner sera[6] bientôt prêt
Tout le monde l'attend, au frais,[7]

On entend les gens qui causent[8]
Les jardins sont pleins de roses

Le rose[9] propage et propose
L'ombre[10] rouge à l'ombre rose

La campagne[11] fait le pain
La colline[12] fait le vin

C'est une sainte besogne[13]
Le vin, c'est le vin de Bourgogne!

Le citoyen[14] fort et farouche[15]
Porte son verre à sa bouche

Mais la poule[16] pousse affairée[17]
Sa poulaille[18] au poulailler[19]

Tout le monde a fait son devoir[20]
En voilà[21] jusqu'à ce soir.

   Le soleil dit:
   Il est midi.

                          Paul Claudel, *Poésies diverses*

Vocabulaire: 1. at the bottom 2. bridge 3. leap 4. church steeple 5. above 6. will be 7. in the fresh air 8. chat 9. the pink color 10. shade
11. fields 12. hills 13. task 14. citizen 15. fierce 16. hen 17. bustling, fussing 18. chicks 19. henhouse 20. duty 21. that's it

Exercices de compréhension

A. Give your own description of the scene presented in the poem. Use the concrete elements provided by the poet and add some of your own that you think might fit well into the scene.

_____

_____

_____

_____

_____

B. Answer the following questions based on the scene described in the poem.

   1. The tone of Claudel's poem is one of peace and calm. What are the words and images that most contribute to this tone? _____

_____

2. What season is it and what is the weather like? _____

_____

3. Why do you think the word **dîner** is used to refer to the noontime meal people are waiting for? _____

_____

4. What do you think are the principal agricultural products of the region? Which elements
in the poem give more importance to two of these products? _____

_____

5. There is almost a religious and patriotic quality about the poem. Which words contribute
to this tone? _____

_____

C. In French, make a list of the key words that you think best describe your region of the
United States. Then combine these words in a narrative or a poem to convey what you think
is important about the place where you live. Before you begin, you may wish to reread
Claudel's poem to note the kinds of things he mentions to describe Burgundy. Use a separate
sheet of paper.

V. Surfeurs, renseignez-vous!

A. Surf the Internet and consult print references to find out what the following things are and
what regions of France they're associated with.

1. les santons	**11.** Lascaux
2. les menhirs et les dolmens	**12.** la pelote
3. la pétanque	**13.** Blaise Pascal
4. la cancoillotte	**14.** les frères Montgolfier
5. le Mont-Blanc	**15.** le Mont-Saint-Michel
6. les Landes	**16.** les 24 heures du Mans
7. Blois	**17.** l'île de Ré
8. Chartres	**18.** le Futuroscope
9. Carcassonne	**19.** Charles de Gaulle
10. le Cirque de Gavarnie	**20.** le kugelhopf

B. Surf the Internet to find information about one of the following French regions. Think in terms
of the region's geography and history, its tourist attractions, cheeses, wines, and other culinary
specialties, traditions, famous people, and anything else you think might be of interest to your
classmates. Bring the information to class and share it with a small group of students.

Regions to research:

la Lorraine	l'Auvergne
l'Alsace	la Bretagne
la Bourgogne	la Normandie
la Provence	la Champagne
le Pays de la Loire	

chapitre  **5**

Amusons-nous!

Première étape *Quel temps fait-il?* (Text pp. 178–188)

Lisons!

*I. Prélecture. Skim the weather sections from American and French newspapers.

THE WEATHER

FORECASTS

TODAY Partly cloudy in the Twin Cities with a 40 percent chance of thunderstorms. High in the lower 90s. South wind at 10 to 20 mph. Tonight's low, mid-60s.

WEDNESDAY Partly cloudy with a high in the lower 80s.

EXTENDED Cooling Thursday through Saturday with a chance of thunderstorms Friday. Highs from the upper 80s Thursday, cooling into the upper 80s Saturday.

MINNESOTA Partly cloudy with a chance of showers and thunderstorms. Highs in the lower 70s north to the lower 90s south.

WISCONSIN Partly sunny and warmer with a chance of thunderstorms north. Highs from the upper 70s north to near 90 south.

THE DAKOTAS Partly to mostly sunny with highs in the upper 70s to lower 90s. Partly cloudy tonight with lows in the mid-50s to mid-60s.

TUESDAY ALMANAC
SUNRISE is at 6:38 a.m.
SUNSET is at 7:46 p.m.
DAYLIGHT — 13 hours, 8 minutes on Sept. 4, the 247th day of 1990.

PHASES OF THE MOON
First qtr. Sept. 27   Full Sept. 5
Last qtr. Sept. 11   New Sept. 19

THE REGION

FOR THE RECORD

MONDAY	Normal	1989	Record/Year
Low temperatures	64	55	57	32 in 1974
High temperatures	83	75	73	97 in 1925

TWIN CITIES HOURLY TEMPERATURE AND HUMIDITY

Hour	T	H	Hour	T	H	Hour	T	H
Midnight	68	76	8 a.m.	65	93	4 p.m.	82	65
1 a.m.	66	84	9 a.m.	65	100	5 p.m.	83	63
2 a.m.	66	84	10 a.m.	68	93	6 p.m.	82	67
3 a.m.	65	87	11 a.m.	69	90	7 p.m.	81	69
4 a.m.	66	87	Noon	72	87	8 p.m.	78	76
5 a.m.	66	87	1 p.m.	74	74	9 p.m.	77	76
6 a.m.	66	87	2 p.m.	77	69	10 p.m.	76	82
7 a.m.	67	81	3 p.m.	79	67			

PRECIPITATION

	Monday	Month to date	Year to date
Total	.42	.42	28.70
Normal		.20	20.15
Departure		+.22	+8.55

POLLEN AND MOLD
Counts are not available.

FOUR-STATE TEMPERATURES AND PRECIPITATION

Minnesota	H	L	Pcp.	Wisconsin	H	L	Pcp.
Alexandria	80	62	.33	Eau Claire	77	59	T
Duluth	63	54	.05	Green Bay	75	57	T
Hibbing	67	50	.02	La Crosse	80	61	NA
Internat'l Falls	79	53		Madison	78	54	
Redwood Falls	83	64		Milwaukee	75	64	T
Rochester	80	61	.78	Wausau	70	55	.03
St. Cloud	80	62	.38	**South Dakota**			
Twin Cities	83	64	.42	Aberdeen	94	69	1.49
North Dakota				Huron	97	72	.17
Bismarck	93	68		Sioux Falls	93	72	
Grand Forks	87	70		Figures are as of 7 p.m. Monday			

COOLING DEGREE DAYS

	Sunday	Year ago	Normal year
Total for day	7	0	2
Season total	632	730	828

September normals and extremes

▼ Precipitation
Normal monthly total: 2.50"
Wettest on record: 7.77" (1903)
Driest on record: 0.41" (1940)
Greatest in 24 hours: 4.96" 9/12/03

▼ Temperature
Normal mean monthly: 60.6
Warmest mean monthly: 68.6 (1931)
Coldest mean monthly: 52.8 (1965)
Normal daily high: 71.0
Normal daily low: 50.2
Highest on record: 104
Lowest on record: 26

▼ Normal # of days with..
Maximum of 90 or higher: 1
Minimum of 32 or lower: 1
Heating degree days: 160
Cooling degree days: 28
Precip... 0.01 or more: 9
Precip... 0.1 or more: 5
Precip... 0.5 or more: 1
Thunderstorms: 4
Snowfall: 0
Clear: 10
Partly cloudy: 9
Cloudy: 11

▼ Miscellaneous averages
Prevailing wind: South 9.9 mph
Sunshine: 61% of possible

A LOOK AT THE NATION

Wet weather dampened Labor Day activities Monday across parts of the South and the upper Midwest, and the desert Southwest was threatened with heavy rain.

In the Upper Midwest, showers and thunderstorms spread across parts of western Wisconsin, central Minnesota, southeastern North Dakota, and eastern South Dakota.

Rain was light but welcome at Kodiak, Alaska. Only 0.01 of an inch of rain had fallen at Kodiak from Aug. 17 until Monday morning, when 0.09 of an inch of rain fell.

Cape Hatteras, N.C., warmed to a record-tying 90 degrees. The high in the nation Monday was 110 at Borrego Springs, Calif.; the low was 29 at Truckee, Calif.

Associated Press

THE WEATHER

THE NATION

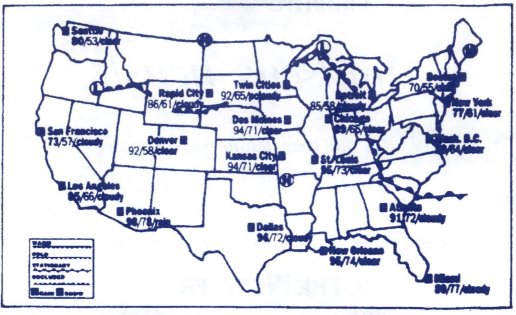

UNITED STATES

City	Monday H	L	Pcp.	Forecast Tuesday H	L	Sky	Forecast Wednesday H	L	Sky
Albuquerque	87	65	—	85	64	rain	85		cloudy
Anchorage	57	53	.10	58	49	cloudy	62	46	cloudy
Atlanta	94	73	·	91	72	clear	90	69	clear
Atlantic City	80	66	—	77	62	clear	78	65	cloudy
Austin	96	72	.01	93	72	cloudy	94	74	cloudy
Baltimore	84	70	—	79	58	clear	83	59	cloudy
Billings	90	60	.07	85	60	rain	88	57	clear
Bismarck	93	68	—	81	60	cloudy	82	54	cloudy
Boise	86	54	—	90	56	clear	92	56	clear
Boston	71	63	.01	70	55	clear	79	59	cloudy
Brownsville	92	75	·	92	75	cloudy	93	76	cloudy
Buffalo	71	57	—	77	52	cloudy	78	62	cloudy
Charleston, S.C.	93	77	2.42	88	72	clear	88	70	clear
Charlotte, N.C.	93	75	—	85	67	clear	87	64	cloudy
Cheyenne	86	56	.11	84	55	cloudy	84	55	cloudy
Chicago	82	59	—	89	65	clear	88	70	rain
Cincinnati	82	67	.01	87	61	cloudy	90	66	cloudy
Cleveland	75	65	—	82	60	cloudy	83	65	cloudy
Dallas-Ft. Worth	96	73	—	96	72	cloudy	97	72	cloudy
Denver	93	58	—	92	58	cloudy	88	59	cloudy
Des Moines	87	67	—	94	71	clear	90	71	clear
Detroit	78	60	—	85	58	cloudy	85	67	cloudy
El Paso	86	64	—	83	62	cloudy	85	63	cloudy
Fairbanks	56	48	.07	55	48	rain	59	42	rain
Honolulu	92	73	—	90	73	clear	90	73	cloudy
Houston	87	73	.03	93	73	cloudy	94	74	cloudy
Indianapolis	83	64	—	87	63	clear	88	68	cloudy
Jacksonville	94	68	—	90	70	cloudy	90	70	cloudy
Juneau	53	51	—	57	50	rain	57	50	rain
Kansas City	96	68	—	94	71	clear	94	72	clear
Las Vegas	92	76	—	96	76	rain	97	75	rain
Los Angeles	86	64	—	85	66	cloudy	85	66	cloudy
Louisville	90	72	—	90	65	clear	92	66	clear
Memphis	100	73	—	98	76	cloudy	98	77	cloudy
Miami Beach	87	79	.01	89	77	cloudy	89	77	cloudy
Nashville	96	73	—	97	74	cloudy	97	74	cloudy
New Orleans	93	72	—	95	74	clear	91	75	cloudy
New York City	79	68	—	77	61	clear	82	63	cloudy
Norfolk, Va.	83	74	—	80	69	clear	83	68	clear
Omaha	93	71	—	95	69	clear	91	68	clear
Orlando	92	74	—	92	74	cloudy	91	75	cloudy
Philadelphia	84	68	—	80	60	clear	85	61	cloudy
Phoenix	106	84	—	98	78	rain	98	78	rain
Pittsburgh	76	60	—	83	51	cloudy	84	61	cloudy
Portland, Ore.	83	54	—	86	54	clear	87	56	clear
Rapid City	97	62	—	86	61	cloudy	87	58	cloudy
Reno	87	48	—	85	48	clear	87	50	clear
St. Louis	94	73	—	95	73	clear	94	73	clear
Salt Lake City	93	67	—	90	64	cloudy	91	65	cloudy
San Diego	76	67	·	76	66	clear	76	66	clear
San Francisco	72	58	—	73	57	cloudy	75	57	cloudy
San Juan, P.R.	90	77	.10	88	76	rain	90	77	cloudy
Santa Fe	84	60	—	82	60	rain	81	61	cloudy
Seattle	74	55	—	80	53	clear	79	53	clear
Tampa-St. Ptrsbg	93	73	.01	91	74	cloudy	90	74	cloudy
Tucson	93	71	.49	91	68	rain	91	68	rain
Washington, D.C.	84	72	—	80	64	clear	84	65	cloudy

CANADA

City	Monday H	L	Sky
Calgary	85	49	clear
Edmonton	85	48	clear
Montreal	70	51	clear
Ottawa	68	51	clear
Regina	77	58	clear
Toronto	67	49	clear
Vancouver	68	62	clear
Winnipeg	91	70	cloudy

WORLDWIDE

City	Sunday H	L	Sky
Amsterdam	72	55	cloudy
Athens	95	66	cloudy
Auckland	—	—	—
Bangkok	91	81	clear
Beijing	84	66	cloudy
Beirut	84	73	clear
Belgrade	73	59	clear
Berlin	68	57	clear
Bermuda	82	73	clear
Brisbane	—	—	—
Brussels	77	46	clear
Buenos Aires	57	39	clear
Cairo	91	72	clear
Copenhagen	68	50	cloudy
Dublin	66	55	cloudy
Frankfurt	70	59	rain
Geneva	68	50	clear
Havana	91	78	cloudy
Helsinki	59	41	cloudy
Hong Kong	88	77	clear
Istanbul	84	64	clear
Jerusalem	90	64	clear
Johannesburg	64	45	cloudy
Lisbon	82	64	clear
London	73	61	cloudy
Madrid	93	61	clear
Manila	86	75	cloudy
Mexico City	72	59	cloudy
Moscow	—	—	—
Nassau	91	77	clear
New Delhi	95	83	clear
Oslo	70	55	rain
Paris	79	55	clear
Rio de Janeiro	90	66	cloudy
Rome	88	63	clear
Santiago	61	48	cloudy
Seoul	81	66	cloudy
Singapore	88	72	cloudy
Stockholm	66	55	clear
Sydney	—	—	—
Taipei	91	79	rain
Tel Aviv	86	73	clear
Tokyo	88	75	cloudy
Vienna	70	55	cloudy
Warsaw	68	54	cloudy

MÉTÉO

Aujourd'hui. - Région parisienne les nuages laissent passer quelques rayons de soleil ce matin mais peu à peu le ciel va se couvrir. Après-midi plus gris et temporairement humide. Les températures matinales sont autour de 9°C et cet après-midi il ne fera pas plus de 14°.

Ailleurs. – Sur la Bretagne, la Normandie, la journée s'annonce nuageuse avec des pluies intermittentes. Sur le Nord, la Picardie et les Ardennes, après une matinée grise et humide, quelques éclaircies se développeront. De la région parisienne à la Champagne et aux Vosges, le ciel est mitigé ce matin. Les nuages seront de plus en plus nombreux et menaçants cet après-midi.

De la Vendée et des Charentes aux régions du Centre, à la Bourgogne, au Jura et à l'Alsace, le soleil brille généreusement ce matin mais le ciel se voilera au fil des heures et cet après-midi il y a des risques d'ondées sporadiques.

L'Aquitaine et le Pays basque débutent la journée dans la grisaille et par des bruines locales mais les éclaircies reviendront.

Sur toutes les autres contrées de la moitié sud, belle journée printanière et bien ensoleillée. Le mistral et la tramontane souffleront en rafales près de la Méditerranée. Les températures matinales restent de saison : 7°C à 11°C sur la plupart des régions. Cet après-midi.

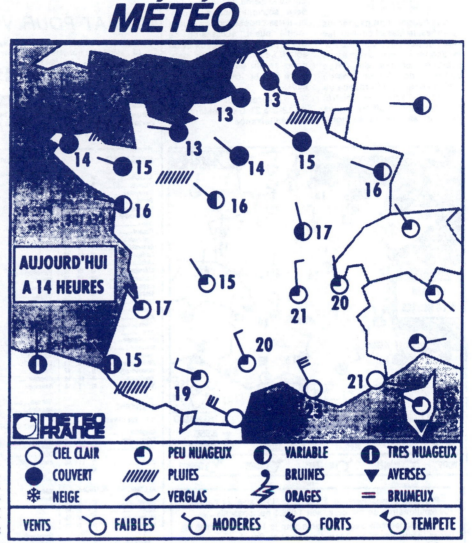

AUJOURD'HUI A 14 HEURES

MÉTÉO FRANCE

○ CIEL CLAIR	◔ PEU NUAGEUX	◑ VARIABLE	◉ TRES NUAGEUX
● COUVERT	///// PLUIES	BRUINES	▼ AVERSES
❄ NEIGE	～ VERGLAS	⚡ ORAGES	═ BRUMEUX

| VENTS | FAIBLES | MODERES | FORTS | TEMPETE |

Demain

Les nuages vont gagner les Pyrénées, le Massif central, les Alpes et persister sur le Jura. Ils donneront des averses et quelques chutes de neige au-dessus de 1.800 m Près de la Méditerranée, alternance de nuages et d'éclaircies. mistral et tramontane souffleront plus fort. Sur les régions au nord-est de la Seine, le temps mitigé sera souvent incertain, donnant des ondées locales. Sur la moitié ouest, succession de petits passages nuageux et de soleil. Les températures matinales seront en baisse. Il fera entre 5°C et 10°C du nord au sud.

L'après-midi, au mieux, de 12°C à 21°C de la Manche à la Méditerranée.

Pression atmosphérique à Paris, le 13 mai à 14 heures 769,6 millimètres de mercure, soit 1 026,1 hectopascals.

Renseignements astronomiques pour le 14 mai (exprimés en heure légale française, base d'observation Paris)

Soleil. – Lever : 6 h 11 . passage au méridien : 13 h 47 ; coucher : 21 h 24 ; durée du jour : 15 h 13 .

Lune (nouvelle lune) . Lever : 5 h 48 ; passage au méridien : 14 h 1 ; coucher : 22 h 26 .

CLIMAT POUR VOS VOYAGES

- **Première colonne** : temps à 14 heures (heure de Paris), le 13 mai. (S : soleil ; N : nuageux ; C : couvert ; P : pluie ; A : averse ; O : orage ; B : brouillard ; * : neige.)
- **Deuxième colonne** : température à 8 heures (heure de Paris), le 13 mai.
- **Troisième colonne** : température à 14 heures (heure de Paris), le 13 mai.

Étant donné l'important décalage horaire entre Paris et certaines stations étrangères (celles d'Extrême-Orient en particulier), les températures qui y sont relevées à 8 heures (heure de Paris) peuvent être parfois supérieures à celles relevées à 14 heures (heure de Paris).

FRANCE

Ajaccio	S	11	19
Biarritz	P	12	12
Bordeaux	N	11	17
Brest	N	10	15
Cherbourg	C	10	13
Clermont-F	S	8	17
Dijon	N	8	16
Dinard	C	10	12
Embrun	N	5	18
Grenoble	N	7	18
La Rochelle	N	11	12
Lille	C	8	16
Limoges	N	10	15
Lorient	N	10	15
Lyon	S	12	21
Marseille	S	7	16
Nantes	C	11	13
Nice	S	13	19
Paris	S	10	15
Pau	P	10	12
Perpignan	S	15	20
Rennes	C	10	14
Rouen	P	7	12
St-Étienne	S	6	15
Strasbourg	N	8	14
Toulouse	N	12	18
Tours	N	7	16

EUROPE

ILES BRITANNIQUES

Brighton	S	10	14
Édimbourg	S	9	13
Londres	C	11	17
Cork	C	11	14
Dublin	S	12	14

ALLEMAGNE AUTRICHE

Berlin	C	9	15
Bonn	C	5	16
Hambourg	P	8	13
Munich	N	7	13
Vienne	P	11	16

BENELUX

Luxembourg	N	10	17
Bruxelles	P	8	16
Amsterdam	P	10	12

ESPAGNE · PORTUGAL

Barcelone	S	10	19
Las Palmas	S	16	22
Madrid	C	11	20
Marbella	S	11	22
Palma de Maj.	N	12	20
Séville	S	11	25
Lisbonne	-	13	22
Madère	-	15	19
Porto	-	14	22

ITALIE

Florence	C	10	20
Milan	S	11	18
Naples	S	11	21
Otale	-	13	-
Palerme	S	15	17
Reggio Cal.	S	15	19
Rimini	-	9	16
Rome	S	12	18

GRÈCE · TURQUIE

Athènes	N	18	22
Corfou	S	14	21
Patras	S	15	21
Rhodes	N	18	19
Salonique	S	17	24
Ankara	N	14	23
Istanbul	S	15	18

PAYS NORDIQUES

Copenhague	C	9	12
Helsinki	S	11	16
Oslo	C	9	17
Stockholm	N	10	17

SUISSE

Bâle	N	7	17
Berne	S	7	14
Genève	S	6	15

URSS

Leningrad	-	10	13
Moscou	-	16	18
Odessa	-	12	14

YOUGOSLAVIE

Belgrade	P	11	11
Dubrovnik	S	15	20

RESTE DU MONDE

AFRIQUE DU NORD

Agadir	S	11	20
Alger	C	9	20
Casablanca	S	14	23
Djerba	S	17	17
Marrakech	S	13	25
Tunis	C	14	19

AFRIQUE

Abidjan	N	27	30
Dakar	N	18	22
Le Cap	-	6	20

PROCHE-ORIENT

Beyrouth	-		
Eilat	N	24	30
Le Caire	N	20	30

ÉTATS-UNIS · CANADA

Boston	S	21	17
Chicago	S	10	19
Houston	S	25	25
Los Angeles	S	13	13
Miami	S	24	25
New York	S	22	21
Nouv.-Orléans	S	23	22
San Francisco	C	11	11
Montréal	S	10	15

CARAIBES

Pt-d.-France	C	24	27
Pte-à-Pitre	C	24	30
San Juan	C	24	28

EXTRÊME-ORIENT

Bangkok	N	26	31
Hongkong	-	25	22
Pékin	P	24	27
Singapour	O	28	30
Tokyo	S	23	19

AMER. CENTR. ET SUD

Acapulco		27	25
Buenos Aires		15	
Cancun		23	21
Lima	S	18	15
Mexico	-	-	-
Rio de Jan.		-	-
Santiago		-	

PACIFIQUE

Papeete	S	25	24

Légende

CIEL CLAIR	PEU NUAGEUX	VARIABLE	TRÈS NUAGEUX
COUVERT	PLUIES	BRUINES	AVERSES
NEIGE	VERGLAS	ORAGES	BRUMEUX

VENTS FAIBLES · MODÉRÉS · FORTS · TEMPÊTE

DEMAIN A 14 HEURES

1. Circle those parts of the weather sections that are similar in both newspapers and label the French ones with the English names of the corresponding sections.

2. What types of information are provided in the American newspaper but not in the French one? _____

3. What types of information are provided in the French newspaper but not in the American one? _____

4. What explanation(s) can you propose for these differences? _____

_____

_____

_____

*II. **Quel temps fait-il?** Scan the weather section of the French newspaper *Le Figaro* and do the following exercises.

A. Indicate the next day's predicted weather for each of the following regions.

1. Paris _____

_____

2. northern France _____

_____

3. southeastern France _____

_____

4. southwestern France _____

_____

5. the Mediterranean region _____

_____

B. Use information provided in the weather section to respond to each of the following inquiries.

1. Will today in Paris be warmer or cooler than yesterday? _____

_____

2. What will the weather be like tomorrow in Strasbourg? _____

_____

3. Where was the warmest spot in France yesterday? And the coldest? _____

_____

4. My aunt and uncle are leaving for Spain tomorrow. What's the weather like there at this time of year? _____

_____

Écrivons!

Pratique de la grammaire

In this **étape,** you've studied months, dates, and seasons as well as the **passé composé** with **avoir.** To verify that you've learned these structures, take *Test 13* below. You'll find the answers and scoring instructions in the Answer Key. A perfect score is 16. If your score is less than 13, or if you wish additional practice, do the self-correcting exercises for **Chapitre 5, Étape 1,** in the *Pratique de la grammaire* at the back of this **Cahier.**

Test 13

First, write out the following dates.

1. 22.08

_____

2. 03.03

_____

3. 16.01

_____

4. 01.07

_____

5. 15.04

_____

6. 20.06

_____

7. 09.02

_____

8. 30.12

_____

Now, complete each sentence with the appropriate form of the **passé composé** of the indicated verb.

9. (regarder) Elle _____ la télévision.

10. (prendre) Nous _____ le train.

11. (parler) Est-ce que tu _____ à Jeanne?

12. (faire) Qu'est-ce que vous _____ ?

13. (ne pas manger) Je _____ ce matin.

14. (téléphoner) Est-ce que les Martin _____?

15. (pleuvoir) Il _____ pendant deux heures.

16. (quitter) À quelle heure est-ce qu'elles _____ la maison?

_____

NOTE FOR CORRECTION: items 1–8 = 1 point for each correct date, *total: 8*; items 9–16 = 1 point for each correct verb form, no partial credit; *total: 8*

*III. Quel temps fait-il en France? Study the following chart, which gives an overview of the winter and summer weather in some major French cities. Then answer the questions on page 138.

Quel temps fait-il en France?

	l'hiver	l'été	la pluie	les vents
Paris	l'hiver peut être assez froid, avec quelques gelées	les mois d'été sont, en général, chauds et orageux	il pleut 160 jours par an, en petites ondées	changeants N O E S
Brest	il fait doux, les gelées sont rares	l'été est souvent frais et humide	elle tombe 2 jours sur 3, le temps est souvent couvert	les vents d'ouest dominants amènent une petite pluie fine: le crachin
Strasbourg	durs hivers avec une centaine de jours de gelées	étés chauds, parfois très chauds, et lourds	la pluie tombe 190 jours par brusques averses	bise du Nord ou du Sud
Grenoble	longue saison froide, avec 80 jours de gelées; l'hiver est très doux	l'été est plutôt court et assez frais	pluies et chutes de neige record (140 jours par an)	locaux et tournants parfois violents
Bordeaux	hivers doux et brumeux, comme à Brest	étés chauds	pluies fréquentes (un jour sur deux)	vents d'ouest et de nord-ouest
Perpignan	il ne fait jamais bien froid, l'air reste sec	le temps reste au "beau fixe" comme à Nice	pluies rares mais fortes (un jour sur quatre)	tramontane marin
Nice	il gèle rarement	long, souvent très chaud	même genre de pluies qu'à Perpignan	mistral marin

En somme, il ne fait jamais ni très chaud ni très froid… grâce aux vents de l'Atlantique, qui entrent profondément à l'intérieur des terres (sauf en Alsace et en montagne)… il pleut un peu partout mais ni trop, ni trop peu.

1. Dans quelle ville est-ce qu'il pleut le plus souvent (*the most often*)? _____

2. Si (*If*) on cherche le beau temps en hiver, quelles villes est-ce qu'on va visiter? _____

_____

3. Quel temps fait-il à Paris en été? _____

4. Quel temps fait-il à Grenoble en hiver? _____

5. Dans quelles villes est-ce qu'il pleut rarement, mais quand il pleut, il pleut à torrents?

_____

6. Quelles villes ont l'été le plus long et l'hiver le plus court (*shortest*)? _____

_____

IV. Dans la région où j'habite... Write a short paragraph about weather conditions in your area during each of the following months or seasons.

Modèle: au mois de septembre

Dans la région où j'habite, il fait très beau au mois de septembre. Il ne pleut pas beaucoup. J'aime le mois de septembre parce que j'adore le football américain.

1. en été

_____

_____

_____

_____

_____

_____

_____

2. au mois de décembre

_____

_____

_____

_____

_____

_____

_____

3. en avril

_____

_____

_____

_____

_____

_____

_____

*V. Une boum. (*A party.*) Think about the last party you went to and answer the questions about what you and your friends did. If the question is asked with **vous,** answer with **nous.** If the question is asked with **tu,** answer with **je.** Answer all other questions with **ils** or **elles.**

1. Est-ce que vous avez dansé? _____

   _____

2. Est-ce que tu as pris des boissons alcoolisées? _____

   _____

3. Est-ce que tes amis et toi, vous avez regardé une vidéo? _____

   _____

4. Est-ce que vous avez écouté de la musique? _____

   _____

5. Est-ce que tes ami(e)s ont fumé? _____

   _____

6. Est-ce que tu as parlé avec beaucoup de gens (*people*)? _____

   _____

7. Est-ce que tu as mangé beaucoup de choses sucrées (*sweets*)? _____

   _____

8. À quelle heure est-ce que tu es rentré(e)? _____

   _____

VI. Ce que j'ai fait hier. (*What I did yesterday.*) Write a short paragraph about what you did yesterday. Remember to use the **passé composé.** Use a separate sheet of paper.

Deuxième étape — *Tu veux voir le nouveau film au Gaumont les Halles?* (*Text pp. 189–197*)

Lisons!

*In addition to providing movie listings and capsule movie descriptions, weekly entertainment magazines such as **Pariscope** and **L'Officiel des spectacles** offer reviews of new films. Much more extensive than the short summaries you've already read, these texts will be more difficult for you to understand. However, using the reading skills you've developed so far, you should be able to get enough information from a review to decide whether or not you might like to see a particular film.*

*I. Prélecture. The following are things you might find in a movie review. Tell whether each tends to occur always (A), usually (U), sometimes (S), rarely (R), or never (N).

_____ **a.** summary of the plot

_____ **b.** reviewer's recommendation about whether or not to go see the film

_____ **c.** comments about the main actors

_____ **d.** comments about the director

_____ **e.** comments about technical aspects of the film (special effects, lighting, makeup, etc.)

_____ **f.** mention of other films by the same director or with the same actors

_____ **g.** comparison with films by other directors or with other actors

_____ **h.** overview of the year's films

*II. *Le porteur de serviette.* Skim the review of *Le porteur de serviette* that appeared in *Pariscope,* then do the exercises that follow.

FICHE TECHNIQUE

LE PORTEUR DE SERVIETTE

Coproduction franco-italienne
Réalisateur :
Daniele LUCHETTI
Sujet original :
Franco BERNINI, Angelo PASQUINI
Daniele LUCHETTI
Scénario :
Sandro PETRAGLIA,
Stéphano RULLI,
avec la collaboration
de Daniele LUCHETTI
Image : Alessandro PESCI
Décor : Giancarlo BASILI
Léonarda SCARPA
Montage : Mirco GARRONE
Musique : Dario LUCANTONI
Produit par Nanni MORETTI
Angelo BARBAGALLO
(Sacher film),
Nella BANFI (Banfilm),
Francis BOESPFLUG
(Pyramide Production)
Distribution : PYRAMIDE
couleurs
Sortie : 15 mai 1991
Durée : 1h30

Les interprètes : Silvio Orlandi (Luciano Sandulli). Nanni Moretti (Cesare Botero), Guilio Brogi (Francesco Sanna), Anne Roussel (Juliette), Angela Finochiaro (Irène).

Le réalisateur : Daniele Luchetti a d'abord été l'assistant réalisateur de deux films de Nanni Moretti : « Bianca » (1984) et « La messe est finie » (1985). Moretti a pu voir à qui il a faire et lui produit son premier long métrage « Domani, domani », en 1989. Le film se fait remarquer partout et l'on attend avec impatience son second film. En 1990, il réalise « La settimana della sfinge », inédit en France. Moretti produit et interprète son film suivant « Le porteur de serviette », un film qui aurait pu réaliser lui-même, et qui fait de Luchetti l'égal de son « maître ». Avec ses deux là le cinéma italien n'est plus tout à fait moribond.

Le film : Professeur de lettres dans une petite ville de province, Luciano, écrivain en mal d'éditeur, est le nègre d'un obscur romancier. Luciano a une belle plume qui, un jour, lui est bel et bien achetée par Cesare Botero, un jeune ministre de l'Industrie, magouilleux et combinard, pour ne pas dire véreux. Il est engagé pour écrire les discours de cette canaille intégrale. Et commence pour Luciano la corruption et l'esclavage - ne demandant pour lui que celle qu'il aime, qui enseigne à 700 kms, soit nommée à Rome, et une pension de vieillesse pour un poète pauvrissime qu'il vénère.

Notre avis : Enfin, un bon, un excellent film italien ! D'une impertinence jubilatoire, « Le porteur de serviette » renoue avec la tradition de la comédie satirique italienne. L'attaque est précise, insolente, d'une virulence et d'un cynisme à la Wilder. La caricature du ministre a le trait un peu forcé comme toute satire, certes. Mais si pour nous la charge peut paraître outrée, pour les Italiens tout est vraisemblable. En Italie, où le film fait un tabac, les élus socialistes ne rient même pas jaune ; ils voient rouge. **José Maria BESCOS**

A. Answer the following questions about the review.

1. What country was the film made in? _____

2. When was it released? _____

3. What type of film is it? _____

4. The review is divided into four paragraphs. Indicate briefly the content of each part:

   a. Les interprètes: _____

   b. Le réalisateur: _____

   c. Le film: _____

   d. Notre avis: _____

5. Who is the author of this review? _____

6. What does he or she think about the film? _____

   _____

   _____

B. On the basis of what you've understood from this review (and assuming that it has subtitles), would you be interested in seeing *Le porteur de serviette?* Why (not)?

_____

_____

_____

_____

Écrivons!

■Pratique de la grammaire

In this **étape,** you've studied some expressions used to designate the past as well as the **passé composé** with **être.** To verify that you've learned these structures, take *Test 14* below. You'll find the answers and scoring instructions in the Answer Key. A perfect score is 16. If your score is less than 13, or if you wish additional practice, do the self-correcting exercises for **Chapitre 5, Étape 2,** in the **Pratique de la grammaire** at the back of this **Cahier.**

Test 14

Complete each question with the appropriate form of the **passé composé** of the indicated verb. Then, use a time expression to answer each question, basing your answer on the information in parentheses. It's not necessary to write a complete sentence; you can simply indicate *last Thursday,* for example. Use as a point of reference (i.e., the present moment): 4 P.M. on the afternoon of June 6, 2003.

1. (arriver) Quand est-ce que ton grand-père _____?

2. (le 5 juin) _____.

3. (rester) Jacques, combien de temps est-ce que vous _____ à Lyon?

4. (les 2, 3, 4 juin) _____ .

5. (rentrer) Quand est-ce que ta sœur _____ de l'université?

6. (mai 2003) _____ .

7. (aller) Martine, quand est-ce que tu _____ en Australie?

8. (2002) _____ .

9. (sortir) Quand est-ce que tes cousines _____ ?

10. (2h de l'après-midi) _____ .

11. (aller) Quand est-ce que je _____ au cinéma?

12. (mardi 30 mai) _____ .

13. (aller) Toi et Sylvie, quand est-ce que vous _____ à Cherbourg?

14. (le samedi 3 et le dimanche 4 juin) _____ .

15. (retourner) Quand est-ce que tes cousins _____ chez eux?

16. (la semaine du 28 mai au 4 juin) _____ .

NOTE FOR CORRECTION: 1 point for each correct verb form; ½ point off for each missed past participle agreement; 1 point for each correct time expression; *total: 16*

*III. Récemment. Answer the following questions about your recent activities. Be specific about when you did these activities.

1. Est-ce que vous avez dîné au restaurant récemment? _____

_____

2. Est-ce que vous avez fait une promenade récemment? _____

_____

3. Est-ce que vous avez visité un musée récemment? _____

_____

4. Est-ce que vous êtes allé(e) au cinéma récemment? _____

_____

5. Est-ce que vous avez été à la bibliothèque récemment? _____

_____

6. Est-ce que vous êtes resté(e) dans votre chambre pendant toute la soirée (*the whole evening*) récemment? _____

_____

7. Est-ce que vous avez téléphoné à quelqu'un (*someone*) récemment? _____

_____

8. Est-ce que vous êtes sorti(e) avec un(e) ami(e) récemment? _____

_____

*IV. **Un après-midi en ville.** You and your friend Paul (Paulette) spent yesterday afternoon in town. Using the drawing below as a guide, describe your activities. Write on a separate sheet of paper. Suggested verbs: **aller, acheter, admirer, chercher, continuer, descendre, entrer dans, prendre, quitter, regarder, rentrer, rester, retrouver, tourner, traverser, visiter.**

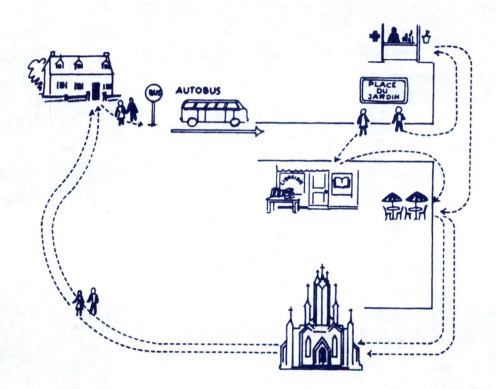

V. **Mon après-midi en ville.** Now describe an afternoon that you spent in town recently. Use the *Système-D* writing assistant to help you.

PHRASES: Sequencing events; linking ideas
GRAMMAR: Compound past tense

VI. Une invitation. Choose one of the activities featured in the ads below. Then write a note to a friend, inviting him/her to join you for that activity. Follow the suggested guidelines. Use a separate sheet of paper.

1. Say that you are going downtown on Saturday; you have some errands to run.

2. Ask if your friend would like to go to a concert (movie, play, etc.) with you.

3. Explain the attraction of this activity.

4. Suggest a time and place to meet.

5. Say that you can take a walk and have a bite to eat before the event.

Troisième étape *On pourrait faire une excursion!* *(Text pp. 198–205)*

Lisons!

*In the hotel lobbies of many cities in France, you can find brochures advertising the numerous outdoor activities available in the region. In this **étape,** you will use your reading skills and techniques to explore some things to do, other than going to the beach, when you are in Nice.*

*I. Les «amis» et les faux amis. In previous chapters, you've worked on recognizing cognates while also being wary of false cognates. Let's review these reading techniques while looking at four activity brochures on the pages that follow.

A. In each brochure, find at least five French–English cognates.

1. Stages de tennis _____

_____

2. Ski de fond _____

_____

3. Rafting _____

_____

4. Canoë/kayak _____

1

STAGES DE TENNIS

Jeunes
Adultes

Vacances

CACEL Vallon des Fleurs
164, avenue Henry Dunant
06100 NICE – Tél. 02.93.13.13.06

STAGE MINI TENNIS
• 5 heures

4 / 7 ans : 50 euros
1 h de cours pendant 5 jours

STAGE INITIATION
• 10 heures

8 / 12 ans : 64,28 euros
1 h 30 de cours + 1/2 h tennis libre

STAGE PERFECTIONNEMENT
• 10 ou 20 heures

**12 / 18 ans :
80 euros ou 142,85 euros**
2 h ou 4 h par jour

STAGE COMPETITION
• 30 heures

**Jeunes / Adultes :
186 euros**
Footing + 2 h 30 de tennis + 1/2 h tennis libre
Participation à 1 ou 2 tournois FFT

STAGE ADULTE
• 10 heures

86 euros
2 h tous les soirs

• Nos stages auront lieu du lundi au vendredi.
• Leçons individuelles • Cafétéria sur place

2

SKI DE FOND

dans un ESPACE de LIBERTÉ

une occasion de "faire le plein"
d'air pur, de lumière,
de sous-bois
à

L'orée du Mercantour
ANNOT

65 Kms de PISTES
ENTRETENUES et BALISEES

des SENTIERS RAQUETTES BALISES

"GAREZ VOTRE VOITURE A NICE ET LAISSEZ-NOUS VOUS CONDUIRE"
SKI DE FOND - RANDONNEE A RAQUETTES
INDIVIDUEL   OU   EN GROUPE

A Nice. PARKING gratuit à droite de la Gare des Chemins de Fer de la Provence.
(renseignements auprès du Chef de Gare)
DEPART: Tous les jours de la Gare des CHEMINS DE FER DE LA PROVENCE à NICE -
33 av. Malaussena à 6h20 ou à 8h35 - Arrivée Gare d'Annot à 8h09 ou 10h22.
RETOUR: Tous les jours de la Gare d'Annot à 15h07 ou à 18h51.
Arrivée en Gare de Nice à 16h55 ou à 20h35.
A Annot, transport assuré de la Gare au départ des pistes (chalet).

FORFAIT D'UNE JOURNEE
AUCUNE RESERVATION-BILLETS DELIVRES AU MOMENT DU DEPART

TRANSPORT NICE- Pistes d'ANNOT		De 10 à 20	De 20 à 50 personnes
train+navette minibus-aller et retour	14 €	13 €	12,5 €
LOCATION DE MATERIEL (ski ou raquettes)	6 €	5 €	4,5 €

FORFAIT POUR 2 JOURS(n'importe quels jours)
(inscriptions voir au verso)

TRANSPORT NICE- Pistes d'ANNOT		De 10 à 20	De 20 à 50 personnes
train + navette minibus-aller et retour + CHALET 3 repas+1 petit déj. nordique	48 €	43 €	39 €
LOCATION DE MATERIEL	11 €	10 €	8,5 €

FORFAIT SEJOUR DE 6 JOURS (inscriptions voir au verso)

TRANSPORT NICE- Pistes d'ANNOT		De 10 à 20	De 20 à 50 personnes
aller et retour + CHALET: 6 repas de midi + 5 diners + 5 nuitées + 5 petits déj.			
hors vacances scolaires	136 €	120 €	114 €
pendant vacances scolaires	157 €	141 €	136 €
LOCATION DE MATERIEL	32 €	29 €	25 €

**ET TOUTE LA SAISON STAGES EN PENSION COMPLETE AVEC ENCADREMENT
A PARTIR DE 200 €** (TRANSPORT ALLER RETOUR COMPRIS)
Les hébergements proposés se font au chalet auberge de Roncharel, situé sur les pistes de ski de
fond, en chambre de 4 avec salle de bain. D'autres possibilités d'hébergement existent au village:
hôtels, gîtes ruraux, gîte d'étape, caravaneige, village de vacances...

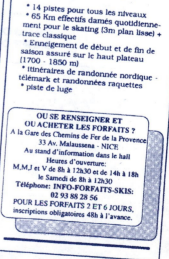

NOUVEAU !

• 14 pistes pour tous les niveaux
• 65 Km effectifs damés quotidienne-
ment pour le skating (3m plan lisse) +
trace classique
• Enneigement de début et de fin de
saison assuré sur le haut plateau
(1700 - 1850 m)
• itinéraires de randonnée nordique -
télémark et randonnées raquettes
• piste de luge

OU SE RENSEIGNER ET
OU ACHETER LES FORFAITS ?
A la Gare des Chemins de Fer de la Provence
33 Av. Malaussena - NICE
Au stand d'information dans le hall
Heures d'ouverture:
M,M,J et V de 8h à 12h30 et de 14h à 18h
le Samedi de 8h à 12h30
Téléphone: INFO-FORFAITS-SKIS:
02 93 88 28 56
POUR LES FORFAITS 2 ET 6 JOURS,
inscriptions obligatoires 48h à l'avance.

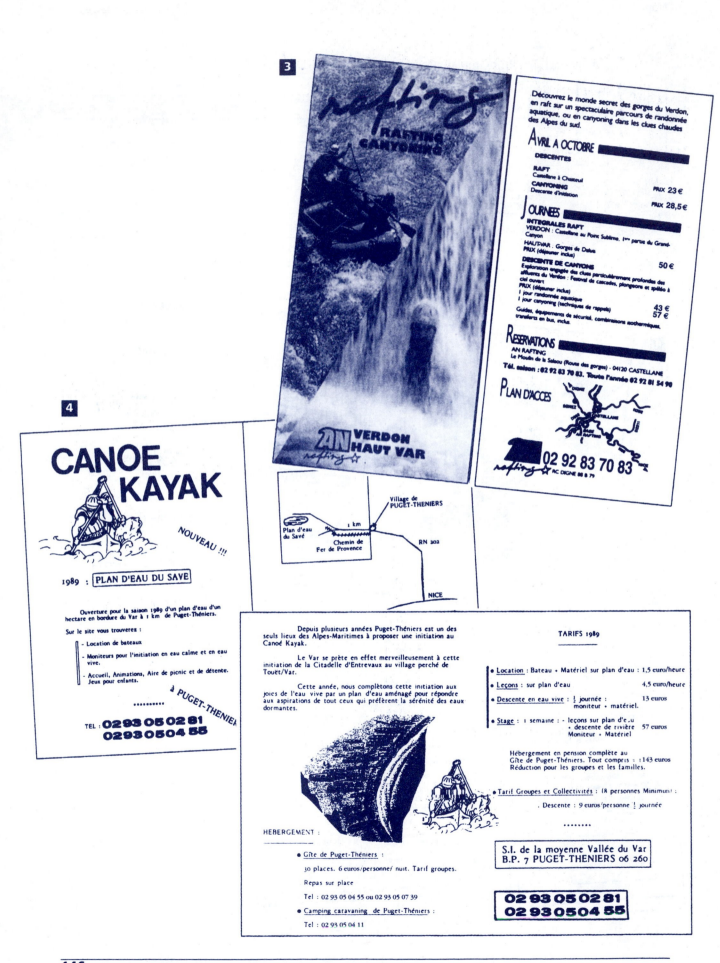

B. The following words are **faux amis** (false cognates). Study the contexts in which they appear and try to guess their meaning.

1. stage _____

2. affluent _____

3. forfait _____

4. location _____

5. pension _____

6. moniteur _____

If you have trouble guessing from context, see if any of the following meanings make sense: *bonus, clinic, instructor, lodging, package price, payment, rental, room and board, tributary.*

*II. **Du temps libre.** (*Some free time.*) You and your traveling companions have some free time in Nice. Skim the brochures above and suggest a possible activity for each person. Be as precise as possible in describing the activity, the amount of time, the price, and where one must go to do the activity.

1. John and Cliff are avid tennis players. _____

_____

_____

_____

_____

2. Mary Ellen likes to live dangerously.

_____

_____

_____

_____

3. Bob and Helen love winter sports.

_____

_____

_____

_____

4. Jack, Nancy, and Susan have always wanted to go canoeing.

_____

_____

_____

_____

Écrivons!

Pratique de la grammaire

In this **étape,** you've studied the **passé composé** of pronominal verbs. To verify that you've learned this structure, take *Test 15* below. You'll find the answers and scoring instructions in the Answer Key. A perfect score is 8. If your score is less than 7, or if you wish additional practice, do the self-correcting exercises for **Chapitre 5, Étape 3,** in the *Pratique de la grammaire* at the back of this **Cahier.**

Test 15

Complete each sentence with the appropriate form of the **passé composé** of the indicated verb.

1. (se disputer) Est-ce que Jean-Pierre _____ avec ses parents?

2. (se réconcilier) Oui, mais ils _____.

3. (se coucher) Anne-Marie, est-ce que tu _____ après le déjeuner?

4. (se reposer) Non, mais je _____ un peu avant de sortir.

5. (se retrouver) Est-ce que Jeanne et Chantal _____ hier à midi pour le déjeuner?

6. (se tromper) Non, Chantal _____ de jour.

7. (s'amuser) Éric, toi et ton frère, vous _____ à la soirée?

8. (ne pas s'amuser) Non, nous _____.

_____

NOTE FOR CORRECTION: 1 point for each correct verb form; ½ point off for each missed agreement of past participle; *total: 8*

III. Qu'est-ce qu'ils aiment faire? Write a short paragraph describing the favorite outdoor activity of each of the following people.

Modèle: votre père

Mon père adore jouer au golf. Il joue au golf tous les samedis en été. Il joue à Rolling Hills avec ses amis Doug et Lew.

1. votre père (ou votre oncle)

_____

_____

2. votre mère (ou votre tante)

_____

_____

3. votre ami

_____

_____

4. votre amie

_____

_____

5. vous

_____

_____

*IV. Un week-end au bord de la mer. (*A weekend at the shore.*) Marie-Laure spent last weekend at the shore with her parents and her brother Didier. From the drawings, describe Marie-Laure's and Didier's activities. When appropriate, use connecting words such as **d'abord, puis, ensuite,** and **enfin.**

Marie-Laure

1. Samedi matin

Marie-Laure s'est levée à 8 heures. D'abord, elle est allée à la plage (beach) *où…*

_____

_____

_____

Marie-Laure
et sa mère

2. Samedi après-midi

_____

_____

_____

Didier

Marie-Laure   *Didier*

3. Samedi soir

_____

_____

_____

Didier

Marie-Laure

4. Dimanche matin

_____

_____

_____

V. Hier. Write a short paragraph describing your activities from the time you got up yesterday to the time you went to bed. When possible, talk about what you did with other people (**ma camarade de chambre et moi, mes amis et moi,** etc.). Use a separate sheet of paper.

VI. Une lettre. After having studied French for a year in the United States, you have the opportunity to spend six months in France with some business acquaintances of your parents who live in Lille, in northern France. You live in their house and take French courses at the local **Alliance Française.** After a couple of weeks, you write a letter in French to your former French instructor. Tell him/her about:

1. Your new routine—you get up at 7:30, have breakfast, get to the **Alliance** around 9:00, have classes, eat lunch at noon with some of the other students from different countries, have more classes in the afternoon (until 5:00), eat dinner at 8:30, watch TV, and get to bed around 11:00 or 11:30.

2. Your activities last weekend—you and your French family went on an outing to Calais. You went jogging on the beach, swam in the English Channel (**la Manche**), got to bed quite late, and had a great time.

3. Your plans for this weekend—you're very tired. You're going to stay in bed, get up late, and generally rest.

Use a separate sheet of paper.

Point d'arrivée *(Text pp. 206–211)*

🎧 Écoutons!

CD2-16 *__I. Les loisirs.__ (*Leisure-time activities.*) Listen as each person describes his/her favorite leisure-time activity and match the name with the drawing of that activity.

1. Serge _____   **3.** Philippe _____   **5.** Yves _____

2. Catherine _____   **4.** Martine _____   **6.** Annie _____

CD2-17 ***II. Qu'est-ce que vous recommandez comme film?** Listen to some young people talk about the types of films they prefer. Then write each person's name under the film you think he or she would like best.

Names: **Éric, Ghislaine, Bertrand, Christine, Pierre**

TESTAMENT DU DOCTEUR MABUSE (LE). — Allemand, noir et blanc (32). Epouvante, de Fritz Lang: Mabuse se substitue au directeur de l'asile où il est interné. Avec Rudolf Klein-Rogge, Otto Wernikke, Gustave Diessl. **Républic Cinémas 11e** (vo).

▲ **ALIENS, LE RETOUR.** — Amér., coul. (86). Fantastique, de James Cameron: Ripley, seule rescapée de la catastrophe du Nostromo, est invitée à participer à une expédition sur la planète Acheron. Le commando découvre un spectacle d'horreur et le cauchemar recommence. Avec Sigourney Weaver, Paul Reiser, Lance Hendriksen, Carrie Henn, Bill Paxton, William Hope. **Grand Pavois 15e** (vo).

JACQUES BREL. — Franç., noir et blanc (81). Documentaire, de Frédéric Rossif: Un récital posthume du célèbre chanteur. Avec Jacques Brel. **Grand Pavois 15e**.

✦ **ASTERIX CHEZ LES BRETONS.** — Franç., coul. (86). Dessin animé, de Pino van Lawsweerde: Astérix et ses compagnons, en volant au secours d'un village breton menacé par les Romains, se laissent ravir le précieux tonneau contenant leur potion magique. **Saint-Lambert 15e**.

---

8 ET DEMI (Otto e mezzo). — Italien, noir et blanc (62). Comédie dramatique, de Federico Fellini: Un metteur en scène, préparant son prochain film et harcelé par sa femme et sa maîtresse, s'isole dans une station thermale. Il y puisera l'inspiration. Avec Marcello Mastroianni, Claudia Cardinale, Anouk Aimée, Sandra Milo. **Denfert 14e** (vo).

ASCENSEUR POUR L'ECHAFAUD. — Franç., noir et blanc (58). Policier de Louis Malle: Le déroulement d'un crime, parfait jusqu'à l'imprévisible incident qui retient l'assassin prisonnier d'un ascenseur. Avec Jeanne Moreau, Maurice Ronet, Lino Ventura, Félix Marten. **Studio Galande 5e, 14 Juillet Parnasse 6e**.

POULE ET FRITES. — Franç., coul. (86). Comédie, de Luis Rego: Roger Mène une double vie depuis dix ans. Tout irait bien s'il ne finissait par s'embrouiller dans ses mensonges . . . Quiproquos et rebondissements, le vaudeville par excellence. Avec Luis Rego, Anémone, Michel Galabru. **Forum Orient Express 1er, George V 8e, UGC Boulevard 9e, UGC Lyon Bastille 12e, Gaumont Alésia 14e, Gaumont Parnasse 14e, Gaumont Convention 15e, Clichy Pathé 18e**.

CD2-18 ***III. Passé? Présent? Futur?** Listen to the following sentences and, based on the verbs and other time words, tell whether they refer to the past, the present, or the future.

A. First, distinguish between past and present.

Modèle: You hear: Elle a beaucoup mangé hier.

You circle: (passé) *présent*

1. passé	présent		**5.** passé	présent
2. passé	présent		**6.** passé	présent
3. passé	présent		**7.** passé	présent
4. passé	présent		**8.** passé	présent

CD2-19   **B.** Now distinguish between past and future.

     Modèle: You hear: Elle va regarder la télé ce soir.

         You circle: *passé*   (*futur*)

1. passé	futur		**5.** passé	futur
2. passé	futur		**6.** passé	futur
3. passé	futur		**7.** passé	futur
4. passé	futur		**8.** passé	futur

CD2-20   **C.** Finally, distinguish between past, present, and future.

     Modèle: You hear: Est-ce qu'elles sont allées au concert?

         You circle: (*passé*)   *présent*   *futur*

1. passé	présent	futur	**5.** passé	présent	futur
2. passé	présent	futur	**6.** passé	présent	futur
3. passé	présent	futur	**7.** passé	présent	futur
4. passé	présent	futur	**8.** passé	présent	futur

CD2-21 *IV. **Mini-dictée: Mon voyage en Californie.** Chantal is a foreign student at your university. She has just spent Christmas vacation traveling around California with friends. Now she's telling your French class about her experiences. As she talks, fill in the blanks. Her comments will be read twice.

J'ai passé quinze jours en Californie. Nous _avons commencé_ notre voyage à San Diego où nous _avons visité_ Marineland. Nous _avons quitté_ (va left) San Diego le 22 décembre. Nous _sommes montés_ vers Los Angeles par la route nationale. J'ai un ami qui _a_ un appartement à Oceanside. Là, nous _nous sommes reposés_ trois jours. Je _suis allée_ à la plage, j'_ai fait_ des promenades en ville et nous _avons mangé_ de très bonnes choses. Après trois jours nous _sommes allés_ à Los Angeles. Là j'_ai eu_ l'occasion de _visiter_ le quartier mexicain et j'_ai visité_ Hollywood. Ça _a été_ formidable! À Los Angeles, nous _avons pris_ l'avion (*plane*) pour aller à San Francisco. Quelle belle ville! On _a fait_ des promenades sur les quais, on _a_ beaucoup _mangé_ et j'_ai acheté_ des souvenirs. Après San Francisco, nous _sommes rentrés_ à la maison. Je _suis_ très contente de ce voyage. J'_suis_ beaucoup de photos. L'année prochaine mes parents et moi, nous _allons visiter_ les États-Unis. Nous _allons retourner_ en Californie, mais nous _allons visiter_ aussi _a de_ la Floride et la ville de New York.

CD2-22 ***V. Le samedi de Clotilde.** Listen while Clotilde Vautier talks about what she did last Saturday. Then answer the questions in French.

1. Qui est Clotilde? _____

_____

2. Complétez le résumé de ses activités.

a. samedi matin

7h15—elle s'est levée _____

_____

_____

_____

b. samedi après-midi

_____

_____

_____

_____

c. samedi soir

_____

_____

_____

_____

CD2-23 ***VI. Des projets de vacances.** Listen while Luc and his family discuss their plans for spring vacation. Then answer the questions on your worksheet.

Les personnages: Luc, sa sœur Sophie, son père, sa mère
Les endroits mentionnés: la Normandie, les Alpes, Aix (Aix-en-Provence), Agadir (Maroc)

Compréhension générale

1. Où est-ce que la famille passe les vacances normalement?

a. à la montagne

b. chez des amis

c. dans un autre pays européen

d. chez la grand-mère de Luc et de Sophie

2. Où est-ce que la famille va passer les vacances cette année?

a. chaque membre de la famille dans un endroit différent

b. dans un Club Med en Afrique

c. chez la grand-mère de Luc et de Sophie

d. en Espagne

3. Est-ce que tout le monde est content?

a. oui   b. non

Compréhension des détails

Répondez, en français ou en anglais, aux questions suivantes:

1. Qui veut aller en Normandie? Pourquoi? _____

_____

2. Pourquoi est-ce que les jeunes ne veulent pas aller à Aix? _____

_____

3. Quel est le sport préféré de Sophie? Et de Luc? _____

_____

4. Qui a choisi (*Who chose*) les vacances pour cette année? _____

_____

Rédigeons!

Mon journal. You've been keeping a diary in which you record your daily activities. You don't want any of your friends to understand it, so you write in French. Create entries for any two days in the last week or so. Choose days that are not similar (for example, a weekday and a Saturday or Sunday). Use the *Système-D* writing assistant to help you. Bring your diary entries to class.

Modèle: le vendredi 17 octobre

Il a fait très beau aujourd'hui. Je me suis levé(e) à 9h. (D'habitude, je me lève à 8h.) Je n'ai pas pris le petit déjeuner. Je me suis dépêché(e) pour aller à mon cours d'anglais. Ensuite j'ai retrouvé mon amie Caroline...

VOCABULARY: Months; time of day; leisure
PHRASES: Describing weather; sequencing events
GRAMMAR: Compound past tense

Travail de fin de chapitre

CD2-24 ***I. La météo**

A. You will hear four short conversations in which people talk about the weather as predicted by the reports on the radio. Based on what you hear, decide what clothing you'll bring on your vacation. Match the number of the report (1, 2, 3, 4) with the clothing description. (You will not understand everything in the reports in detail; listen for the gist of each conversation.)

_____ I'm going to take light clothing: a bathing suit, shorts, sandals, T-shirts.

_____ I've got to take some warmer clothing, a raincoat, and a light jacket.

_____ I had better bring my ski jacket, a hat, a pair of gloves, and some boots.

_____ It's hard to know what to bring. To be sure, I'll take some warm clothing, but I'll also want a pair of shorts, some sandals, and my bathing suit.

B. Listen again to the weather reports and answer the following questions. Each of the four weather reports gives the general conditions as well as more detailed information. Listen carefully to the details and write them down.

1. Temperature: _____

   Roads: _____

   Mountains: _____

2. Temperature: _____

   Weather in the South: _____

   Weather in the rest of the country: _____

3. Temperature: _____

   Roads: _____

   Precipitation: _____

4. Temperature: _____

   Night temperature: _____

   Roads: _____

   Precipitation: _____

   Morning: _____

*II. Les amis.

A. Listen to some friends trying to make plans together. Then answer the questions.

1. How many people are involved in the conversation?

   a. 2   **b.** 3   **c.** 4   **d.** more than 4

2. What are they organizing?

   a. a business trip   **b.** a party   **c.** a weekend   **d.** a vacation

3. Which of the following activities are they *not* going to do?

   a. visit an art exhibit   **b.** play tennis   **c.** go to the movies   **d.** go free-falling

B. Listen again to the conversation among friends, and answer the questions.

1. Pourquoi Jean-Michel ne veut-il pas faire de la chute libre? _____

   _____

2. Pourquoi Laurent ne veut-il pas aller au cinéma? _____

   _____

3. Pourquoi Jean-Michel veut-il faire du tennis? _____

   _____

4. Qu'est-ce que Mireille préfère? _____

   _____

5. Quelle décision prennent-ils finalement? _____

   _____

chapitre 6

Allons faire des courses!

Première étape *Chez les commerçants du quartier* (Text pp. 218–226)

Lisons!

When reading longer texts, particularly if they're literary, you'll often find many unfamiliar words. The first rule of thumb is not to stop reading when you get to a word you don't know. Instead, continue reading and try to figure out the general meaning of the text. If you do this, you'll find that you can get the gist of texts that are rather sophisticated.

I. Prélecture.   Answer the following questions on the subject of bread.

1. Do you know someone who bakes bread at home? _____
_____

2. What kinds of bread can you buy in the United States? _____
_____

3. If you're particularly health conscious, what kinds of bread are you likely to buy? _____
_____

4. On what occasions do Americans tend to eat bread? _____
_____
_____

5. Is there any special symbolism attached to bread in the United States? _____
_____
_____

*II. Lecture: Du travail et du pain, du pain et du travail...

In this excerpt from her novel *Une soupe aux herbes sauvages*, Émilie Carles recalls the role that bread and bread baking played in her childhood. As you read the text, focus on the main ideas of when and how Émilie's community made bread and in what order they did things. The verb tense used throughout most of the text is the imperfect, which indicates what the community *used to do* and how things *used to be*. You already know the present and the **passé composé** of many of these verbs (**avait** comes from **avoir, étaient** comes from **être, faisaient** comes from **faire,** etc.).

Du travail et du pain, du pain et du travail, il n'y avait rien de plus important. À la fin de l'été,... les paysans[1] cuisaient[2] le pain. Ils le faisaient pour six mois, après ce n'était plus possible, la coutume voulant[3] que le pain soit cuit collectivement dans un four[4] communal[5] et, passé novembre, le froid, la neige et le mauvais temps interdisaient[6] ce genre d'activités.

Ces fours communaux étaient de taille[7] respectable, il y en avait plusieurs dans la commune… Le jour de la Toussaint[8] les paysans apportaient leur bois,[9] chaque famille venait[10] avec sa charrette et sa cargaison[11] et ce bois était mis en commun et réparti en tas[12]… La difficulté était de porter le four à la bonne température… Quand il était chaud c'était facile, il suffisait[13] de l'entretenir, mais celui qui cuisait son pain en premier prenait le risque d'avoir un four insuffisamment chaud. C'est la raison pour laquelle, lorsque les tas de bois étaient prêts, pour éviter les discussions et les injustices, les paysans procédaient à un tirage au sort.[14] Chacun tirait un numéro, c'était une loterie toute simple, des bouts de papier pliés[15] dans un chapeau[16] et le sort en était jeté:[17] «Toi tu as le numéro un, toi le deux, toi le trois», et ainsi de suite[18] jusqu'au dernier tas de bois. Celui qui tirait le numéro un était de corvée.[19] C'est lui qui devait allumer[20] le four et le chauffer.[21] C'était un travail extrêmement pénible…

La tradition voulait que le numéro un, le «pas de chance»,[22] ait l'initiative du démarrage.[23] C'est lui qui annonçait le jour et l'heure de la mise en route du four et, le lendemain ou le surlendemain, comme il avait été dit, il cuisait son pain. Les autres venaient après. Ces journées étaient tout à fait exceptionnelles, presque des jours de fête, tout au moins pour nous les enfants… Les femmes profitaient du four pour confectionner des gâteaux, des tartes et des tourtes au chou…

Ce pain, qui devait durer tout l'hiver, nous le portions au grenier,[24] nous l'étalions[25] sur d'immenses tréteaux[26] suspendus et c'est là que nous allions le chercher au fur et à mesure de[27] nos besoins. Évidemment il était aussi dur[28] que du bois, pour le ramollir[29] on en suspendait à l'avance quelques miches[30] dans la bergerie,[31] juste au-dessus des moutons. La chaleur et l'humidité l'attendrissaient[32] un peu, mais ce n'était pas du pain frais,… et, du début à la fin de l'hiver, nous mangions du pain rassis.[33] Pour le couper,[34] nous avions un couteau[35] spécial tellement il était dur, il éclatait en morceaux[36] qui s'en allaient aux quatre coins de la cuisine. Mais c'était bon… Ce pain avait une odeur extraordinaire, et un goût! Mes sœurs et moi nous nous disputions les croûtons,[37] nous le sucions[38] avec délice comme si ç'avait été du gâteau. Ce pain trempé[39] dans du café au lait était un vrai régal.[40]

Après le pain, c'était l'hiver.

Émilie Carles. *Une soupe aux herbes sauvages.* pp. 22–24

Vocabulaire: 1. peasants 2. baked 3. requiring 4. oven 5. community 6. made impossible 7. size 8. All Saints' Day 9. wood 10. came 11. cargo 12. divided into piles 13. it was sufficient 14. lottery 15. folded 16. hat 17. the die was cast 18. and so on 19. had the hardest job 20. to light 21. to heat it up 22. unlucky one 23. start-up 24. attic 25. spread it out 26. boards 27. according to 28. hard 29. to soften it 30. loaves 31. sheep pen 32. softened it 33. stale 34. to cut it 35. knife 36. flew into pieces 37. ends 38. sucked on it 39. dunked 40. feast

A. La chronologie des événements. Reread the text and put the following main ideas into chronological order by numbering them from 1 to 9. When you've completed this task, read the statements again in the right order to arrive at the general meaning of the text.

_____ The loaves of bread were suspended above the sheep in the sheep pen.

_____ The wood was divided into piles.

_____ Everyone in the community made their bread in November.

_____ The loaves were put on boards in the attic.

_____ They held a lottery.

_____ The peasants brought their wood on All Saints' Day.

_____ The women baked cakes and pies.

_____ The person who was "number one" announced the day and time when the oven would be started up.

_____ The loaves were cut with a special knife.

B. Appréciation du texte. Answer the following questions to arrive at a more in-depth analysis of Émilie Carles's text.

1. In general, what might you conclude from the fact that the author devoted more than two pages of her novel to her childhood memory of bread making in her community? _____

_____

_____

2. What role did each group in the community play in this bread-baking event (men, women, children)? _____

_____

_____

_____

3. How is the bread described by the author? _____

_____

4. Given the description of this particular event, describe what life was like generally in this community. For example, how did these people most likely make their living? How much schooling did the children probably get? What was the role of the women in the community? In what kinds of houses did these people probably live? etc.

_____

_____

_____

_____

_____

5. Can you think of a specific event from your childhood that is analogous to the author's memory of bread baking? Describe it briefly. _____

_____

_____

_____

_____

_____

Écrivons!

■Pratique de la grammaire

In this **étape,** you've studied demonstrative adjectives and some expressions of quantity. To verify that you've learned these structures, take *Test 16* below. You'll find the answers and scoring instructions in the Answer Key. A perfect score is 15. If your score is less than 12, or if you wish additional practice, do the self-correcting exercises for **Chapitre 6, Étape 1,** in the *Pratique de la grammaire* at the back of this **Cahier.**

Test 16

First, complete each sentence with the appropriate form of the demonstrative adjective.

1. Il y a un très bon hôtel tout près de la gare. Quel est le nom de _____cet_____ hôtel?

2. —Tu veux un magazine?

   —Oui, donne-moi _____ce_____ magazine-là.

3. —Qu'est-ce qu'on prend comme dessert—un gâteau? des tartes?

   —Je vais prendre _____ces_____ tartes-là.

4. —C'est la maison des Tournaire?

   —Non, ils habitent dans _____cette_____ maison-là.

Next, write out the quantities suggested by the following indications from a shopping list.

5. 2k / pommes _____deux kilos de pommes_____

6. 100 g / pâté _____cent grammes de pâté_____

7. 3 btl / eau minérale _____trois bouteilles d'eau minérale_____

8. 2 l / vin rouge _____deux litres de vin rouge_____

9. ½ kg / saucisses _____un demi-kilo de saucisses_____

10. 1 dz / croissants _____une douzaine de croissants._____

Finally, complete each sentence with an appropriate expression of quantity.

11. —_____combien de_____ disques compacts est-ce que vous avez?

    —J'ai 50 ou 60 CD.

12. —Jean-Michel a trois frères et six sœurs.

    —Oh là là, il a _____beaucoup de_____ frères et de sœurs!

13. Annie a seulement 1,5 euro. Elle a _____un peu d'_____ argent.

14. J'ai acheté quatre tartelettes—c'est-à-dire, j'ai acheté _____assez de_____ tartelettes pour quatre personnes.

15. Ma sœur a mis (set) six couverts (table settings) à table, mais il y a seulement trois invités. Elle a mis _____trop de_____ couverts. _____trop-neuf_____

NOTE FOR CORRECTION: items 1–4 = 1 point for each correct demonstrative adjective; *total: 4;* items 5–15 = 1 point for each correct expression including **de;** *total: 11*

III. **Mes goûts et mes préférences.** Complete the following sentences logically, using items that can be bought in a bakery or a delicatessen.

1. J'adore _____

2. Ce soir, je vais manger _____

3. Je n'aime pas _____

   4. Récemment j'ai mangé _____

   5. J'aime _____, mais je préfère _____

   6. S'il vous plaît, madame. Je voudrais _____

   7. Comme dessert, je préfère _____

   8. Mon amie préfère _____

IV. Dans notre cuisine, il y a... Look in your kitchen (refrigerator, bread box, etc.) and explain what foods it contains. Include expressions of general and specific quantity as well as the expression **assez de... pour...**

Modèle: Dans mon frigo, il y a *quelques tranches de jambon.*

Dans notre cuisine, il y a

   1. _____

   2. _____

   3. _____

   4. _____

   5. _____

   6. _____

   7. _____

   8. _____

   9. _____

   10. _____

*V. Déchiffrons! (*Let's decipher!*) During your visit to France, a friend wrote out a shopping list so that you could go to the **charcuterie.** Unfortunately, you spilled something on it and all the words got blurred. Rewrite the list based on what you guess the words are.

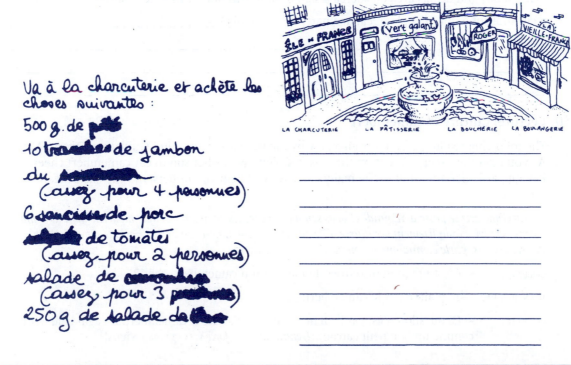

LA CHARCUTERIE   LA PÂTISSERIE   LA BOUCHERIE   LA BOULANGERIE

Va à la charcuterie et achète les
choses suivantes :
500 g. de pâté
10 tranches de jambon
du saucisson
(assez pour 4 personnes)
6 saucisses de porc
salade de tomates
(assez pour 2 personnes)
salade de concombres
(assez pour 3 personnes)
250 g. de salade de riz

_____

_____

_____

_____

_____

_____

_____

VI. C'est à toi de le faire! You're still in France, but this time you're making a couple of shopping lists for members of the family you're visiting. Since there are quite a few people in the household (including you), be sure to get enough food in each store. Use a variety of expressions of quantity.

lundi / boulangerie-pâtisserie

jeudi / charcuterie

Deuxième étape *On fait les courses* (Text pp. 227–237)

Lisons!

*I. Prélecture. In preparation for the reading, answer the following question.

What foods and drinks are considered a sign of sophistication in American society? What might

a cultural snob offer people to eat at a party, for example? _____

_____

_____

_____

*II. Lecture: Culture et camembert

The following reading is taken from a play by the Cameroonian writer Guillaume Oyono-Mbia. As you read the excerpt, focus on the reason Colette wants her son to eat camembert cheese. Paying particular attention to the many cognates will help you understand the basic meaning of the text.

Le deuxième acte se passe à Yaoundé et nous sommes ici chez les Atangana, couple moderne dont la femme, Colette, se révèle complètement acculturée. Elle bavarde au salon avec son amie Charlotte. Son fils Jean-Pierre, dix ans, parle étonnamment comme un «petit Parisien».

COLETTE.   —C'est vrai que tu refuses de manger ton camembert, chéri?

JEAN-PIERRE.   —Je n'aime pas le camembert!

COLETTE.   —La question n'est pas là! Il ne s'agit pas[1] d'aimer le camembert: il s'agit de le manger comme un bon petit garçon! (*L'entraînant[2] de force vers la table*) Viens![3]

JEAN-PIERRE, *qui commence à pleurer.*[4] —J'aime pas le camembert!

COLETTE, *tendre mais ferme, le faisant asseoir.*[5] —Il faut le manger, chéri! Apprends à manger le camembert pendant que tu es encore jeune! C'est comme cela qu'on acquiert du goût!… Onambelé!

ONAMBELÉ, *se précipitant.* —Madame?

COLETTE.   Apporte-nous un couvert![6] Apporte aussi la bouteille de Châteauneuf-du-Pape que nous avons entamée![7] (*Onambelé obéit.*)

JEAN-PIERRE, *pleurant toujours.* —J'veux pas manger de camembert!

COLETTE, *toujours tendre et ferme.* —Il faut vouloir le manger, chéri! C'est la culture!

JEAN-PIERRE, *têtu.*[8] —J'veux pas manger de culture! (*Tous les grands*[9] *éclatent de rire.*[10] *Puis Colette dit, pensive.*)

COLETTE.   Dis donc, Charlotte! Pourquoi est-ce qu'il n'a pas de goût, cet enfant? Dieu sait pourtant que je fais de mon mieux pour lui apprendre à vivre! Le chauffeur va le déposer à l'école urbaine chaque matin pour éviter que les autres enfants ne lui parlent une langue vernaculaire. J'ai déjà renvoyé trois ou quatre maîtres d'hôtel parce qu'ils lui servaient des mangues,[11] des ananas[12] et d'autres fruits du pays au lieu de ne lui donner que des produits importés d'Europe, ou, à la rigueur,[13] des fruits africains mis en conserves en Europe, et réimportés. Je ne l'autorise presque jamais à aller rendre visite à la famille de son père, parce que les gens de la brousse[14] ne boivent que[15] de l'eau non filtrée. D'ailleurs,[16] j'ai horreur des moustiques. Enfin, je fais tout ce qu'une Africaine moderne devrait faire pour éduquer son enfant, et il refuse de manger du camembert! (*Un autre soupir.*[17]) Écoute, mon chéri! Tu vas manger ton camembert!

JEAN-PIERRE, *criant.*[18] —Mais puisque je te dis que j'aime pas le camembert!

COLETTE, *doucement.*[19] —Je te répète qu'on ne te demande pas de l'aimer. On te demande de le manger!… Comme ceci, regarde! (*Elle prend un peu de camembert et de pain, et commence à le manger.*) Je le mange! Je le… (*Elle s'étrangle*[20] *un peu, et dit.*) Zut!… Donne-moi un verre de vin, Onambelé! (*Onambelé se hâte*[21] *d'obéir. Colette boit le vin et dit, après avoir un peu toussé.*[22]) Tu as vu?[23] (*Une autre gorgée*[24] *de vin, et elle ajoute.*) Tu crois[24] que j'aime le camembert, moi?

JEAN-PIERRE, *ingénument.*[26] —Pourquoi tu le manges alors?

Guillaume Oyono-Mbia. *Notre fille ne se mariera pas.*

Vocabulaire: 1. It's not about 2. Dragging him 3. Come! 4. to cry 5. making him sit down 6. a table setting 7. opened 8. stubborn 9. adults 10. burst out laughing 11. mangoes 12. pineapples 13. if need be 14. bush (country) 15. drink only 16. Besides 17. sigh 18. yelling 19. softly 20. chokes 21. hurries 22. coughed 23. Did you see? 24. mouthful 25. think 26. ingenuously (naively)

A. Les mots apparentés.   This text contains many cognates (words that are similar in English) that reveal the attitudes of the people in the play. First, give the English meaning of each word; then answer the question associated with the word.

1. *de force* _____

What does this action reveal about Colette's attitude toward her son? _____

2. *se précipitant* _____

What does this action reveal about Onambelé's relationship with Colette?   _____

_____

3. *obéit* _____

How does this word reinforce what we already know about Onambelé's relationship with

Colette? _____

_____

4. *tendre et ferme* _____

What do these words reveal about Colette's ideas of how a mother should deal with her child?

_____

_____

5. *pensive* _____

What does this descriptive word say about Colette? _____

_____

B. Appréciation du texte.   Reread the text and, based on your understanding, answer the questions.

1. What does camembert cheese represent in this scene? _____

_____

2. What does Europe represent in this scene? _____

_____

3. What kinds of things does Colette do to make sure that Jean-Pierre is properly raised?

_____

_____

_____

4. Why do you think Colette is trying to remove Jean-Pierre as much as possible from his

African surroundings? _____

_____

5. What does this say about her attitude toward Africa? _____

_____

_____

6. Do you know anyone who tries to deny his/her heritage? How does this person do it?

Why do you think the person is doing it? _____

_____

_____

_____

_____

7. What message is the author trying to convey to the reader? _____

_____

_____

_____

_____

Écrivons!

■Pratique de la grammaire

In this **étape,** you've studied the partitive article. To verify that you've learned this structure, take *Test 17* below. You'll find the answers and scoring instructions in the Answer Key. A perfect score is 10. If your score is less than 8, or if you wish additional practice, do the self-correcting exercises for **Chapitre 6, Étape 2,** in the *Pratique de la grammaire* at the back of this **Cahier.**

Test 17

First, complete each sentence with the appropriate form of the partitive.

1. —Tu aimes la salade?

—Ah, oui. Je mange souvent __de la__ salade.

2. —Tu aimes l'eau minérale?

—Ah, oui. Je bois souvent __de l'__ eau minérale.

3. —Tu aimes le vin?

—Non. Je ne bois jamais __de__ vin.

4. —Tu aimes les saucisses?

—Ah, oui. Je mange souvent __des__ saucisses.

5. —Tu aimes le pain?

—Ah, oui. Je mange toujours __du__ pain avec les repas.

6. —Tu aimes le fromage?

—Ah, oui. Je mange souvent __du__ fromage.

Now, complete each sentence with the appropriate form of the partitive article *or* a definite article *or* an indefinite article.

7. —Tu voudrais __un__ café?

8. —Non, merci. Je n'aime pas __le__ café.

9. —Vous avez acheté __des__ croissants?

10. —Non, mais j'ai acheté __une__ baguette.

_____

NOTE FOR CORRECTION: 1 point for each correct article; *total: 10*

*III. Qu'est-ce qu'on utilise pour faire... ?   List the ingredients you need to prepare the following dishes. Some additional vocabulary: **le bœuf haché** *(ground beef),* **une boîte de** *(a can of).*

Modèle: Qu'est-ce qu'on utilise pour faire une omelette au jambon?
  On utilise des œufs, du jambon, du sel et du poivre.

Qu'est-ce qu'on utilise pour faire

1. une omelette au fromage? _____

_____

_____

2. une salade? _____

_____

_____

3. une tarte aux fraises? _____

_____

_____

4. une sauce tomate? _____

_____

_____

5. un sandwich au jambon? _____

_____

_____

6. une salade de fruits? _____

_____

_____

7. un ragoût de bœuf *(beef stew)?* _____

_____

_____

IV. Ce que j'ai acheté.   You went to the butcher shop to buy meat for your family's meals. Since no one is around when you get home, you leave a note about what you bought (you decide to whom the note is addressed). Use a separate sheet of paper.

1. Tell him/her that you went to the butcher shop.

2. Say that you bought four steaks, some roast beef, and a leg of lamb.

3. Say that you didn't buy any pork.

4. Tell where you're going and when you'll be home.

V. Mes préférences.   You're about to visit a French family. They've written to ask what kinds of things you like to eat. Write a short letter to them, stating your likes and dislikes. Then say what you usually eat for breakfast, lunch, and dinner. Use the *Système-D* writing assistant to help you.

SYSTÈME-D
VOCABULARY: Food; meals; cheese; fish; meat
PHRASES: Expressing an opinion; comparing & contrasting
DICTIONARY: prendre, préférer

Troisième étape *Au centre commercial* (Text pp. 238–244)

Lisons!

I. Prélecture.   In preparation for the reading, answer the following questions.

1. What kinds of credit cards do many Americans have and what advantages do credit card companies offer their clientele? _____

_____

_____

_____

2. Do you have any membership cards for clubs or special stores? What are they? What kinds of services can you get because you're a member of particular associations or stores? _____

_____

_____

_____

*II. Lecture: Être adhérent Fnac

The following is part of a brochure from the chain of stores called **Fnac.** As you read the advertisement, pay particular attention to the promises made by the company to its customers. You can probably guess the meanings of some unfamiliar words by relating them to a word family that you already know.

■Tuyau-Lecture

Les mots de la même famille

One reading strategy you can use to better understand a text is to guess the meanings of words that belong to the same families as words you already know. For example:

If you know	You can guess
arriver	l'arrivée
la boulangerie	le / la boulanger(-ère)
la fleur	le / la fleuriste
le lait	laitier

L'adhésion : des privilèges et avantages ouverts à tous

Décidément, la Fnac n'en finit pas de nous étonner. Elle réinvente sans relâche depuis 1954 un commerce qui la place délibérément du côté du consommateur.

Sa puissance d'achat lui permet de vous offrir le meilleur prix sur l'ensemble des produits de culture et de loisir. Sa volonté de ne vendre que des produits de qualité la conduit à tester impitoyablement le plus grand nombre de matériels dans son laboratoire d'Essais. Sa détermination à voir tomber les frontières culturelles en fait un centre d'animation où se mêlent technologies nouvelles et expressions multiples.

Les avantages de la Fnac sont ouverts à tous. Mais en devenant adhérent Fnac, vous devenez membre d'un club de 400 000 personnes qui bénéficient de remises importantes, de conditions spéciales d'utilisation des services Fnac et de véritables privilèges.

■ Des remises importantes et immédiates le premier jour

Le jour de votre adhésion à la Fnac ou de son renouvellement, vous bénéficiez de remises exceptionnelles. Une façon de vous accueillir dont vous vous souviendrez longtemps.

Les produits techniques tels que appareils et travaux photo, vidéo, son, bureautique... vous coûtent 6 % moins cher. Il en est de même pour les produits proposés par les magasins Fnac Service et Fnac Autoradio. Pour les disques et les cassettes audio et vidéo enregistrées, la réduction est de 10 %.

Seuls sont exclus de cette liste les produits pour lesquels la remise serait légalement prohibée (vente à perte), les disques et cassettes étiquetés "nouveautés", dont le prix fait déjà apparaître une réduction de 20 %, et les articles faisant déjà l'objet d'une remise immédiate.

■ Des remises de fidélité

Dès que le cumul de vos achats de produits techniques, de disques et de livres atteint 2,200 €, vous avez droit à une nouvelle journée d'achats aux conditions du premier jour de votre adhésion, avec 6 % et 10 % de remise. La Fnac se charge de vous prévenir par courrier. Vous disposez alors de 2 mois pour venir chercher vos coupons de réduction au comptoir adhésion de votre magasin Fnac. Le cumul d'achats n'est pas limité dans le temps. En cas de renouvellement de l'adhésion, ce cumul est automatiquement reporté sur la nouvelle période. Une seule condition : que le renouvellement ait lieu dans les six mois qui suivent la date d'expiration de l'adhésion précédente.

■ Le bénéfice exclusif de remises exceptionnelles

Des offres spéciales et des remises immédiates sur des articles sélectionnés par la Fnac sont réservées exclusivement aux adhérents. Elles vous sont proposées régulièrement par l'intermédiaire de la revue Contact.

■ Des remises et avantages dans les magasins agréés Fnac

La Fnac a sélectionné et agréé plus de 300 magasins qui commercialisent des produits aussi divers que de la literie, du matériel de bricolage, de la parfumerie. Ils réservent aux adhérents Fnac des remises immédiates, prix de gros ou autres avantages. Leur liste, qui est disponible au comptoir adhésion des magasins Fnac, indique les conditions consenties aux adhérents Fnac par chaque magasin agréé.

Attention : les achats dans les magasins agréés Fnac ne font l'objet d'aucun cumul pour bénéficier des remises dans les magasins Fnac.

■ Un abonnement gratuit au mensuel Contact

Organe de liaison de la Fnac avec ses adhérents, Contact est une revue à la fois culturelle et d'informations pratiques. Des articles de journalistes et commentateurs réputés y côtoient la présentation des spectacles dont la Fnac assure la billetterie et les annonces d'offres spéciales et autres privilèges réservés aux adhérents.

■ La formation aux technologies nouvelles

Découvrez les techniques audiovisuelles (photo, son, vidéo) et les synthétiseurs au cours des stages organisés par la Fnac ! En tant qu'adhérent Fnac, vous bénéficiez d'une priorité d'entrée aux stages gratuits d'initiation et de réductions sur les prix des stages de perfectionnement.

■ L'inscription prioritaire aux activités Fnac Voyages

Fnac Voyages organise des circuits, séjours et croisières touristiques et culturels. Certains sont réservés exclusivement aux adhérents Fnac. Pour les autres, les adhérents s'inscrivent en priorité.

■ La possibilité d'un crédit permanent

La carte d'adhérent peut – sur demande et après acceptation du dossier – être investie d'une fonction supplémentaire de carte de crédit permanent qui permet un paiement échelonné de vos achats.

■ Une réduction de 5 % sur le coût du crédit

Si vous ouvrez un dossier de crédit pour financer un achat à la Fnac, votre qualité d'adhérent vous garantit un barème préférentiel. Pour plus de détails, renseignez-vous au service "crédit" de votre magasin Fnac.

Comment devenir adhérent de la Fnac

En échange de la perception d'un droit d'adhésion, la Fnac délivre pour une durée de 3 ans une carte magnétique personnalisée destinée à l'enregistrement des achats et à l'obtention des privilèges aux adhérents.

Coût de l'adhésion : 21,5 €
Renouvellement : 14 €

Carte Fnac jeune (14 à 25 ans) : 14 €
Renouvellement : 14 €
Une pièce d'identité sera demandée.

A. Les mots de la même famille.   Read the brochure again and guess what the following words probably mean in the context of the advertisement.

1. If **l'adhésion** means *membership*, what does **l'adhérent** mean?

_____

2. In the context of the brochure, what do you think these words mean?

a. la culture   _____

b. la volonté   _____

c. les travaux   _____

d. le cumul   _____

e. les journalistes _____

f. côtoient   _____

g. la billetterie   _____

h. l'entrée   _____

i. le coût   _____

j. renseignez-vous _____

B. Compréhension du texte.   Based on your reading of the brochure, answer the following questions.

1. What basic topics does the brochure address? _____

_____

2. According to the brochure, what is unique about the **Fnac?** _____

_____

_____

3. What does the brochure say that might interest you, as a consumer, in becoming a

member of the **Fnac?** _____

_____

_____

4. If you were in the advertising department of the **Fnac,** what would you change about this

brochure to make it a more effective advertising tool? _____

_____

_____

_____

5. Pretend that one of the stores in your area has decided to set up a subsidiary in France and that you've been asked to design a brochure with an appropriate text in French. Using some of the words from the **Fnac** brochure, write the text part of the advertisement. Use a separate sheet of paper.

Écrivons!

■ Pratique de la grammaire

In this **étape,** you've studied the verb **devoir** and the interrogative adjective **quel.** To verify that you've learned these structures, take *Test 18* below. You'll find the answers and scoring instructions in the Answer Key. A perfect score is 12. If your score is less than 10, or if you wish additional practice, do the self-correcting exercises for **Chapitre 6, Etape 3,** in the *Pratique de la grammaire* at the back of this **Cahier.**

Test 18

First, complete the sentence with the appropriate form of the present or the **passé composé** of **devoir.**

1. Où est Micheline? Elle me _____ 72 euros.

2. Jean-Pierre et son cousin ne sont pas là. Ils _____ être malades.

3. Catherine n'est pas allée chez Guillaume hier soir. Elle _____ préparer un examen.

4. Je ne vais pas au cinéma avec vous. Je _____ rester à la maison avec mes parents.

5. —À quelle heure est-ce que vous _____ rentrer?

6. —Nous _____ rentrer avant (*before*) 11h.

7. —Pourquoi est-ce que vous n'êtes pas allés au concert samedi dernier?

   —Nous _____ travailler.

8. Comment! Tu n'as pas dîné ce soir! Tu _____ avoir très faim!

Now, complete each sentence with the appropriate form of the interrogative adjective **quel.**

9. À _____ heure est-ce que vous vous levez normalement?

10. _____ sont les plus belles cathédrales gothiques?

11. _____ est le numéro de téléphone de Marcel?

12. _____ sports est-ce que vous faites?

NOTE FOR CORRECTION: items 1–8 = 1 point for each correct form of **devoir;** *total: 8;* items 9–12 = 1 point for each correct form of **quel;** *total: 4*

*III. Pourquoi... ? Parce que...   Use the verb **devoir** and the cues in parentheses to explain why the following people can't do what you thought they would do.

Modèle: Pourquoi est-ce que Suzanne ne va pas au cinéma? (aller au supermarché pour sa mère)

Parce qu'elle doit aller au supermarché pour sa mère.

1. Pourquoi est-ce que Jean ne va pas à la piscine? (aller à la Fnac) _____

_____

2. Pourquoi est-ce que tu ne vas pas avec Paul? (faire mes devoirs) _____

_____

3. Pourquoi est-ce qu'ils ne vont pas à la Fnac? (aller au centre commercial) _____

_____

4. Pourquoi est-ce que vous ne pouvez pas regarder la vidéo? (aller au supermarché) _____

_____

5. Pourquoi est-ce que je ne peux pas téléphoner à mes amis? (aller à la boulangerie) _____

_____

IV. Qu'est-ce que tu préfères?   Read the following letter from your French friend Claire, who would like to know what music you like, what videos you watch, and other related information.

Bourges, le 6 mars 20__

(Cher) Chère _____,

Merci pour ta lettre. Moi aussi, j'adore la musique et je voudrais en savoir un peu plus sur tes préférences. Mes amis me posent souvent des questions sur les États-Unis parce qu'ils savent que tu me donnes beaucoup de renseignements. Voilà donc mes questions: Quelles sont les denières chansons (les hits) que vous écoutez aux U.S.A.? Quels CD est-ce que tu as achetés récemment? Est-ce que tu as un lecteur DVD? Quels DVD est-ce que tu regardes? Est-ce que tu peux louer des DVD? Est-ce que tu aimes la musique classique? Et le jazz? Est-ce que tu as une chaîne stéréo? Quels magazines est-ce que tu achètes? Est-ce que tu vas aux concerts de rock? Quels chanteurs est-ce que tu préfères?

J'ai beaucoup de questions parce que je fais un rapport pour mon cours de culture américaine. J'ai déjà fait un petit sondage parmi mes amis américains ici en France, mais j'aimerais aussi ajouter les renseignements que tu peux me donner. Merci mille fois.

Amitiés,
Claire

Now respond to Claire's letter, answering the 13 questions she asked. If you prefer, you may talk about yourself and your friends rather than just about yourself.

_____ le _____

Chère Claire,

    Voici les renseignements que tu m'as demandés.

1. _____

2. _____

3. _____

4. _____

5. _____

6. _____

7. _____

8. _____

9. _____

10. _____

11. _____

12. _____

13. _____

                    Affectueusement,

                _____

V. Un petit mot. (_A note._) You're organizing a party and it's your responsibility to see to the music. Write a note to your friend to let him/her know what you can bring **(apporter).** Use a separate sheet of paper.

1. Explain that you have a lot of CDs and DVDs and say which ones you're willing to bring.

2. You'll also bring some music videos, but you have to borrow **(emprunter)** a VCR.

3. Ask if he/she has a CD player and a DVD player.

VI. On fait des courses.   Reconstruct the shopping day of Mireille Loiseau and her family according to the store signs and products below. Explain what stores they went to and what they bought. Use a separate sheet of paper.

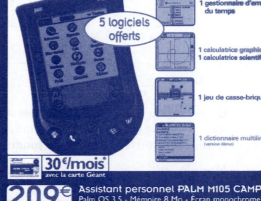

Point d'arrivée *(Text pp. 245–251)*

🎧 *Écoutons!*

CD2-26   ***I. Où?**   Listen to the following short conversations and identify the store in which each takes place **(charcuterie, boucherie, boulangerie-pâtisserie).**

Modèle: You hear: —Bonjour, Madame.

—Madame Ferrier. Comment ça va?

—Pas trop mal, merci. Et vous?

—Très bien. Qu'est-ce que vous prenez aujourd'hui?

—Donnez-moi six tranches de jambon et 500 grammes de salade de tomates.

—Voilà. Et avec ça?

—C'est tout pour aujourd'hui.

You write: *charcuterie*

1. _____   3. _____

2. _____   4. _____

CD2-27 ***II. Qu'est-ce qu'ils ont acheté?** In the following conversations, young people are talking about their shopping trips. As you listen to each conversation, identify the store the person went to (**Fnac, bijouterie, magasin de jouets, magasin de sport**) and what he or she bought.

Modèle: You hear: —J'ai dépensé trop d'argent aujourd'hui.

—Qu'est-ce que tu as acheté?

—Eh bien… regarde ces deux cassettes. Super, non?
J'ai aussi acheté une vidéo et un disque compact.

—Tu as raison. C'est cher, tout ça. Mais c'est sensationnel.
Écoutons d'abord le CD.

You write: **Magasin:** *Fnac*
Achats: *cassettes, vidéo, CD*

1. Magasin: _____

   Achats: _____

2. Magasin: _____

   Achats: _____

3. Magasin: _____

   Achats: _____

CD2-28 ***III. Mini-dictée: Les villages de Provence.** There are many small towns in southern France. Write the population of each town in figures. You will hear each number three times.

1. Les Baux _____   4. Ménerbes _____

2. Cadenet _____   5. St-Rémy-de-Provence _____

3. Gordes _____   6. Viviers _____

CD2-29 ***IV. Annonces au supermarché.** As you're walking through the supermarket, you hear a series of announcements about today's specials. As you hear the prices, write them down for reference while you shop.

Modèle: You hear: Mesdames et Messieurs, visitez notre boulangerie.
Nous avons aujourd'hui des tartes aux fraises superbes à 5 euros 60 la tarte.

You write: tarte aux fraises *5 euros 60*

1. gâteau moka _____   5. salade de thon _____ la livre

2. pains au chocolat _____ la douzaine   6. pâté _____ le kilo

3. petits fours _____ la douzaine   7. jambon _____ le kilo

4. religieuses _____ la pièce   8. saucisses _____ le kilo

CD2-30 *V. Mini-dictée: Notre journée au centre commercial. Two friends are comparing their day at the mall. As they talk, fill in the blanks. The passage will be read twice.

—Je suis très fatiguée. J'ai passé toute _____ journée _____ centre commercial et j'ai acheté beaucoup _____ choses. D'abord, je suis allée à _____ Fnac. J'ai trouvé _____ vidéo _____ Sting, j'ai acheté _____ cassettes pour mon frère et j'ai aussi acheté _____ CD.

—_____ CD est-ce que tu as acheté?

—_____ disque _____ U2.

—Moi, je me suis arrêté au magasin de jouets où j'ai trouvé _____ robot pour mon petit frère. J'ai regardé beaucoup _____ jouets, mais je sais que mon frère aime surtout _____ robots.

—Moi aussi, je suis allée _____ magasin _____ jouets. J'ai acheté _____ jeu vidéo et _____ camion pour mes cousins. Après, je suis allée _____ magasin _____ sport où j'ai trouvé _____ raquette _____ tennis qui était en solde.

—J'adore aller _____ centre commercial, mais je dépense toujours trop _____ argent.

—Moi aussi, j'aime faire _____ shopping.

CD2-31 *VI. Un cadeau pour mon petit frère. Cédric is in a toy store, looking for a present for his little brother. As you listen to his conversation with the salesperson, find out the following information.

1. How much money can Cédric spend on the present? _____

2. Which toys does the salesperson suggest? _____

   _____

3. What does Cédric finally decide to buy? _____

4. Why does he make this particular selection? _____

   _____

5. Since Cédric's brother really likes electric trains, why doesn't he buy him one? _____

   _____

Rédigeons!

Un dîner pour deux. You're planning to prepare a French dinner for a special friend or relative. You want to serve bread and wine along with a main course, salad, cheese, and dessert. Tell what stores you'll go to and what you'll buy there. Begin your paragraph with **D'abord, je vais aller à la boulangerie.** End the paragraph with **Enfin, je vais rentrer et je vais préparer le dîner.** Bring your paragraph to class.

🎧 Travail de fin de chapitre

CD2-32–35 *I. **Des achats**

A. You will hear four short conversations between customers and shopkeepers. Match the number of the conversation (1, 2, 3, 4) with the brief descriptions below. (You will not understand everything in each conversation in detail; listen for the general context.)

_____ Someone is buying fruit and vegetables.   _____ Someone is buying pastries for dessert.

_____ Someone is buying cold cuts for a picnic.   _____ Someone is buying meat.

B. Listen again to the conversations and provide the details from the four conversations between customers and shopkeepers. You should tell where the purchases were made, what was bought, for what reason, and how much it cost, as required.

1. Where: _____

Purchase: _____

Reason: _____

Cost: _____

2. Where: _____

Purchase: _____

Cost: _____

3. Where: _____

Purchase: _____

4. Where: _____

Purchase: _____

Reason: _____

*II.   **Jeu: Comment s'écrit... ?**   Use the cues to figure out the names of the foods.

If the word **salade de concombres** is written:

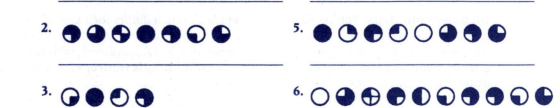

and **tarte aux fraises** is written:

and **gâteau au chocolat** is written:

What are the names of the following foods?

1. _____   **4.** _____

2. _____   **5.** _____

3. _____   **6.** _____

Dossier-Découvertes: La Franche-Comté

I. Connaissez-vous la Franche-Comté? Show how familiar you are with the region of Franche-Comté by answering the questions.

1. What are the four **départements** that make up the region of Franche-Comté? _____
_____

2. What industries and products characterize this region? Which industry is particularly important?
_____
_____

3. What's the weather like in this region? _____
_____

4. What kinds of activities might be interesting to a visitor to the region? Include both specific tourist attractions as well as other kinds of activities that the natural environment of the region might offer. _____
_____
_____
_____

5. Name and define some culinary specialties of the region. _____
_____
_____

6. Why was Le Corbusier's chapel considered so unusual when he first built it? _____
_____
_____

7. Write down five things that you think are interesting about the village of Calmoutier.
_____
_____
_____
_____
_____

8. Think about the people you know well (i.e., you know their interests). To whom would you recommend a visit to Franche-Comté and why? Give at least three reasons for making the recommendation to a particular person. _____
_____
_____
_____
_____

II. Lecture: «Le Lion de Belfort.» Read the following description of the **Lion de Belfort**, then do the exercises that follow.

Trois fois, au 19ᵉ siècle, la ville de Belfort a subi[1] l'invasion de forces étrangères. C'est une histoire de guerre, de résistance et de courage. Entre 1813 et 1814, les habitants ont résisté aux Autrichiens sous les ordres du commandant Legrand. En 1815, sous le général Lecourbe, ils se sont défendus contre l'armée des royalistes français. Enfin, entre 1870 et 1871, ce sont les Allemands qui ont entouré la ville pendant la guerre franco-prussienne et c'est le colonel Denfert-Rochereau qui a mené[2] la Résistance.

Le Siège de 1870–1871

[...] Pour la troisième fois depuis le début du siècle, la ville est investie par une armée ennemie.

Sous la direction du colonel Denfert-Rochereau, elle se défend du 4 novembre 1870 au 17 février 1871 avec le même courage qu'en 1814. Cette belle et héroïque défense permet à Belfort de se détacher de l'Alsace qui passe sous la domination allemande. Ainsi la ville et ses environs sont la seule portion de cette province à demeurer[3] français. Dans un ordre du jour à ses troupes, le colonel Denfert-Rochereau déclare: «Malgré[4] tous vos efforts, les malheurs de la patrie[5] ont obligé la place de Belfort à subir[6] la souillure[7] de l'étranger; mais du moins elle nous est conservée et elle pourra dans l'avenir nous servir de boulevard contre de nouvelles attaques et nous aider à préparer la revendication[8] de l'intégralité de notre territoire.»

Le 5 décembre 1871, les édiles[9] belfortains décident d'ériger un monument à la mémoire du siège de 1870–71, le maire Édouard Mény s'adresse au sculpteur Bartholdi et lui demande de présenter un projet. [Notons que c'est aussi Auguste Bartholdi qui a sculpté, en 1886, la statue gigantesque «La Liberté éclairant le monde»[10] que la France a offerte aux États-Unis!]

Après quelque temps de réflexion, Bartholdi choisit l'emplacement et s'en explique: «cela détermine mon choix[11] en faveur de la roche[12] si grandiose qui domine[13] Belfort et qui lui donne son caractère tout à fait exceptionnel. Placé là, le monument s'identifiera à l'aspect de la forteresse, il sera une sorte de palladium visible de partout,[14] de la ville, des alentours,[15] même du passant voyageur. Ce site est unique, il faut en tirer parti»,[16] et dans une autre lettre, «le monument représente sous forme colossale, un lion harcelé,[17] acculé[18] et terrible encore en sa fureur».

Pendant trois ans, Bartholdi exécute dessins, croquis,[19] peintures et maquettes,[20] et les premiers travaux de terrassement débutent en mai 1876. Ils ne s'achèveront qu'en[21] 1880, et le 28 août de cette même année Bartholdi illumine «clandestinement»[22] son œuvre avec des feux de Bengale,[23] aucune inauguration officielle n'ayant été prévue!!![24]

Désormais[25] Belfort, ville alsacienne jusqu'en 1871, vit[26] d'une manière autonome, reprenant son rôle de bastion face au Rhin et développant sa fonction industrielle embryonnaire[27] d'avant 1870. Bon nombre d'Alsaciens viennent alors s'installer à Belfort. La population de Belfort passe de 7 986 habitants en 1872, à 15 173 en 1876 et 22 181 en 1886. [Aujourd'hui, Belfort compte 131 999 habitants.] L'originalité de cette terre[28] est reconnue en 1922 lorsqu'on crée pour elle le département du Territoire de Belfort.

VOCABULAIRE: 1. underwent 2. led 3. to remain 4. In spite of 5. homeland 6. to undergo 7. blemish 8. claim 9. town officials 10. Statue of Liberty 11. choice 12. rock, boulder 13. overlooks 14. from everywhere 15. surroundings 16. take advantage of it 17. tormented 18. standing on its hind legs 19. sketches 20. models 21. finished only in 22. secretly 23. fireworks 24. having been planned 25. From then on 26. lived 27. embryonic 28. land

A. La chronologie. Using the dates in the text, recreate the chronology of the wars, the building of the Lion monument, and the creation of the **département du Territoire de Belfort**.

_____

_____

_____

_____

_____

_____

_____

_____

_____

_____

_____

_____

_____

B. Compréhension du texte. Answer the following questions about some aspects of Belfort and the Lion monument.

1. The **Lion de Belfort** is 11 meters high and 22 meters long and is located on a rocky ledge on the side of the fortress overlooking Belfort. How long did it take to build the monument?

_____

2. Why was the monument built?

_____

_____

3. Belfort is a city that is strategically located in terms of conflicts with other nations. Throughout the centuries it was invaded by enemy forces. Why do you think it's a city that others wanted to dominate in times of war?

_____

_____

4. What are the names of the commanders who led the Belfort armies during the three conflicts that took place in the 19th century?

_____

5. When did Belfort become independent of the province of Alsace?

_____

6. What is its departmental name today, and why does it have this special status?

_____

7. Who sculpted the **Lion de Belfort?** What other important monument did this artist create?

_____

III. Surfeurs, renseignez-vous! Surf the Internet to find out more information about Franche-Comté.

1. List any sites you discover about the province, individual cities, agricultural products, the Peugeot factory, traditions, cuisine, etc., and bring them to class. Share your discoveries with a small group of students.

2. Find a site that deals with a major monument in the United States that symbolizes something similar to the **Lion de Belfort**. Bring the information to class.

chapitre 7

Parlons des études!

Première étape *L'université (Text pp. 262–274)*

Lisons!

Like their American counterparts, French students are given a certain number of documents that help orient them to the university they are attending. For example, each university publishes a **Livret de l'étudiant** *(a practical guide to the university) and the* **Guide de votre UFR** *(course descriptions for each field of study, or* **unité de formation et de recherche**). *Students may also go to the* **Centre d'information et d'orientation** *(a type of counseling center) to talk to people who have information about each field of study.*

In addition, a number of magazines are published to help pre-college and college students unlock the mysteries of the French university system. The most widely read of these is **Phosphore***, a magazine that provides a variety of tips not only about the* **baccalauréat** *exam required for entry into the university but also about university life itself. Additionally, a new orientation magazine for college students,* **Je m'oriente***, is designed to make the academic experience less complicated.*

Many of the articles published in such magazines contain general tips that are intended to help students both academically and strategically as they begin their studies. The following article from **Phosphore***, for example, gives students some shortcuts for organizing their schedules and selecting the credits* **(unités de valeur)** *required for the first general university diploma* **(DEUG = diplôme d'études universitaires générales)**. *As you read the article, focus on the main ideas that the author is trying to convey.*

I. Prélecture.   In preparation for the reading, answer the following questions about your own academic experience.

1. What are some examples of the specialized terminology that a foreign student arriving at your university has to understand (for example, *credits*)? _____

   _____

   _____

2. What kind of advice about courses do American academic advisers usually give freshmen when they first arrive at the university? _____

   _____

   _____

3. How does an American student know the requirements for a particular program of study?

   _____

   _____

4. How do American students go about choosing a major? What kind of help can they get to make this decision? _____

_____

_____

5. How do you decide what kinds of courses to take? _____

_____

_____

*II. Lecture: Vivement la Fac!

Le premier cycle universitaire débouche sur le DEUG (Diplôme d'études universitaires générales). Il comporte plusieurs unités de valeur (UV) que vous devez acquérir en deux ans, trois ans maximum. Environ la moitié des UV sont imposées, c'est ce qu'on nomme de façon un peu barbare le «bloc fondamental». C'est le cas par exemple, de la deuxième langue vivante en DEUG de langues, du latin en DEUG de lettres, etc. Le reste se divise en UV optionnelles (ou «complémentaires») et en UV libres. Ce qui complètent la spécialité choisie.

COMPOSEZ VOTRE MENU

Pour les UV libres, on peut picorer dans le menu offert par l'ensemble de l'université, voire par les autres facs de la ville. Ces UV permettent à l'étudiant en philosophie de s'initier au japonais, ou à la peinture de la Renaissance. Plus le campus est grand, plus la palette des UV proposées est large. Celle des horaires aussi, ce qui permet de multiples combinaisons. Mais évitez de vous précipiter sur n'importe quelle idée alléchante si elle ne correspond en rien à votre projet personnel. Si votre fac de Lettres propose une option «francophonie» et que vous rêvez d'aller enseigner en Afrique, courez-y. Sinon, réfléchissez. Il est toujours utile, certes, de parfaire sa culture générale, direz-vous...

COMBINEZ VOS UV

En fait, il faut éviter deux erreurs de base, lorsque l'on compose son assortiment. Tout d'abord, séduit par la possibilité de choisir, vous optez pour un époustouflant mélange d'UV couvrant des domaines fort larges. En réalité, il est plus rentable de cibler des UV clairement liées à votre projet d'études. Surtout si vous visez une spécialisation professionnelle rapide après le DEUG. Le fait d'être inscrit à plusieurs UV traitant de sujets voisins facilite le travail, notamment parce que les lectures faites pour une UV peuvent souvent servir à une autre. Deuxième erreur: se fabriquer un emploi du temps déséquilibré. *«L'an dernier, j'avais fait mes inscriptions aux cours n'importe comment,* se souvient Pascal, étudiant en seconde année de droit. *Du coup, j'avais cours le lundi matin à neuf heures, puis plus rien avant le mardi après-midi. Le jeudi, j'avais un trou entre 11 heures et 16 heures. Après Noël, j'ai séché le cours du lundi matin plusieurs fois: il faisait froid, je devais partir très tôt de chez mes parents où je rentrais le week-end. C'était un peu trop. Mais l'année universitaire est tellement courte que sécher deux ou trois cours, c'est être à la remorque tout le reste de l'année. Cette année, c'est différent. J'ai mieux organisé mon emploi du temps. Et comme maintenant j'ai pas mal de copains, on s'échange les notes quand on sèche.»*

Pour avoir les meilleures chances de composer un horaire intelligent et de suivre le TD qui vous intéresse vraiment, une seule solution: vous présenter aux inscriptions dès la première heure d'ouverture et même si possible un peu avant. Les premiers arrivés seront les mieux servis. C'est particulièrement vrai pour les inscriptions à vos UV libres.

Vocabulaire:

débouche sur: results in
il comporte: it includes
unités de valeur: credits
UV imposées: required credits
UV optionnelles: credits related to one's major
UV libres: elective credits
picorer: to pick randomly
alléchante: intriguing
courez-y: run to it (*here:* be sure to take it)

époustouflant mélange: amazing mixture
rentable: profitable
cibler: to target (to focus on)
visez: target
un trou: a hole (empty time)
j'ai séché: I cut (class)
être à la remorque: to be behind
TD (travaux dirigés): laboratory or individualized work with the prof

Compréhension du texte.   Answer the following questions by focusing on the main tips that the author gives students about selecting their courses.

1. In the first paragraph, the author describes the categories of credits required for the **diplôme d'études universitaires générales.** What are they? _____

_____

_____

_____

_____

_____

2. What advice does the author give in the paragraph entitled **"Composez votre menu"**?

What do you think of the idea of calling a course schedule a **"menu"?** _____

_____

_____

_____

_____

_____

_____

3. What are the two errors the author advises students to avoid when creating a course schedule?

_____

_____

_____

_____

_____

4. What do you think about the author's advice to avoid courses that are not related to one's

projected academic major? In your opinion, is this an educationally sound idea? _____

_____

_____

_____

_____

_____

_____

Écrivons!

In this **étape,** you've studied the agreement and position of adjectives. To verify that you've learned these structures, take *Test 19* below. You'll find the answers and scoring instructions in the Answer Key. A perfect score is 32. If your score is less than 26, or if you wish additional practice, do the self-correcting exercises for **Chapitre 7, Étape 1,** in the *Pratique de la grammaire* at the back of this **Cahier.**

Test 19

Rewrite each sentence, inserting the appropriate forms of the adjectives in their proper places.

1. Ils ont une maison. (joli/petit)

_____

2. Nous avons fait un voyage. (ennuyeux/long)

Nous ~~fa~~ avons ennuyeu~~xe~~

3. Nous avons vu des cathédrales. (grand/gothique)

Nous avons vu des grandes cathédrales ~~grandes~~ gothiques

4. Regarde cette voiture! (vieux/japonais)

Regarde cette ~~voiture~~ ~~vielle~~ vielle voiture japonaise

5. Ils ont acheté des romans. (policier/bon)

Ils ont acheté des ~~polici~~ bon romans ~~bons~~ policiers

6. C'est une femme. (jeune/ambitieux)

C'est une juene femme ambitieuse

7. Ce semestre j'ai des cours. (difficile/intéressant)

Ce semestre j'ai des diffigle course interessante

8. Elle a des cheveux. (beau/noir)

Elle a des ~~beau~~ beoux cheveoux noirs

_____

NOTE FOR CORRECTION: 1 point for each correct adjective form; 1 point for each adjective correctly positioned; *total: 32*

III. Mon ami(e) a... Moi, j'ai...   Choose a friend or family member who has each of the items mentioned below. Compare yours with his or hers, using appropriate adjectives.

Modèle: vélo

Mon frère a un petit vélo américain. Moi, j'ai un nouveau vélo japonais.

1. vélo _____

_____

2. chambre (maison, appartement) _____

_____

3. auto _____

_____

4. cours _____

_____

5. livres _____

_____

IV. Une description de ma chambre.   Give a physical description of your room. Include the objects that are in the room, their size, their color, and any other special features. Use as many of the adjectives you've learned as possible. (If you don't want to describe your own room, you may pick any other room.) Use the *Système-D* writing assistant to help you.

> **SYSTÈME-D**
>
> **VOCABULARY:** Colors; bedroom
> **PHRASES:** Describing objects
> **GRAMMAR:** Adjective agreement; adjective position

V. Petit guide du campus.   Véronique Béziers, a French exchange student, has just arrived on your campus. Since she doesn't know her way around, write out some directions for her. Using your own campus as a reference, tell her how to get to the central meeting place for students (the student union?), the library, the administration building, and one classroom building. Include some points of reference (across from, next to, etc.).

> **SYSTÈME-D**
>
> **VOCABULARY:** University; city
> **PHRASES:** Giving directions
> **GRAMMAR:** Imperative; prepositions of location

VI. L'université où je fais mes études.   Write a letter to a French friend, describing the college or university that you attend. Talk about location, size, private or public, number of students, number of schools, buildings, school calendar, etc.

Begin your letter: *Cher (Chère)... Je vais te parler un peu de mon université. Je fais mes études à...*

End your letter: *Amitiés, ...*

> **SYSTÈME-D**
>
> **VOCABULARY:** Studies, courses; university; numbers; calendar
> **PHRASES:** Expressing an opinion; describing objects
> **GRAMMAR:** Adjective agreement; adjective position

Deuxième étape *Les profs et les étudiants* (Text pp. 275–286)

Lisons!

I. Prélecture. In preparation for an additional reading from *Phosphore*, answer the following questions.

1. Who are some of the main administrators in your university? What do they do? _____

_____

_____

_____

_____

2. What offices at your university are intended to help students with various questions or

problems? _____

_____

_____

_____

_____

3. What administrator would you go to if you had a problem with a prof? _____

_____

*II. Lecture: Qui fait quoi? *(Who does what?)*

QUI FAIT QUOI?

ASSOCIATIONS ET SYNDICATS ÉTUDIANTS

Ils vous représentent auprès des autorités universitaires. Alertez-les dès que vous avez un problème. Ils se chargent aussi en général de vendre des polycopiés, de la papeterie ou des places de théâtre à prix réduit.

ASSISTANTE SOCIALE

Elle peut vous fournir les renseignements sur le logement étudiant, les bourses et autres problèmes concrets.

MUTUELLES ÉTUDIANTES

Elles proposent une meilleure couverture sociale que la simple Sécu. Dans les grandes villes, elles gèrent des dispensaires où l'on peut se faire soigner les dents pour un prix raisonnable, bénéficier d'informations sur la contraception, suivre une aide psychologique si l'on a un coup de cafard, etc.

PRÉSIDENT DE L'UNIVERSITÉ

Il est élu par les représentants des professeurs et des étudiants pour diriger l'ensemble des services de votre université. N'hésitez pas à lui adresser un courrier si vous rencontrez un problème en cours de route. Ne vous fiez pas à son air inaccessible, il est souvent sensible aux difficultés des étudiants.

SECRÉTARIAT DE L'UFR

Soyez indulgent avec la secrétaire de votre UFR. L'université manque cruellement de personnel administratif. Qu'on se le dise!

En période d'examens, on mange en étudiant.

Vocabulaire:

syndicats: unions
polycopiés: copies of class notes
papeterie: class materials (notetooks, etc.)
bourses: scholarships
mutuelles: insurance companies
couverture: coverage
gèrent: manage

dispensaires: health centers
coup de cafard: depression
courrier: mail
Ne vous fiez pas: *here:* Don't worry about
UFR (unité de formation et de recherche): academic department
Qu'on se le dise!: Let it be known!

Qui fait quoi?   For each problem, decide which administrator or organization a French student would consult. Choose one of the following: **association d'étudiants, syndicat étudiants, assistante sociale, mutuelle étudiante, président de l'université, secrétaire de l'UFR.**

1. Jocelyne has a terrible toothache. She has very little money. _____

_____

2. Philippe is very angry because he can't get accurate information from any of the offices he's

consulted. _____

_____

3. Monique hasn't found a room in town yet. _____

4. Bernard wants to find out more about the requirements for his major. _____

_____

5. Janine was sick and had to skip several lectures. She needs some lecture notes.

_____

6. Michel thinks that the administration is ignoring students' rights. _____

_____

7. Sylvie needs a scholarship to help pay for textbooks. _____

_____

8. Éric has just received the results of his exams. Since he didn't do too well, he's feeling very

depressed. _____

_____

Écrivons!

■ Pratique de la grammaire

In this **étape**, you've studied the comparative. To verify that you've learned this structure, take *Test 20* below. You'll find the answers and scoring instructions in the Answer Key. A perfect score is 8. If your score is less than 7, or if you wish additional practice, do the self-correcting exercises for **Chapitre 7, Étape 2,** in the *Pratique de la grammaire* at the back of this **Cahier.**

Test 20

In each item, compare the first person or thing mentioned to the second.

1. Tu n'as pas beaucoup d'argent. Éric a beaucoup d'argent.

   Eric plus de

2. Jacques est très ambitieux. Sa sœur est très ambitieuse aussi.

   Jacques c oussi con

3. Élisabeth est très intelligente. Son frère n'est pas très intelligent.

   Elizabeth e plus intelligente que son frere

4. Chantal joue très bien du piano. Je ne joue pas très bien du piano.

   Chantal joue du meilleure que du piano que ã mi
   Chantal joue du piano meilleure que moi

5. Je ne parle pas très rapidement. Mes parents parlent très rapidement.

   Je parle moins rapidement que mes parent

6. Ces fraises-ci ne sont pas bonnes. Ces fraises-là sont très bonnes.

   Ces fraises sont plus moins que ces fraise

7. Marc a trois frères et trois sœurs. Xavier a trois frères et trois sœurs aussi.

   Marc a plus freres et sœurs que Xavier
   autant de freres

8. J'ai des bons professeurs. Tu n'as pas de bons professeurs.

   Jai meilleures professeurs que tu

NOTE FOR CORRECTION: 1 point for each correct comparative form including **que**; *total: 8*

III. Mes deux profs.   Choose two profs, one male and one female. Begin by naming them and describing them physically.

Mon professeur de _____

Description physique: *Il* _____

_____

_____

Mon professeur de _____

Description physique: *Elle* _____

_____

_____

Now tell to what degree each of the following adjectives applies to your two profs. Use some expressions of comparison **(plus, moins, aussi… que).**

Modèle: patient

> *M. Sanchez et Mme Kline sont tous les deux* (both) *très patients.* or *M. Sanchez est assez patient, mais je pense que Mme Kline est plus patiente que M. Sanchez.*

1. sportif _____

_____

2. optimiste ou pessimiste _____

_____

3. intellectuel _____

_____

4. généreux _____

_____

5. intelligent _____

_____

IV. Je suis comme je suis.   You've bought a ticket for an educational cruise along the Atlantic coast of France. The cruise ship company now wants you to write a statement about yourself so that it can select a compatible cabinmate for you. Write a couple of paragraphs that give an accurate description of your personality, likes, and dislikes. Be sure to mention whether you're a woman or a man! Use the *Système-D* writing assistant to help you.

> **SYSTÈME-D**
>
> **VOCABULARY:** Personality; leisure; sports; studies; courses
> **PHRASES:** Describing people
> **GRAMMAR:** Adjective agreement; adjective position

V. Quelle catastrophe!   You've now returned from your cruise. You've learned a great deal and, in general, enjoyed the experience. However, the cruise ship company made a serious mistake in the cabinmate they selected for you. Write a letter to a friend in France, comparing yourself and your cabinmate. For each of your traits, say that the other person was the opposite.

> **SYSTÈME-D**
>
> **VOCABULARY:** Personality
> **PHRASES:** Comparing & contrasting; describing people disapproving
> **GRAMMAR:** Comparison; negation

Lisons!

I. Prélecture.   In preparation for this final part of the **Phosphore** article, answer the following questions.

1. What is the best way to make contact with your professors so that they get to know you?

   _____

   _____

2. How can a new student in your school get to meet people and make friends?

   _____

3. Is it common to have study groups in your school? Do you participate in such groups? Why or why not? In your opinion, what are the advantages and disadvantages of studying in groups?

   _____

   _____

   _____

   _____

*II. Lecture

ÉTONNEZ VOS PROFS

Par rapport au lycée, raconte Nathalie, en deuxième année d'Administration économique et sociale (AES), *on a le sentiment de ne pas avoir beaucoup de contraintes: moins d'heures de cours, moins de devoirs, moins de contrôles. On se laisse aller, on sèche un peu les cours ennuyeux. De toute façon, les profs ne disent jamais rien. Arrivent les premiers partiels, et là, on plonge.»* Résister à la tentation permanente de la paresse n'est pas facile.

À l'université, il faut apprendre à vivre seul. *«Personne n'est derrière vous à vous pousser»,* poursuit Nathalie. *«À la limite, il faut pousser les profs. Si vous ne travaillez pas, ils se disent que vous allez décrocher et que leur TD sera un peu moins bondé.»* Presque tous les étudiants de première année jugent les professeurs compétents mais trop distants. *«C'est le règne de l'anonymat. Les profs ne cherchent même pas à retenir nos noms. On est des numéros. Qu'on progresse ou qu'on décroche, ils s'en foutent. Ils ne s'intéressent pas à nos études»* critique sévèrement Joël, étudiant en première année à Poitiers.

À l'inverse, lorsque le contact s'établit, de nombreuses difficultés s'aplanissent: *«Lors des inscriptions en fac, on a tous eu droit à un entretien individuel avec un prof. J'hésitais entre* droit et AES. On a discuté un bon moment et la prof m'a donné des informations utiles. Finalement, j'ai pris le droit qui ouvre davantage de débouchés. Je suis contente de mon choix et je passe en *deuxième année»,* témoigne Françoise. Dans de nombreux départements, des permanences sont assurées par les enseignants le mois de la rentrée. Profitez-en pour prendre rendez-vous et pour y puiser toutes les informations nécessaires.

Pendant les heures de TD (travaux dirigés) aussi, toutes les occasions sont bonnes pour établir le contact avec l'enseignant.

TRAVAILLEZ À PLUSIEURS

Je ne savais pas comment utiliser la bibliographie, explique Philippe, étudiant en histoire. Fallait-il juste lire les trois bouquins importants qu'il signalait en particulier? Fallait-il avaler les quinze titres? On a donc posé la question à plusieurs. Il nous a expliqué où trouver les livres, quelles étaient les librairies accordant des réductions aux étudiants et à quelles bibliothèques on avait accès.» Ne perdez pas de vue que les enseignants, même s'ils sont submergés par le nombre des étudiants, sont là pour vous aider. En ce qui concerne les cours en amphi, les nouveaux arrivés à la fac se demandent souvent s'ils doivent vraiment y assister. Pourtant, la présence en cours apporte plus que la simple lecture du polycopié. Parfois, les profs y donnent des informations sur le déroulement de l'année, le contrôle continu ou la méthodologie. En s'organisant très vite en début d'année pour travailler à plusieurs, on peut s'arranger pour rattraper ce qu'on a manqué si l'on n'a pas assisté au cours. Mais attention, en première année, il est hasardeux de sécher les cours et de se fier aux notes prises par un camarade: c'est la source d'innombrables malentendus.Cela dit, le travail à plusieurs est bénéfique à plus d'un titre. Tout d'abord, il aide à lutter contre le sentiment de solitude qui est ressenti si durement par les étudiants de première année. *«Il m'a fallu toute l'année pour connaître des gens»*, regrette Jean-Manuel, qui termine sa première année de biologie. *«On n'a pas les mêmes horaires de cours ou de TD; à la cafeteria, personne ne se parle.»* Et puis, s'arranger pour aller ensemble à la bibliothèque ou pour réviser un partiel est bien plus stimulant que d'affronter le travail seul. En plus, un petit café en commun n'a jamais fait de mal au moral...

Vocabulaire:

les premiers partiels: the first midterm exams
on plonge: one falls down
la paresse: laziness
vivre seul: to live alone
décrocher: to fail
bondé: full
ils s'en foutent: they don't give a damn
s'aplanissent: get smoothed out
un entretien: an appointment

débouchés: jobs
permanences: office hours
enseignant: teacher
bouquins: books *(slang)*
avaler: to swallow (to read)
en amphi (amphithéâtre): in a lecture hall
le contrôle continu: tests and homework
se fier aux: to trust
d'affronter: to confront

A. Des mots utiles.   Now that you've read the three parts of the *Phosphore* article, go back through all three and find the words that are particularly useful in talking about one's academic experience. Find at least ten words.

Modèle: *unités de valeur*

1. _____   6. _____

2. _____   7. _____

3. _____   8. _____

4. _____   9. _____

5. _____   10. _____

B. Compréhension du texte.   To isolate the main ideas of the reading, answer the following questions.

1. What are some of the main differences between college and secondary school? _____

_____

_____

_____

2. What is the main criticism of university professors? _____

_____

_____

3. How does the author advise making contact with professors? _____

_____

_____

4. According to this article, why is it helpful to study in groups? Give several reasons. _____

_____

_____

_____

_____

_____

Écrivons!

Pratique de la grammaire

In this **étape,** you've studied **-ir** verbs and the use of inversion to ask questions. To verify that you've learned these structures, take *Test 21* below. You'll find the answers and scoring instructions in the Answer Key. A perfect score is 12. If your score is less than 10, or if you wish additional practice, do the self-correcting exercises for **Chapitre 7, Étape 3,** in the *Pratique de la grammaire* at the back of this **Cahier.**

Test 21

First, complete each sentence with the appropriate form of the present tense of the suggested verb.

1. (obéir) Tu ___a obeis___ à tes parents, n'est-ce pas?

2. (réussir) Il ne ___reussit___ jamais aux examens de chimie.

3. (grossir) Ils ___i grossient___ à vue d'œil.

4. (finir) Je ___finis___ toujours avant les autres étudiants.

5. (réfléchir) Vous ne ___reflechissez___ pas assez avant de parler.

Now, complete each sentence with the appropriate form of the **passé composé.**

6. (finir) Est-ce que tu ___as finit___ ?

7. (maigrir) Ils ___ont maigrit___ .

Finally, use the expressions in parentheses to ask a *follow-up* question *with inversion* to the statements below.

8. Il ne va pas faire beau demain. (quel temps)

_____

9. Je n'ai pas de disques compacts. (des cassettes)

_____

10. Elle n'habite pas à Paris. (où)

_____

11. Nous ne sommes pas allés en France. (en Angleterre)

_____

12. Ils n'ont pas d'amis. (pourquoi)

_____

_____

NOTE FOR CORRECTION: items 1–7 = 1 point for each correct form; *total: 7;* items 8–12 = 1 point for each correct question; *total: 5*

III. Mon emploi du temps.   Complete the form by writing your schedule for this term.

| Nom _____ Semestre (Trimestre) _____ | | | | |
| Spécialisation _____ | | | | |

	L	**M**	**M**	**J**	**V**
h					
h					
h					
h					
h					
h					
h					
h					

IV. Une interview. You're studying in France and are preparing a report on student reactions to the national competitive exams. To gather information, you plan to interview a number of French students. Prepare your questions in advance, based on the cues below. Use a mixture of inversion and **est-ce que** to form your questions.

You want to find out . . .

1. if the person usually chooses easy or difficult classes.

2. if the person gains or loses weight when studying for exams.

3. if the person generally passes exams.

4. if the person generally obeys professors.

5. if the person studies with other students.

6. if the person is very nervous when taking exams.

V. Deux étudiants. Choose two students whom you know whose majors are in very different fields and describe their programs and schedules. Use the *Système-D* writing assistant to help you.

Modèle: *Paul est étudiant en sciences humaines. Il n'a pas un emploi du temps très chargé. Il prend trois cours—un cours de sociologie et deux cours de sciences économiques. Il a tous ses cours le mardi et le jeudi. Mais il a aussi deux heures de laboratoire où il travaille sur ordinateur. Etc.*

VOCABULARY: Studies, courses; professions; university
PHRASES: Comparing & contrasting; linking ideas

VI. Petit guide des cours. One of your French friends has asked you to write descriptions of five courses to help him decide what to take next semester. Prepare the information he desires.

1. Nom du cours: _____

Nombre d'unités de valeur: _____

Nombre d'étudiants: _____

Nombre d'examens: _____

Description: _____

_____

_____

_____

_____

2. Nom du cours: _____

Nombre d'unités de valeur: _____

Nombre d'étudiants: _____

Nombre d'examens: _____

Description: _____

_____

_____

_____

_____

3. Nom du cours: _____

Nombre d'unités de valeur: _____

Nombre d'étudiants: _____

Nombre d'examens: _____

Description: _____

_____

_____

_____

_____

4. Nom du cours: _____

Nombre d'unités de valeur: _____

Nombre d'étudiants: _____

Nombre d'examens: _____

Description: _____

_____

_____

_____

_____

5. Nom du cours: _____

Nombre d'unités de valeur: _____

Nombre d'étudiants: _____

Nombre d'examens: _____

Description: _____

_____

_____

_____

_____

Point d'arrivée *(Text pp. 295–299)*

🎧 *Écoutons!*

CD3-2 ***I. De quoi est-ce qu'ils parlent?** You're listening to a series of commercials on the radio. Look at the drawings and put a check below the item or place talked about in each commercial.

Modèle: You see:

You hear: Noir et blanc portable avec écran de 31 cm. Livré avec antenne. Le prix avantageux de 128 euros. Idéal pour les enfants et comme télé secondaire.

You check:

1

_____   _____   _____

2

_____   _____   _____

3

_____   _____   _____   _____

4

_____ _____ _____

5

_____ _____ _____

CD3-3 ***II. De qui est-ce que tu parles?** Your friends give descriptions of some people whose names they've forgotten. Listen to each description, look at the drawings, and identify the person you think is being described.

Modèle: You see:

M. Grandier

M. Lecasier

You hear: Cet homme est assez âgé. Il est petit et costaud. Il a un grand nez et une barbe et il a très peu de cheveux. Qui est-ce?

You circle: (M. Lecasier)

Sylvie Becque

Berthe Danon

Hervé Olivier

Jean Michaud

Mme Perriot

Mme Sentier

M. Hugot

M. Berlioz

CD3-4 ***III. Féminin ou masculin?** Listen to each statement and indicate whether the adjective you hear is feminine or masculine.

Modèle: You hear: C'est un jeune homme très naïf.

You circle: *féminin* ⟨*masculin*⟩

1. féminin   masculin   **6.** féminin   masculin

2. féminin   masculin   **7.** féminin   masculin

3. féminin   masculin   **8.** féminin   masculin

4. féminin   masculin   **9.** féminin   masculin

5. féminin   masculin   **10.** féminin   masculin

CD3-5 *IV. Philippe et Martine. Claire is telling about her two friends, Philippe and Martine. Listen to the description and decide which of the following adjectives apply to Philippe and which to Martine. Some adjectives may apply to both friends; others, to neither. Circle the appropriate adjectives in each list.

Philippe: actif / ambitieux / dynamique / frivole / grand / heureux / jeune / intellectuel / beau / optimiste / pessimiste / riche / sérieux / sportif / triste / vieux

Martine: active / ambitieuse / dynamique / frivole / grande / heureuse / jeune / intellectuelle / belle / optimiste / pessimiste / riche / sérieuse / sportive / triste / vieille

CD3-6 *V. Mini-dictée: Des rêves. You will hear a series of people tell what they would like to have or be or do. Complete their statements by writing the missing words that you hear. Each sentence will be read three times.

1. Nicole: Je voudrais habiter dans _____

2. Gérard: Je voudrais avoir _____

3. Suzanne: Je voudrais être _____

4. Denis: Je voudrais visiter _____

5. Émilie: Je voudrais descendre dans _____

6. Sacha: Je voudrais acheter _____

CD3-7 *VI. Qui est le coupable? You're at the airport, listening to your radio while waiting for a plane. You hear a report about a crime that has just been committed. A witness describes the criminal. You see a person in the airport who looks like the accused. Look at the drawing and put a check next to the person who looks like the criminal. Then write your own description of the person.

_____
_____
_____
_____
_____
_____

*VII. L'argot des étudiants. French students, like students of all nations, use slang **(argot)** to talk about school and university life. Listen to the following conversation between two French university students and try to pick out the slang expressions listed below. Following the conversation, the expressions will be explained. Write each term's equivalent in "standard" French in the space provided.

1. du boulot _____

2. des bouquins _____

3. vachement dur _____

4. bosser _____

5. le restau U _____

6. bouffer _____

7. taper _____

Rédigeons!

Faisons de la publicité. You've been invited to write a blurb about your university for a brochure being sent to prospective students from French-speaking countries. Comment on location (and attractions of that part of the country), size and type of university, programs, living accommodations, student life, etc. Use the *Système-D* writing assistant to help you. Bring your brochure to class.

> **SYSTÈME-D**
>
> **VOCABULARY:** University; studies; courses; arts; leisure
> **PHRASES:** Persuading; welcoming; writing a news item
> **GRAMMAR:** Adjective agreement; adjective position

Travail de fin de chapitre

*I. Quatre étudiants

A. You will hear French students talk about their studies and their lives as students in France. Listen to the CD, then indicate (1) whether each student goes to school in Paris or in a regional university and (2) whether (in American terms) each student specializes in fine arts, humanities, natural sciences, or social sciences.

1. _____

2. _____

3. _____

4. _____

B. Listen again to the four presentations. Then write the following information about each student: **université, spécialisation, cours, logement, projets d'avenir.** There may not be information in every category for each student.

Étudiant(e) 1: _____

_____

_____

Étudiant(e) 2: _____

_____

_____

Étudiant(e) 3: _____

_____

_____

Étudiant(e) 4: _____

_____

_____

*II. Jeu: Trouvons les mots!   Circle all the adjectives that you can find in the following puzzle. The adjectives may be read horizontally, vertically, or diagonally, either from left to right or from right to left. Ignore the accents in the puzzle.

P	S	E	N	S	A	T	I	O	N	N	E	L	L	E
M	A	B	O	C	D	E	R	F	A	G	H	O	I	L
I	J	K	U	E	L	M	V	I	E	I	L	U	N	E
N	E	U	V	E	N	O	V	P	S	Q	R	R	S	G
C	T	U	E	V	W	E	X	E	Y	T	Z	D	A	A
E	B	C	A	D	E	F	R	G	H	I	E	E	J	N
K	L	J	U	M	N	I	O	G	T	P	Q	R	O	T
B	B	O	N	N	E	S	R	I	I	T	U	I	V	V
L	W	L	X	U	Y	O	T	Z	A	Q	R	B	E	C
E	D	I	X	E	S	E	F	G	H	I	U	R	J	K
U	L	E	I	M	P	A	T	I	E	N	T	E	M	N

Adjectives to be found:

sensationnelle	bonne	lourde
nouveau	vieil	vert
énergique	gros	bleu
triste	impatiente	naïve
petit	élégant	jolie
sérieux	noir	

One adjective in the puzzle is not listed here. Can you find it? _____

chapitre

Soignons-nous!

Première étape *Ça va? Ça ne va pas?* *(Text pp. 306–316)*

Lisons!

I. Prélecture.   Every year thousands of Americans are killed in automobile accidents. List what you think are the five major causes of accidents in which people are killed.

_____

_____

_____

*II. Lecture: Les accidents de la route.   Read the excerpts from an article about traffic accidents in France. Then do the exercises that follow.

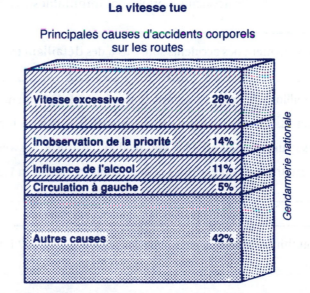

La vitesse tue

Principales causes d'accidents corporels
sur les routes

Vitesse excessive	28%
Inobservation de la priorité	14%
Influence de l'alcool	11%
Circulation à gauche	5%
Autres causes	42%

Gendarmerie nationale

❖ La proportion d'accidents mortels reste plus élevée en France que dans les autres grands pays occidentaux. Parmi les pays industrialisés, la France est l'un de ceux où l'on meurt le plus sur la route: 410 conducteurs ou passagers tués par million de voitures en circulation.

❖ Près de 40% des accidents mortels sont imputables à l'alcool.

❖ Contrairement à une idée répandue, les accidents ne sont pas systématiquement dus à la rencontre de deux véhicules. La moitié des accidents mortels ne mettent en cause qu'un seul véhicule. Le danger, ce n'est pas toujours les autres.

❖ Les erreurs humaines sont beaucoup plus nombreuses que les défaillances mécaniques. 2% seulement des accidents seraient dus à des défaillances mécaniques, mais on estime que 40% des véhicules sont en mauvais état.

❖ 10 millions de Français voient mal au volant: 11% d'entre eux ne portent pas de lunettes, 35% de ceux qui en portent ont une correction mal adaptée.

A. Les nouveaux mots. Although there are numerous words in this text that you have not seen before, by using some of the strategies already discussed, you should be able to figure out their meaning.

1. Find at least 12 cognates in the passage. _____

   _____

   _____

2. Find at least one false cognate in the passage. _____

   _____

3. Based on the content, guess the meaning of each term in boldface.

   a. Principales causes d'accidents **sur route** _____

   b. Circulation à gauche _____

   c. La proportion d'accidents mortels reste élevée: 4,1 **tués** pour 100 millions de

   kilomètres parcourus en France. _____

   _____

   d. Près de 40% des accidents mortels sont **imputables** à l'alcool. _____

   _____

   e. 2% seulement des accidents sont dus à des **défaillances** mécaniques. _____

   _____

   f. 10 millions de Français **voient mal** au volant: 11% d'entre eux ne portent pas de

   lunettes, 35% de ceux qui en portent ont une correction mal adaptée. _____

B. La vitesse tue. Based on what you read in the article, answer the following questions.

1. What are the four main causes of automobile accidents in France? _____

   _____

   _____

2. Do you think the causes are similar for the United States? If not, how and why do they

   differ? _____

   _____

   _____

3. Based on the article, do you agree or disagree with each of the following statements? If you disagree, tell why.

   a. Alcohol causes a lot of minor traffic accidents. _____

   _____

b. In many instances, it is the driver of the car who is responsible for the accident.

_____

_____

c. Many accidents occur because French cars are not particularly well built. _____

_____

_____

d. It is more dangerous to drive in the United States than it is in France. _____

_____

_____

Écrivons!

Pratique de la grammaire

In this **étape,** you've studied the imperfect tense and the verb **pouvoir.** To verify that you've learned these structures, take *Test 22* below. You'll find the answers and scoring instructions in the Answer Key. A perfect score is 12. If your score is less than 10, or if you wish additional practice, do the self-correcting exercises for **Chapitre 8, Étape 1,** in the *Pratique de la grammaire* at the back of this **Cahier.**

Test 22

Complétez chaque phrase en mettant le verbe indiqué à l'*imparfait*.

1. (se lever) Autrefois, vous ___vous leviez aisons___ de bonne heure.

2. (aller) Ma famille et moi, nous ___aller___ souvent aux concerts.

3. (aimer) Mes parents ___~~aimer~~ aimiant___ beaucoup la musique classique.

4. (être / faire) Quand je(j') ___~~fi être~~ ~~puisais~~ suis___ petite, ma sœur aînée ___faisai- ~~faire~~___ souvent du ski alpin.

5. (avoir) Est-ce que tu ___avais ~~osais~~___ un chien ou un chat autrefois?

Maintenant, complétez chaque phrase en donnant la forme convenable du *présent* du verbe **pouvoir.**

6. Est-ce que vous ___pouviez___ aller à La Baule pour le week-end?

7. Henri ne ___pouvait___ pas y aller; il doit repeindre sa maison.

8. Moi, je ___~~pouvais~~ peux___ l'aider.

9. Moi aussi. Nous ___pouvions___ l'aider tous les deux.

10. Et si Mireille et Chantal ___pouvaient___ l'aider aussi, nous pourrons finir avant le week-end.

11. Est-ce que tu ___pouvais___ leur téléphoner?

_____

NOTE FOR CORRECTION: 1 point for each correct verb form; *total: 12*

*III. Qu'est-ce qu'ils ont? (*What's the matter with them?*) First, write sentences telling where each person pictured is in pain or hurts. Use the expression **avoir mal à.**

Janine

Modèle: *Janine a mal à la gorge.*

Judith

Philippe

1. _____

   _____

2. _____

   _____

Marie

Yves

3. _____

   _____

4. _____

   _____

Now write a sentence to explain what happened to each of the following accident victims. Use the expressions **se casser, se couper** (*to cut oneself*), **se faire mal à, se fouler.**

Georges

Modèle: *Georges s'est fait mal au pied.*

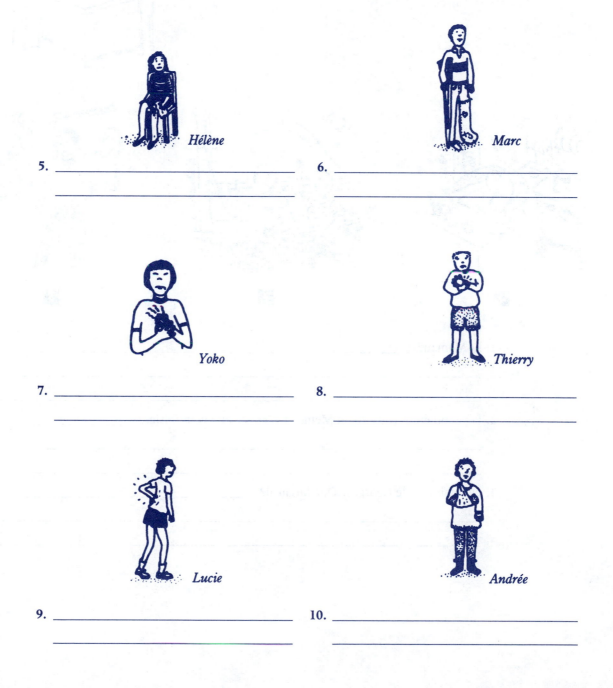

Hélène

5. _____

_____

Marc

6. _____

_____

Yoko

7. _____

_____

Thierry

8. _____

_____

Lucie

9. _____

_____

Andrée

10. _____

_____

*IV. Où étiez-vous? Certain events command so much attention that many years later people still remember what they were doing at the time.

A. Le jour où on a assassiné le président Kennedy. The parents and grandparents of Nicole Ménétrier are talking about the day when President Kennedy was shot. Based on the drawings, write sentences answering Nicole's questions about that day. Put the verbs in the imperfect.

Modèle: Papa, où étais-tu? Qu'est-ce que tu faisais?
Moi, j'étais au bureau. Je travaillais.

1   **2**   **3**

1. Et Maman? _____

_____

_____

2. Pépé, où étiez-vous, toi et Mémé? Qu'est-ce que vous faisiez? _____

_____

_____

3. Où était l'oncle Georges? Que faisait-il? _____

_____

_____

4. Et la tante Berthe? _____

_____

_____

5. Et ma cousine Sandrine? _____

_____

_____

B. Et vous? Write short paragraphs that tell where you were and what you (and your family and/or friends) were doing at each of the following times. (If you can't remember, invent the details.)

1. Le jour où la fusée Columbia a explosé

_____

_____

_____

_____

2. L'année de la réunification de l'Allemagne de l'Est et de l'Ouest

_____

_____

_____

_____

V. Quand j'étais au lycée... Your instructor would like to know a little more about your background, in particular about your high school experiences—schools you attended, courses you took, activities in which you participated. Write a short composition about your high school years. Suggestion: use the imperfect tense for habitual actions; use the **passé composé** for those actions that happened only once or that occurred during a limited time (in this case, make this time period clear). Use the *Système-D* writing assistant to help you.

SYSTÈME-D

VOCABULARY: Studies; courses; languages
PHRASES: Compound past tense; past imperfect

Lisons!

When traveling abroad, we hope, of course, not to get sick. However, just in case we need to buy some medicine or get some medical attention, it is useful to know how to read the types of text reproduced here and on pages 212–213.

I. Prélecture. Begin by thinking about how you might deal with similar situations in the United States.

1. Where do you (or your family and friends) usually go to buy toothpaste, hand soap, aspirin, etc.?

_____

_____

2. If you needed to buy some aspirin at midnight, where would you go? _____

_____

And if you had to get a prescription refilled? _____

3. Identify each type of information indicated on the Dermolate package, such as name of manufacturer and price.

Dermolate™ HYDROCORTISONE 0.5%
ANTI-ITCH CREAM

d

b

e

Temporary relief of ITCHING and MINOR SKIN IRRITATION due to:

a

Net Wt.
30 g
(1.0 oz.)

• Poison Ivy, Oak, and Sumac
• Insect Bites • Rashes from
Soaps, Detergents, Cosmetics
and Jewelry • Eczema

c

DERMOLATE Anti-Itch Cream contains hydrocortisone in a greaseless, vanishing cream. It provides temporary relief of itching and minor skin irritation. Until recently, hydrocortisone was available only on prescription and has been widely used by doctors.
Also available is DERMOLATE Anti-Itch Spray that provides cooling along with effective temporary relief of itching and minor skin irritation.
INDICATIONS: For the temporary relief of minor skin irritations, itching and rashes due to eczema, dermatitis, insect bites, poison ivy, poison oak, poison sumac, soaps, detergents, cosmetics, and jewelry.
DIRECTIONS: *For adults and children 2 years of age and older:* Gently massage into affected skin area not more than 3 or 4 times daily. *For children under 2 years of age there is no recommended dosage except under the advice and supervision of a physician.*
WARNINGS: For external use only. Avoid contact with the eyes. Discontinue use and consult a physician if condition worsens or if symptoms persist for more than seven days.

Do not use on children under 2 years of age except under the advice and supervision of a physician.
Keep this and all drugs out of the reach of children. In case of accidental ingestion, seek professional assistance or contact a Poison Control Center immediately.

Store between 2° and 30°C (36° and 86°F).

© 1980,
Schering Corporation,
Kenilworth, N.J. 07033

g

0085-0129-05

f

a. _____   e. _____

b. _____   f. _____

c. _____   g. _____

d. _____

*II. En vacances.   You and your family are spending a few days on the Riviera in Nice. Various problems and emergencies arise. Solve them by using the reading skills you've developed thus far.

A. Où aller? À qui téléphoner?   When the following situations develop, you read the public service notices that appeared in a holiday morning edition of the Nice newspaper. Skim and scan the notices. Then tell where to go or whom to call in each case. In some instances, there may be more than one possible response.

Police secours: 17.
Sapeurs-pompiers: 18.
Taxis (toutes stations): 04.93.52.32.32.
 S.O.S. amitié: 04.93.26.26.26
 S.O.S. jeunes (le matin de 9 à 12 heures): 04.93.24.83.95.
 S.O.S troisième âge: 04.93.53.53.53
 Alcooliques anonymes: 04.93.87.47.45.
 S.O.S. parents - enfants: 04.93.62.26.37.
 S.O.S. drogue: 04.93.85.01.01.
 «Le Patriarche», - Toxicomanie, cures, postcures, tél. 04.93.98.73.98.

**HAVAS
À VOTRE SERVICE**
(13, place Masséna, à Nice)
- Publicité: 04.93.62.37.37.
- Voyages: 04.93.62.09.09.

SERVICE MÉDICAL
En cas de difficultés, appeler la permanence de police, 1, rue Maréchal-Foch, Nice, tél. 17.

DENTISTE
S.O.S dentaire. - Tél. 04.93.88.06.03.

MÉDECINS
S.O.S. Médecins (24 heures sur 24). - Tél. 04.93.85.01.01.
Association médecins généralistes (24 h sur 24). - Tél. 04.93.53.03.03.

LABORATOIRE
Laboratoire de garde (24 heures sur 24). - Tél. 04.93.88.39.08.

NICE
Appels urgents

SAGE-FEMME
De ce soir 22 heures à demain 6 heures: Mme Menella, 1, rue Apollinaire, tél. 04.93.85.56.64; Mme Alberti, 55, avenue Colombo, villa «Médicis», tél. 04.93.81.41.91.

INFIRMIERS
Infirmiers libéraux (jour et nuit). - Tél. 04.93.44.36.44.

VÉTÉRINAIRES DE GARDE
S.O.S. vétérinaires (la nuit, dimanche et jours fériés), tél. 04.93.83.46.64.

AMBULANCES
- A.T.S.U. 06: tél. 04.93.85.51.15.

PHARMACIES
Service d'urgence: aujourd'hui, de 12h15 à 14h30:
- Pharmacie «Le Papeete», angle Canavèse-Cyrille-Besset.
La nuit.—Pharmacie de nuit, 7, rue Masséna (ouverte de 19h30 au lendemain 8h30).
Aujourd'hui, de 8h30 à 12h15 et de 14h30 à 19h30:
- Pharmacie du Pont-Magnan, 2, avenue de la Californie.
- Pharmacie Le Papeete, angle 35, avenue Canavèse et 150, avenue C.-Bessett.
- Pharmacie Thouvenot-Juffe, 122, avenue des Arènes.
- Pharmacie Rey-Gritti, 98, boulevard Virgile-Barel (ex-Saint-Roch).
- Pharmacie du Port, 17, rue Cassini.
- Pharmacie Laborieux, 23, rue de Belgique.

---

1. Your sister has a bad toothache. _____

2. You observe a crime being committed. _____

3. Your grandfather has run out of medicine, and he has to take his next dose before 5 P.M.

_____

4. Your little brother has a terrible pain in his side. You're afraid it might be appendicitis.

_____

5. You notice a building on fire. _____

6. Your mother wakes up in the middle of the night with a terrible headache. She needs some aspirin right away. _____

_____

B. À la pharmacie. When visiting a pharmacy, you try to read the information on four packages. Skim and scan the packages. Then answer the questions.

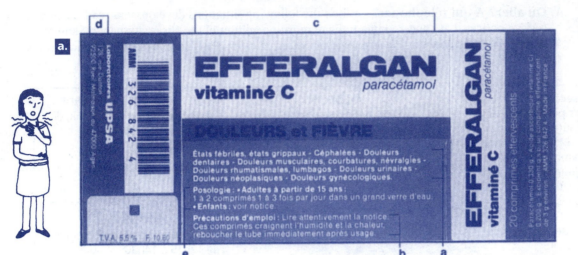

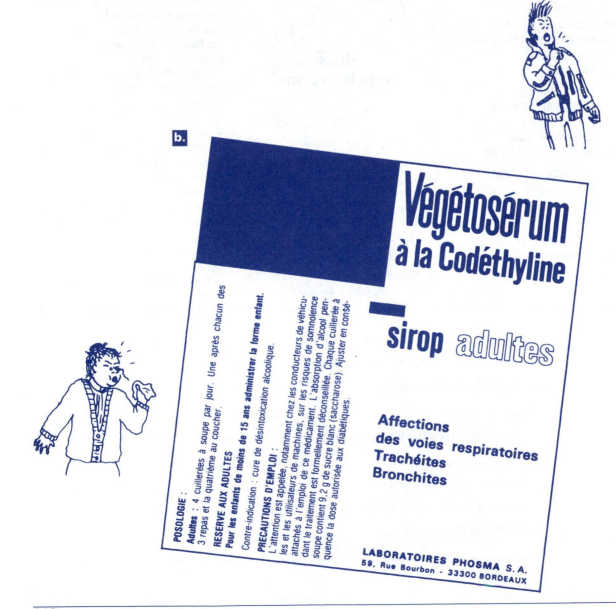

c.

DENTIFRICE
Vademecum
FLUOR ET PLANTES

Composition Monofluorophosphate de sodium : 1,14 g soit 0,15 g de fluor pur Extraits de plantes 1,58 g (sauge officinale, mélisse, thym, girofle, camomille, menthe poivrée et crépue) Excipient Q.S.P. 100 g. Important : contient un dérivé fluoré.

Le fluor renforce efficacement les dents, mais ne suffit pas pour une hygiène dentaire complète : **les gencives, elles aussi, sont menacées.** C'est pourquoi, VADEMECUM FLUOR et PLANTES, qui contient du fluor actif, contient en plus **une combinaison spéciale d'extraits de plantes** médicinales aux vertus bienfaisantes (sauge officinale, camomille, thym, mélisse, menthe poivrée et crépue). Ainsi VADEMECUM FLUOR et PLANTES, par son association unique de fluor et d'extraits de plantes, non seulement **renforce les dents** mais aussi **protège les gencives.**

2 ACTIONS

RENFORCE LES DENTS ET PROTEGE LES GENCIVES

Modèle 2 : 75 ml

Garantie d'hygiène : tube operculé

1. Identify the type of product.

   a. Efferalgan _____

   b. Végétosérum _____

   c. Vademecum _____

2. Identify the different types of information provided on the Efferalgan package.

   a. _____

   b. _____

   c. _____

   d. _____

   e. _____

3. Answer the following questions about these products.

   a. What is a normal dose of Efferalgan? _____

   _____

   b. What makes Vademecum different from other products of the same type

   (according to the package, at least)? _____

   _____

   c. How do you have to be careful when taking Végétosérum? _____

   _____

Écrivons!

In this **étape,** you've studied the uses of the imperfect tense and the verb **devoir.** To verify that you've learned these structures, take *Test 23* below. You'll find the answers and scoring instructions in the Answer Key. A perfect score is 17. If your score is less than 14, or if you wish additional practice, do the self-correcting exercises for **Chapitre 8, Étape 2,** in the *Pratique de la grammaire* at the back of this **Cahier.**

Test 23

D'abord, récrivez (*rewrite*) le paragraphe en mettant chacun des verbes soulignés à l'*imparfait*.

Il <u>est</u> 10h du soir. Ma femme et moi, nous <u>sommes</u> dans un café près de la gare d'Angers. Il <u>fait</u> assez chaud. Ma femme <u>mange</u> une glace. À la table d'à côté, <u>il y a</u> une vieille femme toute seule. Elle <u>a</u> des longs cheveux gris et elle <u>porte</u> une vieille robe démodée. Pendant que je la <u>regarde,</u> elle <u>s'amuse</u> à dire bonjour aux passants dans la rue. Je la <u>trouve</u> un peu bizarre. Je ne <u>peux</u> pas comprendre pourquoi elle <u>veut</u> parler aux gens dans la rue.

[Handwritten student answers:]

Il y a's there *[margin note]*
or it there

1. était - time
étions
2. ~~sommes~~ - not change describing location
3. ? faisais - describes weather
4. ~~mange~~ ~~not~~ mang~~eait~~ eait
5. avait - describing something that happened
6. avait - ~~exp~~ description
7. portait - description
8. ~~regarde~~ - ~~watching~~ regardait - was watching
9. elle s'amusait -
10. trovais - exp mental
11. ~~pouvait~~ - mental activity pouvais
12. voulait - a wanting

Maintenant, donnez l'équivalent français des phrases suivantes.

1. He is supposed to be here.

_____

2. We have to go to the post office.

_____

3. I had to stay home.

_____

4. She must have had a problem.

_____

5. You were supposed to go home.

_____

_____

NOTE FOR CORRECTION: paragraph = 1 point for each correct imperfect form; *total: 12;* items 1–5 = 1 point for each correct verb + infinitive, ignore any other errors; *total: 5*

*III. Les symptômes.   Write sentences describing the symptoms of the people in the drawings.

Modèle: *Il a mal à l'estomac.*

1. _____

_____

2. _____

_____

3. _____

_____

4. _____

_____

5. _____

_____

6. _____

_____

IV. **Malheureusement...** (_Unfortunately . . ._). Write four sentences about yourself (or some other person of your choice). Say that you were (or the other person was) (1) supposed to do something (imperfect of **devoir**), (2) but couldn't **(passé composé** of **pouvoir)** because (3) you/he/she had to do something else **(passé composé** of **devoir).** Use a separate sheet of paper.

Modèle: _Jean-Pierre devait aller au théâtre avec nous, mais il n'a pas pu (y aller) parce qu'il a dû s'occuper de son petit frère._

V. **Mon passé.** Complete the following sentences by recalling what you did when you were only six or seven years old. Be sure to use the imperfect tense.

1. Quand j'avais _____ ans, je _____

_____

2. Tous les jours, je _____

_____

3. Après l'école, je _____

_____

4. D'habitude, mes parents _____

_____

5. Quelquefois, mes amis _____

_____

6. Fréquemment, mes amis et moi, nous _____

_____

7. Mon frère (ma sœur, mon cousin, ma cousine) _____

_____

8. Pendant les vacances, nous _____

_____

*VI. Le début d'une histoire.   Here are the first few lines of a story that someone is planning to tell you. Redo each sentence, putting all the verbs in the imperfect.

C'est une nuit de décembre. Il fait froid. Il neige. Nous sommes deux dans la voiture—ma sœur Lucienne et moi. Mais la voiture ne marche pas. Nous n'avons plus d'essence (*gas*). Au bord de la route il y a une vieille femme. Elle a les cheveux blancs et son cou est très long. Elle promène un chien et elle chante très fort. Ma sœur et moi la trouvons un peu bizarre.

_____

_____

_____

_____

_____

_____

_____

_____

_____

_____

VII. Le début de votre histoire.   Think of a time when something strange or interesting happened to you or to a member of your family. Imagine that you are going to tell the story in a letter you are writing to some friends from Quebec. Write the paragraph in which you prepare to tell the story by establishing the basic situation: who? where? when? what was going on? etc. In other words, use the imperfect to describe the setting, the situation, and the characters. Use a separate sheet of paper.

Troisième étape *Pour être en bonne forme...* *(Text pp. 325–334)*

Lisons!

*Physical fitness has become the rage, not only in the United States, but in France as well. Since body care and physical fitness activities have their origins in numerous countries around the world, the vocabulary tends to be international and is therefore easily recognizable from one language to another. In this **étape**, you are going to read some texts associated with physical fitness opportunities in France.*

I. Prélecture.   Some people like to work out on their own with little or no equipment; however, others prefer sophisticated equipment and some sort of organized activity. Based on your own experience as well as that of your friends and family members, answer the following questions.

1. Where do Americans go when they want to work on their physical fitness? Name some places

in the town or city where you live. _____

_____

_____

_____

2. What kinds of facilities do these places offer? _____

_____

3. What kinds of organized activities do they provide? _____

_____

_____

*II. *Pariscope.* In addition to movie and theater listings, weekly entertainment magazines such as *Pariscope* also list places where people can work out, take dance lessons, and the like. Read the following listings. Then do the exercise that follows.

clubs sportifs

ABEILLE PARACHUTISME. A 3000m d'altitude mini- mum et après 20mn de vol, un grand plongeon en chute libre tandem à 200km/h. Puis c'est la lente balade en parachute ouvert avant l'atterrissage tout en douceur. Rens.: 01.44.07.08.08.

AIR MAUSS PARACHUTISME. 06.07.49.79.64. L'école professionnelle de parachutisme vous propo- se des sauts en tandem (baptême), sauts de décou- verte de la chute libre et des stages de progression toute l'année. Les sauts s'effectuent d'avion ou d'héli- coptère entre 3000 et 4000 mètres d'altitude encadrés de professionnels.

AQUABOULEVARD DE PARIS. Forest Hill, 4/6, rue Louis Armand (15ᵉ). Mᵒ Balard ou Porte de Versailles. Périphérique : sortie Porte de Sèvres. 01.40.60.10.00. 11 courts de tennis, 6 courts de squash, practice de golf, 2 golfs miniatures, gym/danse/aérobic, musculation, parc aquatique, boutiques, restaurants... Visite gratuite du Pont Promenade. Pour des raisons d'hygiène et de sécu- rité, les enfants de 0 à 3 ans ne sont plus admis.

AU CLUB MONTMARTROIS. 50, rue Duhesne (18ᵉ). Mᵒ Lamarck - Caulaincourt. 01.42.54.49.88. Découvrez des centres de remise en forme parisiens (Nef d'Or de la C.C.I.P.), 30 activités 7j/7 : gym, fitness, musculation, cardio training, danses, yoga, stretching...

CENTRE DE DANSE DU MARAIS. 41, rue du Temple (4ᵉ). Mᵒ Hôtel de Ville. 01.42.72.15.42. et 01.42.77.58.19. Au cœur de Paris, dans un lieu exceptionnel, 32 disci- plines, 100 professeurs. Ballet classique, funk, jazz, rock, flamenco, orientale, salsa, afro, claquettes, danse de salon, yoga, tango, barre au sol, piano, guitare, chant, théâtre, dessin. Ateliers. Cours tous niveaux. Ouvert 7j/7 de 9h à 22h.

CENTRE DE DANSE MOMBOYE. 25, rue Boyer (20ᵉ). Mᵒ Gambetta. 01.43.58.85.01. Lieu de référence des cul- tures du monde et en particulier de la danse africaine, le centre offre au public une grande diversité de cours, alliant tradition et modernité, dispensés par 25 profes- seurs : danses africaines de Guinée, du Congo, de Côte d'Ivoire, de Cuba, du Sénégal, danse orientale, salsa, tango argentin, percussions, chant gospel etc. Cours de danse africaine pour enfants. Ouvert 7j/7.

CENTRE SIVANANDA DE YOGA VEDANTA. 123, bd de Sébastopol (2ᵉ). Mᵒ Réaumur - Sébastopol. 01.40.26.77.49. Toute l'année, séminaires théoriques et pratiques de pos- tures, respiration, relaxation, alimentation saine et médi- tation. Formation de professeurs. Cours d'essai gratuits le Mar à 20h et Sam à 14h.

CLUBS SPORTIFS DE WATER-POLO. Club des nageurs de Saint-Quentin-en-Yvelines 78-Maurepas. 01.30.62.44.07.

1. Many of the terms in these listings will be familiar to you because they are cognates. List at least 10 French terms for activities that are easy to recognize because of their similarity to

terms used in English. _____

_____

_____

2. Which of the activities listed are you unable to figure out? _____

_____

_____

*III. La forme à la française. (*Fitness, French-style.*) While vacationing with your French friends at Hossegor (on the Atlantic coast, to the north of Biarritz), you are given two brochures, one for **le Mercédès, une salle californienne,** and a second, on page 220, advertising a **salle fitness forme.** Skim and scan these two ads and then answer the questions.

1. Explain to your American friends what each of the following activities involves.

     a. musculation _____

     b. sauna _____

     c. hammam _____

     d. Formostar _____

     e. bains-remous _____

     f. aérobic _____

     g. U.V.A. _____

2. What differences (if any) do you notice between these establishments and American health clubs? _____

_____

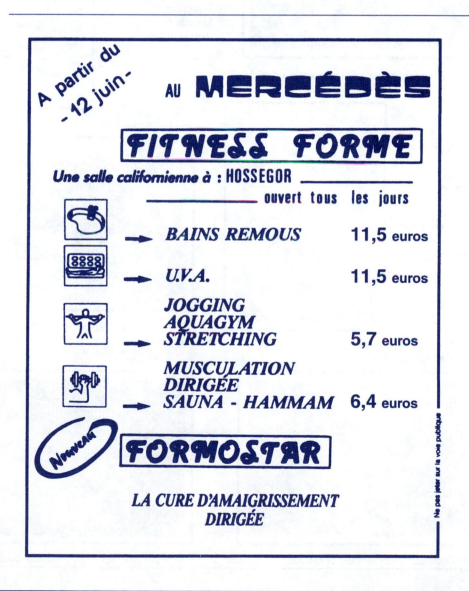

A partir du -12 juin-

AU **MERCÉDÈS**

FITNESS FORME

Une salle californienne à : HOSSEGOR _____

_____ **ouvert tous les jours**

BAINS REMOUS   **11,5** euros

U.V.A.   **11,5** euros

JOGGING AQUAGYM STRETCHING   **5,7** euros

MUSCULATION DIRIGÉE SAUNA - HAMMAM   **6,4** euros

NOUVEAU

FORMOSTAR

LA CURE D'AMAIGRISSEMENT DIRIGÉE

Ne pas jeter sur la voie publique

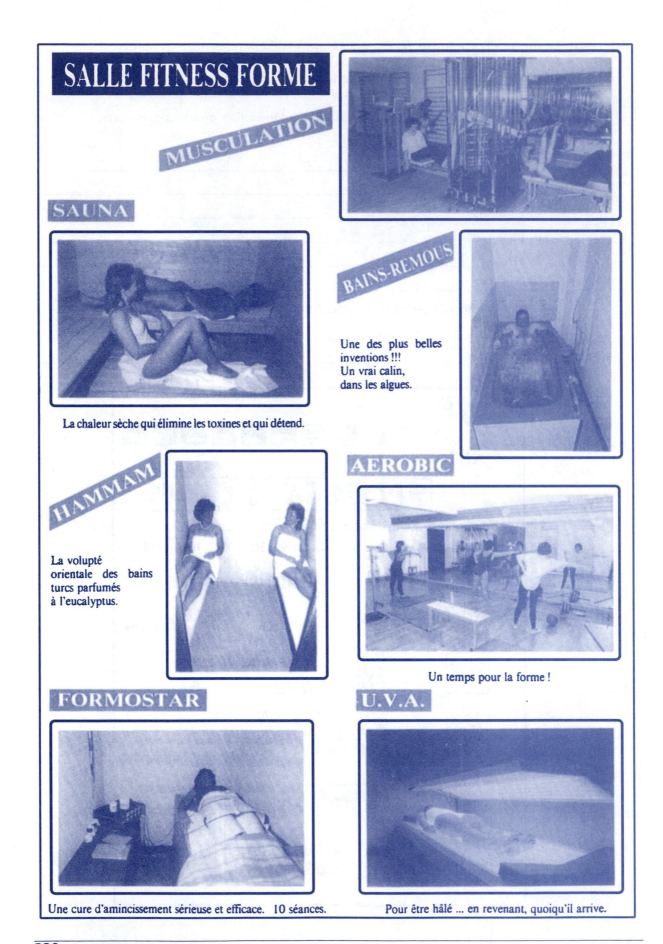

SALLE FITNESS FORME

MUSCULATION

SAUNA

La chaleur sèche qui élimine les toxines et qui détend.

BAINS-REMOUS

Une des plus belles inventions !!!
Un vrai calin,
dans les algues.

HAMMAM

La volupté orientale des bains turcs parfumés à l'eucalyptus.

AEROBIC

Un temps pour la forme !

FORMOSTAR

Une cure d'amincissement sérieuse et efficace. 10 séances.

U.V.A.

Pour être hâlé ... en revenant, quoiqu'il arrive.

Écrivons!

■ Pratique de la grammaire

In this **étape,** you've studied the verb **savoir** and the expression **depuis.** To verify that you've learned these structures, take *Test 24* below. You'll find the answers and scoring instructions in the Answer Key. A perfect score is 14. If your score is less than 12, or if you wish additional practice, do the self-correcting exercises for **Chapitre 8, Étape 3,** in the *Pratique de la grammaire* at the back of this **Cahier.**

Test 24

D'abord, complétez chaque phrase avec la forme convenable du *présent* de **savoir.**

1. Est-ce que vous _savez_ pourquoi Pascale n'est pas là?

2. Tu _sais_, elle est vraiment très gentille.

3. Est-ce qu'elle _sait_ jouer du violon?

4. Je ne _sais_ pas, moi.

5. Nous ne _savons_ pas son adresse.

6. Mais Yvette et sa sœur _savent_ son numéro de téléphone.

Maintenant, donnez l'équivalent français des phrases suivantes.

7. We've been living in Bordeaux for three years.

   Nous/Vous ~~avons~~ habitons ~~dan~~ à Bordeaux depuis
   ~~habitaea Bordeaux per treni~~ Vous depuis habitare tre ans/soins

8. —How long have you had a cold?
   —Three or four days.

   ~~Est-ceque~~ Depuis quand ~~est-ceque~~ est-ceque tu ~~a~~ avera un rhume
   Tre ~~4~~ ~~Poa~~ ~~ouquad~~ a ~~qat~~ qatre giorni

9. —Since when has she been working at McDonald's?
   —Since last month.

   Depuis ~~combien de temps~~ quand est-eeque elle travaille a MacDonalds
   Depuis month last

NOTE FOR CORRECTION: items 1–6 = 1 point for each correct form of **savoir;** *total: 6;* items 7–9 = 1 point for each correct use of **depuis (depuis combien de temps, depuis quand),** 1 point for each verb in the present tense; *total: 8*

IV. Les calories, tout un menu!   With the help of the chart on page 329 of the textbook as well as the short article about calories reproduced below, evaluate your food intake on a recent day. Use a separate sheet of paper. **(Suggestion: Avez-vous mangé des aliments des cinq groupes? Avez-vous dépassé** (*gone beyond*) **la quantité de calories recommandées?)** (100 grammes = approximately 3.5 ounces.)

Modèle: *Hier j'ai mangé des aliments du groupe 1... J'ai mangé des fruits à basses calories... Etc.*

Les calories, tout un menu!

En période normale, les besoins caloriques pour la journée sont de 2200 calories. À vous d'équilibrer vos repas afin de ne manquer d'aucun aliment sans dépasser la quantité de calories suffisantes.

● **Viandes, poissons**

Pour 100 g, les aliments champions des basses calories

Sole: 75 cal.

Truite: 100 cal.

Crabe: 100 cal.

Poulet: 120 cal.

Filet de bœuf: 140 cal.

Côte de veau: 165 cal.

Filet de porc: 170 cal.

● **Fruits et légumes**

Pour 100 g, les aliments champions des basses calories

Concombre: 12 cal.

Tomates: 22 cal.

Fraises: 20 à 30 cal.

Melon, orange, pamplemousse: 30 à 40 cal.

Pêche, ananas: 40 à 50 cal.

Cerise, poire, pomme, raisin: 60 à 70 cal.

● **Halte! danger!**

Voici une petite liste non exhaustive des aliments à fuir absolument. Et s'ils vous mettent l'eau à la bouche, pensez à leur teneur en calories, l'appétit vous passera.

1 petit avocat: 425 cal.

1 croque-monsieur: 400 cal.

100 g de frites: 400 cal.

100 g de mousse au chocolat: 400 cal.

1 sandwich saucisson, gruyère... : 500 cal.

V. Tu devrais te mettre au régime. (*You should go on a diet.*) Explain to each person pictured what he or she should eat to improve his or her physical condition. Use expressions such as **être bon (mauvais) pour la santé, faire grossir,** and **faire maigrir.**

Modèle: *Tu es trop maigre. Tu devrais grossir. Mange du fromage, de la viande, du pain. Ces aliments sont bons pour la santé et font grossir. Ne mange pas de yaourt.*

1. _____

_____

_____

2. _____

_____

_____

*VI. Moi, je... Use the cues and **depuis** to talk about yourself and your family.

Modèle: ma famille / habiter
Ma famille habite à New Richmond depuis 40 ans.

1. ma famille / habiter

_____

2. mon père (ma mère) / travailler

_____

3. je / faire mes études à

_____

4. je / apprendre le français

5. je / avoir (*a car or computer or other prized possession*)

_____

6. je / faire cet exercice

_____

Now choose three things that you, a friend, and/or a family member have *not* done for a while and explain how long it has been.

Modèle: *Mon frère n'a pas travaillé depuis six mois.*

7. _____

8. _____

9. _____

VII. Ne mange pas trop de fast-foods. Your French "mother" has written you a letter in which she warns against eating too much fast food, watching too much TV, etc. Using some of the expressions and ideas found in this ad for a special offer at **Quick** restaurants, try to persuade her that your lifestyle is really quite healthy. Use the *Système-D* writing assistant to help you.

LES SECRETS DE QUICK POUR GARDER LA FORME

• Mangez équilibré. D'abord, prenez le temps de "petit-déjeuner" le matin, avec un jus d'orange, des tartines, des céréales. Ensuite, veillez à manger "un peu de tout" chaque jour.

Il y a quatre grands groupes d'aliments :
– les fruits et légumes, crus ou cuits,
– la viande, le poisson, les œufs,
– le lait, et tous les produits laitiers,
– le pain, les pommes de terre, les pâtés.

C'est facile, les repas de la journée doivent nous apporter des aliments de chaque catégorie. Et puis, c'est plus varié !

• Buvez, buvez. Des jus de fruits, de l'eau : au moins un litre par jour.

• Marchez et... dormez. Une idée : au moins une fois par semaine, débranchez le télé-

phone à 22 heures, et dodo. Rien de tel pour avoir la pêche !

RESPIREZ !

• Ne dormez pas dans une pièce trop chauffée. L'idéal : la fenêtre entrouverte et une bonne couette, comme les pionniers du Far West.

• Tous les matins, étirez-vous. Sur la pointe des pieds, tendez les bras en l'air, et tirez, tirez encore...

• De temps en temps, dans la journée, rentrez le ventre et respirez très profondément, en fermant les yeux.

Idéal contre le stress et la fatigue. Essayez...

JUSQU'AU 23 FÉVRIER

LE MENU QUICK TONIC

Une crudité,   Un grand jus d'orange,   Un BIG.

PRIX SPÉCIAL TONIC : **4€**

DE L'ÉNERGIE, DES VITAMINES, ET C'EST BON !

> **SYSTÈME-D**
>
> **VOCABULARY:** Meals; vegetables; drinks; body
> **PHRASES:** Describing health
> **DICTIONARY: depuis**

Point d'arrivée *(Text pp. 335–341)*

🎧 *Écoutons!*

CD3-10 ***I. Un accident.** Listen to the story of Michel's accident. Then circle the drawing that best represents what happened.

CD3-11 ***II. Quel verbe?**   Listen for the verb *that is conjugated* in each of the sentences. Then identify it by writing its infinitive.

> **Modèle:** You hear: Est-ce que tu vas sortir ce soir?
> You write: *aller*

1. _____
2. _____
3. _____
4. _____
5. _____
6. _____

7. _____
8. _____
9. _____
10. _____
11. _____
12. _____

CD3-12 ***III. Pouvez-vous les identifier?**   You will hear physical descriptions of six people. As you listen to each description, write the person's initials under the appropriate drawing.

Names: **Sophie Delpoux / Ahmed Fazoul / François Gélin / Roger Grignet / Juliette Marchand / Marcelle Waggonner**

_____   _____   _____

_____   _____   _____

CD3-13 *IV. Dictée: Discussion à table. The Cazenave family is eating dinner when they notice that the youngest child, Bernard, is not acting like his usual self. Write their conversation. The conversation will be read once at normal speed. Then each sentence will be read twice.

JANINE: _____

_____

MME CAZENAVE: _____

_____

_____

_____

BERNARD: _____

_____

_____

MME CAZENAVE: _____

_____

_____

_____

M. CAZENAVE: _____

_____

_____

MME CAZENAVE: _____

_____

_____

M. CAZENAVE: _____

_____

_____

MME CAZENAVE: _____

_____

JANINE: _____

_____

_____

CD3-14 ***V. Que dit le médecin?**   You are traveling in France with your brother and sister when they become ill. Because they don't speak French, you have explained their symptoms to the doctor. As you listen to the doctor's advice and instructions, take notes *in English*. You will probably not understand every word; the important thing is to get the gist of the information.

1. *About your sister:* _____

_____

_____

_____

_____

_____

_____

_____

2. *About your brother:* _____

_____

_____

_____

_____

_____

_____

_____

CD3-15 ***VI. Vous êtes témoin d'un accident.**   You're one of four witnesses **(témoins)** to an accident. When the police arrive, the three other witnesses, who are native speakers of French, explain what happened; however, their versions do not agree. Compare the three stories with the picture and circle the number of the most accurate description. Although there will be words you do not recognize, you should be able to tell the police which witness to rely on.

Qui a raison?   1   2   3

Rédigeons!

Quand j'étais petit(e)...   Write a paragraph telling what usually happened when you were sick as a child. For example, were you sick often or rarely? When you were sick, what did you usually have—a cold, the flu? What were your symptoms? Did you usually go to the doctor? Who went to the drugstore? What did that person usually get for you? Did you like taking medicine? Remember to use the imperfect tense to talk about what usually happened. Bring your paragraph to class. Use the *Système-D* writing assistant to help you.

> **SYSTÈME-D**
>
> **VOCABULARY:** Body; medicine; sickness
> **PHRASES:** Describing health
> **GRAMMAR:** Imperfect

Travail de fin de chapitre

CD3-16–3-17 *I. Deux conversations

A. You will first hear a conversation about health. Three people are involved, directly or indirectly—Catherine, Michèle, and Catherine's brother. Indicate which person matches each of the following descriptions.

1. an accident victim _____

2. a very healthy person _____

3. a person not in great shape _____

B. Now listen to the second conversation, which takes place in a pharmacy. Tell where the customer's main medical problem is situated.

a. her head

b. her digestive tract

c. her respiratory system

d. her circulatory system

C. Listen again to the conversations. Then do the following exercises.

1. Answer these questions about the first conversation.

a. Comment savez-vous que Michèle n'est pas en bonne santé?_____

_____

_____

b. Que fait Catherine pour être en bonne santé? _____

_____

c. Quel type d'accident est-ce que le frère de Catherine a eu? _____

_____

d. Où est-ce qu'il a été blessé? C'était grave? _____

_____

_____

2. Now answer these questions about the second conversation.

    a. Quels sont les symptômes de la jeune femme? _____

_____

    b. Quelles sont les deux explications proposées dans la conversation? _____

_____

    c. Mentionnez au moins trois recommandations faites par le pharmacien._____

_____

*II. Jeu.   Can you find in this **crucigram** 20 (or more) French words relating to health, exercise, and the body? The words may be read forward, up, down, or diagonally. Accents do not matter.

```
M  E  D  I  C  A  M  E  N  T
A  S  B  D  H  O  Y  B  E  E
L  T  E  K  E  C  G  R  Z  T
D  O  S  I  V  I  S  A  G  E
E  M  L  S  E  L  P  S  R  A
M  A  I  N  U  R  N  W  I  T
E  C  E  G  X  Q  T  H  P  F
R  Z  O  U  L  F  J  N  P  I
Y  M  E  E  C  O  U  D  E  E
O  Y  B  O  U  C  H  E  M  V
G  E  N  O  U  R  O  D  A  R
A  I  C  H  E  V  I  L  L  E
```

Dossier-Découvertes: La Francophonie

I. Où sont les pays et régions francophones? Show how familiar you are with the geographic location of the francophone countries and regions listed below. Use arrows and the name of the country to identify the correct location on the map.

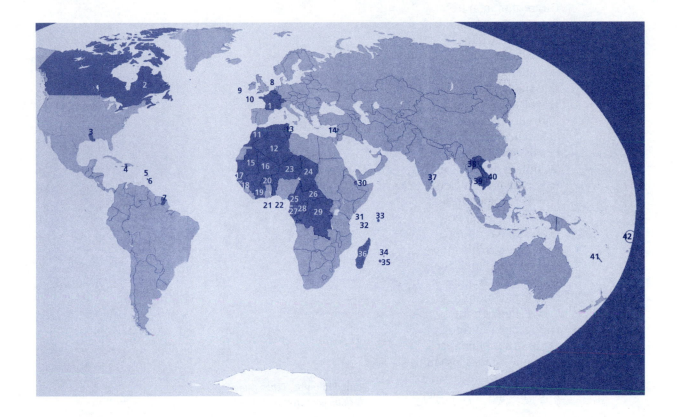

la France / le Canada / la Louisiane / Haïti / la Guadeloupe / la Martinique / la Guyane / la Belgique / le Luxembourg / la Suisse / le Maroc / l'Algérie / la Tunisie / le Liban / la Mauritanie / le Mali / le Sénégal / la Guinée / la Côte d'Ivoire / le Burkina Faso / le Togo / le Bénin / le Niger / le Tchad / le Cameroun / la République Centrafricaine / le Gabon / le Congo / la République démocratique du Congo / Djibouti / le Ruanda / le Burundi / les Seychelles / l'Ile Maurice / la Réunion / Madagascar / Pondichéry / le Laos / le Cambodge / le Viêt-nam / la Nouvelle-Calédonie / la Polynésie Française

II. Lecture: «L'homme qui te ressemble» par René Philombe.   Read the poem and then do the exercise that follows.

René Philombe (1930–), un poète camerounais, a écrit ce poème qui implore le lecteur d'accepter tous les hommes, peu importe leur lieu d'origine ou leur apparence.

J'ai frappé[1] à ta porte
J'ai frappé à ton cœur
pour avoir bon lit
pour avoir bon feu
pourquoi me repousser?[2]
Ouvre-moi mon frère!...
Pourquoi me demander
si je suis d'Afrique
si je suis d'Amérique
si je suis d'Asie
si je suis d'Europe?
Ouvre-moi mon frère!...
Pourquoi me demander
la longueur de mon nez
l'épaisseur[3] de ma bouche
la couleur de ma peau[4]
et le nom de mes dieux?[5]
Ouvre-moi mon frère!...
Je ne suis pas un noir
je ne suis pas un rouge
je ne suis pas un jaune
je ne suis pas un blanc
mais je ne suis qu'un homme
Ouvre-moi mon frère!...
Ouvre-moi ta porte
Ouvre-moi ton cœur
car je suis un homme
l'homme de tous les temps
l'homme de tous les cieux[6]
l'homme qui te ressemble!...

René Philombe, *Petites gouttes de chant pour créer un homme*

VOCABULAIRE: 1. knocked 2. push back 3. thickness 4. skin 5. gods 6. heavens

Exercice de compréhension.   Answer the questions about the poem.

1. What is the main message of the poem? What is the poet telling us? _____

_____

_____

_____

2. What is the **je** in the poem asking us in the first stanza? _____

_____

_____

3. What doesn't he understand? _____

_____

_____

4. According to the poet, what aspects of a person are not particularly important? _____

_____

_____

_____

_____

5. How does the poet talk about prejudices we have about other people? _____

_____

_____

_____

_____

_____

III. Surfeurs, renseignez-vous!   Surf the Internet to find out about one francophone country or region (other than France). Consider such topics as geography, history, food, shopping, tourist attractions, agriculture, economy, environmental issues, traditions and customs, languages, music, art, famous people, and anything else of particular interest to you. Bring the information to class and share it, along with the appropriate Web addresses, with a small group of classmates.

chapitre

Faisons des études à l'étranger!

Première étape *Un programme d'échange* (Text pp. 352–361)

Lisons!

I. Prélecture. In preparation for the reading, answer the questions to determine what type of study-abroad program would most interest you.

1. If you couldn't go to Paris, which part of France would you like to visit? _____

2. What kinds of courses would you like to take? _____

_____

_____

3. Would you prefer to live in a dorm or with a family? _____

4. Besides taking courses, what else would you like to do during your stay in France? _____

_____

_____

5. Have you thought seriously about participating in an education-abroad program? If yes, why?

If no, why not? Which French-speaking country would you prefer to visit? _____

_____

_____

_____

II. Lecture: Des programmes d'échange

A. Oui! Skim the five ads on pages 236 and 237 quickly and identify the programs that best match your answers to the **Prélecture** exercise. Based on general information, such as location and your general needs, explain why you selected each program.

_____

_____

_____

_____

_____

_____

B. Pourquoi? Now scan all the ads you selected in Exercise A for details. Then select *one* program and explain why you would like to participate in it. Depending on what information the ad provides, talk about location, available courses, extracurricular activities, lodging, length of stay, etc.

_____

_____

_____

_____

_____

Écrivons!

Pratique de la grammaire

In this **étape,** you've studied the superlative and official time. To verify that you've learned these structures, take *Test 25* below. You'll find the answers and scoring instructions in the Answer Key. A perfect score is 18. If your score is less than 15, or if you wish additional practice, do the self-correcting exercises for **Chapitre 9, Étape 1,** in the *Pratique de la grammaire* at the back of this **Cahier.**

Test 25

D'abord, complétez chaque phrase en utilisant la forme superlative indiquée.

1. Jean-Jacques est un bon joueur de tennis. En effet, c'est... (+ / son école)

   _____

2. Nous avons une vieille maison. En effet, notre maison est... (+ / la ville)

   _____

3. Françoise est une étudiante très intelligente. En effet, c'est... (+ / la classe)

   _____

4. René et Marco travaillent très rapidement. En effet, ils travaillent... (+ / l'usine)

   _____

5. Il y a une très bonne charcuterie dans notre rue. En effet, c'est... (+ / la ville)

   _____

6. La sociologie et la psychologie ne sont pas des cours très difficiles. En effet, ce sont... (– / le programme)

   _____

Maintenant, donnez l'équivalent anglais des heures suivantes.

7. 10h30 _____

8. 13h45 _____

9. 17h05 _____

10. 19h20 _____

11. 21h15 _____

12. 23h40 _____

NOTE FOR CORRECTION: items 1–6 = 1 point for each correct superlative form, 1 point for each correct agreement and use of **de**; *total: 12*; items 7–12 = 1 point for each correct time, including A.M. or P.M.; *total: 6*

III. Un programme d'échange. Fill in the form below to apply to an exchange program in France.

DEMANDE D'ADMISSION AU PROGRAMME D'ÉCHANGE

Nom .... Prénom ....

Date de naissance ....

Lieu et pays de naissance ....

Établissement scolaire ....

Adresse permanente ....

Adresse actuelle ....

Téléphone (domicile) .... Téléphone (travail) ....

État civil (marié, célibataire) ....

Personne à prévenir en cas d'accident:

Nom ....

Adresse ....

Téléphone (domicile) .... Téléphone (travail) ....

Séjours à l'étranger:

Vous avez déjà habité à l'étranger? oui ...... non ......

Vous avez déjà visité l'étranger? oui ...... non ......

Pays: Durée du séjour:

....

....

Vous préférez habiter

.... avec une famille

.... dans une résidence universitaire

Si vous avez moins de 18 ans

Nom des parents ou du représentant légal

....

Adresse ....

....

Téléphone (domicile) ....

Téléphone (travail) ....

IV. Des dédicaces. It's the last week of your last semester at the university and all of the seniors in your French class have brought their yearbooks to class. As your friends ask you to write something in their yearbooks, use an appropriate sentence in the superlative to complete the message. Finally, write two complete messages (again using at least one superlative) for two of

Cher(ère) _____,
Tu es _____
J'espère que tu vas passer un été formidable. Bonne chance à l'université !
_____

Pour mon ami _____,
_____
Mes meilleurs vœux pour l'avenir !
_____

À mon amie _____,
_____
J'apprécie l'aide que tu m'as apportée avec mes devoirs de français. Bonne chance !
_____

À mon(ma) camarade de classe _____,
_____
Je vais penser à toi si je continue mes études de français. Écris-moi !
_____

À _____,
_____
Je te souhaite beaucoup de bonheur dans la vie. N'oublie pas tes amis de la classe de français !
_____

*V. **À quelle heure?** Americans are not used to reading times on the 24-hour clock. Answer your friends' questions by translating the times in the announcements here and on page 242 into conversational time.

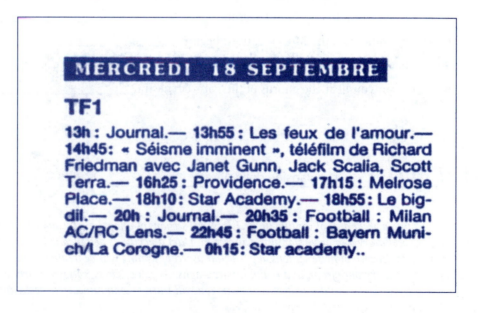

MERCREDI 18 SEPTEMBRE

TF1

13h : Journal.— 13h55 : Les feux de l'amour.— 14h45 : « Séisme imminent », téléfilm de Richard Friedman avec Janet Gunn, Jack Scalia, Scott Terra.— 16h25 : Providence.— 17h15 : Melrose Place.— 18h10 : Star Academy.— 18h55 : Le big-dil.— 20h : Journal.— 20h35 : Football : Milan AC/RC Lens.— 22h45 : Football : Bayern Munich/La Corogne.— 0h15 : Star academy..

1. At what times can we watch a soccer game on TV? _____

2. At what time is there a movie? _____

3. When is the last news broadcast **(journal)?** _____

accueil de Bretagne

QUIBERON
Morbihan

Office Municipal de Tourisme

Rue de Verdun
56170 Quiberon

Télex: 950 538

Téléphone 02.97.50.07.84
02.97.50.07.92 (réservation hôtelière)

Heures d'ouverture

SAISON
Tous les jours de 9h à 19 h

HORS SAISON
Tous les jours de 9 h à 12 h 30
et de 14 h à 18 h 30
sauf le dimanche

CONCERTS

ÉGLISE SAINT-GERMAIN-DES-PRÉS (01.42.96.93.56). – 21 h: – Jugement – de Marie-Noël. Avec Emmanuelle Riva (Dominique Probst).

OPÉRA-COMIQUE (01.42.96.12.20). – 18 h 30: Concert Mozart. Avec Pierre Doukan, violon solo. 20 h 30: Récital Pascal Devoyon, piano (Mozart, Franck). 22 h 30: Musique traditionnelle d'Amérique Indienne. Avec Luzmilla Carpo.

SALLE CORTOT (01.47.63.80.16). – 20 h 30: Le Sextuor de clarinettes français, S. Tuxen-Bang, S. Collinet et J. Sandras (Yvonne Desportes, Bernard Fleurent).

SALLE GAVEAU (01.45.63.20.30). – 21 h: Quatuor Arcane (Millhaud, Mihalovici).

SALLE PLEYEL (01.45.63.07.96). – 20 h 30: Chœur de l'Orchestre de Paris. Avec Rafael Kubelik, Mira Zakal (Mahler).

THÉÂTRE DES CHAMPS-ÉLYSÉES (01.47.23.47.77). – 20 h 30: Ch. Eschenbach et J. Frantz, piano à quatre mains (Brahms, Schubert).

THÉÂTRE DE LA VILLE (01.42.74.22.77). – 18 h 30: Orchestre de chambre Franz-Lizst de Budapest (Mendelssohn, Dvorak).

---

4. During what hours is the Brittany tourist office in Quiberon open during the summer season?

_____

5. When is it open during the off-season? _____

6. At what time does the Mozart concert begin? _____

7. At what time does the piano concert at the Champs-Élysées Theater begin? _____

8. When can you hear the chorus of the Paris Orchestra? _____

L'art d'écrire   L'expansion de la phrase

*You've been doing a great deal of writing in the **Écrivons!** sections of Chapters 1 through 10. Now that you've built up your vocabulary and grammar, this new section, **L'art d'écrire**, is designed to take a more systematic approach to writing. In each of these sections, a particular aspect of writing will be treated, beginning with the sentence and moving to the paragraph and multiple paragraphs. As you progress, you will learn to refine your writing skills while you slowly build a style of your own. You will learn to communicate more accurately and you should develop greater ease in expressing your ideas.*

Each of these sections provides some basic writing principles and examples that will guide you in subsequent exercises.

Much of the writing you've done thus far has consisted of the basic sentence structure that includes nouns, pronouns, verbs, objects, and time and place indicators. Now you need to learn how to add some variety to your sentences to make your writing more interesting and precise.

L'expansion de la phrase: Les adjectifs

One easy way to expand a sentence is to add adjectives and descriptive expressions that provide details about a noun. When adding such details, remember that an adjective agrees in gender and number with the noun it modifies. Study the following models to see how adjectives can make a sentence more precise and informative:

Too vague:	Ce garçon est élève à l'école de Toulouse. (*How old is the boy? Is he a good student? What level of school does he attend?*)
More precise:	Ce **petit** garçon est un élève **exceptionnel** à l'école **primaire** de Toulouse.
Too vague:	J'ai acheté un pull et un pantalon. (*What do the sweater and pants look like?*)
More precise:	J'ai acheté un pull **bleu marine** et un pantalon **gris en laine.**

L'expansion de la phrase: Les adverbes

You may also expand a sentence by using adverbs to give more information about a verb, an adjective, another adverb, or an entire clause. Adverbs tend to express time, place, manner (how something is done), and degree (how much). In French, regular adverbs are created by adding **-ment** to the feminine form of an adjective (**général → générale → généralement**). Note how adverbs add information to the following sentences:

Too vague:	J'aime ce film. (*How much do you like it?*)
More precise:	J'aime **bien** ce film. J'aime **beaucoup** ce film. J'aime **énormément** ce film.
Too vague:	Elle parle français. (*How well does she speak French?*)
More precise:	Elle parle **assez bien** français. Elle parle **bien** français. Elle parle **couramment** français.
Too vague:	Il fait attention en classe. (*Is this always true?*)
More precise:	**Généralement** il fait attention en classe.

Some useful adverbs:

absolument	absolutely
constamment	constantly
couramment	fluently
extrêmement	extremely
franchement	frankly
généralement (en général)	generally
heureusement	fortunately
immédiatement	immediately
malheureusement	unfortunately
probablement	probably
rarement	rarely

* VI. Add an adverb to each sentence.

Modèle: Si tu vas au Louvre, il faut voir les antiquités égyptiennes.
Si tu vas au Louvre, il faut absolument voir les antiquités égyptiennes.

1. Il porte un chapeau. _____

2. Les voleurs sont sortis de la banque. _____

3. Je fais mes devoirs. _____

4. Mes parents sortent. _____

5. Il ne s'est pas fait mal. _____

6. Elles ne sont pas d'accord avec moi. _____

7. Nous allons au théâtre. _____

8. Ils n'ont pas pu venir. _____

9. Elle est en France. _____

VII. Des manchettes de journaux. (*Newspaper headlines.*) Create sentences using the following newspaper headlines. Invent details by adding adjectives, descriptive expressions, and/or adverbs. Don't forget the verbs!

Modèle: Tempête dans le Jura

Pendant la nuit, une tempête de neige très sévère a créé des difficultés énormes sur les routes du Jura. ou Hier, la première tempête de neige de la saison a surpris les automobilistes du Jura.

1. Chat trouvé

_____

_____

2. Accident sur l'autoroute

_____

_____

3. Touristes arrivent en France

_____

_____

4. Couturier s'installe chez Lanvin

_____

_____

5. Adolescents français aux États-Unis

_____

_____

6. Nouveau restaurant

_____

_____

7. Réunion des pays francophones

_____

_____

VIII. Pourquoi je veux étudier en France.   The application form that you filled out in Exercise III requires that you write a short composition explaining why you want to study in France. Talk about your French studies in the United States, your interests, and why you want to spend some time in France. Use the *Système-D* writing assistant to help you.

1. Give your name, age, and nationality.

2. Talk about your studies in the United States.

3. Describe yourself and your interests.

> **VOCABULARY:** Nationality; studies; courses; personality, leisure; arts; sports
> **PHRASES:** Describing people; expressing an opinion; persuading
> **GRAMMAR:** Adjective agreement; adjective position; comparison

Deuxième étape   *Quelques jours à l'hôtel* *(Text pp. 362–372)*

Lisons!

I. Prélecture.   You're making arrangements for a trip to a city in the United States. As part of your preparation, you need to decide at which hotel you're going to stay. First, select the city you'll visit. Then consult a travel guide (such as an American Automobile Association publication) and pick a hotel. Explain why you selected this particular hotel and give as much information about it as possible. Do this exercise in English on a separate sheet of paper.

*II. Lecture: Nous descendons à l'hôtel.

A. L'hôtel Saint-Germain. Read the hotel's brochure and price card. Then choose the answer that best completes each statement.

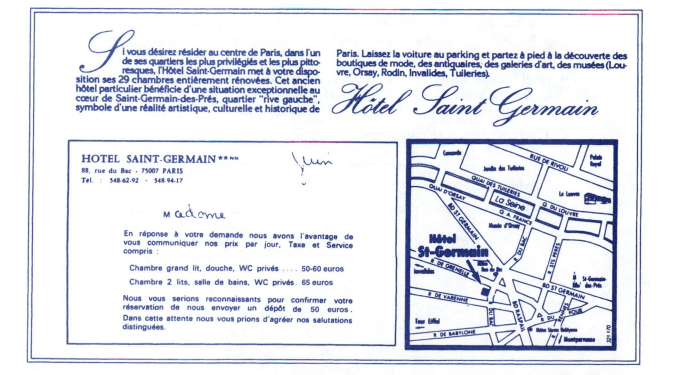

Si vous désirez résider au centre de Paris, dans l'un de ses quartiers les plus privilégiés et les plus pittoresques, l'Hôtel Saint-Germain met à votre disposition ses 29 chambres entièrement rénovées. Cet ancien hôtel particulier bénéficie d'une situation exceptionnelle au cœur de Saint-Germain-des-Prés, quartier "rive gauche", symbole d'une réalité artistique, culturelle et historique de Paris. Laissez la voiture au parking et partez à pied à la découverte des boutiques de mode, des antiquaires, des galeries d'art, des musées (Louvre, Orsay, Rodin, Invalides, Tuileries).

Hôtel Saint Germain

HOTEL SAINT-GERMAIN ★★ NN
88, rue du Bac - 75007 PARIS
Tel. : 548-62-92 - 548-94-17

Madame

En réponse à votre demande nous avons l'avantage de vous communiquer nos prix par jour, Taxe et Service compris :

Chambre grand lit, douche, WC privés .... 50-60 euros

Chambre 2 lits, salle de bains, WC privés. 65 euros

Nous vous serions reconnaissants pour confirmer votre réservation de nous envoyer un dépôt de 50 euros. Dans cette attente nous vous prions d'agréer nos salutations distinguées.

1. The Hôtel Saint-Germain is
   a. on the outskirts of Paris.
   b. in the center of Paris.
   c. in a picturesque village near Paris.

2. The rooms in the hotel
   a. have been recently renovated.
   b. represent various periods in French history.
   c. are neither of the above.

3. If you're in this hotel and want to visit some of the museums, you should
   a. take your car.
   b. take the subway.
   c. go on foot because the museums are nearby.

4. According to the brochure, the **Rive gauche** is
   a. a major cultural center of Paris.
   b. the center of the Parisian fashion world.
   c. the furniture district of Paris.

5. If you want to go to the **Rive droite,** when leaving the hotel you should
   a. go straight ahead.
   b. turn left.
   c. turn right.

6. The price of the hotel room
   a. does not include tax and tip.
   b. includes the tax but not the tip.
   c. includes both the tax and the tip.

7. A room with double bed, shower, and toilet costs
   a. 65 euros a night.
   b. 50–60 euros a night.
   c. 35 euros a night.

8. If you want to stay at the hotel,
   a. you must send a reservation letter but no deposit.
   b. it is best to call, but you don't have to send a deposit.
   c. you must send a deposit.

B. **Quel hôtel choisir?** You and your friends are planning a vacation in the city of Biarritz. Look at the hotel descriptions in the *Guide Michelin* and answer your friends' questions. A key to the symbols can be found on p. 363 of your textbook.

1. Which hotels have restaurants? _____

_____

2. Which hotel costs the least? _____

3. Which hotel costs the most? _____

4. Which hotels have televisions in the rooms? _____

_____

5. We want a hotel with a swimming pool. Which hotels have one? _____

🏰🏰 ✿ **Palais** 🦢, 1 av. Impératrice 📞 04 59 41 64 00, Télex 570000, Fax 59 41 67 99, ≼, 🏭,
« Belle piscine avec grill », 🏋, 🐎 – 🛗 🗐 📺 ☎ 🅿 – 🛏 25 à 250. 🆎 ⓞ 🆖 𝒥𝒞�ℬ.
🍴 rest EY **k**
fermé 1ᵉʳ au 22 déc. – **Le Grand Siècle : Repas** 380 et carte 370 à 540 – **La Rotonde : Repas** 280
– **L'Hippocampe** (avril-oct.) **Repas** 235/370 – ☎ 100 – **134 ch** 180/520, 20 appart –
½ P 260/345
Spéc. Rougets en filets poêlés, sauté de chipirons à l'encre. Agneau de lait des Pyrénées rôti (saison). Poêlée de
framboises tièdes en croustillant, glace vanille (saison). Vins Irouleguy blanc et rouge.

🏯🏯 ✿ **Miramar** Ⓜ 🦢, 13 r. L. Bobet 📞 04 59 41 30 00, Fax 59 24 77 20, ≼, 🏭, centre
de thalassothérapie, 🏋, 🏊, 🐎 – 🛗 🗐 📺 ☎ 🚗 – 🛏 40 à 170. 🆎 ⓞ 🆖.
🍴 rest AX **k**
Relais Miramar : Repas 290/390 et carte 295 à 465 – **Les Piballes** (rest. diététique) **Repas** 290
– ☎ 100 – **109 ch** 211/513, 17 appart – ½ P 140 / 211
Spéc. Sauté de queues de langoustines aux asperges et artichauts. Blanc de gros turbot doré au four à la crème de
truffe. Assiette de desserts Miramar. Vins Irouléguy, Jurançon.

🏰 **Régina et Golf**, 52 av. Impératrice 📞 04 59 41 33 00, Télex 541330, Fax 59 41 33 99, ≼, 🛝 –
🛗 🗐 📺 ☎ 🅿 – 🛏 30. 🆎 ⓞ 🆖. 🍴 rest AX **s**
fermé 20 nov. au 25 déc. – **Repas** 195/230 – ☎ 90 – **61 ch** 180/276 10 appart –
½ P 722/872.

🏯 **Plaza**, av. Édouard VII 📞 04 59 24 74 00, Télex 570048, Fax 59 22 22 01, ≼ – 🛗 🗐 📺 ☎ 🅶 🅿
– 🛏 25. 🆎 ⓞ 🆖. 🍴 rest EY **p**
Repas (fermé dim.) 105/155 – ☎ 58 – **60 ch** 150/165 – ½ P 525/595.

🏨 **Président** sans rest, pl. Clemenceau 📞 04 59 24 66 40, Fax 59 24 90 46 – 🛗 📺 ☎ – 🛏 50.
🆎 ⓞ 🆖 EY **s**
☎ 48 – **64 ch** 475/625.

🏨 **Windsor**, Gde Plage 📞 04 59 24 08 52, Fax 59 24 98 90 – 🛗 🗐 rest 📺 ☎. 🆎 ⓞ 🆖 𝒥𝒞�ℬ.
🍴 rest EY **z**
fermé 2 janv. au 2 mars – **Repas** (fermé 2 janv. au 15 mars et mardi du 1ᵉʳ oct. au 30 mai)
100/250 – ☎ 50 – **49 ch** 70 /150 – ½ P 360/560.

C. **Notre réservation est confirmée.** You've just received a letter (on page 248) from the
Grand Hôtel des Balcons in Paris confirming your reservation. In English, answer the
questions about the letter.

1. What is the date of the letter you sent them? _____

2. How much money did you send as a deposit? _____

3. How many rooms did you reserve? _____

4. Are these single or double rooms? _____

5. For how many days do you want the rooms? _____

6. At what subway station will you get off to get to the hotel? _____

Grand Hôtel des Balcons

Au cœur
de St-Germain des Prés
et du Quartier Latin

Paris, le 12 mai 2003

Métro : Odéon
ou Luxembourg

Cher Monsieur,

Nous avons le plaisir d'accuser réception de votre lettre du 1ᵉʳ mai 2003 incluant un chèque d'un montant de 80 euros dont nous vous remercions.

Nous vous confirmons la réservation de deux chambres doubles du 1ᵉʳ au 4 juin 2003 (3 nuits).

Dans l'attente de votre visite, nous vous prions d'agréer, Monsieur, l'expression de nos sentiments distingués.

S.A. du Gᵈ HOTEL des BALCONS
3, rue Casimir-Delavigne
75006 PARIS
TEL
542 089 227 00013
APE 670R

Siège Social : 3, rue Casimir Delavigne, 75006 Paris - Tél : 01.46.34.78.50 +
S.A. au Capital de 170.000 € - R.C. 54 B 5911 - SIREN 542.089.227

D. Inter hotel. The European chain of hotels called **Inter hotel** has its own symbols for the services it provides at each of its branches. Based on the symbols on page 249, answer the questions about each hotel.

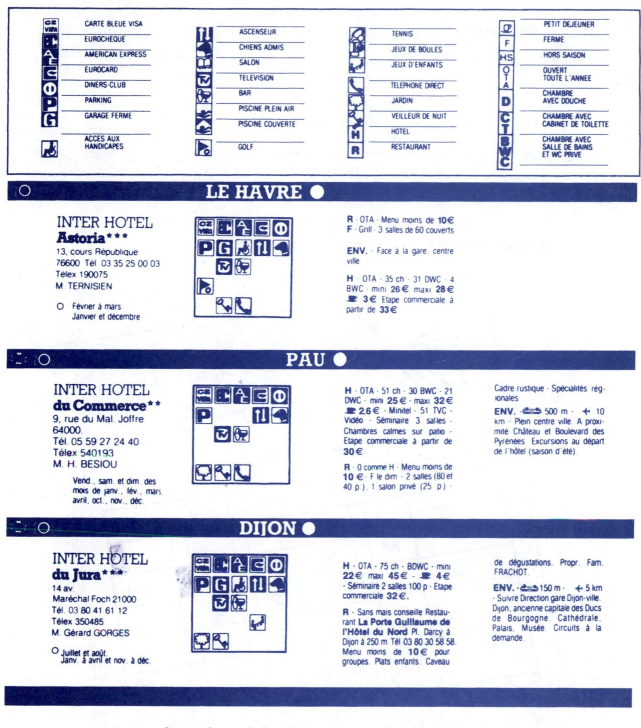

CB VISA	CARTE BLEUE VISA
H	EUROCHÈQUE
AE	AMERICAN EXPRESS
EC	EUROCARD
O	DINERS-CLUB
P	PARKING
G	GARAGE FERMÉ
♿	ACCÈS AUX HANDICAPÉS

	ASCENSEUR
	CHIENS ADMIS
	SALON
TV	TÉLÉVISION
	BAR
	PISCINE PLEIN AIR
	PISCINE COUVERTE
	GOLF

	TENNIS
	JEUX DE BOULES
	JEUX D'ENFANTS
	TÉLÉPHONE DIRECT
	JARDIN
	VEILLEUR DE NUIT
H	HÔTEL
R	RESTAURANT

	PETIT DÉJEUNER
F	FERMÉ
HS	HORS SAISON
OTA	OUVERT TOUTE L'ANNÉE
D	CHAMBRE AVEC DOUCHE
CT	CHAMBRE AVEC CABINET DE TOILETTE
BWC	CHAMBRE AVEC SALLE DE BAINS ET WC PRIVÉ

LE HAVRE ●

INTER HOTEL
Astoria★★★
13, cours République
76600 Tél 03 35 25 00 03
Télex 190075
M. TERNISIEN

○ Février à mars
Janvier et décembre

R · OTA · Menu moins de **10€**
F · Grill · 3 salles de 60 couverts

ENV. · Face à la gare, centre ville

H · OTA · 35 ch · 31 DWC · 4 BWC · mini **26€** maxi **28€**
🍽 **3€** Étape commerciale à partir de **33€**

PAU ●

INTER HOTEL
du Commerce★★
9, rue du Mal. Joffre
64000.
Tél. 05 59 27 24 40
Télex 540193
M. H. BESIOU

Vend., sam. et dim. des mois de janv., fév., mars, avril, oct., nov., déc.

H · OTA · 51 ch · 30 BWC · 21 DWC · mini **25€** · maxi **32€**
🍽 **2,6€** · Minitel · 51 TVC Vidéo · Séminaire 3 salles · Chambres calmes sur patio · Étape commerciale à partir de **30€**

R · 0 comme H · Menu moins de **10€** · F le dim · 2 salles (80 et 40 p.) · 1 salon privé (25 p.) ·

Cadre rustique · Spécialités régionales

ENV. · 🚢 500 m · 🚉 10 km · Plein centre ville. A proximité Château et Boulevard des Pyrénées. Excursions au départ de l'hôtel (saison d'été).

DIJON ●

INTER HOTEL
du Jura★★★
14 av.
Maréchal Foch 21000
Tél. 03 80 41 61 12
Télex 350485
M. Gérard GORGES

○ Juillet et août.
Janv. à avril et nov. à déc.

H · OTA · 75 ch · BDWC · mini **22€** maxi **45€** · 🍽 **4€** · Séminaire 2 salles 100 p · Étape commerciale **32€**.

R · Sans mais conseille Restaurant **La Porte Guillaume de l'Hôtel du Nord** Pl. Darcy à Dijon à 250 m Tél 03 80 30 58 58. Menu moins de **10€** pour groupes. Plats enfants. Caveau

de dégustations. Propr. Fam. FRACHOT.

ENV. · 🚢 150 m · 🚉 5 km · Suivre Direction gare Dijon-ville. Dijon, ancienne capitale des Ducs de Bourgogne. Cathédrale, Palais, Musée. Circuits à la demande.

1. According to the symbols, what services are offered by the hotel INTER HOTEL **Astoria** in Le Havre? _____

_____

_____

2. According to the symbols, what services are offered at the INTER HOTEL du Commerce in Pau? _____

_____

_____

_____

3. What services does the INTER HOTEL du Jura provide? _____

_____

_____

_____

E. La note d'hôtel. In French, answer the questions about the hotel bill.

1. Combien de nuits a-t-elle passées à cet hôtel? _____

2. Dans quelle chambre? _____

3. Combien coûte la chambre par nuit? _____

4. Combien est-ce qu'elle a payé pour le petit déjeuner? _____

Écrivons!

▪ Pratique de la grammaire

In this **étape,** you've studied ordinal numbers and the verbs **sortir** and **partir.** To verify that you've learned these structures, take *Test 26* below. You'll find the answers and scoring instructions in the Answer Key. A perfect score is 21. If your score is less than 17, or if you wish additional practice, do the self-correcting exercises for **Chapitre 9, Étape 2,** in the *Pratique de la grammaire* at the back of this **Cahier.**

Test 26

D'abord, complétez chaque phrase en utilisant un nombre ordinal.

1. Janvier est le _première ~~sans pars~~_ mois de l'année.

2. Décembre est le _deuxieme_ mois de l'année.

3. La chambre 56 se trouve au _~~qui~~ sangonzieno_ étage.

4. Kennedy était un président du _ventie_ siècle.

5. Nous sommes déjà (*We already are*) au _ventunieme_ siècle.

Maintenant, complétez chaque phrase en utilisant le présent, le passé composé ou l'imparfait de **sortir** ou de **partir.**

6. Tu vas à Chicago aujourd'hui? À quelle heure est-ce que tu _pars_ ?

7. Vous allez en ville ce soir? Avec qui est-ce que vous _~~so~~_ ?

8. Comment! Jacques et sa femme ne sont pas là? Ils _~~sortent~~ sont sorti_ vendredi dernier.

9. Elle ne peut pas aller au cinéma avec nous. Elle _~~sont est sorti sort~~ part_ pour Londres demain.

10. Comment! Anne-Marie _~~etais sorti~~ sons_ avec Georges Moulin le week-end dernier. _last_

11. Allez! Je _~~sors~~ pars_ tout de suite (*right away*)! Ciao! À bientôt!

12. Quand nous étions petits, nous ne _~~portons sorton~~ sortion_ pas le samedi soir; nous restions à la maison.

13. D'habitude, quand ils _sortent_ du cours de français, ils vont directement au restaurant universitaire.

_____

NOTE FOR CORRECTION: items 1–5 = 1 point for each correct ordinal; *total: 5;* items 6–13 = 1 point for choosing the correct verb (**sortir** or **partir**), 1 point for each correct conjugated form; *total: 16*

III. Notre arrivée à Paris. Imagine that you and your friends have made a trip to Paris. While you're there, you write a short note to your French instructor. Based on the cues, describe your arrival, when and how you got a hotel room, and what the hotel room is like. Use a separate sheet of paper.

> 3h—arriver à Paris / 3h30—aller au service d'accueil / demander une chambre / trouver une chambre à l'hôtel Élysée / 3h45—prendre un taxi pour aller à l'hôtel / 4h—entrer dans l'hôtel / description de la chambre: prix, petit déjeuner, numéro de la chambre, étage, salle de bains, etc.

*IV. Rendez-vous à 9h. Some travelers are meeting friends in Paris. The people they are to meet are staying at the same hotel and arrive first. The travelers arrive late at night and leave messages at the desk for their friends.

Modèle: Patrice → Bertrand / 11h30 / ch. 35 / 8h30, salle à manger

1

Bertrand,
Je suis arrivé à 11R.30. Je suis à la chambre 35, au troisième étage.
Rendez-vous à 8R.30 dans la salle à manger.
Patrice

2

Laura → Aurélie / 11h45 / ch. 14 / 9h, salle à manger

3

Nicolas et Julie → Thomas et Élodie / 12h / ch. 26 / 9h30, réception

L'Art d'écrire   La ponctuation

When you're writing, it's very important to use proper punctuation. Punctuation marks tell the reader how your writing should be read. They therefore contribute significantly to the meaning of a text. In general, punctuation in French is used in the same way as in English.

● The *period* (**le point**) indicates that a sentence is finished:

Les «Punk» aiment la provocation et critiquent tout ce qui est conventionnel.

● The *question mark* (**le point d'interrogation**) is used to show that a sentence or phrase is meant to pose a question:

Où est-ce que tu vas cet été?

● The *exclamation mark* (**le point d'exclamation**) is used to give a command or to express strong feeling:

N'oublie pas d'apporter un pantalon de ski!

Quelle surprise!

● The *semicolon* (**le point-virgule**) signals a pause between two sentences that are closely related in meaning. Both sentences are complete and could stand by themselves, but the semicolon indicates that they should be read as one unit of meaning:

Jean et Michel sont entrés dans le bureau du professeur; ils étaient tous les deux très nerveux.

● The *colon* (**les deux-points**) is used to announce a quote or to introduce an enumeration:

Marie-Claire a dit: ...

Son sac-à-dos est toujours plein: cahiers, livres, stylos, crayons, calculatrice, règle, papiers de toutes sortes.

Two punctuation marks, the comma and quotation marks, have uses that are both similar to and slightly different from English.

● The *comma* (**la virgule**) signals a slight pause between two words in a sentence. The comma has three basic uses:

  1. A comma separates the words in a series:

    J'ai acheté un anorak, des gants, une   I bought a ski jacket, gloves, a scarf,
    écharpe et des chaussettes.   and socks.

In the preceding example, note that commas are placed after the first two elements in both the French and the English sentences (**anorak**—*ski jacket*, **gants**—*gloves*). There is a difference, however, in the punctuation of the last two elements of the series. In French, no comma is placed before **et (... une écharpe et des chaussettes),** but in English, there is often a comma before *and (. . . a scarf, and socks)*.

  2. Two commas are used to separate an appositive from the rest of a sentence. An appositive is a short explanation of another word within the sentence. It is put between two commas and placed directly next to the word being explained:

    Jean, le frère de ma mère, habite en France.

    In this sentence, **le frère de ma mère** explains who **Jean** is.

3. A comma is often used to separate elements at the beginning or end of a sentence. In this case, the comma usually adds emphasis:

Et toi, comment vas-tu?
Écoute, Pierre!
Et le nouveau sac, combien est-ce que tu l'as payé?
Hervé et moi, nous allons faire du ski cet hiver.

● The first thing to note about *quotation marks* (**les guillemets**) in French is that they are written differently: English = " . . ."; French = « … ».

1. The most frequent use of quotation marks is to indicate that someone is speaking. Note that the quotation marks are placed at the beginning and end of a conversation:

«Qu'est-ce que tu vas faire demain?
—Je pensais aller au centre commercial, et toi?
—Il faut que j'achète quelque chose pour ma mère; c'est son anniversaire.
—Alors, pourquoi ne pas venir avec moi? Il y a des boutiques très chic au centre commercial.»

2. Another use of quotation marks is to show that you're quoting someone else:

Marie-Claire a dit: «Qu'est-ce que vous faites ici?»
Sophie a répondu: «Nous venons t'aider avec les préparatifs.»

3. Finally, quotation marks are put around words that are foreign, highly technical, invented, slangy, or vulgar; words that are used in a special sense; and titles of songs, poems, or articles.

En français, «bagnole» est un terme familier pour le mot «voiture».

Dans les «high schools» américains, les élèves ont l'occasion de pratiquer beaucoup de sports.

Jacques Prévert a écrit le poème «Familiale».

*V. La ponctuation. Add correct punctuation to the following sentences.

1. Nous avons vu Janine Marc François et Sylvie

2. Quand tu vas au centre commercial achète-moi du parfum

3. À quelle heure est-ce que tu reviens toi

4. Et ce pantalon combien coûte-t-il

5. Les Français conscients de la mode apprécient les beaux vêtements

6. Et vous pourquoi n'avez-vous pas réussi à l'examen

7. C'est super Quel magasin extraordinaire

8. Samedi dernier je me suis levée à 9h j'ai pris le petit déjeuner j'ai retrouvé mes amis aux Galeries Lafayette et nous avons passé la journée à faire des courses. Qu'est-ce que tu as fait toi

9. Sa mère lui a demandé Est-ce que tu veux de la soupe

10. Ils ont eu une mauvaise note à l'examen il faut qu'ils parlent au professeur

11. J'ai rangé ma chambre CD dans le tiroir vêtements dans la commode raquette de tennis dans le placard chaussures sous le lit

*VI. Enzo Ferrari.   The following is an article about Enzo Ferrari, the "grandfather" of the Formula 1 car. All the punctuation has been removed from the article and it's up to you to put it back in. Note that larger spaces between words indicate that some kind of punctuation is needed. Don't forget to make new sentences begin with a capital letter.

Étroitement lié à l'un des sports les plus populaires de notre siècle   l'automobilisme   son nom est l'un de ceux qui   désormais   ont fait époque   nous parlons naturellement de **Enzo Ferrari**   fondateur de la célèbre maison de Maranello en Italie   ses voitures de course ont remporté tout ce qu'il était possible de remporter   des dizaines de pilotes téméraires ont conduit   les uns après les autres   les bolides rouges   obtenant ainsi célébrité et richesse   dans le bureau privé de Ferrari sont passés les plus grands personnages   le Shah d'Iran   Herbert Von Karajan   Tony Curtis   Paul Newman   Clint Eastwood et beaucoup d'autres encore pour choisir en personne la berline ou la   spider   de leur goût   mais qui est ce   grand-père   de la formule 1

Enzo Ferrari naît à Modène le 18 février 1898   après la Première Guerre mondiale et un début difficile   il devient pilote chez Alfa Roméo où il reste plusieurs années   puis Ferrari travaille comme technicien pour la grande firme italienne   de 1929 à 1938 il est à Modène où il fonde sa propre   écurie   il retourne chez Alfa Roméo comme directeur mais un an après   il présente sa première création à la Mille Miles   dès lors   le mythe de la Ferrari n'a jamais cessé de fasciner les foules de passionnés d'automobilisme   en Italie comme à l'étranger

*VII. Et vous?   Use the verbs **sortir** and **partir** to answer the questions about your activities.

1. Quand est-ce que vous sortez d'habitude avec vos amis? _____

_____

2. Est-ce que vous êtes sorti(e) hier soir? _____

_____

3. Où est-ce que vous allez quand vous sortez avec vos amis? _____

_____

4. À quelle heure est-ce que vous partez de chez vous pour aller à l'université? _____

_____

5. À quelle heure est-ce que vous êtes parti(e) de chez vous ce matin? _____

_____

6. À quelle heure est-ce que vous partez de l'université l'après-midi? _____

_____

VIII. Pour réserver une chambre.   You and your friends want to stay at the **Grand Hôtel des Balcons** in Paris. Because you're the only one who knows French, it is your task to write to reserve the rooms. Using the model below, write your letter (see p. 248 for the hotel's address). Make sure to get enough rooms for all of you.

```
                                        St. Paul, MN
                                        le 9 juillet

L'hôtel des Roches Blanches
Route Port-Miou
13260 Cassis France


  Messieurs,
  Je voudrais réserver une chambre pour une personne, avec salle de bains.
Je dois arriver à Cassis le 10 septembre et rester jusqu'au 18.
  En attendant la confirmation de ma réservation, je vous prie de croire,
Messieurs, à mes sentiments distingués.


                                        Alexander Rice
                                        530 Jefferson Street
                                        St. Paul, MN 55103 USA
```

Troisième étape *Chez les Baptizet* *(Text pp. 373–384)*

Lisons!

I. Prélecture. In your opinion, what are the advantages of staying with a family when you

participate in an education-abroad program? Are there possible disadvantages? _____

_____

_____

_____

_____

_____

*II. Lecture: Les auberges de jeunesse

The following text deals with youth hostels, an alternative form of lodging for young people traveling in Europe and other parts of the world. After you've read the text, you'll be asked to do an exercise that requires you to guess the meaning of certain words from the context in which they are used. Guessing from context is a very important reading strategy that you should practice whenever you encounter a word that is not familiar to you.

Quand vous voyagez en France ou dans d'autres pays, vous désirez peut-être prendre une chambre dans un hôtel à une, deux ou trois étoiles, ou même dans un hôtel à quatre étoiles si vous avez beaucoup d'argent. Ces hôtels sont confortables, les chambres ont souvent une salle de bains ou au moins un lavabo et le service y est presque toujours impeccable. Pourtant, l'hôtel ne peut pas toujours offrir l'occasion de sympathiser avec d'autres voyageurs et on se trouve souvent isolé dans sa chambre.

Pour les jeunes, une autre possibilité de logement se présente: les auberges de jeunesse. Il y a environ 90 auberges de jeunesse qui accueillent les jeunes en France. Elles ont l'avantage de ne pas être très chères (de 6 euros à 13 euros la nuit), elles ont souvent une cuisine où l'on peut préparer ses repas et, surtout, elles donnent aux touristes la possibilité de rencontrer des jeunes de tous les pays du monde. L'ambiance y est communale: on échange les impressions de voyage, on peut manger ensemble ou préparer les repas ensemble, on parle toutes les langues et on apprend beaucoup de choses.

Certaines auberges de jeunesse ont des chambres individuelles, d'autres ont le style dortoir. La salle de bains se trouve au bout du couloir. Si l'auberge offre la pension complète, le prix des repas est très raisonnable (de 5,5 euros à 11,4 euros pour le dîner et le petit déjeuner).

Si vous voulez être logé dans une auberge de jeunesse, il faut avoir une carte d'adhésion qui coûte 10 euros en France (15 euros pour les plus de 26 ans). Pour l'obtenir, écrivez à la Ligue Française pour les Auberges de Jeunesse, 38 Bd Raspail, 75007 Paris.

Les auberges de jeunesse sont une très bonne solution pour les jeunes qui désirent voyager mais qui n'ont pas beaucoup d'argent. Ce ne sont pas des logements de luxe, mais ils sont confortables et propres. Et surtout, des jeunes de toutes les nationalités établissent des liens qui facilitent la communication entre des cultures diverses.

A. Devinez! Using the context of the reading and the other examples provided, guess the meanings of the words in boldface.

1. «Il y a environ 90 auberges de jeunesse qui **accueillent** les jeunes en France.» «Dans les aéroports il y a des affiches qui **accueillent** les visiteurs: Bienvenue aux Canadiens! Bienvenue aux Américains!» «Le président des États-Unis **a accueilli** le premier ministre français devant la Maison Blanche.»

   accueillir = _____

2. «Certaines auberges de jeunesse ont des chambres individuelles, d'autres ont le style **dortoir**.» «Dans les écoles secondaires en France il y a souvent des **dortoirs** avec plusieurs lits pour les élèves qui n'habitent pas à la maison.»

   un dortoir = _____

3. «Si vous voulez être logé dans une auberge de jeunesse, il faut avoir une **carte d'adhésion**.»

   une carte d'adhésion = _____

4. «Des jeunes de toutes les nationalités établissent des **liens** qui facilitent la communication entre des cultures diverses.» «Vous et votre frère avez des **liens** de parenté, vous et vos amis avez des **liens** d'amitié.»

   des liens = _____

B. Les précisions. Answer the following questions about the passage. It's not necessary to write complete sentences.

1. Les auberges de jeunesse sont pour qui généralement? _____

2. Quel est le prix normal d'une chambre dans une auberge? _____

3. Combien coûtent les repas? _____

4. Si vous passez trois nuits dans une auberge de jeunesse et que vous prenez les repas, combien allez-vous payer? (N'oubliez pas qu'il faut être membre de la LFAJ.)

_____

Écrivons!

■ Pratique de la grammaire

In this **étape,** you've studied the differences between the imperfect and the **passé composé:** To verify that you've learned these structures, take *Test 27* below. You'll find the answers and scoring instructions in the Answer Key. A perfect score is 48. If your score is less than 39, or if you wish additional practice, do the self-correcting exercises for **Chapitre 9, Étape 3,** in the *Pratique de la grammaire* at the back of this **Cahier.**

Test 27

Complétez les phrases en mettant les verbes entre parenthèses au passé composé ou à l'imparfait.

La première fois que je ___allè___ (aller) en France,

j'___avais___ (avoir) quinze ans. J'_____

(passer) un mois chez mon oncle Christian et ma tante Josette. Mes parents

___voulaient___ (vouloir) que j'apprenne le français. Christian et Josette

m'___apprètèapri___ (apprendre) beaucoup de choses. Nous

___visité___ (visiter) des monuments, nous ___fai___

(faire) des excursions en voiture et j'___mangè___ (manger) beaucoup de

bonnes choses.

Un jour, Christian ___decidèt___ (décider) que nous allions passer la

journée à Versailles. Nous ___fai___ (faire) le voyage par le train et

nous ___s'amusions bien___ (s'amuser bien). Le château de Versailles

___etait___ (être) très impressionnant. Je ___ne pas très bien compris compri___

(ne pas très bien comprendre) le guide. Il ___parlè___ (parler) du roi

Louis XIV. On l'___appeldait___ (appeler) le Roi Soleil et son règne

~~duraient~~ ~~durait~~ dure (durer: *to last*) 72 ans, de 1643 à 1715. À mon avis, ce roi

avait (avoir) des habitudes assez bizarres. Il

faisais (faire) sa toilette devant tout le monde et la personne qui

pouvais (pouvoir) l'habiller _était_ (être)

très estimée des autres. Chaque jour, certains aristocrates _particip
det_

(participer) donc à la cérémonie du lever et du coucher du roi.

   Maintenant que j' _~~finais~~ fini_ (finir) mes études de français, je sais que

mes idées sur Louis XIV _était_ (être) très simplistes. Les idées et les

actions de Louis XIV _influenceait_ (beaucoup influencer) le développement

politique de la France.

_____

NOTE FOR CORRECTION: 1 point for each correct choice of tense; 1 point for each correct form—i.e., if the form is correct but the tense is wrong, 1 point is still given for the form; *total: 48*

HW

*III. **Une histoire d'amour.**   Use the following cues and the **passé composé** and the imperfect to tell the story of Roland and Albertine.

Begin your story with *Roland et Albertine se sont rencontrés chez Paul.*

Roland et Albertine / se rencontrer / chez Paul. Tout le monde / danser et manger. Ils / ne pas avoir envie de danser. Ils / sortir de la maison. Ils / aller se promener. Le lendemain / ils / se retrouver / sur les quais de la Seine. Il / faire beau. Le soleil / briller. La Seine / être belle. Des amoureux / se promener sur les quais. Roland et Albertine / s'embrasser tendrement. Quelques semaines plus tard / ils / se fiancer. Au mois de juin / ils / se marier. Leurs parents / être très contents. Au mariage / tout le monde / s'amuser. Roland et Albertine / être très heureux.

IV. **Une interview.**   The editor of a small French newspaper has asked you to interview one of your classmates about his/her childhood. Before you meet with the person, write at least eight questions you want to ask. Then interview the person and, finally, report the person's answers. Be sure to distinguish between the **passé composé** and the imperfect when you write your questions and your report.

*V. **Une lettre de remerciements.**   Complete the thank-you letter on page 260 by filling in the blanks with appropriate words. For many of the blanks there is more than one answer. Note: **remercier** = *to thank*.

mangeait
dansaient ~~mangeaient~~   _Ils ~~se~~ sont allés_

~~Sortie~~   ~~sont~~ _était_

avaient   _amoureux_

~~a sortir~~   _se pron_

sont sortis

Grenoble, le 15 septembre

_____ Annie,

Me voilà rentrée à Grenoble et le travail _____. Je te

_____ mille fois de ta gentillesse et je _____

aussi remercier _____ mari. J'ai _____ un mois

_____ agréable et j'_____ que tu

_____ accepter mon invitation à passer Noël chez moi.

Quand je t'ai _____, je suis d'abord passée par Paris avant de

_____ à Grenoble. J'ai rendu _____ à des

_____ américains qui _____ pour IBM. J'ai

passé trois jours chez eux et je suis enfin _____ à Grenoble il y a

trois jours. Aujourd'hui j'ai repris mes _____ et je suis très

_____ de retrouver mes élèves. J'ai trois cours d'anglais et deux

cours d'_____ européenne. C'est _____ de

travail, mais j'aime bien.

J'espère que tout va _____ chez toi. Embrasse les enfants

pour moi et écris-moi pour confirmer nos _____ pour les

vacances d'hiver.

_____ encore une fois.

Grosses bises,

Laura

L'Art d'écrire   Lettre adressée à des amis ou à des parents

In French, specific conventional expressions are used to begin and end letters. When people write to friends, their letters are generally informal, although they still follow a prescribed format, as shown on page 261.

****

Paris, le 3 juillet (*Place and date*)

Chère amie, (*Salutation in middle of page*)

J'ai bien reçu ta lettre du 15 juin . . . (*Indent first line of paragraph*)

(*Body of letter, with each new paragraph indented*)

Amitiés, (*Closing*)

(*Signature*)

****

Salutations for friends
Chère amie, / Cher ami,
Chère Marie, / Cher Pierre,
Ma chère Sylvie, / Mon cher Hervé,
Bonjour,

Salutations for relatives
Chers parents,
Cher Père, / Cher Papa,
Chère Mère, / Chère Maman,
Cher Oncle, / Chère Tante,
Ma chère cousine, / Mon cher cousin,
Ma chère Isabelle,

The first sentence
J'ai bien reçu ta lettre du…
Je réponds à ta lettre du…
Merci de ta lettre du…
Je te remercie de ta lettre du…
Je suis désolé(e) d'apprendre que…
Je suis heureux(-se) de savoir que…
Merci de m'avoir écrit pour…
Ta lettre du _____ m'est bien arrivée.

Closings for friends
Amicalement,
Amitiés,
Cordialement,
Je t'embrasse (bien fort), (*Love,*)
À bientôt,
Salut,

Closings for relatives
Bons baisers, (*Love and kisses,*)
Bons baisers à toute la famille,
Je vous (t')embrasse affectueusement,
Embrasse(z) tout le monde pour moi,
Bises, (*Love,*)

* VI. Des lettres.   Decide how you would begin and end a letter to each of the following people.

1. votre meilleur(e) ami(e) en France

_____

_____

2. votre tante Yvette au Québec

_____

_____

3. votre mère

_____

_____

4. votre père

_____

_____

5. votre neveu Charles

_____

_____

6. votre ami(e) au Cameroun

_____

_____

VII. Lettre à un(e) ami(e).   You've been corresponding regularly with a person of your own age in France. Write him/her a letter using the appropriate conventional expressions. Invent the details of the letter.

VIII. Encore une lettre de remerciements.   You've just spent a month in Paris with French friends. Now that you're back, write a letter to thank your friends for everything they did for you. Use the letter in Exercise V as a guide. You might also want to talk about the highlights of your trip or what you're doing now. Use the *Système-D* writing assistant to help you.

1. Open the letter.

2. Thank your friends for everything.

3. Say what you did after you left them.

4. Tell them what you're doing now.

5. Close the letter.

VOCABULARY: Traveling; arts; leisure
PHRASES: Writing a letter; thanking; sequencing events; describing weather
GRAMMAR: Compound past tense; imperfect

Point d'arrivée *(Text pp. 385–389)*

🎧 *Écoutons!*

CD4-2 ***I. Bienvenue aux États-Unis!** Christine Lemond is a French exchange student who has just arrived at the local high school. She doesn't speak English very well, so you are helping her prepare a biographical data form for her advisor. As you listen to her, fill in the appropriate information.

Biographical Data Form

Last name _____

First name _____

Address _____, av. Pascal, Orléans, 45000 France

Telephone _____   **PHOTO**

Birthdate _____

Father's first name _____

Mother's first name _____

Number of brothers _____ sisters _____

Languages studied _____, _____,

_____, _____, _____,

Reasons for coming to the United States

   1. _____

   2. _____

Additional information _____

_____

_____

CD4-3 ***II. Dans quel hôtel descendre?** Your friends want to know which hotels they should go to. As they tell you what they're looking for, look at the choices and select the hotel that is most appropriate.

Modèle: You read:

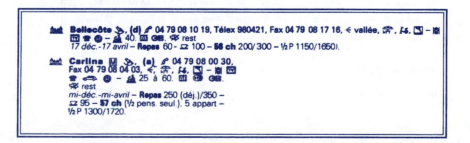

You hear: Nous voulons passer les vacances d'hiver à Courchevel, en Savoie. Nous cherchons un hôtel de grand standing, mais nous ne voulons pas payer plus de 182 euros la nuit. Est-ce qu'il faut descendre à l'hôtel Carlina ou à l'hôtel Bellecôte?

You see and check: l'hôtel Carlina _____

l'hôtel Bellecôte __✓__

1

> 🏨 **Terminus-Bristol**, 7 pl. Gare ✆ 04 89 23 59 59, Télex 880248, Fax 04 89 23 92 26 – 🛏 📺 ☎ – 🔼 25. 🆎 ⓞ GB   AZ **g**
> voir rest. **Rendez-vous de Chasse** ci-après - *L'Auberge* : **Repas** 60/130 ♣, enf. 45 – 🍽 49 –
> **70 ch** 70/130. 10 appart – ½ P 410/450.
>
> 🏨 **St Martin** sans rest, 38 Gd'rue ✆ 04 89 24 11 51, Fax 04 89 23 47 78 – 🛏 📺 ☎. 🆎 ⓞ
> GB   BY ●
> fermé 15 déc. au 1ᵉʳ mars – 🍽 48 – **24 ch** 60/130.

l'hôtel Terminus-Bristol _____

l'hôtel St Martin _____

2

> 🏨 **France et rest. Royal Poitou**, 215 rte de Paris ✆ 04 49 01 74 74, Télex 790526,
> Fax 04 49 01 74 73, 🌭 – 🛏 📺 ☎ 🔼 ⊕ – 🔼 25 à 50. 🆎 ⓞ GB 🖨   BV **a**
> **Repas** 100/260, enf. 60 – 🍽 45 – **58 ch** 70/80
>
> 🏨 **Ibis Beaulieu** 🅼, quartier Beaulieu ✆ 04 49 61 11 02, Fax 04 49 01 72 76 – 🛏 ch 📺 ☎ 🔼 ⊕ –
> 🔼 40. 🆎 ⓞ GB 🖨   BX **t**
> **Repas** *(fermé dim. midi)* 97/150 ♣, enf. 40 ☞ 🍽 35 – **47 ch** 45/60.

l'hôtel France _____

l'hôtel Ibis _____

3

> 🏨 **Lion d'Or**, 39 av. P. Sémard ✆ 04 68 32 06 92, Fax 04 68 65 51 13 – ☎. 🆎 ⓞ GB BX **k**
> *Pâques-30 sept. et fermé dim. hors sais.* – **Repas** 85/160, enf. 45 – 🍽 30 – **27 ch** 26 / 34
> ½ P 230.
>
> 🏨 **Regent** 🦢 sans rest, 15 r. Suffren ✆ 04 68 32 02 41, Fax 04 68 65 50 43 – 📺 ☎. 🆎 GB BY **d**
> 🍽 27 – **15 ch** 21 / 38

l'hôtel Lion d'Or _____

l'hôtel Regent _____

4

> 🏨 **Beach Plaza** 🅼, av. Princesse Grace, à la plage du Larvotto ✆ 04 93 30 98 80, Té-
> lex 479617, Fax 04 93 50 23 14, ≤, 🌭, « Bel ensemble balnéaire, piscines, plage aména-
> gée » – 🛏 🍽 ch 🍽 📺 ☎ 🔼 ⊕ – 🔼 50 à 300. 🆎 ⓞ GB 🖨 🦐 rest   BU **b**
> *La Terrasse* : **Repas** 185/285, enf. 100 – 🍽 115 – **304 ch** 300/400 , 9 appart.
>
> 🏨 **Mirabeau** 🅼, 1 av. Princesse Grace ✆ 04 92 16 65 65, Télex 479413, Fax 04 93 50 84 85, ≤, 🏊
> – 🛏 🍽 📺 ☎ 🔼 – 🔼 25 à 100. 🆎 ⓞ GB 🖨 🦐 rest   DX **n**
> voir rest. *La Coupole* ci-après – 🍽 140 – **99 ch** 220/340 , 4 appart.

l'hôtel Beach Plaza _____

l'hôtel Mirabeau _____

5

> 🏨 **Legris et Parc** 🦢, 36 r. Paul Séramy ☎ (1) 04 64 22 24 24, Fax 04 64 22 22 05, 🍴, 🍴 – 📺
> ☎ – 🅿 25 à 70. 🅰🆃 ⓐ ⓖⓑ   BZ ●
> *fermé vacances de fév.* – **Repas** *(fermé dim. soir)* 100/170, enf. 60 – ⊡ 45 – **31 ch** 70/110
> 🏨 **Ibis** Ⓜ, 18 r. Ferrare ☎ (1) 04 64 23 45 25, Télex 692240, Fax 04 64 23 42 22, 🍴 – 📱 ♨ ch
> 📺 ☎ 🅱 ➝ – 🅿 60. 🅰🆃 ⓐ ⓖⓑ   AZ ●
> **Repas** 97 bc/120 bc, enf. 40 – ⊡ 37 – **81 ch** 60.

l'hôtel Legris et Parc _____

l'hôtel Ibis _____

CD4-4 *III. À quelle heure... ?   Your friends give you a list of events that they're interested in attending. Since they don't understand French very well, they ask you to call and find out at what time each event will begin. As you listen to the recorded messages, jot down (in English) the time when each event starts.

Modèle: You see: le film

You hear: Ce soir, la séance commence à 18h.

You write: *6:00 P.M.*

1. le concert _____

2. le récital _____

3. le film _____

4. le dîner _____

5. le match de tennis _____

6. le spectacle _____

CD4-5 *IV. À quel étage sont-ils?   You're at the information desk in the lobby of a large office-apartment building. As the receptionist tells you where particular offices or people are located, label the appropriate floor of the drawing (on page 266). Remember that the **rez-de-chaussée** is equivalent to the first floor in the United States.

Modèle: You hear: Les bureaux *(offices)* d'Air France? Ils sont au 4ᵉ étage.

You write in the space provided next to the airline office (on the fifth floor of the building) the number *4*.

CD4-6 ***V. Une expérience désagréable.**   Annick is talking about her last visit to the doctor. As you listen to her monologue, complete the paragraph by filling in the verbs. Be sure to distinguish between the **passé composé** and the imperfect. Note that a woman is talking, so you need to make the correct past-participle agreements. The text will be read three times.

Je ne me _____ pas très bien depuis quelques jours quand

j'_____ enfin _____ de consulter un médecin.

J'_____ donc _____ rendez-vous avec le docteur

Buvard pour 10h. Je _____ un peu en avance et j'_____

une dizaine de malades qui _____ déjà là. Je n'_____

vraiment pas en forme. J' _____ de la fièvre et j'_____

morte de fatigue. Vers 11h30, je _____ enfin _____

dans le cabinet du docteur Buvard où je _____ jusqu'à midi. Quand le

docteur _____, il _____ si pressé que la

consultation n'_____ que cinq minutes. Il ne s'_____

pas du tout à mes symptômes et il m'_____ de prendre des aspirines et de

me coucher. Pour ça j'_____ vingt-cinq euros! Si tu as besoin d'un

médecin, ne va surtout pas chez le docteur Buvard!

CD4-7 ***VI. Deux hôtels parisiens.**   Listen to the discussion about two Paris hotels. Then fill in the information requested for each hotel.

	le Sheraton	**l'hôtel Chomel**
1. où il se trouve	_____	_____
	_____	_____
	_____	_____
2. le nombre d'étages	_____	_____
3. le nombre de chambres	_____	_____
4. le prix d'une chambre pour deux	_____	_____
5. où on prend le petit déjeuner	_____	_____
	_____	_____
6. les avantages	_____	_____
	_____	_____
	_____	_____
7. les clients	_____	_____
	_____	_____

Rédigeons!

Des cartes postales. While you're in France, you write postcards to a variety of people. Bring your postcards to class.

1. The first postcard is to a person who doesn't know where you are and what you're doing.

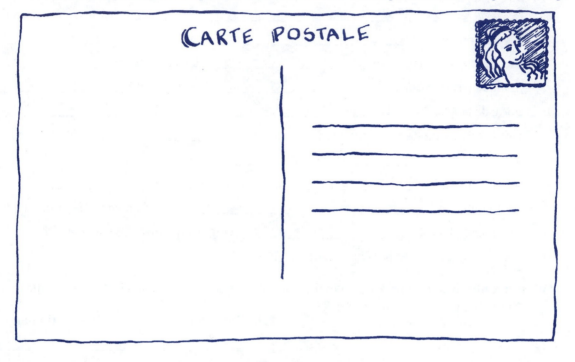

CARTE POSTALE

2. The second postcard is to your French instructor. Talk about your arrival in France and at the hotel. Say something about the hotel and your room.

CARTE POSTALE

3. The third postcard is to a friend from your French class. Talk about the family you're staying with in France.

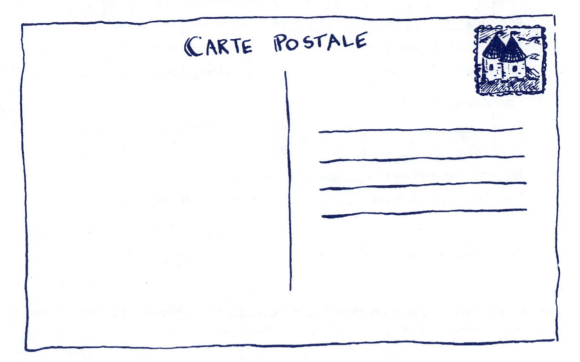

🎧 Travail de fin de chapitre

CD4-8–4-10 ***I. Quelle chambre?**

A. You will hear descriptions of three different types of rooms at the Hôtel Rabelais in Grenoble. Decide which room you're going to take according to your requirements: You want a room with a telephone and a television. You're going to have breakfast in the hotel, but you plan to go out for dinner. The price of the room is not important.

Room number _____

B. Listen again to the descriptions of the three rooms. Write down the information about each room as you hear it. Then decide which room you'll take. You will not necessarily understand everything that is being said. Listen for key words and try to get some details about each room.

Chambre numéro 1

Étage _____ Avec ou sans téléphone _____

Prix / nuit _____ Petit déjeuner compris (oui ou non) _____

Pour combien de personnes _____ Ascenseur (oui ou non) _____

Avec ou sans salle de bains _____ Restaurant (oui ou non) _____

Chambre numéro 2

Étage _____   Avec ou sans téléphone _____

Prix / nuit _____   Petit déjeuner compris (oui ou non) _____

Pour combien de personnes _____   Ascenseur (oui ou non) _____

Avec ou sans salle de bains _____   Restaurant (oui ou non) _____

Chambre numéro 3

Étage _____   Avec ou sans téléphone _____

Prix / nuit _____   Petit déjeuner compris (oui ou non) _____

Pour combien de personnes _____   Ascenseur (oui ou non) _____

Avec ou sans salle de bains _____   Restaurant (oui ou non) _____

Je vais prendre la chambre numéro _____ parce que _____

_____

*II. Jeu: Comment s'appellent ces villes?   Use the clues to find the names of the French cities. If necessary, consult an encyclopedia or a map of France.

1.   +   **D U N**

2. **3**

3.

4.   + **B L** +

5. **L** +

6.   **T** +   + **D U N**

chapitre  10

Installons-nous!

Lisons!

In France, advertisements for housing tend to come in a variety of forms. Most ads appear in the classified section of the newspaper, but both newspapers and magazines carry large ads for housing in various parts of the country. **Le Figaro Magazine,** *for example, always has several pages of ads promoting such highly desirable locations as the Riviera and Paris. As you read the following ads, try to discover how the promoters try to appeal to potential customers.*

I. Prélecture. If you were looking for a house or apartment, what features would be most important? For example, would you insist on a certain number of rooms? On a fireplace? On a garage? Define your preferences in detail.

_____

_____

_____

_____

*II. Lecture: Des maisons et des appartements

Compréhension. Based on the information in the ads, answer the questions on pages 272–273.

1. What parts of France are covered by the ads? _____

_____

2. What different kinds of apartments are advertised? _____

_____

_____

Une réalisation aux appartements grand standing du studio au 5 pièces duplex. De superbes balcons ou terrasses ouvrent sur un jardin intérieur paysager.

CET APPARTEMENT-STUDIO AU COEUR DE PARIS A 57 000€

Le 26 RUE DE PARADIS bénéficie d'un environnement exceptionnel : central, bien desservi, tout proche des Gares du Nord et de l'Est, des Grands Magasins, de l'Opéra et de Beaubourg.
La rue de Paradis, jalonnée de somptueuses vitrines, est, de longue tradition, le domaine de la Porcelaine et de la Cristallerie, connu de la France entière.
Studios et 2 pièces ont des surfaces qui permettent de les aménager comme de vrais appartements et les prestations sont à la hauteur : vidéophone, parking.
Cet immeuble construit en 1975, est la propriété des caisses de retraite de Imperial Chemical Industries PLC, qui en ont confié la commercialisation par appartement à COGEDIM Vente.

Exemple d'aménagement d'un appartement-studio de 38 m².

3. Of the two ads that offer apartments on the Mediterranean, which one seems to be the better deal? Give reasons for your choice. _____

_____

_____

_____

4. What are the advantages and disadvantages of the three types of apartments offered in the Paris region?

Le Square Chaumont: _____

_____

_____

_____

Villa St Fargeau: _____

_____

_____

_____

Appartement-Studio à Paris: _____

_____

_____

_____

5. Of all the apartments listed, which one would you prefer to buy, and why? _____

_____

_____

_____

_____

Écrivons!

Pratique de la grammaire

In this **étape,** you've studied the verbs **connaître** and **mettre.** To verify that you've learned these structures, take *Test 28* below. You'll find the answers and scoring instructions in the Answer Key. A perfect score is 14. If your score is less than 12, or if you wish additional practice, do the self-correcting exercises for **Chapitre 10, Étape 1,** in the *Pratique de la grammaire* at the back of this **Cahier.**

Test 28

D'abord, complétez chaque phrase avec la forme convenable du présent du verbe **connaître**.

1. Alors, Gérard, Isabelle, vous vous _Connaissez_ ?

2. Oui, oui. Nous nous _connaissons_ bien.

3. Tu _connaisais_ la Bretagne?

4. Oui, un peu, mais je _connaisais_ mieux l'Alsace.

5. Est-ce que Michel _connaît_ Édouard Leroux?

6. Non, ils ne se _connaît_ pas.

Maintenant, complétez chaque phrase en utilisant le temps indiqué du verbe **mettre**.

7. Où est-ce que je _mets_ mes affaires? (présent)

8. Qui _a mis_ la table? (passé composé)

9. Qu'est-ce qu'on _met_ sur les assiettes? (présent)

10. Où est-ce que vous ~~mettez~~ avez mis ma valise? (passé composé)

11. Est-ce que les enfants _mettent_ un anorak d'habitude? (présent)

12. Où est-ce que nous _mettons_ les boissons? (présent)

13. ~~Mettons~~ Met ton pullover; il va faire froid. (impératif)

14. Si vous préférez, ~~mettais~~ mettez votre argent à la banque. (impératif)

_____

Note for correction: 1 point for each correct verb form; *total: 14*

*III. Qu'est-ce que ça veut dire? (*What does that mean?*) The following abbreviations are commonly used in apartment descriptions in French classified ads. Write the word that corresponds to each abbreviation.

1. banl. _____   8. chbre. _____

2. arrdt. _____   9. gar. _____

3. balc. _____   10. s. de bns _____

4. cft. _____   11. ét. _____

5. P. _____   12. ch. _____

6. séj. _____   13. cuis. _____

7. dche. _____   14. s. à manger _____

*IV. L'appartement de M. Abdiba.   Regardez bien le plan de l'appartement du pharmacien Abdiba. Ensuite complétez la description.

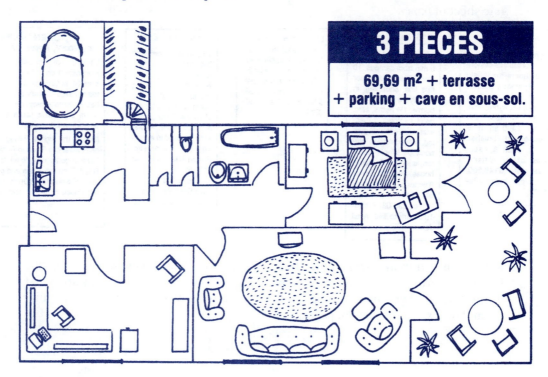

L'appartement de M. Abdiba est assez grand et très pratique. À l'entrée, à droite, il y a une

_____ que M. Abdiba utilise comme bureau. Il y met ses livres, son

ordinateur et tous ses documents. Du bureau, on traverse un petit _____

pour arriver à la porte de la _____. À côté de la cuisine il y a les

_____ et juste à côté se trouve la _____ avec une

_____, un _____ et un _____.

La salle de _____ est spacieuse avec une porte qui mène sur la

_____. Enfin, la _____ a aussi une porte qui donne

sur *(leads to)* la terrasse.

   M. Abdiba est très content de son appartement. C'est un peu cher, mais il a un

_____ pour sa voiture. Il y a aussi une _____ (qui

ne figure pas sur le plan) en sous-sol qui lui permet de garder quelques bonnes bouteilles de vin.

V. Les petites annonces. Briefly describe in French each house or apartment in the following ads. Don't worry about including everything. Simply use the words you've learned. Use a separate sheet of paper.

1.
BY OWNER

Super quality living can be yours in this custom built home-Smithfield St. Spacious master bdrm suite, + 3 lg bdrms, LR w/fireplace, huge kitchen, 2½ baths, 2400 sq. ft. + 500 sq. ft. finished bsmt, deck & patio, view of Mt. Nittany, near park. $149,500. Principal only. 238-5572

2.
615 Townhouses

2 BDRM TOWNHOUSE

5 min from campus, 10 from Nittany Mall. Near bus line, shopping, in Woodycrest. Incl 2 lg bdrms, 1½ baths, attic, bsmt, microwave, dishwasher, Jennaire grilling range, refrig., w/d hookups. Whole-house fan, sundeck & greenhouse window. Sewer & water paid. Kids, pets ok. $470+ deposit, lease. 238-0229 after 10:30 am to see. Avail Jan 1

3.
LG 2 Bdrm apt in SC w/personal entrance. Kitchen & appliances, dining room, 1½ baths & balcony. New carpet. No pets. Sublet to 9 '88. $390/mo. Call 238-0573

4.
IMMACULATE

This spacious well-built 3-4 bdrm home features a family room w/fireplace, living room, formal dining room, eat-in kitchen, 2½ baths, 2-car garage & much more. Pleasantly situated in a Park Forest cul-de-sac. Priced to sell at $139,000.

Phone 234-3310

No Realtors please

5.
OPEN HOUSE
SUNDAY, APRIL 12 From 12-6

Large 3 bedroom Cape Cod beautifully landscaped on 2.35 acres just 5 miles from State College in Walnut Grove Estates. Large country-style kitchen, 2 full baths, large dining room, large living room and extra large 2-car garage w/storage loft above.

(Follow the signs) Through Houserville on Houserville Road to Rock Road, turn left and go approx. ½ mi. to Big Hollow Road. Turn left again and go approx ¾ mi. to Walnut Grove Drive. Turn right and our house is the second house on the left.

505

VI. Ma maison/mon appartement. In a letter to your friend in Quebec, you describe your house or apartment. You talk about how many rooms you have, what they are, what floor you live on, whether you have a garage and/or yard, how far your place is from the university, and so on. Use a separate sheet of paper.

L'Art d'écrire   Le développement d'une idée

As you learn to write in French, it's important to progress from a single sentence to two or more connected sentences. One way of expanding what you write is to give proof for what you're saying. That is, you provide arguments that extend and illustrate your basic ideas. For example:

Idée:	Pour un jeune couple sans enfants, une maison est moins pratique qu'un appartement.
Argument:	La maison peut être trop grande pour deux personnes et elle coûte certainement plus chère qu'un appartement.

Many times you can also develop the idea in the opposing manner:

Idée:	Pour un jeune couple avec un enfant, une maison est souvent plus pratique qu'un appartement.
Argument:	On a plus de place dans une maison et quand le bébé pleure *(cries)*, il ne va pas gêner *(bother)* les voisins.

This technique is not limited to general ideas. You can also develop practical statements:

Idée:	Ma mère adore son nouvel appartement.
Argument:	Il est plus petit que l'appartement où elle habitait avant. Par conséquent, elle a moins à nettoyer. En plus, il est très bien situé.

VII. Develop the following ideas by adding one or two arguments. When appropriate, adopt the point of view of your choice.

1. Comme étudiant(e), je préfère habiter (dans une résidence universitaire, dans un appartement près du campus, chez mes parents).

_____

_____

2. Les Américains rêvent *(dream)* d'avoir leur propre maison.

_____

_____

3. À mon avis, il vaut mieux habiter (au centre-ville, à la banlieue, à la campagne).

_____

_____

4. Je voudrais habiter dans (une vieille maison, une maison moderne).

_____

_____

5. Il y a certaines choses indispensables dans la maison ou l'appartement où j'habite. Il me faut...

_____

_____

Deuxième étape *On s'installe* *(Text pp. 404–410)*

Lisons!

I. Prélecture. Each student has his or her particular study space. If you could create the ideal room for studying, what would it look like? What would you have in it? How would it be decorated?

_____

_____

_____

_____

*II. Lecture: Confort et grasse matinée! Ads often contain words that we don't know. However, because the words are typically accompanied by pictures, we can usually guess what they're all about.

Compréhension. Read the ad for the bedroom furniture on page 278. Then answer the questions that follow.

1. In French, list all the furniture and other objects you see in the ad. _____

_____

_____

_____

2. If this were your room, what other items would you add? _____

_____

_____

3. What is the English equivalent of the expression **à monter soi-même?** _____

_____

4. Which items featured in the ad are **à monter soi-même?** _____

_____

5. In what colors is the lamp available? _____

_____

6. The verb **pendre** is the root of the word **penderie.** What do you think the verb **pendre**
means in English? _____

7. Write a logical sentence using the verb **pendre.** _____

_____

_____

Écrivons!

Pratique de la grammaire

In this **étape,** you've studied the interrogative pronouns used to ask questions about people and the
verb **venir.** To verify that you've learned these structures, take *Test 29* below. You'll find the answers
and scoring instructions in the Answer Key. A perfect score is 14. If your score is less than 12, or if
you wish additional practice, do the self-correcting exercises for **Chapitre 10, Étape 2,** in the
Pratique de la grammaire at the back of this **Cahier.**

Test 29

D'abord, posez une question logique en utilisant les mots entre parenthèses.

1. Mon père fait la cuisine chez moi. (faire la cuisine chez toi)

_____

2. Nous sommes allés au match avec Jean-Pierre. (vous / aller au match)

_____

3. J'ai rencontré Liliane au bal. (vous / rencontrer au bal)

_____

4. Jacques va téléphoner à ses grands-parents. (tu / téléphoner)

_____

5. Jeannette veut inviter Pierre Rance. (tu / vouloir inviter)

_____

6. La mère de Catherine a préparé les hors-d'œuvre. (préparer le dessert)

_____

Maintenant, complétez chaque phrase en utilisant le verbe et le temps indiqués.

7. (se souvenir) Tu te _____ de mon cousin Philippe? (présent)

8. (devenir) Qu'est-ce que Michel Grenelle _____? (présent)

9. (venir) Moi, je suis belge. Je _____ de Bruxelles. (présent)

10. (ne pas venir) Pourquoi est-ce que Chantal _____ avec vous? (passé composé)

11. (venir) Vous _____ souvent au musée? (présent)

12. (revenir) Jean-Alex? Il _____ tout de suite. (présent)

13. (venir) Mes cousins _____ pour le week-end. (passé composé)

14. (venir) Quand elle était toujours en vie, ma grand-mère _____ chez nous tous les dimanches. (imparfait)

_____

NOTE FOR CORRECTION: items 1–6 = 1 point for each correct interrogative form: _total: 6;_ items 7–14 = 1 point for each correct verb form; _total; 8_

*III. Voilà nos meubles. Label each piece of furniture or item in the following drawings.

1. _un canapé_

2. _____

3. _____

4. _____

5. _____

6. _____

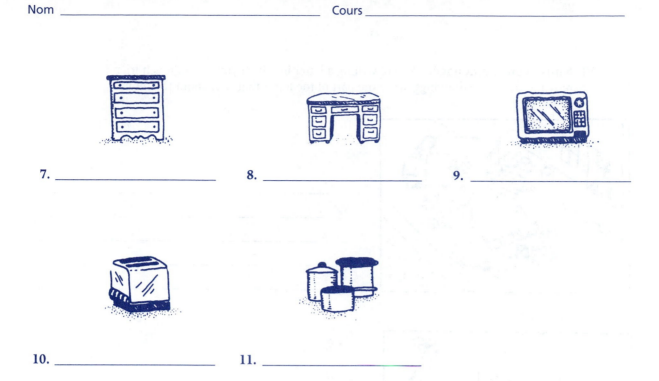

7. _____   8. _____   9. _____

10. _____   11. _____

IV. Et dans la chambre... You and your family are moving. Before the moving van arrives, you make lists of all the furniture, classified by the room in which each item should be placed. Using the following categories, create your lists on a separate piece of paper.

À mettre dans la salle à manger

À mettre dans la cuisine

À mettre dans la chambre au premier étage

À mettre dans la chambre au rez-de-chaussée

À mettre dans le bureau

À mettre dans la salle de séjour

V. Une semaine de vacances. Your friend is about to go on vacation and you'd like to know her plans. In particular, you want to know with whom she's going to spend her vacation. Use **où, qu'est-ce que, quand,** and the appropriate forms of **qui** to ask your questions.

Modèle: aller
—*Où est-ce que tu vas?* ou *Avec qui est-ce que tu vas… ?* ou *Quand est-ce que tu y vas?*

1. partir _____

2. aller avec _____

3. faire _____

4. descendre chez _____

5. voir _____

6. s'occuper des billets _____

7. téléphoner à _____

8. rentrer _____

VI. Nous avons déménagé.   You're writing a letter in which you tell a French friend about moving. Using the drawings, write the part of the letter that tells about the move.

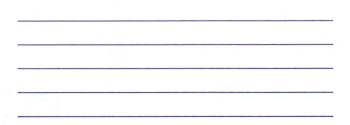

_____

_____

_____

_____
_____
_____
_____
_____

_____
_____
_____
_____
_____

_____
_____
_____
_____

_____
_____
_____
_____
_____

L'Art d'écrire   Le développement d'une idée (suite)

In the first **étape,** you learned how to expand and support an idea by offering arguments, explanations, and proof. You may also expand an idea by using examples that come from personal experience, observation, or reading.

When you give an example, be sure that it fits your idea. Keep your example short and concise, but give enough details to make its relationship to your main idea obvious. For instance:

Idée:	Pour un jeune couple sans enfants, une maison est moins pratique qu'un appartement.
Argument:	La maison peut être trop grande pour deux personnes et elle coûte certainement plus chère qu'un appartement.
Exemple:	Par exemple, mon cousin et sa femme ont une maison dans la banlieue. La maison n'est pas très grande; il y a pourtant une salle de séjour, une salle à manger, une cuisine, deux chambres et un jardin. Ils travaillent tous les deux, donc ils n'ont pas beaucoup de temps pour nettoyer la maison et pour s'occuper du jardin. En plus, ils paient plus de $1 000 par mois.
Idée:	Ma mère adore son nouvel appartement.
Argument:	Il est plus petit que l'appartement où elle habitait avant. Par conséquent, elle a moins à nettoyer. En plus, il est très bien situé.
Exemple:	Tous les matins elle passe l'aspirateur, elle nettoie la cuisine et la salle à manger, puis elle sort. Il y a un bon centre commercial à deux pas de l'immeuble et, si elle veut aller au centre-ville, elle a un arrêt d'autobus au coin.

VII. Choose three of the ideas that you developed in the first **étape** (Exercise VII on p. 277). On a separate sheet of paper, recopy the idea and the supporting argument. Then expand further by adding an example.

VIII. Develop each of the following ideas by adding one or two supporting arguments and one example.

1. Les appareils ménagers libèrent la femme. _____

_____

_____

_____

2. Au lieu de *(instead of)* continuer à construire des maisons dans la banlieue, il vaut mieux

rénover *(renew)* les centres-villes. _____

_____

_____

_____

3. Déménager, c'est une activité très (agréable, désagréable). _____

_____

_____

_____

Troisième étape *On invite des amis* (Text pp. 411–419)

Lisons!

Humor often takes a common, everyday situation as its point of departure. In this **étape,** *you're going to read the text of a vaudeville sketch made famous by the comedian Fernand Raynaud. In the sketch, someone tries to make a phone call from a post office in Paris to the town of Asnières, just a few kilometers away.*

I. Prélecture. The French phone system has been modernized. However, in the past, when you wanted to make a phone call, you would tell the **préposé(e)** *(clerk)* the number you wished to call and when he/she had made the connection, you would step into one of the phone booths to hold your conversation. Try to imagine, under such a system, at least two complications that might arise when trying to place a call.

_____

_____

_____

_____

II. Lecture: Le 22 à Asnières

FERNAND: Pardon, madame la téléphoniste… Oh! madame la téléphoniste… madame la postière! Oh!

LA PRÉPOSÉE: Vous ne voyez pas que je suis en train de faire mes totaux, non!

FERNAND: Qu'est-ce que vous faites?

LA PRÉPOSÉE: Je fais mes totaux!

FERNAND: Ah! Ben alors! Mais enfin, dans le bureau de poste, c'est bien à vous qu'il faut s'adresser pour téléphoner? Oui? Bon. Parce que des fois,[1] vous savez, on attend, on attend, on dit non, c'est pas là et puis… Oh! madame la téléphoniste!

LA PRÉPOSÉE: Oh! Vous êtes pénible,[2] vous, hein! Qu'est-ce que vous voulez?

FERNAND: J'aurais voulu avoir[3] le 22 à Asnières, s'il vous plaît!

LA PRÉPOSÉE: Vous pouvez pas y aller en vélo, non!… Allô! le central!…[4] Oui!… Comment vas-tu, Christiane? Et ta sœur? Elle est malade? Eh bien tant mieux! Tant mieux! Elle est aux assurances sociales?…[5] Eh ben, comme ça, elle pourra aller danser toute la semaine. Dis donc, je me rappelle même plus pourquoi je te téléphone… Qu'est-ce que vous voulez, vous là?

1. sometimes   2. difficult   3. I would like to have had   4. central switchboard or exchange   5. social security

FERNAND: Je voudrais le 22 à Asnières!

LA PRÉPOSÉE: Ah, oui! Tu me passes le 22 à Asnières... Au revoir, Bouchon... Au revoir...

FERNAND: Merci, madame! Vous pensez que ça va être long? Parce que j'étais venu avec mon vélo, là, et j'ai crevé[6] en venant.[7] J'dis: «Tiens, je vais donner un coup de fil, comme ça, ça va m'avancer... »

(Un Américain arrive en bousculant[8] le premier client.)

L'AMÉRICAIN: Vous pouvez pas faire attention!

FERNAND: Oh! Excusez-moi!

L'AMÉRICAIN: *Well! Please,* mademoiselle! *For San Francisco!* Mademoiselle la téléphoniste! *Yes!* San Francisco n° 6307X7!

LA PRÉPOSÉE: Oui, monsieur, voilà! Je branche.[9] Allô! La cabine internationale!... Oui! Bon, passez-moi San Francisco!... en Pennsylvanie!... Le 6307X7! Oui! Bon! Oui! San Francisco, cabine 6!

FERNAND: Et mon Asnières? J'avais demandé le 22... Le 22 à Asnières! Parce qu'on m'attend pour casser la croûte![10] Alors, il faut que je me magne le bol.[11] Vous savez ce que c'est, si vous arrivez en retard...

(Un Belge bouscule à son tour le premier client.)

FERNAND: Vous me bousculez tous là! Vous pouvez pas...

LE BELGE: Excusez!... C'est moi qui m'excuse, mademoiselle! J'aurais voulu avoir une fois à Liège, monsieur Vanderman... septante-cinq...[12] Non, l'adresse, je ne la connais pas... Mais enfin... Non, je ne connais pas non plus le numéro de téléphone... Mais enfin... Je sais qu'il est charcutier. Pensez-vous que ce soit possible de l'avoir? Vous seriez bien gentille,[13] hein! Si vous pouviez me sortir d'embarras,[14] hein!

LA PRÉPOSÉE: Vous savez pas ce que vous voulez, quoi! Un faux Belge! Allô! Passe-moi Liège! Belgium!... C'est la cabine internationale?... Bon! Eh ben alors, Liège, monsieur Vanderman. On n'a pas le numéro mais on sait qu'il est charcutier... Eh ben il doit pas y en avoir 36![15] Bon... Ah! Bon! Bon! Liège, cabine 3!

FERNAND: Et mon Asnières? J'avais demandé le 22, deux fois 2... Enfin... Pas deux fois deux... 2 fois dix plus deux... Comme 22 v'là les flics.[16]

(Un Allemand bouscule le premier client.)

FERNAND: Mais enfin! Qu'est-ce que vous avez tous à me...

L'ALLEMAND: *Fräulein, Bitte, sprechen sie deutsch?*

LA PRÉPOSÉE: *Nicht viel!*

L'ALLEMAND: *Ja! für Berlin Herr Karl Fusstrassen zwei Alexanderplatz.*

LA PRÉPOSÉE: *Ja!*

L'ALLEMAND: *So! telefon vierundzwanzig!*

LA PRÉPOSÉE: Lui, au moins,[17] il sait ce qu'il veut! Allô! Passez-moi Berline!... Allô! Berline! Vierundzwanzig! comme deux fois le 12!... Berline, cabine 5!

6. I had a flat   7. while coming   8. jostling   9. am connecting   10. to have a bite to eat
11. I have to hurry   12. 75 (in Belgian French)   13. That would be very nice of you.   14. If you could help me out . . .   15. There can't be 36 of them!   16. . . . watch out, here come the cops . . .   17. He, at least . . .

L'ALLEMAND:	*Was???*
LA PRÉPOSÉE:	Euh... Berline... Cabine fünf!
L'ALLEMAND:	*Danke sehr!*
LA PRÉPOSÉE:	*Bitte sehr! Auf wiedersehen!*
FERNAND:	Eh ben... Et mon Asnières?
LA PRÉPOSÉE:	Non, mais dites donc, vous là, vous n'êtes pas tout seul[18] ici, non!
FERNAND:	Pardon, mademoiselle... Et si je vous demandais New York?
LA PRÉPOSÉE:	Faudrait savoir[19] c'que vous voulez!
FERNAND:	Je demande New York, c'est pas mon droit,[20] non!
LA PRÉPOSÉE:	Si vous voulez New York, j'vais vous donner New York! Allô!... Passez-moi New York! Non, non, non... New York tout simplement... New York, cabine 1!
FERNAND:	Allô?... Allô, New York!... Dites donc, vous ne pourriez pas me passer le 22 à Asnières!

Fernand Raynaud, *Ses grandes histoires,*
Philips Records

18. You're not the only one . . .   19. Ought to know . . .   20. right

* III. L'analyse

A. L'histoire. Answer the following questions that outline the basic story of **"Le 22 à Asnières."**

1. Why is Fernand trying to call **le 22 à Asnières?** _____

_____

2. Why does he become impatient? _____

_____

_____

_____

_____

_____

3. How does he finally try to resolve his problem? In your opinion, will he be successful?

_____

_____

_____

_____

B. Le comique. Two major comic techniques are *repetition* and the introduction of *incongruity* (i.e., things that don't fit their context).

1. In the sketch, find at least three examples of comic repetition. _____

_____

_____

_____

_____

2. Find as many examples as you can of incongruities, of actions or situations that don't fit and that end up being comic (for example, the operator having a conversation with the central switchboard operator and forgetting the number).

_____

_____

_____

_____

_____

_____

_____

_____

_____

_____

_____

Écrivons!

◼ Pratique de la grammaire

In this **étape,** you've studied the interrogative pronouns used to ask questions about things and the expression **venir de.** To verify that you've learned these structures, take *Test 30* below. You'll find the answers and scoring instructions in the Answer Key. A perfect score is 9. If your score is less than 7, or if you wish additional practice, do the self-correcting exercises for **Chapitre 10, Étape 3,** in the *Pratique de la grammaire* at the back of this **Cahier.**

Test 30

D'abord, posez une question logique en utilisant les mots entre parenthèses.

1. Elle veut une bière. (vous / vouloir)

_____

2. Il y a eu un accident terrible. (se passer)

_____

3. Moi, je n'ai pas peur des hauteurs *(heights)*. (tu / avoir peur)

_____

4. Marc ne s'intéresse pas du tout aux maths. (il / s'intéresser)

_____

5. Mes parents sont allés à un magasin de jouets. (ils / acheter)

_____

Maintenant, donnez l'équivalent français des phrases suivantes.

6. She just left.

_____

7. We had just gone to bed when you called.

_____

_____

Note for correction: items 1–5 = 1 point for each correct question form, ignore rest of sentence; *total: 5;* items 6–7 = 1 point for each use of **venir de** + infinitive, 1 point for correct tense; *total: 4*

* **IV. Une invitation à dîner.**   Karen Ludlow passe une année en France. Elle va à l'université d'Angers et elle habite avec la famille de Jacqueline Chartrier. Un jour, Karen reçoit une invitation par la poste.

> Chère Mademoiselle,
>
> A l'occasion du 21ᵉ anniversaire de notre fille Solange, ma famille organise un dîner chez nous, 12, rue Parmentier, le samedi, 17 mai, à 20 h. 30.
>
> Nous serions tous très heureux si vous pouviez être des nôtres.
>
> Auriez-vous la gentillesse de donner réponse aussitôt que possible.
>
> Veuillez agréer, chère Mademoiselle, l'expression de mes sentiments les meilleurs.
>
> Simone Loyale

Relevez dans l'invitation de Mme Joyale l'équivalent français des expressions suivantes.

1. Dear Miss Ludlow _____

2. for Solange's birthday _____

3. to join us _____

4. RSVP _____

5. Very truly yours _____

V. Trois invitations à écrire. Rédigez les invitations suivantes en utilisant les formules de politesse appropriées. Utilisez une autre feuille de papier.

1. Les parents de Jacqueline Chartrier invitent des amis de Jacqueline à venir dîner chez eux pour fêter l'anniversaire de leur fille.

2. Karen Ludlow invite des amis de Jacqueline à venir passer la soirée chez Jacqueline pour fêter l'anniversaire de sa «sœur» française. (Attention: elle écrit à des gens qu'elle connaît bien.)

3. Vous venez de passer plusieurs mois chez une famille française. Avant de rentrer aux États-Unis, vous voulez remercier votre famille et leurs amis de leur gentillesse à votre égard. Vous décidez donc de leur préparer un repas typiquement américain. Vous les invitez donc pour le 4 juillet, la fête nationale américaine. Écrivez l'invitation.

VI. Une interview. You have just won a contest. As a result, you will be able to spend a day with any famous person you choose (a singer, an actor or actress, a political figure, a sports personality, etc.). There are lots of things you would like to find out from this person. However, because you know that you will be nervous, you write out some questions in advance. Identify the celebrity you'd like to meet. Then, using the appropriate forms of the interrogative pronouns **qui, que,** and **quoi,** prepare at least eight questions about both people and things. Write on a separate sheet of paper.

VII. Un message. You and a friend have organized a party at your house. The day of the party, you leave a message for your friend, confirming the time and place of the party and reminding him/her of what you, he/she, and a third friend will each do in final preparation. Use a separate sheet of paper.

L'Art d'écrire   L'organisation d'un paragraphe

When you expand your writing to include several connected sentences, the basic unit of organization becomes the *paragraph*.

While paragraphs may be organized in various ways, they usually follow a pattern that is much like the one discussed in the previous **étape**—that is, a main idea supported by arguments and illustrated by examples. Often, the main idea is expressed in the first sentence of the paragraph and then summed up, in different words, at the end of the paragraph:

Ma mère adore son nouvel appartement. Il est plus petit que l'appartement où elle habitait avant. Par conséquent, elle a moins à nettoyer. En plus, il est bien situé. Tous les matins elle passe l'aspirateur, elle nettoie la cuisine et la salle à manger, puis elle sort. Il y a un bon centre commercial à deux pas de l'immeuble et, si elle veut aller au centre-ville, elle a un arrêt d'autobus au coin. **C'est pourquoi elle ne regrette pas l'appartement où elle vivait avec mon père avant leur divorce.**

Some paragraphs have only arguments and no examples; others may have examples without arguments. In addition, it is not always necessary to restate the main idea at the end.

VIII. Deux paragraphes.   Analysez les paragraphes suivants en isolant les parties indiquées. Attention: il n'est pas nécessaire qu'un paragraphe ait toutes les parties qu'on a mentionnées.

1. Pour un jeune couple sans enfants, une maison est moins pratique qu'un appartement. La maison peut être trop grande pour deux personnes et elle coûte certainement plus chère qu'un appartement. Par exemple, mon cousin et sa femme ont une maison dans la banlieue. La maison n'est pas très grande; il y a pourtant une salle de séjour, une salle à manger, une cuisine, deux chambres et un jardin. Ils travaillent tous les deux, donc ils n'ont pas beaucoup de temps pour nettoyer la maison et pour s'occuper du jardin. En plus, ils paient plus de $1000 par mois. C'est pourquoi ils parlent de vendre la maison et de louer un appartement.

   a. Idée principale: _____

_____

_____

   b. Argument(s): _____

_____

_____

   c. Exemple(s): _____

_____

_____

   d. Idée principale (résumé): _____

_____

2. Les Français continuent à s'éloigner des grandes villes. Après avoir été séduits *(seduced, attracted)* par les banlieues et leurs périphéries *(outskirts)*, les Français retournent vers les petites villes et les communes rurales. Ce phénomène, appelé péri-urbanisation, a commencé il y a une ving- taine d'années. En 1982, il concernait près de 20% de la population, surtout des ouvriers *(fac- tory workers)* et des membres des catégories moyennes *(middle)*, déçues *(disappointed)* de la vie urbaine ou parfois obligés de déménager pour des raisons économiques. Et en 2000 l'éloigne- ment des grandes villes se poursuit. Ce mouvement est favorisé par l'augmentation des prix de l'immobilier *(real-estate)* dans les grandes villes ainsi que par le développement des moyens de communication (route, autoroutes, transports en commun, télétravail).

   a. Idée principale: _____

_____

_____

   b. Argument(s): _____

_____

_____

   c. Exemple(s): _____

_____

_____

   d. Idée principale (résumé): _____

_____

IX. Organisons un paragraphe! En suivant le schéma établi dans l'exercice VIII, notez des idées et des exemples que vous voudriez utiliser pour développer *un* des sujets suivants:

1. La résidence universitaire

2. L'habitation idéale

3. La maison ou l'appartement?

4. Habiter seul(e) ou avec d'autres personnes?

    a. Idée principale: _____

_____

_____

    b. Argument(s): _____

_____

_____

_____

    c. Exemple(s): _____

_____

_____

_____

X. Un paragraphe. Rédigez le paragraphe que vous avez préparé dans l'exercice IX. Utilisez une autre feuille de papier.

Point d'arrivée *(Text pp. 420–423)*

🎧 *Écoutons!*

CD4-11 ***I. Les meubles.** First, look at the drawing of the kitchen. When you hear an item mentioned, circle **oui** if that item is in the drawing or **non** if it isn't.

1. oui	non		**5.** oui	non
2. oui	non		**6.** oui	non
3. oui	non		**7.** oui	non
4. oui	non		**8.** oui	non

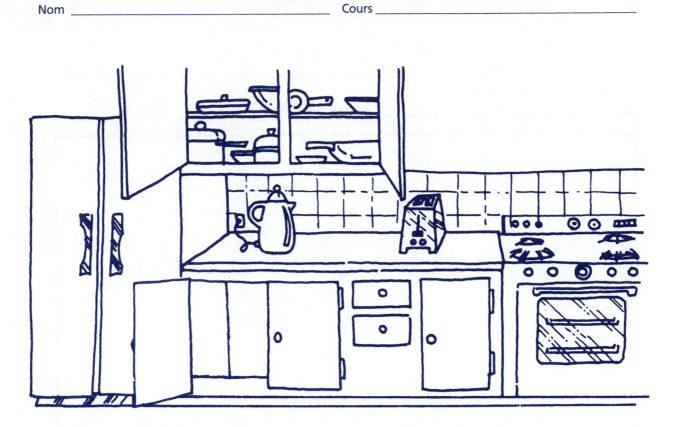

Now look at the drawings of the two bedrooms. When an item is mentioned, write **g** if it is in the **grande chambre** or **p** if it is in the **petite chambre**.

9. _____   13. _____

10. _____   14. _____

11. _____   15. _____

12. _____   16. _____

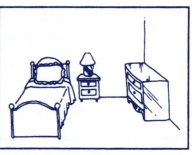

Finally, listen to the description of the **salle de séjour** and fill in the blank floor plan. The description will be read twice.

CD4-12 *II. Dictée.** Your French friend Simone, who has just moved, gives you a detailed description of her new house. As you listen to her, complete the description by filling in the blanks. You'll hear the description twice.

Notre maison est assez _____. Il y a quatre _____,

une _____, deux _____, une

_____ avec un _____ et une

_____. Nous avons aussi un _____

pour nos deux voitures.

Les _____ que je préfère sont la cuisine, la salle de séjour et

ma chambre. La cuisine est toute _____: il y a un

_____; un _____ à micro-ondes

et un _____. Il y a aussi une grande table où j'aime faire mes

devoirs. Dans la salle de séjour, nous avons un grand _____

confortable et des _____. Nous y avons aussi la _____

et le _____. Avec son _____ et ses

_____ au mur, c'est la pièce que je préfère.

CD4-13 *III. Nous cherchons un appartement.** You and your friends are looking for an apartment to share. Your friends ask specific questions as you scan the ads. Circle the number or numbers of the apartments that correspond to the questions they're asking. You will hear each question twice.

Modèle: You hear: Est-ce qu'il y a un appartement avec un interphone?
You say: *Pardon?*

You hear: Est-ce qu'il y a un appartement avec un interphone?

You circle: 1 ② 3 4 5

locations non meublées offres		
1. AV. DE VERDUN, dans très bel imm. ancien, 7e ét., asc 3P., tt cft. Parfait état. 620 euros + ch. Tél. le matin, 01-60-54-33-12	3. LUXEMBOURG, Studio tt cft, 2e ét., asc., imm. pierre, salle dche, kitch-enette, cab. toil., cave, piscine, park. 420 euros + ch. Tél. 04-67-89-15-75	5. BANLIEUE PARISI-ENNE, 4 P. dans rés. calme, près tts commo-dités, claire, ensoleillée, comprenant: entrée, gde cuis., séjour av. balc., 3 chbres, w.-c., s. de bns., nombreux placards, parc, jard., sous-sol. 840 euros. Tél. 03-22-46-81-39
2. RÉGION PARISIENNE, dans une très agréable rés., à prox. gare, cft moderne, 3 P., 4e ét., asc., interphone, balc., gar. sous-sol. 500 euros + ch. Tél. 05-59-28-76-14	4. 7e ARRDT., 2P., séj. + chbre, cuis, équip., RdC., petite rés., ch. comp. 840 euros. Tél. 05-65-31-74-49	

1. 1   2   3   4   5   **5.** 1   2   3   4   5

2. 1   2   3   4   5   **6.** 1   2   3   4   5

3. 1   2   3   4   5   **7.** 1   2   3   4   5

4. 1   2   3   4   5   **8.** 1   2   3   4   5

CD4-14 *IV. Trois appartements.   You call a real estate agent to get some information about available apartments. The office is closed, but you get a recorded message describing three of the apart-ments currently available. As you listen to the messages, jot down the key information about each apartment. You will hear each message twice.

Appartement numéro 1

Arrondissement? _____

Nombre de pièces? _____

Nombre de chambres à coucher? _____

Prix par mois? _____

Charges comprises? _____

Appartement numéro 2

Quelle sorte d'appartement? _____

Vieux ou moderne? _____

Quelles pièces? _____

_____

Prix par mois? _____

Chauffage compris? _____

Appartement numéro 3

Nombre de chambres? _____

Quelles autres pièces? _____

_____

Étage? _____

Ascenseur? _____

Interphone? _____

Prix par mois? _____

Charges comprises? _____

CD4-15 ***V. Quel appartement?** Listen to the radio announcements for apartments for rent. Then write the number of the apartment that best fits each set of requirements.

♦ **Requirements:** You and your friends are looking for a large apartment not far from the university. You want at least two bedrooms, a living room, and preferably a dining room. You need a large bathroom. Since you don't have any furniture, you need a furnished apartment that has a fully equipped kitchen. If the utilities are included, you can pay as much as 760 euros per month.

Appartement numéro: _____

♦ **Requirements:** A family you know is looking for an unfurnished apartment in the suburbs. They don't want to pay more than 1 140 euros a month. The apartment should have three bedrooms, a large bathroom, a living room, and a modern kitchen.

Appartement numéro: _____

♦ **Requirements:** Your parents are going to spend a year in France. They're interested in an apartment that has at least two bedrooms and are willing to live in the suburbs. They would like a living room, but they don't care about a dining room. They're hoping to pay 840 euros or less per month.

Appartement numéro: _____

Rédigeons!

Maison à vendre. You've decided to sell your house in France, but you don't want to use a real estate agency. That means you have to create your own flyer advertising the house. Using the ads in the textbook and the workbook as models, create a fairly elaborate ad that highlights all the amenities. Remember: You're trying to *sell* the house, so be sure to include all of its positive features (rooms? garage? yard? neighborhood? close to schools? close to shopping? etc.). Use a separate sheet of paper.

🎧 Travail de fin de chapitre

CD4-15 ***I. Descriptions d'appartements**

A. You will hear descriptions of four different apartments. Decide which apartments (1, 2, 3, 4) meet the following requirements.

1. Which apartments have parking? _____

2. Which apartment is likely to be the least expensive? _____

3. Which apartment seems the safest? _____

4. Which apartments are centrally located? _____

5. Which is the smallest apartment? _____

B. Listen again to the apartment descriptions and answer the following questions.

CD4-16 **Description Number 1**

1. What four requirements does the person have for an apartment? _____

_____

2. What is the description of the apartment?

Location: _____

Number of bedrooms: _____

Other features: _____

CD4-17 **Description Number 2**

3. Why is this apartment ideal for entertaining? _____

_____

_____

CD4-18 **Description Number 3**

4. Why is this apartment ideal for a single person who doesn't have much money? _____

_____

CD4-19 **Description Number 4**

5. Besides the rent, what is the renter responsible for? _____

_____

6. What makes this a secure apartment building? _____

_____

*II. Jeu: Mots croisés.   Fill in the crossword puzzle. Be careful: one number may require more than one word.

Horizontalement

    I. balcon (abréviation); on y met la nourriture
  III. les enfants aiment jouer _____ boules; après le dîner, on fait la _____
   V. quand on met la table, il faut mettre des _____
  VI. meubles pour les livres
 VIII. il est 12 heures et le soleil brille; meuble pour les vêtements
  IX. on y fait des tartes
   X. la capitale de l'Italie (en italien)
  XI. un sujet à l'école
 XII. "still"
XIII. _____ va?
 XIV. un bâtiment
  XV. le lycée Montaigne et le lycée Pascal sont des _____

XVI. l'endroit où l'on prépare les repas

XVII. le ciel est couvert, il y a des _____

XVIII. le contraire de sortir; 12 mois; un meuble confortable

Verticalement

1. il se trouve dans la salle de bains; elle est nécessaire pour manger

3. j'ai parlé _____ élèves; une salle de _____; mot entendu à l'aéroport

4. rouge pâle

5. il le faut pour couper la viande; partie de la négation

6. on l'utilise pour monter au dixième étage

7. une chaise très confortable

8. étage (abréviation); ce qu'il faut faire quand on est fatigué

9. une carte de crédit

10. adjectif possessif

11. on l'utilise pour faire des toasts; et cetera (abréviation)

13. contraire de sucré; l'homme qui est marié; avec ou sans salle de _____?

15. _____ à manger

16. _____ compris

17. la chambre ou la salle de séjour; je vais (infinitif)

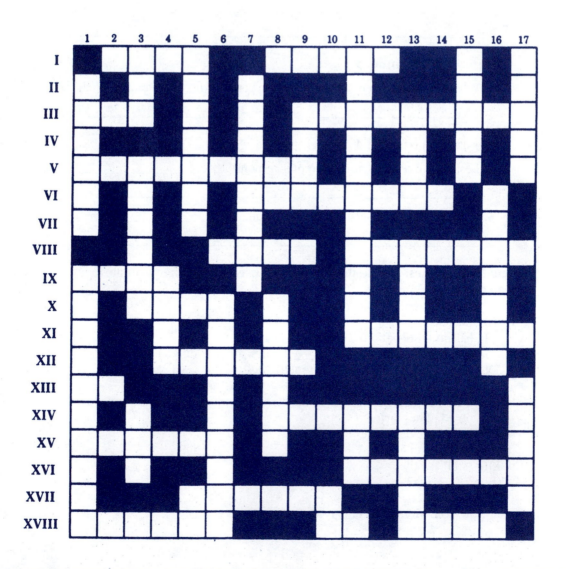

Dossier-Découvertes: Le Québec

I. Connaissez-vous le Québec? With the help of the descriptions below, write the place names in the appropriate place on the map of Quebec.

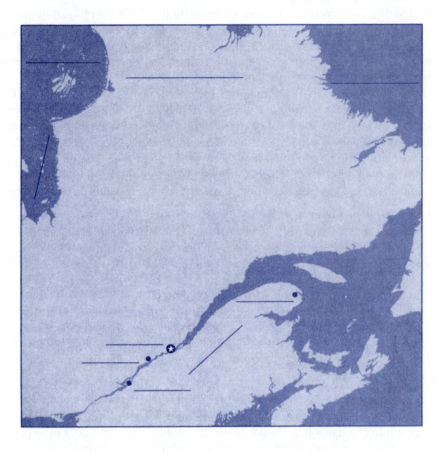

les APPALACHES—chaîne de montagnes qui s'étend de Terre-Neuve (Newfoundland) jusqu'en Alabama; elle forme la frontière sud du Québec

la BAIE D'HUDSON—énorme golfe du Canada pris par les glaces pendant sept mois par an et ouvert sur l'Atlantique par le détroit d'Hudson

la BAIE JAMES—vaste baie qui prolonge la baie d'Hudson; site d'un grand complexe hydroélectrique

la GASPÉSIE—péninsule entre le golfe du St-Laurent et la baie des Chaleurs; région connue pour la pêche

MONTRÉAL—première ville du Québec; située dans une île du St-Laurent; le principal centre commercial et industriel de la région

le NOUVEAU QUÉBEC—région du Canada à l'est de la baie d'Hudson; peuplé par des Amérindiens et des Inuits

l'OCÉAN ATLANTIQUE—océan qui forme la frontière est du Québec

QUÉBEC—capitale de la province du Québec; berceau *(cradle)* de la civilisation française au Nouveau-Monde

TROIS-RIVIÈRES—ville située sur le St-Laurent à mi-chemin *(halfway)* entre Montréal et Québec; ville industrielle où on produit de la pâte à papier *(paper pulp)*

II. LECTURE: Une jeune Montréalaise. Read the following article about a Montreal teenager, then answer the questions that follow.

Marie-Josée a quinze ans. Elle devrait finir son cours secondaire l'an prochain. Pourtant il lui reste encore deux ans avant le diplôme. C'est qu'elle a fait quelques détours, redoublé la première secondaire et décroché à la fin de la deuxième. Mais depuis qu'elle a «raccroché», elle travaille à rendre ses études agréables.

* Choisir entre l'école et le travail
Au Québec, le décrochage scolaire est inquiétant. L'école est obligatoire jusqu'à 16 ans mais environ quatre jeunes sur dix, surtout des garçons, abandonnent leurs études avant le diplôme. L'école n'est pas assez stimulante, elle-même peu branchée sur la «vraie vie» et de moins en moins prometteuse d'emploi. Tant qu'à se retrouver avec une *jobine* (petit boulot) au salaire minimum, pourquoi attendre?

Marie-Josée n'a pas encore l'âge légal pour travailler, 16 ans, elle se contente de garder les enfants. Dans sa *gang* (bande), on est un peu plus vieux. Ses amis, comme bien des jeunes, travaillent et étudient en même temps. Quelques heures par semaine, ils font tous des petits métiers: Kathy est caissière dans un supermarché, Jocelyn aide dans un *dépanneur* (épicerie ouverte tard le soir), Jean-François employé dans une chaîne de restauration rapide, David livreur à domicile, Catherine fait des sondages téléphoniques et Louis cherche toujours... Il n'a pas trouvé de boulot malgré des dizaines de demandes d'emploi.

* Un petit boulot pour se payer ses sorties
Les jeunes réussissent ainsi à se payer ce que leurs parents ne leur fournissent pas: sorties dans les cafés ou les bars, cinéma, spectacles, disques, cigarettes, vêtements et parfois plus. Mais il leur reste peu de temps pour les études et leurs résultats scolaires en souffrent beaucoup.

Les jeunes le savent, les emplois ne courent pas les rues. Le taux de chômage, de 10% dans la population générale, grimpe à 25% chez les moins de 25 ans. Et on ne compte pas ceux qui ne cherchent plus, découragés. Alors, autant rester, ou retourner, sur les bancs de l'école. Quitte à s'endetter car les études sont payantes à partir de l'université. Le gouvernement offre des prêts aux jeunes dont les familles ne peuvent financer les études. Mais si, le diplôme en poche, on ne trouve pas toujours d'emploi, les remboursement seront difficiles...

* Des familles souvent éclatées
Séparation, divorce, remariage, les traditionnels repères familiaux s'écroulent. Environ la moitié des jeunes québécois traversent au moins une rupture familiale entre la naissance et l'âge adulte. Certains passent par plusieurs familles: bi parentale, mono parentale, recomposée, mono parentale à nouveau, etc. Ils vivent le plus souvent avec leur mère, alternent parfois entre père et mère et voient défiler quelques nouveaux conjoints.

Aujourd'hui, dans ce pays de tradition catholique, personne ne se fait plus pointer du doigt comme enfant de divorcés, mais ce n'est pas vraiment facile à vivre pour autant.

Le décrochage de Marie-Josée a commencé par une relation difficile avec sa mère, nouvellement remariée. Cette crise psychologique la poussait à tout rejeter en bloc, l'école comme le reste. Comme plusieurs jeunes, elle était rebelle. Elle s'habillait toujours en noir et se teignait les cheveux de couleurs vives. Elle boudait l'école ou s'y présentait accompagné de son rat. Elle prenait de l'alcool, parfois de la drogue, passait d'un garçon à l'autre sans grand sentiment. Elle méprisait tout le monde, en commençant par elle-même.

* Une famille «sur mesure»
Après de longs mois de conflits, Marie-Josée quitte sa mère pour aller vivre avec son frère Marc, et sa *blonde* Annie (son amoureuse), de dix ans ses aînés.

Un an plus tard, le grand frère est marié, père d'un nouveau-né. Une autre adolescente, la sœur d'Annie, s'est jointe à cette famille nouveau genre. Tout ce beau monde se serre dans une petite maison d'un nouveau quartier au nord de Montréal en partageant les tâches domestiques à tour de rôle. Annie s'occupe du bébé le jour, Marc la nuit. Marie-Josée se charge de la vaisselle et tout le monde est de corvée une fois par semaine pour le ménage.

Marie-Josée est heureuse et fière de sa nouvelle famille. Elle ne s'y sent ni surveillée, ni jugée, mais valorisée et conseillée au besoin. Elle préfère vivre à cinq dans un six pièces plutôt que de vivre dans une grande maison seule avec sa mère. Et elle rêve au jour où elle partira en appartement, peut-être vers 18–20 ans comme la majorité des jeunes, peut-être plus tôt, peut-être seule, peut-être avec Louis, son *chum* (son petit ami)...

PETIT LEXIQUE pour mieux comprendre les jeunes de Montréal
MON CHUM, MA BLONDE: mon amoureux, mon amoureuse
UNE JOB, UNE JOBINE: un travail, un petit boulot
UNE GANG: une bande de copains
DÉPANNEUR: petit magasin d'alimentation ouvert tard le soir
DANCING BAR: bar de danse
UN PARTY: fête, soirée entre amis
CRUISER: draguer
SMART DRINKS: boissons énergisantes non-alcoolisées
UN RAVE: méga-party où des centaines de jeunes se rassemblent pour cruiser, danser, boire des smart drinks, bref avoir du fun
FUN: plaisir
UN BAND: groupe musical
NIAISEUX, ÉPAIS, TÊTEUX, QUÉTAINE: qualificatifs de stupidité
BANC DE NEIGE: grosse congère
SLOTCH: neige fondante

DICO

devrait: should, ought to
reste: remain
a redoublé: repeated
a décroché: dropped out
a «raccroché»: went back (to school)
inquiétant: troubling, disturbing
branchée: connected
prometteuse: promising
Tant qu'à: Might as well
caissière: cashier
livreur à domicile: deliveryman
coursier: messenger
boulot: work (slang)
demandes d'emploi: applications
en souffrent: suffer because of it
ne courent pas la rue: are not plentiful
taux de chômage: unemployment rate
grimpe: climbs
autant: (you're) better off
Quitte à: Although it may mean
à partir de: starting with
prêts: loans
en poche: in your pocket
remboursements: repayments
éclatées: blown apart

repères: reference points
s'écroulent: fall apart
défiler: to parade by
conjoints: domestic partners
personne... doigt: no one gets pointed out anymore
pour autant: nevertheless
rejeter: to reject
se teignait: dyed
vives: bright
boudait: refused to have anything to do with
méprisait: looked down on
aînés: elders
nouveau-né: newborn (baby)
nouveau genre: new style
se serre: squeezes
partageant: sharing
à tour de rôle: in turn
de corvée: on duty
fière: proud
surveillée: watched over
valorisée: given self-esteem
conseillée: advised
plutôt que: rather than

A. Summarize in English what you learned about each of the following topics.

1. school dropouts in Quebec _____

_____

_____

_____

_____

2. teenagers and work in Quebec _____

_____

_____

_____

_____

3. family relations in Quebec _____

_____

_____

_____

_____

4. Marie-Josée's school and family background _____

_____

_____

_____

_____

5. Marie-Josée's current living arrangements _____

_____

_____

_____

_____

6. Marie-Josée's future plans _____

_____

_____

B. The French spoken in Quebec frequently reveals the influence of English. List the expressions in the **Petit Lexique pour mieux comprendre les jeunes de Montréal** that you probably would understand more easily than a native French speaker not familiar with English.

_____

_____

_____

_____

_____

III. Surfeurs, renseignez-vous?   With the help of the Internet and, if you wish, print sources, do the following activities. Your answers may be in English.

A. Surf the Web in order to identify the following people, places, etc. associated with the province of Quebec.

1. Marie-Claire Blais
2. Habitat 67
3. les Laurentides
4. René Lévesque
5. *Maria Chapdelaine*
6. les négociations du lac Meech
7. la péninsule d'Ungava
8. Ste-Anne de Beaupré
9. Michel Tremblay
10. Pierre Trudeau
11. Gilles Vigneault
12. les Voyageurs

B. Surf the Web to find out about the current political situation in Quebec. Which party is currently in power? What is its position on the question of Quebec independence?

chapitre **11**

Cherchons du travail!

Première étape *Les petites annonces* *(Text pp. 434–451)*

Lisons!

I. Prélecture.   Ads for businesses can be found in a variety of places (phone books, magazines, newspapers, flyers). Although formats and content may differ according to the type of business being advertised, all ads use a variety of visual techniques (color, drawings, photos, typefaces) to catch a customer's attention. Find three printed American business advertisements and answer the following questions about each. Use a separate sheet of paper and attach your advertisements to it.

1. What technique(s) does the advertiser use to catch the reader's attention?

2. Which words seem to be the most important in the ad, and why?

3. In your opinion, is this a successful ad that would make consumers want to buy the service or product? Why or why not?

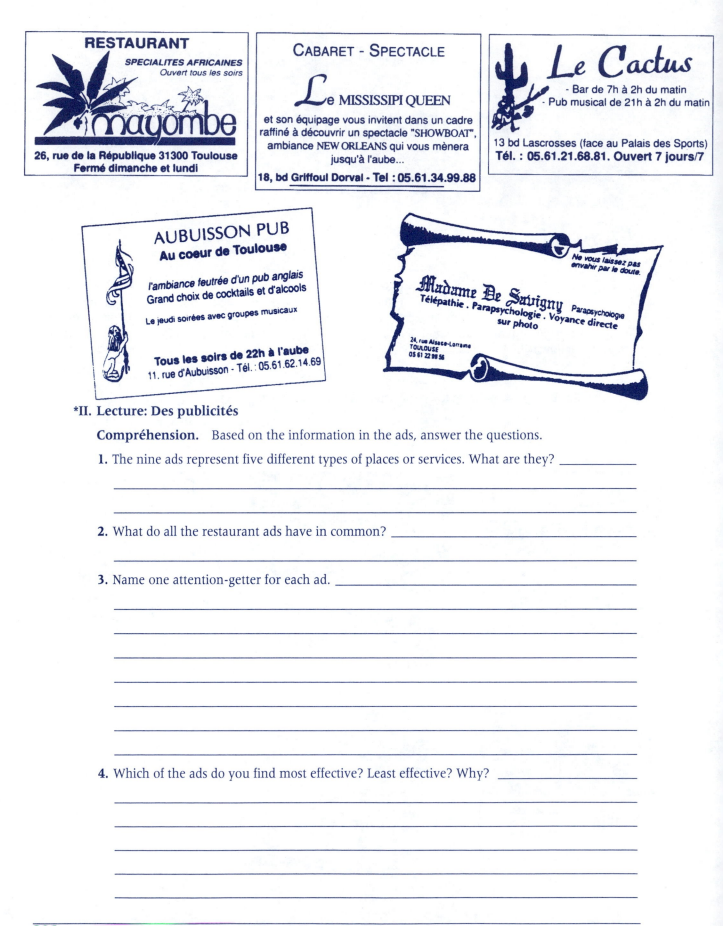

RESTAURANT
SPECIALITES AFRICAINES
Ouvert tous les soirs

mayombe

26, rue de la République 31300 Toulouse
Fermé dimanche et lundi

CABARET - SPECTACLE

Le MISSISSIPI QUEEN

et son équipage vous invitent dans un cadre raffiné à découvrir un spectacle "SHOWBOAT", ambiance NEW ORLEANS qui vous mènera jusqu'à l'aube...

18, bd Griffoul Dorval - Tel : 05.61.34.99.88

Le Cactus
- Bar de 7h à 2h du matin
- Pub musical de 21h à 2h du matin

13 bd Lascrosses (face au Palais des Sports)
Tél. : 05.61.21.68.81. Ouvert 7 jours/7

AUBUISSON PUB
Au coeur de Toulouse

l'ambiance feutrée d'un pub anglais
Grand choix de cocktails et d'alcools

Le jeudi soirées avec groupes musicaux

Tous les soirs de 22h à l'aube
11. rue d'Aubuisson - Tél. : 05.61.62.14.69

Ne vous laissez pas envahir par le doute.

Madame De Savigny Parapsychologie
Télépathie . Parapsychologie . Voyance directe sur photo

24, rue Alsace-Lorraine
TOULOUSE
05 61 22 99 56

*II. Lecture: Des publicités

Compréhension.   Based on the information in the ads, answer the questions.

1. The nine ads represent five different types of places or services. What are they? _____

_____

_____

2. What do all the restaurant ads have in common? _____

_____

3. Name one attention-getter for each ad. _____

_____

_____

_____

_____

_____

_____

_____

_____

4. Which of the ads do you find most effective? Least effective? Why? _____

_____

_____

_____

_____

_____

Écrivons!

■ Pratique de la grammaire

In this **étape**, you've studied the use of the infinitive and the subjunctive to express necessity. To verify that you've learned these structures, take *Test 31* below. You'll find the answers and scoring instructions in the Answer Key. A perfect score is 21. If your score is less than 17, or if you want additional practice, do the self-correcting exercises for **Chapitre 11, Étape 1,** in the *Pratique de la grammaire* at the back of this **Cahier.**

Test 31

Complétez chaque phrase en utilisant l'infinitif ou la forme convenable du présent du subjonctif du verbe donné.

1. (finir) Il faut que vous _____ avant midi.

2. (écouter) Il vaut mieux que nous _____ le professeur.

3. (sortir) Il est préférable que tu _____ avec tes cousins.

4. (parler) Il ne faut pas _____ pendant que le professeur parle.

5. (prendre) Il vaut mieux qu'elle _____ l'autobus.

6. (être) Il est important qu'ils _____ à l'heure.

7. (téléphoner) Il n'est pas nécessaire de _____ avant de venir.

8. (faire) Il est important qu'ils _____ le voyage tout seuls.

9. (aller) Il faut que j'_____ à la banque cet après-midi.

10. (avoir) Il est essentiel que tu _____ de la patience.

11. (savoir) Il faut que vous _____ conjuguer les verbes.

12. (faire) Il est important de _____ attention en classe.

_____

NOTE FOR CORRECTION: 1 point for each correct choice of infinitive or conjugated verb; *total: 12;* 1 point for each correct form of the subjunctive; *total: 9*

III. Des conseils.   You've just received the following e-mail from a friend. He's asking for advice about all kinds of things. Answer the e-mail using either the infinitive or the subjunctive with expressions of necessity.

Cher / Chère...

Ma vie est devenue beaucoup plus compliquée depuis la dernière fois que je t'ai écrit. Tout d'abord, je continue à réfléchir à mes options pour l'avenir pour décider des cours que je devrais suivre l'année prochaine. D'une part, le commerce me tente énormément parce que j'aime bien le marketing, la gestion et les finances. D'autre part, j'aimerais continuer mes études d'art. Tu sais que j'aime bien la peinture et je passe tous les samedis dans le studio de l'université pour perfectionner ma technique. Mon prof de dessin me dit que j'ai beaucoup de talent. Mais ça ne veut rien dire. Être artiste n'est pas une carrière très pratique. Si seulement je pouvais mettre ensemble mes deux intérêts: le commerce et la peinture. Qu'est-ce que tu penses? Qu'est-ce que je devrais faire? Qui est-ce que je devrais consulter? Comment être sûr que je prends de bonnes décisions? Quels cours suivre l'année prochaine? Tu m'as toujours aidé avec tes conseils et je compte sur toi pour m'indiquer quelques directions à prendre.

Merci infiniment. J'attends ta réponse avec impatience.

Kevin

▪Pratique de la grammaire

In this **étape,** you've studied the use of the subjunctive and the infinitive to express emotion and volition. To verify that you've learned these structures, take *Test 32* below. You'll find the answers and scoring instructions in the Answer Key. A perfect score is 17. If your score is less than 14, or if you wish additional practice, do the self-correcting exercises for **Chapitre 11, Étape 1,** in the *Pratique de la grammaire* at the back of this **Cahier.**

Test 32

Complétez chaque phrase en utilisant l'infinitif ou le présent du subjonctif du verbe indiqué.

1. (rester) Ma mère préfère que nous _____ à la maison.

2. (faire) Je suis très content de _____ votre connaissance.

3. (pouvoir) Nous regrettons vraiment que vous ne _____ pas venir.

4. (prendre) Il ne veut pas que tu _____ sa voiture.

5. (savoir) J'étais très surprise de _____ que Jean-Michel n'a pas réussi à ses examens.

6. (aller) Pourquoi est-ce que vous ne voulez pas _____ en Suisse?

7. (attendre) Mon père exige que j'_____ le week-end pour aller au cinéma.

8. (venir) Elle est très heureuse que vous _____ aussi.

9. (être) Je suis désolé que vous _____ malades.

10. (faire) Il est dommage qu'il ne _____ pas plus chaud.

_____

NOTE FOR CORRECTION: 1 point for each correct choice of infinitive or conjugated verb; *total: 10;* 1 point for each correct subjunctive form; *total: 7*

IV. Je suis content(e)... You've just received a letter from a friend telling you that she got a very good job in a bank in France. Write a letter (using the appropriate informal tone and format) expressing your positive reactions and feelings about the good news. You might also express your regret that you won't be seeing your friend before she leaves the country. In addition, ask her to send you some magazines and CDs from France. You can use them in your French class.

L'Art d'écrire L'enchaînement des phrases—liaisons temporelles

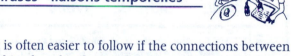

As a paragraph develops, the train of thought is often easier to follow if the connections between sentences are made clear. When you write to friends or family members, you often recount your past activities and future plans. In other words, your paragraphs are organized by time.

The most general connecting expressions based on time are those that indicate order—**d'abord** *(first),* **ensuite** and **puis** *(then),* and **enfin** *(finally).* It is also possible to use more specific connecting words that refer to the day, week, month, or year. Some of these expressions are specific to the past, such as **dernier (la semaine dernière, le mois dernier, mardi dernier),** or to the future, such as **prochain (l'année prochaine, dimanche prochain).** Others may be used to talk about the past or the future: **le lendemain** *(the next day),* **deux jours après** *(two days later).* In the exercises that follow, concentrate on clarifying the time relationships between the different activities and events.

V. Deux paragraphes. Rédigez deux paragraphes en développant les sujets suivants et en faisant attention à l'enchaînement des phrases. Utilisez une autre feuille de papier.

1. Ce que je fais le matin avant d'aller à l'école (Utilisez **d'abord,** etc.)

2. Un voyage que j'ai fait (Utilisez des expressions temporelles précises.)

VI. Des vacances de neige. Vous serez en France l'année prochaine. Puisque vous aimez les sports d'hiver, vous voudrez faire du ski. Au mois de février, vous irez à Annemasse, dans les Alpes. Racontez *au futur* les différents moments de votre voyage à Annemasse tels que vous les imaginez en suivant le schéma proposé et en consultant l'horaire des trains (p. 310). Chaque paragraphe doit comprendre plusieurs phrases reliées par des expressions temporelles. Utilisez une autre feuille de papier.

1. les préparatifs (aller à la gare, acheter des billets de train, faire des réservations)

2. le départ pour les Alpes (aller à la gare, consulter le tableau des trains, etc.)

3. la semaine à Annemasse (hôtel, repas, activités)

4. le voyage de retour (départ d'Annemasse, arrivée à Paris)

PARIS GENÈVE ÉVIAN

N° du TGV		⬅ 921	⬅ 923	913	⬅ 925	⬅ 927	⬅ 929
Restauration		🍽	🍽	🍽		🍽	🍽
Paris-Gare de Lyon	D	7.35	10.36	10.36	14.32	17.40	19.13
Mâcon-TGV	A	9.15			16.13		
Bourg-en-Bresse	A				16.32		21.09
Culoz	A				17.21		
Bellegarde	A	10.37	13.34	13.34	17.45	20.41	22.15
Genève	A	11.08	14.05		18.15	21.11	22.45
Annemasse	A	a	a	14.16		a	a
Thonon-les-Bains	A	a	a	14.40		a	a
Evian-les-Bains	A	a	a	14.53		a	a

ÉVIAN GENÈVE PARIS

N° du TGV		⬅ 920	⬅ 922	⬅ 924	916	⬅ 926	⬅ 928
Restauration		🍽	🍽	🍽	🍽	🍽	🍽
Evian-les-Bains	D	a	a	a	15.57	a	a
Thonon-les-Bains	D	a	a	a	16.10	a	a
Annemasse	D	a	a	a	16.33	a	a
Genève	D	7.09	10.02	13.01		16.50	19.29
Bellegarde	D	7.35	10.29	13.28	17.19	17.19	19.56
Culoz	D						20.22
Bourg-en-Bresse	D				18.26	18.26	
Mâcon-TGV	D			14.54	18.47	18.47	
Paris-Gare de Lyon	A	10.39	13.34	16.38	20.31	20.31	23.09

A Arrivée   D Départ   a Correspondance à Bellegarde.
Pour les gares de Culoz, Bourg-en-Bresse et Mâcon-TGV voir également le tableau page 37.
🍽 Service restauration à la place en 1ʳᵉ classe, en réservation.
⬅ EuroCity.

Deuxième étape *J'ai besoin d'un costume* (Text pp. 452–470)

Lisons!

*Every two years, a book called **Francoscopie** by Gérard Mermet is published in France. The book is a type of almanac that examines some of the major issues affecting the French and their way of life. In addition to providing some interesting statistics, the author includes his own thoughts and interpretations. In the section called "**Apparence**," he discusses trends in clothing and the amount of money the French spend on their appearance. As you read the selection, focus on the trends the author describes.*

I. **Prélecture.** Give your thoughts on the importance of clothing and appearance in the United States.

1. In your opinion, how important is clothing in determining how others judge you? _____

_____

_____

2. Do you think that it's possible to guess people's personality traits by the way they dress? Give

an example of someone you know. _____

_____

_____

_____

_____

3. What factors seem to determine fashion trends in the United States? Do you try to keep up

with fashion trends? Why or why not? _____

_____

_____

_____

_____

4. How important is appearance to you? How do you tend to appraise people? _____

_____

_____

_____

_____

_____

*II. Lecture: Apparence

> **Budget habillement en baisse, mais fortes différences sociales**
> ■ **Les adultes moins intéressés par la mode, les enfants davantage**
> ■ **Nouveaux lieux d'achat**
> ■ **Les mots changent, les gestes demeurent**

L'habit fait l'individu

Au vieux proverbe français qui prétend que «l'habit ne fait pas le moine», un proverbe allemand répond au contraire que «les vêtements font les gens». C'est ce dernier qui semble le mieux adapté à la *société des apparences* caractéristique de cette fin de siècle. La mode fut *(was)* pendant longtemps un phénomène de masse; l'heure est aujourd'hui à la personnalisation. Le vêtement est l'un des moyens de communiquer aux autres (et à soi-même) une certaine image de soi *(of oneself)*.

> *La part des dépenses d'habillement diminue régulièrement:*
> ■ *12% du budget des ménages en 1870;*
> ■ *9,6% en 1970;*
> ■ *6% en 1993.*

Aux yeux de beaucoup d'étrangers, la France continue d'être le pays du bon goût et des beaux habits. De fait, la haute couture française se situe toujours au premier rang mondial. Pourtant, les Français consacrent de moins en moins d'argent à leur habillement. Un phénomène particulièrement sensible depuis 1983, date à laquelle les dépenses ont commencé à diminuer en volume à prix constants (c'est-à-dire indépendamment des évolutions de prix). L'ensemble des catégories sociales est concerné, même si les dépenses restent très inégales.

> ■ *La dépense vestimentaire annuelle est d'environ 580 euros par personne.*
> ■ *Les femmes dépensent 30% de plus que les hommes,*
> *les filles 30% de plus que les garçons.*

Au début des années 50, la situation était inversée: les hommes dépensaient 30% de plus que les femmes pour s'habiller; les dépenses concernant les filles étaient nettement inférieures à celles faites pour les garçons. Durant la période de forte expansion économique, entre 1953 et 1972, les dépenses vestimentaires des femmes ont progressé nettement plus vite que la moyenne *(the average)*. Celles des enfants ont triplé pendant que celles des adultes doublaient. Les dépenses des filles ont augmenté davantage que celles des garçons.

> ■ *Les enfants et adolescents sont de plus en*
> *plus sensibles aux signes de reconnaissance.*

Si la mode joue un moindre rôle dans les achats des adultes, elle se manifeste dès l'école primaire chez l'enfant et prend une importance considérable à l'entrée au collège. Tout ce qui peut permettre une identification du vêtement ou de l'accessoire a une importance: inscriptions, formes, matériaux et surtout marques. Vêtements *Creeks, Compagnie de Californie, Naf-Naf,* blousons *Chevignon, Perfecto* ou *Liberto,* chaussettes *Burlington,* chaussures *Reebok,* sacs *Hervé Chapelier,* etc.

> ■ *La recherche de prix moins élevés se généralise.*

Si les Français dépensent moins pour leurs vêtements, c'est surtout parce qu'ils les payent moins cher, en utilisant de façon plus systématique les diverses possibilités qui s'offrent à eux: périodes de soldes, dépôts-vente *(consignment stores)*, magasins d'usines *(factory outlets)*, «discounters», etc.

Cette évolution des dépenses s'accompagne de nouvelles attitudes devant le vêtement. Celui-ci n'est plus depuis longtemps considéré comme un produit de première nécessité. Le souci de confort et de la durée, la recherche de l'originalité sont des critères qui pèsent de plus en plus sur les achats.

> S➤ 58 % des Français sont très ou assez attentifs à la mode, 41 % peu ou pas du tout attentifs. Mais 85 % font selon leur humeur pour se sentir bien, même si cela ne correspond pas forcément à la mode (11 % suivent la mode).
>
> S➤ 63 % des hommes préfèrent les jupes courtes, 46 % des femmes préfèrent les longues. 10 % des hommes considèrent que cela dépend...
>
> S➤ 76 % des femmes dorment avec une chemise de nuit et 47 % des hommes avec un pyjama. Ils sont 56 % parmi les 18–24 ans, 38 % des 25–34 ans, 63 % des 35–44 ans, 66 % des 45–59 ans, 82 % des 60 ans et plus.
>
> S➤ 45 % des ménages ont jeté des vêtements au cours des trois derniers mois. 35 % en ont donné. 2 % en ont vendu (9 % des cadres).
>
> E➤ Les Français ont acheté environ 30 millions de jeans en 1990, dont 11 pour des enfants.
>
> E➤ 60 % des vêtements achetés par les hommes sont fabriqués dans des pays en voie de développement.

A. Compréhension.   Based on your understanding of the reading, answer the following questions.

1. What are two of the major trends in clothing that the author mentions? _____
_____
_____

2. What English proverb is equivalent to **"L'habit ne fait pas le moine"?** _____
_____

3. Which segment of the French population tends to spend the most on clothing? _____
_____

4. What factors have influenced the French to spend less money on clothing? _____
_____
_____

5. What seems to be important to French young people when they buy clothing? Do you think this is also true in the United States? Why or why not? _____
_____
_____
_____

6. Which statistics did you find most interesting about clothing in France? Why? _____
_____
_____

B. Et maintenant à vous! How do you spend your money? Fill in the survey by indicating what percentage of your money you tend to spend on each item.

Mes dépenses (en pourcentages)		
1. Sorties ciné, restau _____%	7. Nourriture _____%
2. Petites choses _____%	8. Cadeaux _____%
3. CD, vidéos _____%	9. Transports _____%
4. Essence _____%	10. Produits de beauté _____%
5. Vêtements _____%	11. Pour l'avenir (à la banque) _____%
6. Livres, magazines _____%	12. Aider ma famille _____%

Now create a self-portrait based on how you spend your money. For example, if you spend a great deal of money on presents for others, you're probably a very generous person. Show how your expenditures reflect your personality. Use a separate sheet of paper and write in French.

Écrivons!

■Pratique de la grammaire

In this **étape**, you've studied the object pronouns **me, te, nous,** and **vous.** To verify that you've learned these structures, take *Test 33* below. You'll find the answers and scoring instructions in the Answer Key. A perfect score is 16. If your score is less than 12, or if you want additional practice, do the self-correcting exercises for **Chapitre 11, Étape 2,** in the *Pratique de la grammaire* at the back of this **Cahier.**

Test 33

D'abord, répondez aux questions selon les indications.

1. Tu nous cherches depuis longtemps? (oui)

   _____

2. Vous m'avez envoyé une lettre? (oui)

   _____

3. Tu me comprends? (non)

   _____

4. Elle va t'accompagner? (oui)

   _____

5. Tu m'as téléphoné? (non)

_____

6. Tu nous as acheté quelque chose? (oui... un cadeau)

_____

7. Je te téléphone? (oui, *impératif*)

_____

8. Je vous apporte des fruits? (non, *impératif*)

_____

_____

NOTE FOR CORRECTION: some items have two possible answers; 1 point for each correct pronoun, 1 point for each correct placement of the pronoun; *total: 16*

III. Qu'est-ce qu'ils ont acheté?   Look at the drawings and tell what clothes your friends bought during their shopping trip.

1. _____	10. _____
2. _____	11. _____
3. _____	12. _____
4. _____	13. _____
5. _____	14. _____
6. _____	15. _____
7. _____	16. _____
8. _____	17. _____
9. _____	18. _____

IV. Qu'est-ce qu'il faut que j'apporte? It's winter vacation and you're about to visit a friend in Quebec City. Write an e-mail to your friend to find out what the weather is like and what kinds of clothing you should bring. Use specific clothing terminology to ask your questions. For example: **J'aime faire du jogging. Est-ce que c'est possible en hiver au Québec? Si oui, je vais apporter un sweat.** Use a separate piece of paper.

V. Ce que je porte d'habitude. Make a list of the clothes you usually wear during each season.

Au printemps	En été	En automne	En hiver
_____	_____	_____	_____
_____	_____	_____	_____
_____	_____	_____	_____
_____	_____	_____	_____
_____	_____	_____	_____
_____	_____	_____	_____

VI. Il faut apporter... Jacques, a Swiss exchange student, is coming to your university. Write him a letter telling what the weather is like during each season in your region and specify what clothes he should bring for each season. Whenever possible, use some expressions of necessity with either the subjunctive or the infinitive.

■ Pratique de la grammaire

In this **étape**, you've studied the use of the direct object pronouns **le, la, l', les** and the indirect object pronouns **lui** and **leur**. To verify that you've learned these structures, take *Test 34* below. You'll find the answers and scoring instructions in the Answer Key. A perfect score is 16. If your score is less than 12 or if you want additional practice, do the self-correcting exercises for **Chapitre 11, Étape 2**, in the *Pratique de la grammaire* at the back of this **Cahier.**

Test 34

Répondez à chaque question en utilisant un pronom et les mots indiqués.

1. Où est la banque? (voilà)

_____

2. Tu téléphones souvent à tes parents? (oui... une ou deux fois par mois)

_____

3. Tu as parlé à ton grand-père? (oui... samedi dernier)

_____

4. Tu connais Jean-Pierre Rocheouard? (non)

_____

5. Tu as mangé tes légumes? (non)

_____

6. Tu vas acheter un cadeau pour ta sœur? (oui... un CD)

_____

7. Elle va regarder ma vidéo? (oui... ce soir ou demain)

_____

8. Tes parents ont rendu visite à ta sœur? (non)

_____

Note for correction: 1 point for each correct pronoun, 1 point for each correct pronoun placement; *total: 16*

VII. Commentaires d'un(e) couturier(-ère). Imagine that you will be the guest commentator at a fashion show and have to describe the clothes a male and female model are going to wear. To prepare yourself for the presentation, write out what you're going to say. Give a complete description of the outfit each model will wear, including the fabrics and the colors. For help, you may cut out pictures from magazines.

Modèle: *Et voilà Jacqueline. Elle porte un tailleur très chic avec un chemisier à manches longues en coton imprimé, une veste...*

L'Art d'écrire L'enchaînement des phrases—liaisons logiques

In the previous **étape,** you saw how connecting words may be used to organize a paragraph based on time. Many paragraphs, however, are organized on the basis of *conflicting* or *opposing ideas.* In other words, they reflect the writer's thought processes as he/she considers both sides of an argument.

After you've explored one point of view (for example, the advantages of something), you may use one of the following expressions to introduce the opposite point of view (in this case, the disadvantages): **mais, cependant** (nevertheless), **il est vrai que** (it is true that):

> En France, les trains sont excellents. Il y en a beaucoup, ils sont toujours à l'heure et ils sont généralement très confortables. **Cependant,** à certaines époques de l'année (au commencement et à la fin des grandes vacances), il faut réserver sa place longtemps à l'avance et les trains sont souvent bondés (crowded).

Once you have presented both sides of the argument, you may wish to conclude in favor of one side or the other. If you choose the second set of arguments (in this case, the disadvantages), you may introduce your conclusion with an expression of consequence: **donc** (therefore), **par conséquent** (consequently), **c'est pourquoi** (that's why):

> **C'est pourquoi** je ne prends jamais le train à l'époque des vacances.

On the other hand, if you are convinced by the first set of arguments (here, the advantages), you may introduce your conclusion with expressions such as **malgré cela** (in spite of that) or **néanmoins** (nevertheless):

> **Malgré cela,** le train est le moyen de transport le plus agréable. Je voyage toujours par le train.

In the exercises that follow, concentrate on clarifying the logical relationship between your arguments.

VIII. Des arguments.   Complétez les paragraphes suivants en utilisant les expressions suggérées et en proposant vos propres arguments.

1. L'avion est le moyen de transport préféré d'un grand nombre de voyageurs. (deux avantages)

   _____

   _____

   _____

   Il est vrai que (deux inconvénients) _____

   _____

   _____

   Malgré cela _____

   _____

   _____

2. Le monde moderne devient de plus en plus petit. (deux raisons) _____

   _____

   _____

   C'est pourquoi (deux conséquences) _____

   _____

   _____

   Cependant (un problème) _____

   _____

   _____

IX. **À mon avis.** Rédigez deux paragraphes où vous présentez les avantages et les inconvénients de quelque chose. Dans un des paragraphes, indiquez que les avantages sont plus importants que les inconvénients; dans l'autre, montrez le contraire. Vous pouvez écrire les deux paragraphes sur le même sujet ou, si vous préférez, sur deux sujets différents. Utilisez une autre feuille de papier.

SUJETS POSSIBLES: **Voyager en voiture / Voyager à bicyclette / Visiter un pays étranger / Visiter le pays où on habite / Passer les vacances en famille / Passer les vacances avec des amis.**

Troisième étape *Une interview* (Text pp. 471–481)

Lisons!

I. **Prélecture.** List (in English) the types of information you would include in the following business letters.

1. a job application letter _____

_____

_____

2. a letter of reference for someone _____

_____

_____

3. a letter inviting someone to come for a job interview _____

_____

_____

4. a letter written by a salesperson who wants to make an appointment with a potential

customer _____

_____

_____

5. a letter to get more information about an exchange program _____

_____

_____

*II. **Lecture: Des lettres officielles.** Read the letters on pages 320, 321, and 322. Then answer the questions.

A. **La lettre d'accompagnement** *(cover letter)*

Jeanne Lasalle
19, avenue Fontenac
43000 Rennes

Rennes, le 14 juin

Monsieur le Directeur
Service de Recrutement
Éditions Araignée
6, rue Pascal
54087 Limoges

Monsieur le Directeur,

Suite à votre annonce parue dans LE FIGARO du 13 juin, je me permets de poser ma candidature pour le poste de représentante de la région nord-ouest.

Comme vous le montrera mon curriculum vitae ci-joint, je viens de terminer mes études à l'université de Rennes où j'ai obtenu une maîtrise en langues étrangères avec spécialisation en anglais. J'ai de plus fait un stage chez le libraire Laffont à Rennes et j'ai passé trois mois en Allemagne pour perfectionner mon allemand.

Votre offre d'emploi m'intéresse beaucoup et j'ose espérer que vous prendrez ma demande en considération.

Dans l'attente d'une réponse favorable de votre part, je vous prie d'agréer, Monsieur le Directeur, l'expression de mes salutations les plus distinguées.

Jeanne Lasalle

p.j. : 1

1. What kind of a job is Jeanne Lasalle applying for? _____
_____

2. What are her qualifications? _____
_____

3. What other types of information could Jeanne have included in her letter?

_____

_____

_____

B. La lettre de demande de renseignements

Philippe Royer   Lyon, le 20 octobre
Lycée Anselme
45, avenue Belfort
69007 Lyon France

                                        Madame Elaine Leary
                                        Heinle and Heinle Publishers, Inc.
                                        20 Park Plaza
                                        Boston MA 02116 USA

                Madame,
        Je vous prie de bien vouloir m'adresser votre dernier catalogue
concernant les ouvrages édités par votre maison à l'intention de
l'enseignement de l'anglais langue étrangère. Je vous serais également
obligé de me faire parvenir le nom de votre représentant en France.
        Une réponse rapide de votre part nous permettrait d'immédiatement
passer commande des manuels dont nous avons besoin.
        Veuillez agréer, Madame, l'expression de mes salutations
distinguées.

                                        Philippe Royer

4. What information does Philippe Royer need?

_____

_____

5. What is likely to happen once he receives the information?

_____

C. La lettre de commande

> Michèle Bernat
> 67, rue Gibert
> 97200 Bordeaux
>
> Bordeaux, le 14 août
>
> La Redoute
> 59081 Roubaix
>
> Monsieur,
>
> Je vous serais obligée de bien vouloir m'expédier le blouson en cuir marron (tour de poitrine: 80/84cm) figurant dans votre catalogue sous le numéro 843 (page 73).
>
> Afin d'éviter toute confusion, je vous rappelle qu'il s'agit d'un blouson pour homme, doublé, col fermé par patte et boucle et aux manches raglan.
>
> La livraison pourra en être effectuée à mon domicile dans les meilleurs délais. Le paiement sera réalisé par carte de crédit numéro 346 887 9003.
>
> Veuillez accepter, Monsieur, l'expression de mes sentiments les meilleurs.
>
> Michèle Bernat

6. What is Michèle Bernat ordering and what specific information does she supply? _____

_____

_____

7. Where should the item be delivered and how will the payment be made? _____

_____

General question

8. How does the format of the three French business letters differ from the format of an

American business letter? _____

_____

_____

_____

Écrivons!

■ Pratique de la grammaire

In this **étape**, you've studied negative expressions and **-re** verbs. To verify that you've learned these structures, take *Test 35* below. You'll find the answers and scoring instructions in the Answer Key. A perfect score is 24. If your score is less than 20 or if you want additional practice, do the self-correcting exercises for **Chapitre 11, Étape 3**, in the *Pratique de la grammaire* at the back of this **Cahier.**

Test 35

D'abord, répondez à chaque question en utilisant une expression négative.

1. Qu'est-ce que tu veux?

_____

2. Qu'est-ce que tu attends?

_____

3. Tu aimes toujours ton cours de maths?

_____

4. Qui veut manger du poisson?

_____

5. Qu'est-ce que tu as acheté au centre commercial?

_____

6. À qui est-ce que tu as téléphoné hier soir?

_____

7. Tu as déjà fait tes devoirs?

_____

8. De quoi est-ce que tu as besoin?

_____

Maintenant, complétez chaque phrase en utilisant le verbe et le temps indiqués entre parenthèses.

9. (attendre / présent) Qu'est-ce que tu _____?

10. (entendre / passé composé) J'_____ un bruit.

11. (descendre / présent) Où est-ce que nous_____?

12. (descendre / présent du subjonctif) Il faut que vous _____ à la station Cité.

13. (répondre / présent) Michèle et Annick _____ toujours à toutes les questions.

14. (perdre / imparfait) Quand j'étais petit, je _____ toujours mes jouets.

15. (vendre / passé composé) Comment? Ils _____ leur maison?

16. (vendre / présent) Comment? Elle _____ son appartement?

_____

NOTE FOR CORRECTION: items 1–8, 1 point for each correct negative expression, 1 point for each correct placement of the expression; *total: 16;* items 9–16, 1 point for each correct verb form; *total: 8*

III. Votre curriculum vitae. You're applying for jobs in a French-speaking country. Use the French résumé format (see p. 472 of the textbook) to create your own résumé in French. If you're at the beginning of your studies, invent details based on your educational and career plans.

L'Art d'écrire Lettre adressée à une personne que vous ne connaissez pas

You've already learned how to write letters to friends, family, and people you know. These letters, although they have a specific format, are generally informal in language and tone. When writing to people you don't know, however, you need to compose more formal letters (**lettres officielles**).

◆ ◆

Name and address
of sender
Pierre Joubert
4, rue Fontainebleau
69001 Lyon

Place and date
Lyon, le 3 mars

Name and address
of recipient
Madame Julie Roland
47, rue Mansard
69001 Lyon

Salutation in middle of page
Madame,

First sentence (indented)
Je vous serais obligé de me faire parvenir le catalogue des vêtements d'hiver offerts par votre maison . . .

Body of letter, with each new paragraph indented.

Closing salutation (indented)
Avec mes remerciements, je vous prie d'agréer, Madame, mes sentiments distingués. *(Long formula for "Sincerely")*

Signature

Pierre Joubert

◆ ◆

Salutations for superiors or people you don't know

1. If the person does not have a title, simply put either **Monsieur** or **Madame.** Don't use the person's last name.

2. If the person has a specific title, add it to **Monsieur** or **Madame (Monsieur le Directeur, Madame la Directrice, Monsieur le Maire, Madame la Présidente).**

The first sentence

1. When asking for something (such as information):

Veuillez

Veuillez avoir l'obligeance de

Je vous prie de

Je vous serais obligé(e) de

Je vous serais reconnaissant(e) de

Je vous prie de bien vouloir

m'adresser...

m'indiquer...

me faire parvenir...

2. When informing someone of something:

J'ai l'honneur de porter à votre connaissance... (formal)

Je vous informe que... (neutral)

J'ai le plaisir de vous informer que... (positive)

J'ai le regret de vous informer que... (negative)

Closings

In English, we close formal letters with "Sincerely" or "Sincerely yours." In French, longer closings are required. Generally, you may select any of the following equivalents of "Sincerely." The words in parentheses indicate variations:

Veuillez accepter (agréer), Monsieur (Madame), mes salutations (mes sentiments) distingué(e)s (les meilleur[e]s).

Je vous prie d'accepter (d'agréer), Monsieur (Madame), mes sentiments respectueux (dévoués / les meilleurs).

Je vous prie de bien vouloir accepter (agréer), Monsieur le Directeur (Madame la Directrice), l'expression de mes sentiments les plus respectueux.

*IV. Des lettres. Decide what conventional expressions you would use to begin and end letters to the following people.

1. le maire de Besançon / demande d'un extrait d'acte de naissance *(birth certificate)*

Salutation: _____

Première phrase: _____

Formule finale: _____

_____

2. le directeur des ventes / demande du catalogue de chaussures

Salutation: _____

Première phrase: _____

Formule finale: _____

_____

3. femme inconnue / demande de renseignements sur les programmes d'échange

Salutation: _____

Première phrase: _____

Formule finale: _____

_____

4. homme inconnu / commande d'un anorak du catalogue «Les 3 Suisses»

Salutation: _____

Première phrase: _____

Formule finale: _____

_____

5. votre employeur / vous ne pouvez plus travailler pour lui en été

Salutation: _____

Première phrase: _____

Formule finale: _____

_____

Point d'arrivée *(Text pp. 482–487)*

🎧 Écoutons!

CD5-2 ***I. La formation supérieure.** Listen to the statements of four young people who have just completed their secondary education and are explaining their career goals. Match each commentary to the appropriate school ad below.

_____   _____   _____

CD5-3 ***II. Le, la, l', les, lui, leur?** Circle the object pronoun you hear in each sentence.

1. le la l' les lui leur   5. le la l' les lui leur

2. le la l' les lui leur   6. le la l' les lui leur

3. le la l' les lui leur   7. le la l' les lui leur

4. le la l' les lui leur   8. le la l' les lui leur

CD5-4 ***III. Les postes disponibles.** Listen to the employers' descriptions of the jobs they have available. Then provide the requested information for each description.

1. Poste: _____

   Ville: _____

   Expérience: _____

   Langue(s): _____

   Salaire: _____

2. Poste: _____

   Ville: _____

   Expérience: _____

   Langue(s): _____

   Salaire: _____

3. Poste: _____

   Ville: _____

   Expérience: _____

   Langue(s): _____

   Salaire: _____

4. Poste: _____

Ville: _____

Expérience: _____

Langue(s): _____

Salaire: _____

ATR

SETTIMIO BIONDI
Vice-President Procurement

Avions de Transport Régional

316, ROUTE DE BAYONNE - BP 3107 - 31026 TOULOUSE CEDEX - FRANCE
PHONE : 05.61.30.44.74 - TELEX : 533 984 F - FAX : 05.61.30.07.40

MICHEL MARTUCHOU

INGÉNIEUR EN CHEF
DÉPARTEMENT COOPÉRATION TECHNIQUE

COMPAGNIE DES SALINS DU MIDI
ET DES SALINES DE L'EST
68, COURS GAMBETTA
34063 MONTPELLIER CEDEX 2 F

TÉL. : 67.58.23.77
TÉLEX : 480 619 MIDISEL
TÉLÉFAX - 04.67.58.96.69

AIR FRANCE

MIREILLE LUFEAUX

ATTACHÉE DES SERVICES COMMERCIAUX

DIRECTION RÉGIONALE
2 BOULEVARD DE STRASBOURG · 31000 TOULOUSE · 62.54.04

CD5-5 *IV. Aux Galeries Lafayette. You will hear a conversation in which Janine tells her mother what she and her two friends, Paul and Monique, did at the Galeries Lafayette. As you listen, write each person's initials next to the departments he or she visited. Use: **J** for Janine, **P** for Paul, and **M** for Monique.

1. rayon des parfums _____   **5.** rayon alimentation _____

2. rayon des vêtements pour hommes _____   **6.** rayon des sports _____

3. rayon des vêtements pour femmes _____   **7.** salon de coiffure _____

4. rayon photos _____

CD5-6 *V. De quoi est-ce qu'il s'agit? Listen carefully to each conversation. Then decide which of the two drawings best represents one of the details of the conversation.

Modèle: You see: C'est quelle pointure?

39   36

_____   _____

You hear: —Bonjour, Madame. Je peux vous aider?
—Oui, il me faut des escarpins.
—Et quelle est votre pointure?
—Je chausse du 36.
—Et la couleur?
—Des escarpins bleu marine, s'il vous plaît.
—Voilà, Madame. Essayons ces escarpins-ci.
—Oui. Ils me vont très bien. Je les prends.

You check:

39   36
_____   ✓

1. C'est quelle pointure?

45   38
_____   _____

2. C'est quel magasin?

_____   _____

3. C'est quelle taille?

48   44
_____   _____

4. C'est quelle robe?

_____   _____

CD5-7 *VI. Mini-dictée.   Listen to the conversation between Alice and her mother and fill in the blanks with the appropriate forms of the verbs you hear. You will hear the conversation twice.

MAMAN: Alors, Alice, tu es prête?

ALICE: Oh là là. Je ne _____ pas quoi _____.

De toute façon, je ne _____ pas _____ chez les Mirot.

MAMAN: Tu n'_____ pas raisonnable. C'_____ le baptême de leur neveu et il faut absolument que nous y _____.

ALICE: Bon, alors. Qu'est-ce qu'il faut _____ pour aller à un baptême?

MAMAN: _____ ta jolie robe rose. Elle te _____ très bien. Il est important que tu _____ quelque chose d'élégant.

ALICE: Et avec ça? Je _____ quelles chaussures?

MAMAN: Eh bien, pourquoi pas les escarpins blancs?

ALICE: Et quel sac? Le rose ou le blanc?

MAMAN: Mais _____, tu ne _____ vraiment pas d'effort! Il vaut mieux que tu _____ le sac blanc. Il va parfaitement avec les chaussures.

ALICE: Est-ce qu'il faut vraiment que j'_____ avec toi?

MAMAN: Pas de discussion! Il est essentiel que tu _____ à la fête aujourd'hui. Et d'ailleurs, il est préférable que tu _____ de bonne humeur et que tu _____ de la patience pendant que nous y sommes!

ALICE: Bon. D'accord. Alors, on y va? Tu es prête? Il faut que nous _____ tout de suite! Il est essentiel que je _____ parler à Marc avant la cérémonie. Viens!

MAMAN: Ah bon. Quand il s'agit de garçons, tu es pressée tout d'un coup! Quelle fille! J'arrive, j'arrive!

CD5-8 *VII. Dans les grands magasins.   Listen as Yves and Christine discuss their shopping trip. Then supply the required information about each of them.

1. Christine est allée au rayon des _____ et au rayon des _____

_____. Elle a acheté _____. Elle n'a pas trouvé

_____.

2. Yves a fait ses achats au rayon des _____. Il a acheté _____

_____. Il n'a pas acheté _____.

CD5-9 *VIII. Où sont-ils?   Listen to the three conversations. Then match the number of each conversation to the store in which it takes place.

_____ Monoprix

_____ Galeries Lafayette

_____ Boutique Dior

GALERIES
Lafayette

Listen to the four descriptions. Then match the number of each description to the appropriate drawing.

Rédigeons!

A. Mes qualifications.   You've been asked to write a self-portrait for a job placement agency. Include your family background, personal qualities, education, work experience, leisure-time activities and hobbies, the types of work you're interested in, and any other information that you think will help the agency to match you with appropriate job openings. Use the *Système-D* writing assistant to help you.

VOCABULARY: Family members; personality; languages; studies, course; leisure; trades; occupation
PHRASES: Writing an essay; describing people
GRAMMAR: Adjective agreement; adjective position

B. On va visiter les États-Unis.   You receive the following letter from a French friend who is planning a trip to the United States. Before answering the letter, outline the main ideas you want to include. Then write your letter using the appropriate format. Use a separate sheet of paper.

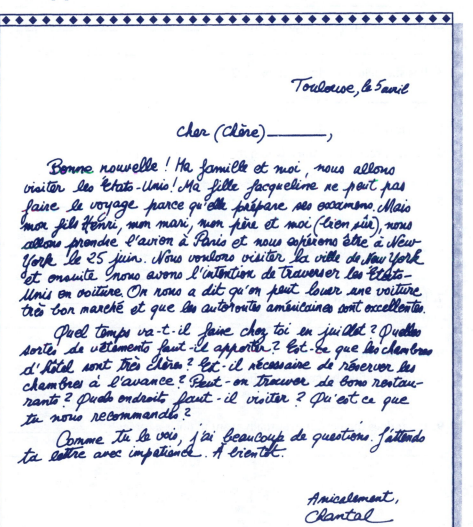

Toulouse, le 5 avril

Cher (Chère) _____,

Bonne nouvelle! Ma famille et moi, nous allons visiter les États-Unis! Ma fille Jacqueline ne peut pas faire le voyage parce qu'elle prépare ses examens. Mais mon fils Henri, mon mari, mon père et moi (bien sûr), nous allons prendre l'avion à Paris et nous espérons être à New York le 25 juin. Nous voulons visiter la ville de New York et ensuite nous avons l'intention de traverser les États-Unis en voiture. On nous a dit qu'on peut louer une voiture très bon marché et que les autoroutes américaines sont excellentes.

Quel temps va-t-il faire chez toi en juillet? Quelles sortes de vêtements faut-il apporter? Est-ce que les chambres d'hôtel sont très chères? Est-il nécessaire de réserver les chambres à l'avance? Peut-on trouver de bons restaurants? Quels endroits faut-il visiter? Qu'est-ce que tu nous recommandes?

Comme tu le vois, j'ai beaucoup de questions. J'attends ta lettre avec impatience. À bientôt.

Amicalement,
Chantal

🎧 Travail de fin de chapitre

CD5-11 ***I. Quatre interviews**

    A. You will hear four job interviews. Match the number of each interview with the appropriate job.

        _____ camp counselor

        _____ salesperson in a clothing store

        _____ French teacher in an American high school

        _____ traveling salesperson

    B. Listen again to the four job interviews. Then answer the following questions.

CD5-11 **Interview Number 1**

    1. What job is the person being interviewed for? _____

_____

    2. Where did the person do her studies? _____

_____

    3. Has she held a teaching job before? _____

_____

CD5-12 **Interview Number 2**

    4. In what region of France would the person be working? _____

_____

    5. How many years of experience does the person have? _____

_____

    6. What job has the person held before? _____

_____

    7. Is the person interested in traveling? _____

_____

CD5-13 **Interview Number 3**

    8. What qualifies the person for the job? _____

_____

    9. What does the person eventually want to do as a career? _____

_____

CD5-14   **Interview Number 4**

10. What is one of the most important requirements for the job? _____

_____

11. What qualifications does the person have? _____

_____

CD5-15 ***II. Au rayon des vêtements**

A. You will hear three conversations that take place in the clothing section of a department store. As you listen, tell what the weather is like when each one takes place.

Conversation 1

Le temps: _____

Conversation 2

Le temps: _____

Conversation 3

Le temps: _____

B. Listen again to the three conversations on the Student CD and list the articles of clothing mentioned in each conversation.

1. _____

_____

2. _____

_____

3. _____

_____

CD5-16 **III. Jeu: Chaînes de mots.**   Each of the following series of words are logically connected (for example, they may be a chronological sequence of events, synonyms, antonyms, or a cause and effect). Find the words that fit between the first and last words. The first letter of each word is provided and cues are given in parentheses.

1. petites annonces

l _ _ _ _ _   (on pose sa candidature)

i _ _ _ _ _ _ _ _   (on se présente)

o _ _ _ _ _   (la bonne nouvelle)
premier jour de travail

2. achats

v _ _ _ _ _   (le contraire)

c _ _ _ _ _ _ _ _   (personne qui vend)

c _ _ _ _ _ _   (personnes qui achètent)
chiffre d'affaires

3. compagnie

e _ _ _ _ _ _ _ _ _ _ (synonyme)

s _ _ _ _ _ _ (synonyme)

s _ _ _ _ _ _ _ _ _ _ (d'autres lieux de la même compagnie)
industrie

4. travail

p _ _ _ _ _ _ (personne qui a des employés)

c _ _ _ _ s _ _ _ _ _ _ _ _ (synonyme)

s _ _ _ _ _ _ (synonyme d'employé)
travail à plein temps

CD5-17 IV. Jeu: Êtes-vous poète? Sometimes the simplest words become poetic when combined with other words. By following the guidelines below, create poems that use some of the vocabulary about clothing from this chapter. As a follow-up project, one student may collect all the poems written by the class and create an anthology that can be duplicated for all class members.

Poem format: 1 noun
2 adjectives
3 verbs
1 noun

Modèle: *foulard*
léger, magique
cache, révèle, enveloppe
mystère

chapitre  **12**

Voyageons!

Première étape *On prend le train* (Text pp. 494–509)

Lisons!

*Poetry is first of all word play. Poets create their poems out of words, paying attention not only to literal meaning but to sounds, rhythms, and associations. Consequently, when you read a poem, you need to pay close attention to the words themselves. In this **étape**, you are going to read a short poem by Max Jacob (1876–1944), a poet who was "serious" about the idea of "playing" with words.*

I. Prélecture. The poem is about a female acrobat who is taking a train trip. What ideas do you bring to the reading of this poem?

1. What do you associate with an acrobat? What kind of life do you imagine she leads? _____
_____
_____

2. What do people do while traveling by train (or plane)? _____
_____
_____

3. Locate on the map of France the following cities: **Paris, Nantes, Saumur.**

II. Lecture: La Saltimbanque en wagon de 3ᵉᵐᵉ classe

La saltimbanque! la saltimbanque!
a pris l'express à neuf heures trente,
a pris l'express de Paris-Nantes.
Prends garde garde, ô saltimbanque,
que le train partant ne te manque.
Et voici son cœur qui chante:
oh! sentir dans la nuit clémente
qu'on suit la direction d'un grand fleuve
dans la nuit de l'ouest, dans la nuit veuve!
Mais on ne me laissera donc pas seule
sous mon rêve avec mon saule.
Gens de Saumur! gens de Saumur!
Oh! laissez-moi dans ma saumure.

Abstenez-vous, gens de Saumur,
de monter dans cette voiture.
Elle rêve à son maillot jaune
qui doit si bien aller à sa chevelure
quand elle la rejette loin de sa figure.
Elle rêve à son mari qui est jeune,
plus jeune qu'elle, et à son enfant
qui est visiblement un génie.
La saltimbanque est tcherkesse;
elle sait jouer de la grosse caisse.
Elle est belle et ne fait pas d'épates;
elle a des lèvres comme la tomate.

Vocabulaire:

la saltimbanque: acrobat
Prends garde: Take care
ne te manque: you don't miss
suit: is following
veuve: widowed
seule: alone
saule: willow
saumure: pickling juice
maillot: leotard (also **maillot jaune:**
   leader's shirt in Tour de France bicycle race)

chevelure: hair
figure: face
tcherkesse: Circassian (inhabitant of Circassia,
   southern part of former Soviet Union)
grosse caisse: bass drum
ne fait pas d'épates: doesn't show off
lèvres: lips

III. Analyse.   Answer the following questions about the poem.

1. Summarize briefly the basic situation: Where is the acrobat? Where is she going? Is this a
   long trip? Why might she be going there? Why might she be riding in third class? _____

_____

_____

_____

_____

_____

2. Most of the poem is presented in the words of the poet-narrator; however, one section presents
   the words the acrobat says to herself. Identify this section. What is she saying to herself? Why?

_____

_____

_____

_____

_____

3. What does the acrobat dream about during the trip? What do her dreams reveal about her?

_____

_____

_____

4. Find instances where the poet plays with the sounds of words (for example, **trente / Nantes).** _____

_____

_____

Find instances where the word play is on the shape (letters) of the word rather than on the sound. _____

_____

_____

5. What is strange and humorous about the end of the poem? Does this ending affect the way you feel about the poem as a whole? _____

_____

_____

_____

Écrivons!

▪ Pratique de la grammaire

In this **étape**, you've studied geographical names and expressions as well as the pronouns **y** and **en**. To verify that you've learned these structures, take *Tests 36* and *37* below. You'll find the answers and scoring instructions in the Answer Key. A perfect score is 50. If your score is less than 40 or if you wish additional practice, do the self-correcting exercises for **Chapitre 12, Étape 1,** in the **Pratique de la grammaire** at the back of this **Cahier.**

Test 36

Complétez chaque phrase en utilisant une préposition et le nom d'un pays.

1. Paris se trouve _____.

2. Moscou se trouve _____.

3. Beijing se trouve _____.

4. Montréal se trouve _____.

5. Genève se trouve _____.

6. New York se trouve _____.

7. Melbourne et Sidney se trouvent _____.

8. Acapulco et Cuernavaca se trouvent _____.

9. Tokyo se trouve _____.

10. Bruxelles se trouve _____.

11. Jorge est espagnol. Il vient _____.

12. Claudia est brésilienne. Elle vient _____.

13. Amina est sénégalaise. Elle vient _____.

14. Florence est anglaise. Elle vient _____.

15. Moshe est israélien. Il vient _____.

NOTE FOR CORRECTION: 1 point for each correct preposition; 1 point for each country name; *total: 30*

Test 37

Maintenant, répondez à chaque question en utilisant **y** ou **en** et les mots suggérés.

1. Depuis combien de temps est-ce que tu habites à Rouen? (depuis 10 ans)

_____

2. Tu veux du fromage? (non)

_____

3. Tu as mangé des légumes? (oui)

_____

4. Comment sont-ils allés en Italie? (par le train)

_____

5. Quand est-ce que vous serez au Sénégal? (le printemps prochain)

_____

6. Combien de frères as-tu? (deux)

_____

7. On va au concert? (oui, allons [*impératif*])

_____

8. Qui va s'occuper du dessert? (Catherine)

_____

9. Tu vas apporter ta calculatrice? (non, je n'ai pas besoin)

_____

10. On va au centre commercial? (oui, il faut que j'achète des vêtements pour mon voyage)

_____

NOTE FOR CORRECTION: 1 point for the correct choice of **y** or **en**; 1 point for correct placement; total: 20

IV. Pourquoi ne pas venir avec nous?   Write a short note to a friend, describing a trip that you are planning and inviting your friend to go with you. Follow the outline given below and use appropriate expressions to begin and end the letter. Use the *Système-D* writing assistant to help you.

1. Tell where you are planning to go.

2. Tell who is going with you.

3. Tell where you are planning to leave from.

4. Invite your friend to accompany you.

VOCABULARY: Traveling; geography
PHRASES: Inviting; linking ideas; sequencing events

V. Un groupe de lycéens français chez nous.   A group of French **lycée** students are touring your part of the United States by bus. They are going to be in your area for four days and will stay with local families. Make up an itinerary for the group that includes meals, activities, and time with the host families. The group will arrive late Thursday afternoon and leave early Tuesday morning. Use a separate sheet of paper.

Modèle: *jeudi (9 avril)   5h arrivée à (Charleston)   6h30 dîner…, etc.*

L'Art d'écrire   Comment trouver des mots dans un texte

In this chapter, you will learn some strategies for developing and using your French vocabulary. One way to develop your vocabulary on a specific subject is to read about that topic in French. While reading, be alert for French equivalents of English expressions related to the subject that interests you.

Les jeunes et la consommation

«Avantages et méfaits de la société de consommation», c'était, dans les années 70, le grand classique de leurs sujets de dissertation. Facilement contestataires hier, les jeunes sont sans complexes aujourd'hui. Ils consomment comme ils respirent: sans y penser. Voilà tout.

Leur univers quotidien

«Consommer? C'est manger», répondaient en 1980 les élèves interrogés par le Centre de documentation de la consommation à Marseille. Associant l'idée à celle de la cuisine ou de la salle à manger, plutôt qu'à leur chambre. «Une première coquille», où, comme le rappellent Jean Boniface et Alain Gaussel, auteurs des *Enfants consommateurs,* «ils consomment pourtant tout ce qui n'est pas nourriture»… c'est-à-dire tout le reste. Dans cet espace dont il se sent propriétaire, l'enfant se révèle à 10 ans un amoureux des collections d'objets. Passé la porte de son domaine réservé, le teen-ager utilise à peu près librement appareils ménagers et téléphone de la maisonnée. Un foyer dans lequel près de la moitié des achats se font sous son influence… et qui l'abrite dans 70% des cas jusqu'à ses 25 ans.

À l'école, les magasins du quartier: autant de lieux où la notion de valeur
marchande s'apprend bien avant l'âge de raison.

À l'école de la consommation

Les cours de récréation sont des mini-foires où stylos, chewing-gums et autres trésors s'échangent à des cours ignorés des adultes.

Chez les commerçants, les enfants font de plus en plus jeunes l'apprentissage des courses: 96% des 5–15 ans y suivent leurs mères. De l'épicier du coin à la grande surface, l'initiation aux circuits de distribution est précoce. Seul un tiers des enfants—les plus âgés—participe aux virées familiales dans les hypermarchés. Mais 62% sont des habitués du petit commerce.

À 4 ou 5 ans, beaucoup s'aventurent seuls pour acheter le lait ou la baguette du matin. Vers 10 ans, les voilà expédiés au petit supermarché. Fait révélateur: parmi les familles interrogées par l'École des parents, 75% des mères travaillaient à l'extérieur. Moins souvent disponibles, les parents délèguent plus facilement à la jeune progéniture la responsabilité des achats quotidiens. Du paquet de nouilles au kilo d'oranges, les 10–12 ans ont l'œil sur les étiquettes. En mai 1984, la revue *Que Choisir?* le constatait dans un dossier consacré à leur connaissance des prix. Pour tout ce qu'ils achètent habituellement les enfants ont le pied sur terre. Le prix d'une bouteille de Coca? «Avec ou sans consigne?» répondent-ils. Certains sont même capables d'évaluer correctement le budget alimentaire d'une famille. Conscients du coût du panier de la ménagère—surtout dans les milieux défavorisés—, ils repèrent la hausse du 45 tours, sont incollables sur le prix d'un Levi's. Concernés; et pour cause...

Devenue monnaie courante, l'attribution précoce d'un mini-pécule favorise la maturité économique des enfants.

Frottés à l'argent

En milieu urbain surtout: «Autant les préparer à vivre le porte-monnaie à la main», se disent bien des parents. À 5 ans, l'âge de la tirelire, 15% de petits Français reçoivent de l'argent de poche. Jusqu'à 9–10 ans, on le dépense peu... et un peu n'importe comment. Passé ce cap, le teen-ager commence à «gérer» son budget, à se débrouiller pour faire acheter par les autres. «Pour l'adolescent, l'argent n'est plus magique. Les jeunes ont de plus en plus tôt conscience de sa valeur abstraite», constate l'Institut de l'enfant.

Des sollicitations permanentes

Ce qui les pousse à consommer? Leurs parents sont quasi unanimes: la pub, d'abord la pub. Les affiches, la radio, les magazines exposent sans cesse les jeunes à ses messages. La télévision surtout: Les enfants avalent plus de 1 400 spots par an.

Et, selon un sondage Médiascopie de 1984, 60% aiment ça! Omniprésente, la publicité alimente leurs conversations comme une culture de clan: 60% en parlent d'abord à leurs copains.

Pourtant, l'adolescent entretient avec elle des rapports plus complexes qu'on ne l'imagine parfois. Fan du petit film, s'il est bien conçu, mais pas forcément du produit. D'autres références suscitent ses désirs: l'influence de la bande d'amis prolonge celle des médias.

D'un lycée à l'autre, les modes se propagent aussi vite que les mots nouveaux.

À l'ère de l'individualisme

La pub est leur décor. Plongés dès l'enfance dans l'univers des techniques, des produits, des supermarchés, les jeunes ont plaisir à consommer. «Aujourd'hui, constate Gilles Lipotevsky, philosophe et enseignant, ils ne contestent plus la consommation, ils en profitent. Très tôt, ils ont pris l'habitude d'exprimer leurs goûts. À l'ère du choix, l'école elle-même devient un produit de consommation, sujet à critiques.» Individualistes? Comme tout le monde. «Une très forte tendance à se centrer sur la vie personnelle habite nos contemporains. En fait, la société individualiste est fille de la société de consommation.»

Juniorscopie, Welcomme & Willerval, Larousse; p. 207

*VI. Les jeunes Français et la consommation.   In the reading, find the French equivalents of the following English words and expressions.

1. everyday world _____

2. household appliances _____

3. home *(2 possibilities)* _____

4. a large shopping center *(2 possibilities)* _____

   _____

5. take part in family outings _____

6. daily shopping _____

7. advertising _____

8. an individualistic age _____

9. the consumer society _____

*VII. Les jeunes Français et la consommation (suite).   Reread the article, looking for words and expressions that fit the following categories.

1. Find at least five nouns that refer to young people. _____

   _____

   _____

2. Find at least five verbs that describe what young people do. _____

   _____

   _____

3. Find at least five nouns that refer to people or places associated with a consumer society. ____

   _____

   _____

Deuxième étape *Sur les routes et les autoroutes* (Text pp. 510–520)

Lisons!

Unfortunately, the proportion of fatal automobile accidents is extremely high in France. You are going to read a news article about governmental reactions to this situation.

I. Les accidents de la route.   Answer the following questions about driving in the United States.

1. What period(s) of the year is (are) the most dangerous on American roads and highways?

   _____

2. What do you think are the three major causes of automobile fatalities? _____

   _____

3. What measures have cities and states in the United States taken in order to reduce the number of fatal automobile accidents? _____

_____

_____

* II. Les automobilistes et le permis de conduire.   Read the following news article, then answer both the general and the specific questions.

Un été meurtrier

De nombreux automobilistes perdent leur permis de conduire

Les préfets de police ont reçu, début août, l'ordre de surveiller les petites et moyennes routes de France et de suspendre sur-le-champ les permis de conduire des automobilistes gravement délinquants. Cette consigne du gouvernement est venue à la suite d'un week-end catastrophique (cent trente-cinq morts) à la fin du mois de juillet lors des grands départs en vacances.

L'hécatombe sur les routes de France cet été a, en effet, incité le gouvernement français à prendre des mesures disciplinaires beaucoup plus sévères que d'habitude. Une nouvelle procédure permet maintenant au préfet, à son représentant ou à un membre de la commission administrative de suspendre le permis de conduire et de retirer immédiatement pour une durée maximale de deux mois le permis au conducteur auteur d'une infraction dangereuse au code de la route. L'automobiliste dispose de quinze jours pour faire appel devant la commission administrative.

Les préfets ont, semble-t-il, fait diligence pour suivre les nouvelles consignes. Dès le premier week-end, ils auraient retiré cent vingt-six permis de conduire. Le second, celui du 15 août s'avérait non moins douloureux pour automobilistes non respectueux du code. Bilan : près de 200 retraits immédiats de permis de conduire, selon les bureaux régionaux de l'Agence France-Presse.

L'excès de vitesse, le premier coupable

« Monsieur le préfet, j'ai besoin de mon permis : je travaille en voiture ». Malgré la supplique que lui adresse cet ouvrier qui roulait à 131 kilomètres-heure au lieu de 90 au volant de sa Golf GTI rouge, le préfet du Tarn-et-Garonne est, comme les préfets des autres régions de France, resté intraitable et a frappé sans hésitation le jeune conducteur d'une suspension de permis de conduire de 28 jours.

C'est l'excès de vitesse qui a été le plus souvent sanctionné, nombre d'automobilistes ayant été surpris à rouler à 90 kilomètres-heure dans les agglomérations où la vitesse est limitée à 60 kilomètres-heure et à 130 kilomètres-heure sur les routes de rase campagne où elle était limitée à 90 kilomètres-heure. L'infraction la plus grave a été commise par un conducteur d'une Peugeot 205 GTI roulant à 196 kilomètres-heure sur une portion de voie autorisée à 110.

La Prévention routière affirme que les causes d'accident sont d'abord l'alcool et la vitesse — souvent les deux associés — viennent ensuite l'inattention, la fatigue et le mauvais état du véhicule.

Les nouvelles mesures de sécurité ne touchent pas uniquement les Français puisque des étrangers ont dû acquitter sur-le-champ une amende automatique de 150€ avant de pouvoir reprendre le volant.

General questions

1. What news events led up to the writing of this article? _____

_____

_____

_____

2. What examples does the reporter give to illustrate the main topic of the article? _____

_____

_____

_____

_____

Specific questions

3. What happens to drivers who are affected by the new policy? _____

_____

_____

4. Are exceptions made for drivers with special needs or problems? Explain. _____

_____

_____

_____

_____

5. What are the major causes of road accidents in France? _____

_____

_____

6. Do the new policies apply to foreign as well as French drivers? Explain. _____

_____

_____

Écrivons!

■Pratique de la grammaire

In this **étape,** you've studied the future tense and the verb **voir.** To verify that you've learned these structures, take *Test 38* below. You'll find the answers and scoring instructions in the Answer Key. A perfect score is 21. If your score is less than 17 or if you wish additional practice, do the self-correcting exercises for **Chapitre 13, Étape 2,** in the *Pratique de la grammaire* at the back of this **Cahier.**

Test 38

Complétez chaque phrase en donnant la forme convenable du futur du verbe entre parenthèses.

1. (arriver) Nous _____ avant vous.

2. (faire) Il _____ de son mieux.

3. (aller) D'abord tu _____ au lac.

4. (pouvoir) Vous _____ nous accompagner, si vous voulez.

5. (voir) On _____ bientôt les résultats.

6. (avoir) Ils n' _____ pas le temps de le faire.

7. (recevoir) Tu _____ une lettre demain ou le jour après.

8. (partir) Elle _____ avant nous.

9. (vouloir) Est-ce qu'il _____ manger avec nous?

10. (envoyer) Je vous _____ une carte postale.

11. (attendre) J' _____ près de l'entrée.

12. (falloir) Il _____ payer pour entrer.

13. (répondre) Je _____ à sa lettre si vous voulez.

14. (savoir) Ils _____ les résultats la semaine prochaine.

15. (être) Dépêchez-vous! Vous _____ en retard.

Maintenant, complétez chaque phrase en utilisant le temps indiqué du verbe **voir**.

16. Tu _____ souvent tes cousins? (présent)

17. Oui, je les _____ de temps en temps. (présent)

18. Mes parents les _____ plus souvent que moi. (présent)

19. Mais quand nous étions petits, on se _____ presque tous les week-ends. (imparfait)

20. Vous _____ le nouveau film de Gérard Depardieu? (passé composé)

21. Non? Il faut que vous le _____. (présent du subjonctif)

_____

NOTE FOR CORRECTION: 1 point for each correct verb form; *total: 21*

III. Si... Complétez les phrases suivantes à l'aide d'un verbe au futur. Essayez de varier les verbes autant que possible.

1. Ce soir, si j'ai assez de temps, je _____

_____

2. Un jour, si vous travaillez beaucoup, vous _____

_____

3. S'il fait beau ce week-end, nous _____

_____

4. Si je gagne à la loterie, je _____

_____

5. Si je (ne) réussis (pas) à l'examen, le professeur _____

_____

6. Si mes amis organisent une soirée, nous _____

_____

7. Si je (ne) gagne (pas) beaucoup d'argent cette année, mes parents _____

_____

_____

8. Si je vais en Europe, _____

_____

IV. Dans dix ans.   Imaginez la vie future des personnes indiquées. Dans dix ans, où habiteront-elles, quel travail feront-elles, etc.? Écrivez au moins trois phrases au sujet de chaque personne. Quelques verbes possibles: **être, avoir, habiter, travailler, aller, pouvoir.**

1. mon (ma) meilleur(e) ami(e)

_____

_____

_____

2. mes parents

_____

_____

_____

V. Une panne.   Vous écrivez une carte postale à un(e) ami(e) français(e). Vous lui racontez un voyage que vous avez fait en voiture. Au cours de ce voyage, vous avez eu un petit ennui *(problem)*—un pneu crevé, une panne de moteur ou une panne d'essence.

VOCABULARY: Traveling; automobile
PHRASES: Describing objects; reassuring

VI. On va vous rendre visite.   Your French friend and his/her family are planning to visit the United States and will stay in a city that is within a day's drive of where you live. You have suggested that they rent a car and come to visit you and your family, and they have accepted your invitation. On a separate sheet of paper, write a note to your friend explaining how to get from the city to your town.

1. Explain where your town is located in relation to other towns and landmarks.
2. Suggest which roads to take.
3. Tell approximately how long the trip will require.
4. Warn your friend not to go too far over the speed limit. (**Ne dépassez pas _____ miles à l'heure.**)

VOCABULARY: Geography; direction & distance; time expressions
PHRASES: Giving directions; telling time; advising; warning

L'Art d'écrire Comment trouver des mots dans un dictionnaire

You can often expand your French vocabulary through careful reading, but sometimes you also need to consult a dictionary. When using a French-English dictionary, you need to pay attention to two potential problems: (1) the large number of possible French equivalents for many English words and (2) the need to distinguish words from expressions.

Suppose that you want to find the French equivalent of *to charge something* (in the sense of *to buy on credit*). The dictionary entry for *charge* lists over 40 words and expressions. To decide which one to use, consider the following:

1. Does the word perform more than one grammatical function? If so, which one do you want? (In the case of *charge*, about two-thirds of the possibilities are nouns, but you are interested in *charge* as a verb.)

2. Does the dictionary limit the meaning of any of the choices? (For example, the possibility **charger de** is followed by the notation [to entrust].)

3. Does the word fit into an expression? (The dictionary gives the expression *to charge to someone's account*, **mettre sur le compte de.** That is the one you want.)

4. If none of the choices seems right, the next step is to cross-check the best possibilities in the French-English part of the dictionary.

An additional complication may arise when you try to find the French equivalent of an English expression—for example, *to be wild about* (in the sense of *to really like*). When dealing with an expression, it is important to recognize that you cannot translate it word for word. Instead, you need to identify the key word in the expression (here, *wild*) and then follow the strategies suggested above.

*VII. Comment dit-on... ?   Using a French-English/English-French dictionary, try to find a French equivalent for each of the following words.

1. to spend (in the sense of *to spend money*) _____

2. to save (in the sense of *to save money*) _____

3. allowance (in the sense of *weekly allowance*) _____

4. commercials (in the sense of *commercials on TV*) _____

*VIII. Comment dit-on... ? (suite)   Using a French-English/English-French dictionary, find a French equivalent for each of the following English expressions.

1. to be wild about (a product) _____

2. to be hooked on (for example, TV) _____

3. spending money (noun) _____

4. bank account _____

Troisième étape   *Allons au restaurant!* (Text pp. 521–532)

Lisons!

Pariscope and L'Officiel des spectacles offer information not only on entertainment options but also on restaurants. Moreover, in addition to listing restaurants by type of cuisine, they also provide more in-depth reviews of two or three restaurants each month. In this **étape,** *you are going to read three restaurant reviews from* **Pariscope.** *There will be numerous words and expressions that you have not seen before. However, by using the reading strategies you have been practicing, you should be able to get the gist of each review and also some practical information about each restaurant.*

Taste of France

Situated in Boston's majestic Old City Hall, **Maison Robert** offers "Cuisine Française" at its best. From hors d' oeuvres to entrees to desserts, a meal at Maison Robert is comparable to dining on the avenues of Paris - delicious, romantic and memorable.

There are two dining areas to choose from: the elegant Bonhomme Richard room and the outdoor Ben's Café, where we chose to dine. For hors d' oeuvres, we tried the Escargots de Bourgogne, a tasty combination of snails, spinach and garlic butter, and Grilled Smoked Shrimp on a bed of tomato and basil. Both were superb. For the main course, we feasted on a trio of classic French entrees. The Grilled Duck Breast with Blueberry Sauce was tender and pleasingly sweet; the two complimented each other very well. Our Lobster poached in Sauterne and Caviar Butter was also a delicacy, as was the Roast Filet Mignon in Pineau des Charentes sauce. The filet mignon was thick, flavorful and grilled to perfection.

Maison Robert's dessert menu is equally exquisite, featuring such sweet sensations as Crêpes Suzette and Baked Custard. The ultimate happy ending. We left the café expecting to catch a glimpse of the Eiffel Tower, and found it in the form of the Prudential Building. Entrees are priced from $19-35. Open weekdays for lunch and Mon.-Sat. for dinner. 45 School St., 227-3370.

Asian Oasis

Kowloon Café in Copley Place may only be four months old, but the food, atmosphere and reputation of this Chinese eatery is catching on like dragonfire. Many will enjoy Kowloon for its diversity; dishes are prepared Cantonese, Szechuan, Thai or Hong Kong style. Others will revel in the modern, colorful dining areas. Chances are Kowloon will be long-remembered for both.

A day at Kowloon begins with an Express Lunch, offering combination specials, rice and noodles - all under $7. After 4 p.m., the fast-food setting turns into fine dining that features an array of selections. So many, in fact, we asked Manager Eddie Yee to order for us. We began with Kyo Koong and Peking Dumplings as appetizers. The Kyo Koong was shrimp wrapped in wanton skin, and the dumplings were fried and filled with spiced pork. Delicious. Yee then ordered four main courses, all of which were extremely tasty and uniquely different. The Orange Beef was crispy, mildly spicey and sauteed in orange liqueur. Fancy Chicken was served in a shelled pineapple half with cashews, mushrooms and pineapple chunks. Aromatic Crisp Shrimp combined shrimp with peppers and broccoli in a thick, tangy sauce, and the Pad Thai was a rich noodle dish with shrimp, bean sprouts and egg. All of the entrees, and Kowloon itself, earned our high recommendation. Confucius would be proud. Dinners priced $2.75-16.95. Open daily for lunch and dinner. Copley Place, 247-8877.

I. Prélecture.   First, read the two short reviews, on page 349, of restaurants located in Boston.

Now list the types of information provided in the two reviews. _____

_____

_____

_____

_____

II. Où dîner?   While in Paris, you receive a letter from your parents asking you to look after some of their friends who will be visiting France. When you meet the friends, they ask for help in choosing a place to dine. You consult **Pariscope** and answer their questions about the three restaurants featured that week.

La Gourmandière. Après avoir mérité les louanges de la presse gastronomique au «Chalet de Villebon», Jean-Claude Giraud a repris les fourneaux de cette belle auberge de charme, qui jouxte les bois de Verrières. Dans un cadre au charme bucolique, juste à quelques minutes de Paris, ce chef-propriétaire au caractère enjoué et généreux, nous propose sa bonne cuisine, faite d'élégance et de tradition. On peut s'y régaler à peu de frais, en choisissant ce bon menu à 10 euros s.n.c., composé par exemple d'un cocktail d'avocat aux fruits de mer, du «plat gourmand» (ris et langue de veau sauce Périgueux), puis de salade, fromages et dessert au choix. À la carte, on trouve aussi une salade d'écrevisses tièdes aux trois herbes, un superbe foie gras frais à la cuillère, des gambas moscovites, un copieux cassoulet, un rognon de veau beaugé, ou une exquise tarte fine aux pommes. L'addition d'un excellent repas, arrosé d'un Givry enchanteur: environ 40 euros t.c. Menus à 10 euros et 17 euros s.n.c.

1, rue Antoine Bièvres, 91-Bièvres. 03.60.19.20.92 (Autoroute pont de Sèvres, sortie Bièvres Nord). Fermé Lundi. Service jusqu'à 22H30. Tennis. Practice de golf.

La chaumière de Chine. Au déjeuner, il est souvent difficile de trouver une table libre, dans ce confortable restaurant, tant les amateurs sont nombreux à venir goûter les recettes originales et parfois insolites, que M. et Mme Yau ont ramené de leur Chine natale. Les soirées, plus calmes, permettent d'y apprécier enfin, un vrai canard laqué à la pékinoise, qu'il n'est pas nécessaire de commander à l'avance, comme c'est si souvent le cas. On en déguste tout d'abord la peau délicieusement croustillante, enroulée dans de petites crêpes de riz, avant de savourer la chair de ce palmipède, sautée aux légumes. Au nombre des plats les moins habituels, on note aussi une fondue chinoise, et des gambas ou du filet de bœuf servi frémissant, sur une plaque de fonte chaude. Les dim sum (délicieux petits plats à la vapeur), les crevettes au sel de cinq parfums, le bœuf sauce d'huîtres ou le poulet aux mangues, sont tout aussi recommandables. L'addition: environ 23 euros tout compris. Menu à 10 euros s.c. au déjeuner (sauf Dimanche). 23, avenue Pierre-1er de Serbie (16e). 01.47.20.85.56. Service jusqu'à 23h.

Jean-Claude MARIANI

Brasserie Lutetia. Après avoir suivi Joël Rebuchon à l'hôtel Nikko en 1978 et dirigé les fourneaux du Nova Park Élysées, Jacky Fréon chef de cuisine de l'Hôtel Lutetia notamment du Paris, est revenu à ses premières amours, ses vrais débuts datant de 1974, aussi dans un hôtel Concorde, au Lafayette. À la brasserie Lutetia, dans une ambiance toujours très parisienne et un nouveau décor très réussi de Slavick, il a été conçu une carte séduisante et bien équilibrée. Des plats de bonne tradition comme le cervelas alsacien en salade, le civet d'oie aux lentilles vertes, le chateaubriand et sa sauce béarnaise, le mulet grillé des simples, la sole meunière servie avec des pommes à l'anglaise et pour terminer votre repas en douceur, le domino aux marrons et sauce anglaise au café. Ce panorama gourmand se complète d'un superbe banc d'huîtres dont le généreux plateau à 21 euros qui se compose de six claires, 4 praires, 1/2 tourteau, 2 clams, crevettes grises, bulots et bigorneaux. Env. 26 euros, accueil chaleureux du directeur M. Manpu, et service aimable compris. Formule spéciale autour d'un plat: 12 euros vin n.c.

23, rue de Sèvres (6e). 01.45.44.38.10. Service jusqu'à minuit.

Jeanne CHADENIER

1. What are these restaurants like? (food, atmosphere)

a. _____

_____

b. _____

_____

c. _____

_____

2. Which is the least expensive? _____

Which is the most expensive? _____

3. Your parents' friends are staying at a hotel on the **Rive droite**, near the **Opéra.** Which restaurant will be the easiest to reach? (You can refer to the map of Paris in your textbook, on page 141.)

_____

4. What foods do the reviewers recommend?

a. _____

_____

b. _____

_____

c. _____

_____

5. Your parents' friends invite you to join them for dinner. Which restaurant would you prefer?

   Why? _____

   _____

   _____

Écrivons!

■Pratique de la grammaire

In this **étape,** you've studied the conditional tense as well as the relative pronouns **qui** and **que.** To verify that you've learned these structures, take *Tests 39* and *40* below. You'll find the answers and scoring instructions in the Answer Key. A perfect score is 16. If your score is less than 13 or if you wish additional practice, do the self-correcting exercises for **Chapitre 12, Étape 3,** in the *Pratique de la grammaire* at the back of this **Cahier.**

Test 39

Complétez chaque phrase avec la forme convenable du conditionnel du verbe donné.

1. (partir) À ta place, je ne _____ pas tout de suite.

2. (faire) Si nous avions le temps, nous _____ le voyage en voiture.

3. (rester) Si elle avait le choix, elle _____ chez elle.

4. (attendre) À ma place, tu _____ probablement avant d'y aller.

5. (aller) S'ils avaient l'argent, ils _____ en Chine.

6. (vouloir) Qu'est-ce que vous _____ faire?

7. (être) Je _____ très contente de les voir.

8. (pouvoir) Est-ce que tu _____ m'aider?

_____

NOTE FOR CORRECTION: 1 point for each correct verb form; *total: 8*

Test 40

Maintenant, complétez chaque phrase en utilisant un pronom relatif et les mots suggérés.

1. J'ai beaucoup aimé le dessert... (vous / préparer [passé composé])

_____

2. Comment s'appellent les gens... (habiter dans la maison grise au coin [présent])

_____

3. Est-ce que tu as acheté la voiture... (je / te montrer [passé composé])

_____

4. Où habitent les gens... (vous / aller au cinéma avec [passé composé])

_____

5. Quel est le nom du vieux monsieur... (nous / voir au concert [passé composé])

_____

6. S'il te plaît, donne-moi le stylo... (être sur le bureau [présent])

_____

7. Vous aimez les ceintures... (nous / acheter en Italie [passé composé])

_____

8. Je ne sais pas le nom de la femme... (tu / parler à [imparfait])

_____

_____

Note for correction: 1 point for each correct relative pronoun, no points for verbs; _total: 8_

*III. Qu'est-ce que c'est?   You are eating in a French restaurant with family members who do not speak French. They are counting on you to explain what each dish is made of.

Modèle: sole meunière _fish rolled in flour and cooked in butter_

1. pâté maison _____

2. sauté de bœuf bourguignon _____

3. moules gratinées aux épinards _____

4. terrine de légumes _____

5. homard à la crème _____

6. coquilles St-Jacques à la parisienne _____

7. haricots verts à la provençale _____

8. truite à la normande _____

*IV. Un restaurant français au Canada.   In Canada, federal law requires that menus list dishes in both French and English. Using the following list of English terms, complete the menu for the restaurant La Caravelle in Quebec City.

Crab pâté / Dover sole / Frogs' legs with garlic / Grilled or boiled lobster / Grilled steak with butter and herbs / Liver pâté / Onion soup au gratin / Pepper steak / Rack of lamb with garlic / Salmon scaloppine / Seafood soup / Shrimp cocktail / Shrimp with garlic / Shrimp on a skewer, Valencia style / Smoked salmon / Snails, Burgundy style / Veal scaloppine / Today's special soup

Restaurant La Caravelle

Nos hors-d'œuvre

Cocktail de crevettes

_____

Terrine de crabe

_____

Saumon fumé

_____

Pâté de foie maison

_____

Escargots de Bourgogne

_____

Crevettes à l'ail

_____

Nos potages

Soupe à l'oignon gratinée

_____

Soupe de fruits de mer

_____

Soupe du jour

_____

Poissons et crustacés

Escalope de saumon

_____

Sole de Douvres meunière

_____

Brochette de crevettes, valenciennes

_____

Homard bouilli ou grillé

_____

Cuisses de grenouilles à l'ail

_____

Nos viandes

Steak au poivre

_____

Entrecôte grillée, maître d'hôtel

_____

Carré d'agneau, piqué à l'ail

_____

Escalope de veau

_____

V. Une vie de rêve. Vous imaginez la vie idéale que vous pourriez mener un jour. En vous inspirant des expressions suggérées et en mettant les verbes au conditionnel, écrivez un paragraphe dans lequel vous racontez cette vie. Utilisez une autre feuille de papier. Verbes et expressions: **(ne pas) être marié(e) / habiter / (ne pas) avoir des enfants / travailler / passer le week-end / voyager,** etc.

Modèle: *Ma vie serait facile (difficile, simple, compliquée, pareille à ma vie actuelle, très différente de la vie que je mène actuellement).* Etc.

VI. À mon avis... Vous donnez votre opinion sur des gens de votre choix. Utilisez **qui** dans la première phrase, **que** dans la deuxième et une préposition + **qui** dans la troisième.

Modèles: Les gens qui...
Les gens qui me font attendre m'énervent.

Les gens que...
Les gens que j'admire sont pour la plupart (mainly) *très intelligents.*

Les gens (à) qui...
Les gens à qui j'écris sont généralement des amis d'enfance. ou
Les gens pour qui j'ai beaucoup de respect sont les médecins.

1. Les amis qui _____

_____

_____

2. Les amis que _____

_____

_____

3. Les amis (à) qui _____

_____

_____

L'Art d'écrire Comment écrire des phrases françaises

Although it takes a long time to write (and speak) French very well, you can begin to sound more authentic by learning how to imitate the French models that you read (and hear). Thus, once you have found words and expressions you wish to use, you can avoid creating sentences that are simply translations from English by observing the basic patterns of French sentences and keeping their structure while replacing their content.

For example, consider the French sentence: **Très tôt, ils ont pris l'habitude d'exprimer leurs goûts.** One way to change the subject (and even the perspective) while maintaining the basic pattern of the sentence is: **Très tard, nous avons pris l'habitude de faire des économies.**

VII. Imitons! Write your own sentences by changing the topics and perspectives (affirmative-negative, past-present-future, you-someone else, etc.) of the following French sentences taken from **"Les jeunes Français et la consommation."** In the first three items, the basic structure is indicated by italics; retain these words in your sentences. In the final three items, you must decide for yourself which words you are going to keep.

1. Consommer, *c'est* manger. _____

2. *Seul* un tiers des enfants—les plus âgés—*participe* aux virées familiales dans les hypermarchés. _____
   _____

3. À quatre ou cinq *ans,* beaucoup *s'aventurent seuls pour* acheter le lait ou la baguette du matin. _____
   _____

4. Ce qui les pousse à consommer? Leurs parents sont quasi unanimes: la pub, d'abord la pub.
   _____
   _____

5. Plongés dès l'enfance dans l'univers des techniques, des produits, des supermarchés, les jeunes ont plaisir à consommer. _____
   _____
   _____

6. En fait, la société individualiste est fille de la société de consommation. _____
   _____
   _____

Point d'arrivée *(Text pp. 533–539)*

🎧 *Écoutons!*

CD5-18 ***I. En vacances.** Identify the countries where the following people spent their vacations. Write the letter of the country (as shown on the map of the world on page 356) in the space provided.

1. Henri Dorin _____

2. Françoise Kircher _____

3. Jean-François Dumay _____

4. Janine Chosson _____

5. les Bretesché _____

6. Pierre et Annick Palun _____

7. Marc Brunet _____

8. Lucien Grévisse et famille _____

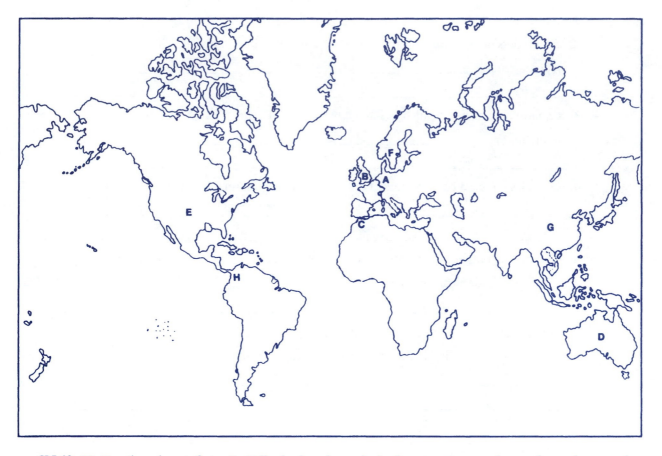

CD5-19 ***II. Passé, présent, futur?**   Tell whether the verbs in the sentences you hear refer to the past, the present, or the future.

1. passé	présent	futur		**6.** passé	présent	futur
2. passé	présent	futur		**7.** passé	présent	futur
3. passé	présent	futur		**8.** passé	présent	futur
4. passé	présent	futur		**9.** passé	présent	futur
5. passé	présent	futur		**10.** passé	présent	futur

CD5-20***III. Les pronoms *y* et *en*.**   In each short conversation you will hear, the pronoun **y** or **en** will be used once. Write the word or words that the pronoun replaces in each conversation.

Modèles: You hear: —Moi, je dois aller en ville cet après-midi. Tu as le temps de
                    m'accompagner?
                    —Oui. Allons-y!
             You write: *en ville*

             You hear: —Tu as acheté des poires?
                    —Oh là là. J'ai oublié les poires.
                    —Mais j'en ai besoin pour ma tarte.
             You write: *des poires*

1. _____   5. _____

2. _____   6. _____

3. _____   7. _____

4. _____   8. _____

CD5-21 ***IV.** **Mini-dictée: Les optimistes.**   As you listen to the discussion about optimistic people, fill in the blanks with the appropriate verb forms. The discussion will be read twice.

Les optimistes sont sûrs que tout _____ bien pour eux. Ils

_____ à tout, ils n'_____ jamais de problèmes, ils

_____ toujours heureux. Jean-Claude est optimiste. Quand on lui pose

des questions, il répond ainsi:

—Tu _____ riche un jour?

—Oh, oui. J'_____ un tas d'argent.

—Où _____-tu?

—Je me _____ construire une maison en Floride et une autre en Europe.

CD5-22 ***V.** **Les haut-parleurs.**   Whenever you are in a train station or airport in France, American tourists who don't speak French ask you questions about the train or plane announcements they have heard over the loudspeakers. Based on what you hear, answer their questions.

1. a. What track does the train from Nantes arrive on?

_____

b. When will it be here?

_____

c. Do we have plenty of time to get our luggage onto the train?

_____

2. a. What time does the train leave for Strasbourg?

_____

b. We don't smoke. Where is the nonsmoking section?

_____

c. We have first-class tickets. Where do we sit?

_____

3. a. When is the TGV going to pull out?

_____

b. Are there any stops before we get to Marseille?

_____

4. What did the announcement say about Flight 432 from Pointe-à Pitre?

_____

_____

5. a. Where is Flight 24 going?

_____

b. What gate does it leave from?

_____

CD5-23 *VI. Le futur ou le conditionnel? Listen to the sound and context of each sentence. Then write **F** if the main verb is in the future or **C** if it is in the conditional.

1. _____   3. _____   5. _____   7. _____   9. _____

2. _____   4. _____   6. _____   8. _____   10. _____

CD5-24 *VII. Au restaurant. At a restaurant, three friends are discussing what to order. On the menu, circle the items they finally choose.

LA BONNE BOUCHE

Les hors-d'œuvre

Assiette de crudités

Oeufs mayonnaise

Jambon melon

Terrine de crabe

Escargots de Bourgogne

Les potages

Bisque de homard

Soupe à l'oignon gratinée

Consommé au vermicelle

Les poissons

Truite aux amandes

Filet de sole meunière

Langoustines mayonnaise

Moules marinières

Coquilles St-Jacques

Les viandes

Escalope de veau au citron

Steak au poivre

Côte de porc grillée

Bœuf bourguignon

Châteaubriand sauce béarnaise

Les fromages

Camembert, Brie, Roquefort

Les desserts

Glace à la vanille

Mousse au chocolat

Crème caramel

Tartelette aux fruits

Fraises au sucre

Les boissons

Café

Thé

Vin blanc

Vin rouge

Eau minérale

CD5-25 *VIII. Mini-dictée: Les pessimistes. As you listen to the discussion about pessimists, fill in each blank with the appropriate form of the conditional.

Les pessimistes, eux aussi, ont des rêves, mais ils sont moins sûrs de les réaliser. François est pessimiste. Quand on lui pose des questions, il répond ainsi:

—Tu _____ être riche un jour?

—Oui, mais il _____ avoir beaucoup de chance.

—Si tu avais beaucoup d'argent, que _____-tu?

—Je _____, je _____ construire une maison

pour ma famille. Mes sœurs _____ jouer au tennis. Ma mère ne

_____ pas obligée de travailler. La vie _____

merveilleuse… si j'étais riche.

CD5-26 *IX. Proverbes et expressions. As you listen to the discussion about food and the French language, complete the proverbs and expressions that are mentioned. Do they all have English equivalents? Write as many of the equivalents as you can. You may wish to listen to the conversation more than once.

1. On a _____ sur la planche.

2. Mon oncle s'est trouvé _____.

3. C'est long comme _____ sans _____.

4. Un repas sans _____ est comme une journée sans _____.

5. Il faut _____ dans son _____.

6. Quand _____ est tiré, il faut le _____.

7. Il vaut mieux aller chez le _____ que chez le _____.

Equivalents

1. _____

2. _____

3. _____

4. _____

5. _____

6. _____

7. _____

Rédigeons!

A. Choisissez un (1) des sujets suivants:

1. Un voyage inoubliable. (*An unforgettable trip.*) Racontez un voyage que vous avez fait. Quand est-ce que vous avez fait ce voyage? Où? Comment? Avec qui? Pourquoi? Qu'est-ce qui s'est passé pendant le voyage? Gardez-vous un bon ou un mauvais souvenir de ce voyage? Pourquoi?

VOCABULARY: Traveling; means of transportation; city; geography
PHRASES: Linking ideas; sequencing events; describing people, weather; expressing an opinion
GRAMMAR: Compound past tense; past imperfect; locative pronoun *y*

2. **Un dîner inoubliable.** Write a letter to your French "family" describing an unforgettable meal that you had in a restaurant or at someone's home. Give as much information as possible about the context of the meal (Where? When? With whom? Why?) and about the meal itself. Use the *Système-D* writing assistant to help you.

VOCABULARY: Restaurant; meals; meat; vegetables; cheeses; breads; fruits; fish
PHRASES: Comparing & contrasting; describing objects; expressing an opinion; linking ideas
GRAMMAR: Compound past tense; past imperfect

B. **Les jeunes Américains et la consommation.** Write a short essay about American young people and their role in the modern consumer society, comparing them with their French counterparts. Use the suggestions offered in the **L'art d'écrire** sections of this chapter to develop a vocabulary list. Then employ the techniques and strategies presented in Chapters 9, 10, and 11 to organize and write your essay. Use a separate sheet of paper.

🎧 Travail de fin de chapitre

CD5-27 ***I. Au guichet**

A. Two friends find themselves standing in the same line at a Paris train station. They talk and then each one takes care of his/her business. Listen to the conversation; then answer the following questions.

Voyageur 1: Véronique

1. Où va-t-elle?

   a. à Orléans

   b. à Limoges

   c. à Bordeaux

   d. en Espagne

2. Combien de personnes vont l'accompagner?

   a. une autre personne

   b. deux autres personnes

   c. trois autres personnes

   d. tout un groupe

3. Combien de temps va-t-elle y passer?

    a. un week-end

    b. huit jours

    c. plusieurs semaines

    d. on ne sait pas

Voyageur 2: Jean-Pierre

4. Où va-t-il?

    a. à Orléans

    b. à Limoges

    c. à Bordeaux

    d. en Espagne

5. Combien de personnes vont l'accompagner?

    a. une personne

    b. deux personnes

    c. trois personnes

    d. tout un groupe

6. Combien de temps va-t-il y passer?

    a. un week-end

    b. huit jours

    c. on ne sait pas

    d. un mois

CD5-27   **B.** Listen again to the conversation at the train station. Then answer the following questions.

    1. Qui va accompagner Véronique? _____

    _____

    2. Est-ce qu'elles vont descendre dans un hôtel? Sinon, où? _____

    _____

    3. Quand est-ce qu'elles vont partir? Quand est-ce qu'elles vont rentrer à Paris? _____

    _____

    4. Quelle sorte de billet Véronique prend-elle? _____

    _____

    5. Pourquoi réserve-t-elle cette fois? _____

    _____

    6. Qui va accompagner Jean-Pierre? _____

    _____

    7. Est-ce qu'ils vont descendre dans un hôtel? Sinon, où couchent-ils? _____

    _____

8. Quand est-ce qu'ils vont partir? Dans quel train? _____

_____

9. Est-ce qu'ils vont voyager en couchettes ou en wagon-lits? Pourquoi? _____

_____

_____

10. Qui a droit à une réduction de tarif? Pourquoi? _____

_____

_____

CD5-28– 5-29 *II. Où manger?

A. Listen to two conversations; then circle the letter of the best description of what is happening in each conversation.

  1. a. One friend is inviting another to have dinner at his home.

    b. One friend is inviting another to a third friend's birthday party.

    c. One friend is inviting another to join him for dinner at a restaurant.

    d. One friend is inviting himself for dinner at another friend's house.

  2. a. Two women are having a bite to eat at a fast-food restaurant.

    b. Two women are deciding on a good place to eat.

    c. Two women are eating dinner at a very expensive restaurant.

    d. Two women are unable to decide where to eat.

B. Listen again to the two conversations; then answer the following questions.

  1. Qu'est-ce que Jean-Michel propose comme restaurant? _____

  2. Qu'est-ce que Laurent a envie de manger? _____

  3. Et Jean-Michel? _____

  4. Pourquoi Jean-Michel offre-t-il de payer le dîner de Laurent? _____

_____

5. En entendant l'offre de Jean-Michel, qu'est-ce que Laurent propose? _____

_____

6. Quelle est la réaction de Jean-Michel? _____

_____

7. Pourquoi les deux femmes ne vont-elles pas dîner au premier restaurant qu'elles voient?

_____

_____

8. Quel restaurant choisissent-elles? Pourquoi? _____

_____

9. Que va manger et boire la femme qui commande en premier? _____

_____

10. Et son amie? _____

_____

III. Jeu: Es-tu vagabond(e) ou sédentaire?   Partez de la case numéro 1 dans le tableau à le page 364. Répondez aux questions en vous déplaçant dans la direction des flèches (*arrows*) qui correspondent à vos réponses. Une fois arrivé(e) à une des sorties A, B, C, D, E ou F, vérifiez vos réponses.

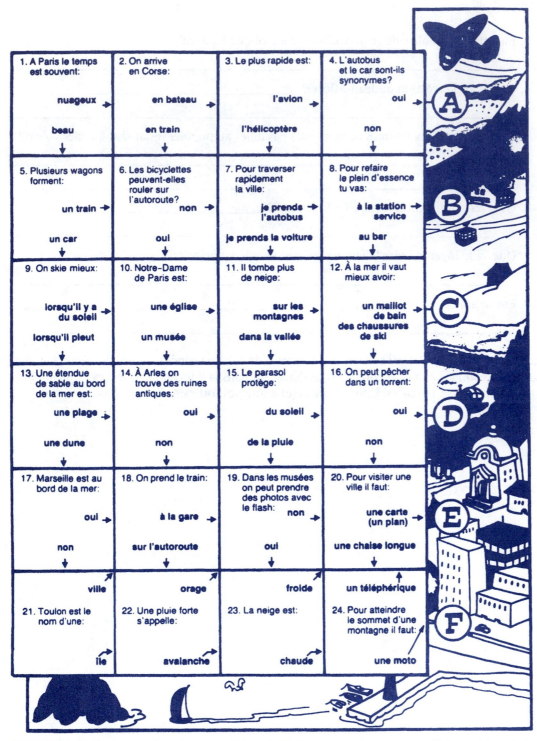

1. A Paris le temps est souvent: nuageux → beau ↓	2. On arrive en Corse: en bateau → en train ↓	3. Le plus rapide est: l'avion → l'hélicoptère ↓	4. L'autobus et le car sont-ils synonymes? oui → non ↓
5. Plusieurs wagons forment: un train → un car ↓	6. Les bicyclettes peuvent-elles rouler sur l'autoroute? non → oui ↓	7. Pour traverser rapidement la ville: je prends l'autobus → je prends la voiture ↓	8. Pour refaire le plein d'essence tu vas: à la station service → au bar ↓
9. On skie mieux: lorsqu'il y a du soleil → lorsqu'il pleut ↓	10. Notre-Dame de Paris est: une église → un musée ↓	11. Il tombe plus de neige: sur les montagnes → dans la vallée ↓	12. À la mer il vaut mieux avoir: un maillot de bain → des chaussures de ski ↓
13. Une étendue de sable au bord de la mer est: une plage → une dune ↓	14. À Arles on trouve des ruines antiques: oui → non ↓	15. Le parasol protège: du soleil → de la pluie ↓	16. On peut pêcher dans un torrent: oui → non ↓
17. Marseille est au bord de la mer: oui → non ↓	18. On prend le train: à la gare → sur l'autoroute ↓	19. Dans les musées on peut prendre des photos avec le flash: non → oui ↓	20. Pour visiter une ville il faut: une carte (un plan) → une chaise longue ↑
ville ↗ 21. Toulon est le nom d'une: île ↗	orage ↗ 22. Une pluie forte s'appelle: avalanche ↗	froide ↗ 23. La neige est: chaude ↗	un téléphérique ↑ 24. Pour atteindre le sommet d'une montagne il faut: une moto

SOLUTIONS - **Es tu un vagabond ou un sédentaire?**: 1. nuageux, 2. en bateau, 3. l'avion, 4. oui, 5. un train, 6. non, 7. je prends l'autobus, 8. à la station service, 9. lorsqu'il y a soleil, 10. une église, 11. sur les montagnes, 12. un maillot de bain, 13. une plage, 14. oui, 15. du soleil, 16. oui, 17. oui, 18. à la gare, 19. non, 20. une carte (un plan), 21. ville, 22. orage, 23. froide, 24. un téléphérique. **Sortie A:** Tu es un vrai «pigeon voyageur», tu ne crains pas les barrières climatiques ou linguistiques... Bon voyage! **Sortie B:** Tu es sans aucun doute fait pour voyager; pendant les vacances peut-être as-tu déjà vu de nombreux pays sinon dès que tu le pourras, prépare tes valises et prends la route! **Sortie C:** Avec une bonne provision de cartes géographiques et de dictionnaires, tu es prêt(e) pour l'aventure... Commence par ton pays et continue ensuite à l'étranger... **Sortie D:** Bouger un peu ne te ferait pas de mal; tu es préparé(e), mais tu as encore besoin de nombreuses expériences... **Sortie E:** Te déplacer tout seul n'est peut-être pas très prudent pour toi. Essaie de te faire adopter par un groupe de jeunes et essaie de découvrir le goût de l'aventure petit à petit. **Sortie F:** Tu as des affinités avec l'écrivain romancier Salgari qui, sans avoir jamais voyagé, imagina des contrées lointaines et les décrivit merveilleusement. Tu peux, cependant, commencer par acheter un atlas...

Nom _____ Cours _____

Pratique de la grammaire

The exercises in this section of the **Cahier** are designed to give you practice with specific grammatical structures. After the title of each grammar topic is the page where it is explained in the textbook. At the end of each group of exercises is the page of this **Cahier** where you'll find the answer key. Do all exercises on a separate sheet of paper. This will facilitate the checking and correcting of your answers.

Chapitre 1

Première étape

Les verbes réguliers en -er (1ère et 2e personnes) (Text p. 16)

I. Conjuguez. Give the appropriate conjugated forms of each verb.

1. chanter
   a. Je . . . . . assez bien.
   b. Tu . . . . . très bien.
   c. Nous . . . . . souvent.
   d. Vous . . . . . mal.

2. étudier
   a. Tu . . . . . l'espagnol?
   b. Nous . . . . . le français.
   c. Vous . . . . . l'allemand?
   d. J' . . . . . l'anglais.

3. voyager
   *(Remember to insert an **e** in the **nous** form.)*
   a. Vous . . . . . souvent.
   b. Je . . . . . très peu.
   c. Tu . . . . . rarement.
   d. Nous . . . . . beaucoup.

II. Parlons de vous! *(Let's talk about you!)*

1. First assume that your instructor asks you questions. Answer affirmatively, using **je** and the appropriate form of the verb.
   a. Vous parlez anglais?
   b. Vous habitez à . . . . . ?
   c. Vous voyagez beaucoup?

2. Now assume that your friend asks you questions. Answer affirmatively or negatively as indicated, using **je** and the appropriate form of the verb.
   a. Tu étudies beaucoup? Oui, . . .
   b. Tu travailles? Non, . . .
   c. Tu chantes bien? Oui (non), . . .

3. Finally, assume that your instructor asks the class questions. Answer affirmatively or negatively as indicated, using **nous** and the appropriate form of the verb.
   a. Vous nagez? Oui, . . .
   b. Vous parlez anglais? Oui, . . .
   c. Vous mangez beaucoup? Non, . . .

(answers, p. P46)

PRATIQUE DE LA GRAMMAIRE, CHAPITRE 1 **P1**

Tu* et *vous (Text p. 16)

III. Vous ou tu?   In asking the following questions, decide whether to use **vous** or **tu.**

1. Find out if each person lives in Paris. *Vous habitez à Paris?*

   a. your father's boss
   b. your cousin
   c. your parents' friends

2. Find out if the following people go swimming often.

   a. your instructor
   b. your best friend
   c. your mother and father

3. Find out if each person speaks French.

   a. your aunt and uncle
   b. your neighbor's father
   c. your professor's little daughter

(answers, p. P46)

Deuxième étape

Les verbes réguliers en **-er** *(3ᵉ personne)* (Text p. 25)

IV. Les étudiants.   There are many foreign students in Paris. They speak different languages, study in different programs, like different beverages in the cafés. Complete each statement with the appropriate form of the verb.

1. Quelle langue est-ce qu'ils parlent?

   a. Antonio . . . . . espagnol.
   b. Olga . . . . . russe.
   c. Peter et Reginald . . . . . anglais.

2. Où est-ce qu'ils étudient le français?

   a. Verity . . . . . le français à l'Alliance française.
   b. Heinrich . . . . . le français à la Sorbonne.
   c. Fabiola et Margarita . . . . . le français à COPE.

3. Qu'est-ce qu'ils aiment boire *(to drink)* au café?

   a. Yoshi . . . . . boire un demi.
   b. Ivan et Natasha . . . . . boire des Oranginas.
   c. Mary Ellen . . . . . boire un thé nature.

V. Et Madeleine?   Respond negatively to each inquiry, replacing the proper name with the appropriate subject pronoun.

Modèle: Jean-Louis étudie l'anglais. Et Madeleine?
   Mais non, elle n'étudie pas l'anglais.

1. Martine parle espagnol. Et Annick *(f.)* et Chantal?
2. Jean-Alex habite à Grenoble. Et Nicolas et Matthieu?
3. M. et Mme Breton chantent bien. Et Jeannette?
4. Simone étudie l'espagnol. Et Pierre et Sylvie?
5. Vous et Éric, vous parlez italien, n'est-ce pas? Et Marc et moi?
6. Toi, tu voyages beaucoup, n'est-ce pas? Et moi?

(answers, p. P46)

L'article défini **(le, la, l', les)** *(Text p. 27)*

VI. Les préférences.   People often have strong likes and dislikes in food. Complete the following sentences, using the appropriate definite articles **(le, la, l', les)**.

1. Hervé n'aime pas du tout . . . . . café. Il aime mieux . . . . . thé.
2. Josette aime . . . . . bière, mais elle préfère . . . . . vin.
3. Éric adore . . . . . frites, mais il n'aime pas . . . . . salade.
4. Chantal aime beaucoup . . . . . eau minérale; Véronique préfère . . . . . boissons alcoolisées.
5. Nous aimons . . . . . sandwiches. J'aime mieux . . . . . fromage; Gérard préfère . . . . . jambon.
6. Tu aimes . . . . . pizza? Moi, je préfère . . . . . omelettes.

(answers, p. P46)

Troisième étape

Le verbe irrégulier **être** *(Text p. 32)*

VII. Où est... ?   Tell where each person is by completing the sentence with the appropriate form of **être.**

1. Georges . . . . . à Rome.
2. Monique et Chantal . . . . . à Genève.
3. Je . . . . . à Londres.
4. Vous . . . . . à Madrid.
5. Nous . . . . . à Moscou.
6. Tu . . . . . à Montréal.

(answers, p. P46)

Les noms de profession *(Text p. 36)*

VIII. Je suis avocat(e).   Tell the correct profession of each person.

Modèle: Est-ce que Georges est avocat? (médecin)
Non, il n'est pas avocat; il est médecin.

1. Est-ce qu'Annick est professeur? (avocat)
2. Est-ce que Michel est ingénieur? (mécanicien)
3. Est-ce que tu es secrétaire? (journaliste)
4. Est-ce que Nicole et Francine sont étudiantes? (assistant)
5. Est-ce que Juliette est dentiste? (architecte)
6. Est-ce que vous êtes médecins? (comptable)

(answers, p. P46)

Les adjectifs de nationalité *(Text p. 34)*

IX. Ah, bon. Il est anglais.   All of the following people are natives of the country in which they live. Make the logical association based on the information given.

Modèle: Ralph habite à Londres.
Ah, bon. Il est anglais.

1. Silvano habite à Rome.
2. Yvonne habite à Québec.
3. Leonid et Andrei habitent à Moscou.
4. Luisa et Marisela habitent à Lisbonne.
5. Konrad habite à Berlin.
6. Suimei *(f.)* habite à Pékin.
7. Ruth et Fred habitent à Chicago.
8. Violette et Jacqueline habitent à Paris.

(answers, p. P46)

Chapitre 2

Première étape

Le verbe irrégulier **avoir** *(Text p. 52)*

I. Nos besoins. *(Our needs.)* Yvette is talking about what she and her friends need in order to do their schoolwork. Complete each sentence with the appropriate form of the verb **avoir.**

1. Jean-Pierre . . . . . besoin d'un carnet.
2. Annick et moi, nous . . . . . besoin de livres.
3. Est-ce que tu . . . . . besoin de quelque chose?
4. Marie-Claire et Anne . . . . . besoin de stylos.
5. Moi, j' . . . . . besoin d'une calculatrice.
6. Est-ce qu'on . . . . . besoin d'un cahier pour le cours de français?

II. Oui, mais... React to the following statements about possessions by telling what the people do *not* have. Pay attention to who the speaker is.

Modèle: Yvonne: Moi, j'ai une voiture. (vélo)
Oui, mais tu n'as pas de vélo.

1. Gérard: Moi, j'ai une calculatrice. (ordinateur)
2. Sylvie: Éric a un téléviseur. (magnétoscope)
3. Vincent: Toi, tu as un cahier. (livres)
4. Xavier: Monique et moi, nous avons un appartement. (maison)
5. Marianne: Chantal a des disques compacts. (chaîne stéréo)
6. Claire: Simone et Véronique ont un vélo. (vélomoteur)

(answers, p. P46)

Les adjectifs possessifs (1ère et 2e personnes) (Text p. 56)

III. C'est mon livre. Answer the questions affirmatively, using the appropriate form of **mon, ton, notre,** or **votre.**

Modèles: Le livre est à toi? Les CD sont à nous?
Oui, c'est mon livre. *Oui, ce sont vos (nos) CD.*

1. Le cahier est à toi? 6. Les chiens sont à vous?
2. Les clés sont à toi? 7. La chambre est à moi?
3. La calculatrice est à toi? 8. Les livres sont à moi?
4. La maison est à vous? 9. L'appartement est à nous?
5. Le magnétoscope est à vous? 10. Les disques compacts sont à nous?

IV. L'inventaire. *(The inventory.)* You and your roommate **(camarade de chambre)** are leaving your apartment at the end of the school year. As your landlord **(propriétaire)** watches you pack, you discuss who has what. Complete the conversation by using **mon, ma, mes, ton, ta, tes, votre, vos, notre,** or **nos.**

VOUS: Bon, j'ai . . . . . radioréveil, ... chaîne stéréo, ... CD et . . . . .
  sac à dos. Est-ce que tu as . . . . . chaise, ... cahiers et . . . . . Walkman?

VOTRE CAMARADE
  DE CHAMBRE: Oui. Eh bien, nous avons . . . . . téléviseur, ... livres et . . . . .
  ordinateur.

VOTRE PROPRIÉTAIRE: Oui, mais vous n'avez pas . . . . . plantes et . . . . . motocylette. Et
  attention! Vous avez . . . . . clés!

(answers, pp. P46–P47)

Deuxième étape

Le verbe irrégulier **faire** *(Text p. 64)*

V. Les activités.   You ask some of your friends about their activities. Use appropriate forms of the verb **faire** to complete the questions and answers.

1. Joseph, est-ce que tu . . . . . du ski?
2. Oui, je . . . . . du ski nautique.
3. Élisabeth, toi et ton mari, est-ce que vous . . . . . du tennis?
4. Oh, oui, nous . . . . . du tennis.
5. Est-ce que Jacques . . . . . des promenades?
6. Non, mais les amies de Jacques, Hélène et Martine, elles . . . . . souvent des promenades.
7. Qu'est-ce qu'on . . . . . en France pour s'amuser?

(answers, p. P47)

Les questions d'information **(qui, qu'est-ce que, où, pourquoi)** *(Text p. 62)*

VI. Des questions.   You are trying to get to know your friend Marcel a little better. Here are the answers he gives to your questions; you write the questions that you asked to elicit these answers.

Modèle: J'habite à Marseille.
> *Où est-ce que tu habites?*

1. Je suis étudiant parce que j'aime étudier.
2. Dans mon sac à dos il y a des livres et des cahiers.
3. Je travaille à l'aéroport.
4. L'aéroport est à Marignane.
5. Mon ami Jean-Pierre travaille avec moi à l'aéroport.
6. Pour aller au travail, nous avons une voiture.

VII. Pour faire continuer la conversation.   You're sitting in a café with some friends. Whenever someone makes a statement or asks a question, you keep the conversation going by asking a follow-up question using **où, qui, qu'est-ce que,** or **pourquoi.**

Modèle: J'adore les chats.
> *Pourquoi est-ce que tu aimes les chats?*

1. Je n'habite pas à Paris.
2. Mon amie Jacqueline déteste les chiens.
3. J'ai un vélomoteur et une motocyclette.
4. Il n'y a pas de livres dans notre chambre.
5. Je cherche quelque chose.
6. Il y a des gens qui n'aiment pas le rock.

(answers, p. P47)

Troisième étape

Les adjectifs possessifs (3ᵉ personne) (Text p. 74)

VIII. Bien sûr. *(Of course.)*   When a friend asks if certain objects belong to people you know, give obviously affirmative answers by using **bien sûr** and the appropriate third-person form of the possessive adjective.

Modèle: C'est la voiture de Charles?
> *Bien sûr, c'est sa voiture.*

1. C'est le sac de Sylvie?
2. C'est la maison de tes parents?
3. Ce sont les clés de ton frère?
4. Ce sont les disques compacts de tes cousins?
5. C'est la voiture de ton oncle?
6. C'est l'adresse de tes amis?
7. Ce sont les plantes de tes sœurs?
8. Ce sont les posters de Michel?

IX. His and hers.   Give the French equivalent of the following English phrases.

1. his calculator
   her calculator

2. her keys
   his keys

3. his VCR
   her VCR

4. her pen
   his pen

5. his chair
   her chair

6. her address
   his address

X. L'inventaire. *(The inventory.)*   Pierre and his sister Danielle have been away at school. Their father watches them unpack and describes to his wife what the children have brought back. Complete the father's description with the appropriate possessive adjectives.

1. Bon. Pierre a . . . . . magnétoscope, ... chaîne stéréo, ... CD et . . . . . appareil photo.
2. Danielle a . . . . . calculatrice, ... vélo et . . . . . cahiers; elle n'a pas . . . . . appareil photo.
3. Très bien. Ils ont . . . . . radiocassette, ... livres, ... ordinateur. Mais où est . . . . . argent *(money)*?!?

Chapitre 3

Première étape

Le verbe irrégulier **aller** *(Text p. 98)*

I. Je reste à la maison.   You are sick and cannot go out, but you are very curious about where other family members are going. Complete each question with the appropriate form of the verb **aller.**

1. Où . . . . . Marianne?
2. Où est-ce que vous . . . . . , Victor et toi?
3. Et Mémé et Pépé, où est-ce qu'ils . . . . . ?
4. Et toi, Maman, où est-ce que tu . . . . . ?
5. Et Sylviane et Françoise, où est-ce qu'elles . . . . . ?

II. Vous allez souvent à Paris?   Using the number in parentheses as a guide to the number of trips per month, tell how frequently each person goes to Paris. Remember that **de temps en temps** and **quelquefois** either begin or end the sentence, that **souvent** and **rarement** come right after the verb, and that **ne . . . jamais** goes around the verb.

Modèle: Jacques Crépelle (1)
   Jacques Crépelle va rarement à Paris.

1. je (10)   2. Annick Leclair (4)   3. nous (1)   4. tu (4 ou 5)   5. M. et Mme Santerre (0)

(answers, p. P47)

La préposition **à** *et l'article défini (Text p. 100)*

III. Ce soir.   When someone asks where you and your friends are going tonight, everyone has a different suggestion. Fill in the blanks with the appropriate form of **à** and the definite article (**le, la, l', les**). Make any necessary contractions.

Où est-ce que nous allons ce soir?

1. . . . . . café!   **2.** . . . . . théâtre!   **3.** . . . . . piscine!   **4.** . . . . . cinéma!
5. . . . . . université!   **6.** . . . . . restaurant!   **7.** . . . . . parc!   **8.** . . . . . stade!
9. . . . . . gare!   **10.** . . . . . hôtel de ville!

IV. Où est-ce que vous allez?   Tell where the following people are and are not going.

   Modèle: Sylvie / église / cathédrale
      Sylvie va à l'église, elle ne va pas à la cathédrale.

   1. tu / théâtre / cinéma
   2. vous / pharmacie / bureau de poste
   3. Jean et Martine / lycée / université
   4. je / café / restaurant
   5. Claire / banque / librairie
   6. nous / gare / aéroport
   7. Philippe et Raymond / musée / parc
   8. Pierre / maison de Rabelais / hôtel

(answers, p. P47)

Le futur immédiat (Text p. 101)

V. Demain. Say that you and your friends are going to do certain things tomorrow.

   Modèle: Anne-Marie / aller à l'université
      Anne-Marie va aller à l'université demain.

   1. je / visiter le musée
   2. Jean-Paul / aller en ville
   3. nous / faire un tour à vélo

   4. mes amis / faire leurs devoirs
   5. tu / regarder le film
   6. mes frères / rester à la maison

(answers, p. P47)

Deuxième étape

*La préposition **de** et l'article défini (Text p. 106)*

VI. Les noms, les adresses et les numéros de téléphone.   Complete the following questions about names, addresses, and telephone numbers. Use **de** and the definite article **(le, la l', les)** and make any necessary contractions.

   1. Quel est le nom . . . . . hôtel?
   2. Quelle est l'adresse . . . . . pharmacie?
   3. Quel est le numéro de téléphone . . . . . librairie?
   4. Quel est le nom . . . . . cinéma?
   5. Quelle est l'adresse . . . . . restaurant?
   6. Quel est le numéro de téléphone . . . . . piscine?
   7. Quel est le nom de famille . . . . . grands-parents de Sylvie?
   8. Quel est le nom . . . . . professeur d'histoire?
   9. Quel est le numéro de téléphone . . . . . cousines de Francine?

VII. Où est... ?   Using the prepositions **près de, loin de, à côté de, en face de, au bout de, au coin de,** locate as precisely as possible the following places in the town where you're staying. (See the map on p. 94 of this **Cahier.**)

Modèle: le Café du Théâtre

Le Café du Théâtre est à côté de la librairie Molière.

1. l'hôtel Villages
2. la bibliothèque municipale
3. le bureau de Tourisme
4. le parc de la Colombière
5. l'église Notre-Dame
6. l'hôtel St-Bernard

(answers, pp. P47–P48)

L'impératif *(Text p. 108)*

VIII. Les petits. *(The little ones.)* You've been left in charge of Nicole and David, the children of some French friends of your parents. At various times, you have to tell the children, individually and together, what to do and what not to do; you also suggest activities for the three of you.

1. Dites à Nicole…

   a. de parler lentement *(slowly).*
   b. d'être sage.

2. Dites à David…

   a. de faire attention.
   b. de manger lentement.

3. Dites à Nicole et à David…

   a. de ne pas regarder la télé.
   b. d'avoir de la patience.

4. Proposez…
   a. d'aller au parc ensemble.
   b. de chanter ensemble.

(answers, p. P48)

Troisième étape

Le présent du verbe irrégulier **prendre** *(Text p. 116)*

IX. Comment est-ce qu'ils vont en ville? People use different means of transportation to go downtown. Complete the following sentences with the appropriate form of the verb **prendre.**

1. Éric . . . . . l'autobus.
2. Nous . . . . . le métro.
3. Tu . . . . . ton auto.
4. Je . . . . . mon vélo.
5. Mes parents . . . . . un taxi.
6. Vous . . . . . le train.

X. Il apprend l'anglais, mais il ne comprend pas très bien. You and your friends are interested in learning new things. Some of you have more success than others. Complete the following sentences with an appropriate form of **apprendre** or **comprendre.**

1. Chantal . . . . . le chinois. Elle . . . . . très bien son professeur.
2. Mon frère et moi, nous . . . . . l'espagnol, mais nous ne . . . . . pas très bien la grammaire.
3. Je voudrais . . . . . à faire du ski.
4. Qu'est-ce que vous . . . . . à l'école? Est-ce que vous . . . . . bien vos professeurs?
5. Georges et Nicole . . . . . à faire du vol libre *(free fall).*

(answers, p. P48)

L'heure (Text p. 118)

XI. Quelle heure est-il? Rewrite the following times as they might appear in a document written in English.

Modèle: trois heures vingt de l'après-midi
3:20 P.M.

1. six heures et quart du matin
2. une heure et demie de l'après-midi
3. neuf heures moins le quart le soir
4. minuit cinq
5. cinq heures moins vingt-cinq du matin
6. midi moins dix

(answers, p. P48)

Chapitre 4

Première étape

Les jours de la semaine (Text p. 135)

I. La semaine de Philippe. Using the calendar as a guide, answer the questions about Philippe's life. A vertical arrow indicates something he does every week. The absence of an arrow indicates something that will occur only this week.

L école ↓	M école ↓	M aller au parc	J école ↓	V école ↓ aller au cinéma	S école ↓ visiter le musée	D église ↓

1. Quels jours est-ce que Philippe va à l'école?
2. Quels jours est-ce que Philippe ne va pas à l'école?
3. Quel jour est-ce que Philippe va à l'église?
4. Quand est-ce que Philippe va au parc?
5. Quand est-ce que Philippe va visiter le musée?
6. Quand est-ce que Philippe va aller au cinéma?

(answers, p. P48)

*Le verbe irrégulier **vouloir** (Text p. 138)*

II. Dimanche après-midi. You and your friends are talking about what you want to do on Sunday afternoon. Complete the sentences with the appropriate form of the verb **vouloir.**

1. Hélène . . . . . aller au parc.
2. Je . . . . . faire un tour en voiture.
3. Mon père dit *(says):* «Maman et moi, nous . . . . . aller au musée.»
4. Mon frère et ses amis . . . . . regarder un match de foot à la télé.
5. Et toi, qu'est-ce que tu . . . . . faire?

III. Pourquoi? Use the first cue to ask why each person wants or doesn't want to do something; then use the second cue to answer the question. Use the appropriate form of **vouloir** in both the questions and the answers.

Modèle: (tu) ne pas aller au cinéma / regarder la télé
   —Pourquoi est-ce que tu ne veux pas aller au cinéma?
   —Parce que je veux regarder la télé.

1. (tu) apprendre le français / visiter Paris
2. (ta sœur) ne pas faire une promenade / étudier son français
3. (toi et ton ami) ne pas manger à la maison / déjeuner au restaurant
4. (tes parents) aller à Chamonix / faire du ski

(answers, p. P48)

Deuxième étape

Les adverbes désignant le présent et le futur (Text p. 146)

IV. Les projets d'Antoine. The calendar informs you of Antoine's plans for the next two weeks. Today is June 6. Using the calendar as a guide, tell what he plans to do at the times specified below.

L 6	matin: travailler à la maison; après-midi: aller en ville; soir: aller au cinéma avec des amis . . . . .
M 7	visiter le musée . . . . .
M 8	après-midi: faire des courses en ville; soir: rester à la maison . . . . .
J 9	matin: faire un tour à vélo; soir: aller en discothèque . . . . .
D 12	matin: aller à l'église; après-midi: déjeuner avec mes parents . . . . .
L 13	faire des achats . . . . .
M 14–D 19	aller à Londres . . . . .

Modèle: jeudi matin
   Jeudi matin il va faire un tour à vélo.

1. ce matin **2.** jeudi soir **3.** cet après-midi **4.** la semaine prochaine
5. lundi prochain **6.** ce soir **7.** dimanche matin **8.** mercredi après-midi

(answers, p. P48)

*Les expressions **espérer** et **avoir l'intention de** (Text p. 148)*

V. Raymond is talking about his future plans and those of his friends and family. Complete the sentences, using the appropriate form of **espérer**. Remember to change **é** to **è** when the ending is not pronounced.

1. J' . . . . . aller aux États-Unis un jour.
2. Nous . . . . . voyager en Afrique.
3. Mes parents . . . . . visiter l'Australie.
4. Où est-ce que tu . . . . . habiter dans vingt ans?
5. Mon amie Christiane . . . . . avoir cinq enfants.
6. C'est vrai? Vous . . . . . aller en Amérique du Sud?

VI. L'avenir. Use the cues to write a sentence telling what each person has in mind for the future. Then use the question form in parentheses to ask a similar question of someone else.

Modèle: ce soir / Paul / vouloir / regarder la télé (qu'est-ce que / tu)
   Ce soir Paul veut regarder la télé. Qu'est-ce que tu veux faire ce soir?

1. demain matin / Martine / aller / faire des courses en ville (qu'est-ce que / tu)
2. la semaine prochaine /Jacques / avoir l'intention de / parler à son prof de maths (qu'est-ce que / vous)
3. l'année prochaine / mes parents / vouloir / aller en Europe (où est-ce que / tes parents)
4. ma sœur / espérer / être une actrice célèbre / un jour (qu'est-ce que / ta sœur)

(answers, p. P48)

Troisième étape

Le présent des verbes pronominaux (Text p. 155)

VII. Chez nous, on se couche à... Tell the usual bedtime of each family member by completing the sentences with the appropriate form of the pronominal verb **se coucher.**

1. Ma sœur . . . . . à 9h.
2. Mes parents . . . . . entre 10h et 11h.
3. En semaine, mon frère et moi, nous . . . . . vers 11h.
4. Le week-end, je . . . . . vers minuit.
5. Tes frères et sœurs et toi, à quelle heure est-ce que vous . . . . . d'habitude?
6. Mais toi, tu ne . . . . . pas à minuit en semaine, si?

VIII. Le matin, chez les Cousineau. Annick Cousineau is telling what happens at her house on a typical weekday morning. Use the cues to write sentences describing these activities.

Modèle: mon père / se lever / le premier
Mon père se lève le premier.

1. ma mère et mon frère / se lever / à 7h
2. je / ne pas se lever / avant 8h
3. ma mère / préparer / le petit déjeuner
4. mon frère et moi, nous / se préparer / pour aller à l'école
5. ma mère et mon père / ne pas se parler / le matin
6. mon frère / se dépêcher / pour prendre l'autobus
7. moi, je / aller à l'école / à pied
8. ma famille et moi, nous / ne pas s'amuser / le matin

(answers, p. P48)

Le futur immédiat des verbes pronominaux (Text p. 156)

IX. Aujourd'hui. Using the cues, explain what each person is going to do today.

Modèle: Hélène / se coucher de bonne heure ce soir
Hélène va se coucher de bonne heure ce soir.

1. Dominique et Sylviane / se parler au téléphone ce matin
2. moi, je / se lever à 6h
3. Jean-Pierre et Martine / se promener à vélo
4. Bernard et moi, nous / se retrouver à la bibliothèque
5. vous autres, vous / s'amuser au festival
6. Hervé / se reposer cet après-midi

(answers, p. P48)

L'impératif des verbes pronominaux (Text p. 158)

X. Le frère et la sœur de Jacqueline. Jacqueline's parents both work. As a result, Jacqueline has to take care of her little brother Gérard and her little sister Monique before and after school. She spends most of her time telling them what to do and not to do. Complete each item with an appropriate command from the list on p. 158 of the textbook.

1. Monique! Gérard! . . . . . Il est déjà 7h40. Vous devez aller à l'école dans vingt minutes.
2. Gérard! . . . . . Monique est déjà prête *(ready)*!
3. Monique! . . . . . Ne pleure pas! *(Don't cry!)* Voici ton sac à dos.
4. Monique! Gérard! . . . . . Nous allons manger maintenant.
5. Alors, Monique, tu vas jouer aux dames chez Fabienne? . . . . .
6. Gérard! Monique! . . . . . Vous n'allez pas vous coucher tout de suite. Vous pouvez regarder la télé, si vous voulez.

XI. Un verbe pronominal: oui ou non? Some French verbs have both a pronominal and a nonpronominal form. In some cases, the meanings are different: **Où se trouve Carcassonne?** *(Where is Carcassonne located?)* **Je ne trouve pas mes clés.** *(I can't find my keys.)* In other cases, the difference is grammatical: **Marie va retrouver ses amis au café.** *(Marie is going to meet her friends at the café.)* **Marie et ses amis vont se retrouver au café.** *(Marie and her friends are going to meet [each other] at the café.)* Decide which sentence in each pair requires the pronominal form and which one requires the nonpronominal form. Use the tense suggested in parentheses.

1. parler / se parler

   a. Elle va . . . . . à ses cousins demain. *(infinitif)*
   b. Ses parents et ses grands-parents . . . . . tous les week-ends. *(présent)*

2. trouver / se trouver

   a. Où . . . . . le commissariat de police? *(présent)*
   b. J'ai besoin de . . . . . ma calculatrice. *(infinitif)*

3. retrouver / se retrouver

   a. Où est-ce qu'on va . . . . . ? *(infinitif)*
   b. Où est-ce que tu vas . . . . . tes amis? *(infinitif)*

4. promener / se promener

   a. Tous les soirs nous . . . . . notre chien. *(présent)*
   b. Mes amis et moi, nous aimons . . . . . en voiture. *(infinitif)*

(answers, p. P49)

Chapitre 5

Première étape

La date, les mois et les saisons (Text pp. 182–184)

I. Quelle est la date? Write out the following dates in French.

Modèle: 5.2
   le cinq février

1. 12.1   **2.** 30.9   **3.** 23.5   **4.** 1.3   **5.** 6.12   **6.** la date de votre anniversaire

II. On célèbre... Complete the sentences by telling in which month each holiday is celebrated.

1. On célèbre la fête nationale suisse en . . *août*.
2. On célèbre Noël en . . . . .
3. On célèbre la Saint-Valentin au mois de . . . . .
4. On célèbre Pâques en . . . . . ou en . . . . .
5. On célèbre la fête nationale française et la fête nationale américaine au mois de . . . . .
6. On célèbre «Thanksgiving» au mois de . . . . .
7. On célèbre le jour de l'an en . . . . .
8. On célèbre la fête du Travail au mois de . . . . .
9. On célèbre la fête des pères en . . . . .
10. On célèbre l'arrivée de Christophe Colomb en Amérique au mois d' . . . . .

III. En quelle saison... ?   Tell in what season each activity usually takes place.

1. On joue au football américain . . . . .
2. On se baigne dans la mer . . . . .
3. On fait du ski . . . . .
4. On plante son jardin . . . . .

(answers, p. P49)

*Le passé composé avec **avoir*** *(Text p. 185)*

IV. Les verbes réguliers en *-er*.   Fill in each blank with the **passé composé** of one of the suggested verbs. Be sure the paragraph makes sense when you are through. Use each verb only once. Verbs: **regarder, commencer, quitter, écouter, téléphoner, passer** *(to spend [time])*, **étudier, manger**

Hier j' . . . . . la soirée *(evening)* avec mon amie Suzanne. Nous . . . . . nos devoirs et nous . . . . . le français. La mère de Suzanne . . . . . la radio. Son père et sa sœur . . . . . la télé. Après avoir fini nos devoirs, Suzanne . . . . . à son ami Richard. Ensuite, nous . . . . . quelque chose. À 9h30 j' . . . . . la maison de Suzanne pour rentrer à la résidence.

V. Les verbes irréguliers.   Use the **passé composé** of an appropriate verb from the following list to complete each sentence logically. You may use a verb more than once. Verbs: **avoir, être, faire, prendre, apprendre, comprendre**

1. J' . . . . . un accident ce matin.
2. Nous . . . . . à Paris et nous . . . . . beaucoup de choses.
3. Est-ce que tu . . . . . l'article sur l'énergie nucléaire?
4. Ils n' . . . . . pas . . . . . l'autobus.
5. Elle . . . . . une promenade.

VI. Des questions.   Use the cues to form questions in the **passé composé**.

Modèle: pourquoi / vous / prendre / taxi / ?
    Pourquoi est-ce que vous avez pris un taxi?

1. quand / vous / être / Paris / ?
2. quand / elle / avoir / accident / ?
3. que / ils / faire / hier / ?
4. pourquoi / elle / ne pas apprendre / français / ?
5. est-ce que / tu / prendre / métro / ?

(answers, p. P49)

Deuxième étape

Les adverbes et les prépositions désignant le passé *(Text p. 193)*

VII. Quand... ?   Your friends, François and Nicole, have had a very busy month. Using the calendar as a guide, answer the questions about their activities. In some cases, there may be more than one way to respond. Today is Thursday the twenty-second.

LUNDI	MARDI	MERCREDI	JEUDI	VENDREDI	SAMEDI	DIMANCHE
5	6	7 *acheter une voiture*	8	9	10	11
12 *à Londres*	13	14	15	16 *de Londres*	17 *théâtre*	18 *à la maison*
19 *dîner en ville*	20 *musée*	21 *téléphoner à Marc*	22	23	24	25
26	27	28	29	30	31	

Modèle: Quand est-ce qu'ils ont dîné en ville?
Ils ont dîné en ville lundi dernier (il y a trois jours).

1. Quand est-ce qu'ils sont allés au théâtre?
2. Quand est-ce qu'ils sont restés à la maison?
3. Quand est-ce qu'ils ont acheté leur voiture?
4. Quand est-ce qu'ils ont fait un voyage à Londres?
5. Quand est-ce qu'ils sont rentrés de Londres?
6. Combien de temps est-ce qu'ils sont restés à Londres?
7. Quand est-ce qu'ils sont allés au musée?
8. Quand est-ce qu'ils ont téléphoné à Marc?

(answers, p. P49)

Le passé composé avec **être** *(Text p. 195)*

VIII. Où sont-ils allés? Complete the sentences with the appropriate form of the **passé composé** of **aller.**

1. Sylvie . . . . . au bureau de tabac.
2. Nous . . . . . à la gare.
3. Paul et Philippe . . . . . au stade.
4. Je . . . . . à la librairie.
5. Elles . . . . . à la piscine.
6. Est-ce que tu . . . . . à la bibliothèque?
7. Vous . . . . . au bureau de poste, n'est-ce pas?

IX. Le participe passé. It is important to distinguish between verbs conjugated with **être,** whose past participles agree with the subject, and verbs conjugated with **avoir,** whose past participles do *not* agree with the subject. Read the following sentences, paying attention to the speaker and, when appropriate, to the person addressed. If the form of the past participle is correct, put an X in the blank; if the form is incorrect, add the necessary letter(s).

1. Marie-Claude: Moi, je suis arrivé . . . . . il y a une heure. Et toi, Édouard, quand est-ce que tu es arrivé . . . . . ?
2. Jacques: Ma sœur et moi, nous sommes allé . . . . . à la librairie, mais nous n'avons pas acheté . . . . . . de livres.

3. Gabrielle: Voilà mes amies Frédérique et Anne. —Salut. Est-ce que vous avez pris . . . . . le métro? Où est-ce que vous êtes descendu . . . . . ?
4. Michel: Mon père est allé . . . . . en ville, mais ma mère est resté . . . . . chez nous.
5. Nathalie: Mes cousins Jean-Pierre et Dominique ont habité . . . . . à Marseille pendant un certain temps, puis ils sont allé . . . . . à Grenoble.
6. Thierry: J'ai eu . . . . . un accident. Je suis sorti . . . . . d'un magasin sans regarder.

X. L'interrogatoire. *(The interrogation.)*   When you were in high school, your parents were very strict. They would question you and your sister about all of your activities. Using the cues, recreate your parents' questions. In the first set of questions, they are talking only to your sister. In the second set, they are questioning the two of you.

Votre sœur

Modèle: quand / quitter la maison / ?
       Quand est-ce que tu as quitté la maison?

1. où / aller / ?
2. prendre le métro / ?
3. où / descendre / ?

4. combien de temps / rester / librairie / ?
5. que / acheter / ?

Vous et votre sœur

Modèle: que / faire / hier soir / ?
       Qu'est-ce que vous avez fait hier soir?

6. où / aller / ?
7. avec qui *(with whom)* / dîner / ?
8. avoir un accident / ?

9. pourquoi / ne pas téléphoner / ?
10. à quelle heure / rentrer / ?

(answers, p. P49)

Troisième étape

Le passé composé des verbes pronominaux (Text p. 204)

XI. À quelle heure est-ce qu'ils se sont levés ce matin?   Complete the sentences with the appropriate form of the **passé composé** of **se lever.** Pay attention to the identity of the speaker or the person addressed.

1. Jacqueline . . . . . vers 8h.
2. Georges et son frère . . . . . à 9h30, comme d'habitude.
3. Moi (Sylvie), je . . . . . de très bonne heure.
4. Moi (Gérard), je . . . . . de très bonne heure aussi.
5. En fait, Sylvie et moi, nous . . . . . à la même heure.
6. Éric ne . . . . . pas . . . . . de très bonne heure.
7. Et toi, à quelle heure est-ce que tu . . . . . ?

XII. Des questions pour Catherine et Jean-Michel.   Answer the following questions, using the cues in parentheses. Pay attention to the person to whom each question is addressed.

1. Jean-Michel, à quelle heure est-ce que tu t'es levé ce matin? (à 8h)
2. Et toi, Catherine? (à 7h30)
3. Est-ce que vous vous êtes couchés de bonne heure hier soir, vous deux? (non)
4. Catherine, est-ce que tu t'es dépêchée pour aller à tes cours ce matin? (non)
5. Catherine et Jean-Michel, vous avez fait une petite excursion à Vence samedi dernier. Vous vous êtes bien amusés? (très bien)
6. Catherine et Jean-Michel, est-ce que vous vous êtes disputés la semaine dernière? (non)
7. Jean-Michel, pourquoi est-ce que tu n'es pas allé au concert avec les autres? (se tromper de jour)

XIII. La semaine dernière. Using the cues, recount the major events of last week in the lives of Marie-Jeanne, her family, and her friends.

Modèle: lundi—moi / se lever à 6h30
Lundi je me suis levée à 6h30

1. lundi—mon amie Diane / ne pas se lever à temps pour aller en classe
2. mardi—mes amis et moi / s'amuser à la piscine
3. mercredi—moi / se disputer avec mon petit ami
4. jeudi—mes amis et moi / se retrouver à la bibliothèque
5. vendredi—mes parents / se lever de très bonne heure
6. samedi—mon frère / se reposer pendant toute la journée
7. dimanche—moi / se coucher très tard

(answers, p. P49)

Chapitre 6

Première étape

Les adjectifs démonstratifs **(ce, cet, cette, ces)** *(Text pp. 222, 223)*

I. Add the appropriate demonstrative adjective to each noun.

Modèle: cassette   *cette cassette*

1. fruits	**6.** voiture	**11.** pain
2. disque compact	**7.** croissants	**12.** étudiante
3. vélo	**8.** tartelettes	**13.** salade
4. jambon	**9.** appartement	**14.** hôtel
5. ordinateur	**10.** baguette	**15.** étudiants

(answers, p. P49)

Les expressions de quantité (Text p. 224)

II. Et votre frère? Use the cues to tell how many of the following items each person possesses.

Modèle: disques compacts / votre frère / beaucoup
Mon frère a beaucoup de disques compacts.

1. livres / votre père / très peu
2. CD / votre frère / quelques
3. cahiers / votre sœur / pas beaucoup
4. disques / vos amis / beaucoup
5. stylos / votre mère / peu
6. frères / votre petit(e) ami(e) / pas beaucoup

III. Qu'est-ce que vous avez acheté? Tell how much of each item each person bought yesterday.

Modèle: Mme Tanson / eau minérale (1 bouteille)
Mme Tanson a acheté une bouteille d'eau minérale.

1. mon père / pommes (2 kilos)
2. je / Coca (1 litre)
3. Mlle Lecuyer / jambon (4 tranches)
4. nous / croissants (1 douzaine)
5. M. Robichou / pâté (50 grammes)
6. mes cousins / saucisson (1 bout)

IV. **Les achats.**   Evaluate the amounts, using the expressions **beaucoup trop de, trop de, assez de,** and **pas assez de.**

Modèles: Un kilo d'abricots coûte 3 euros. Yves a 4 euros.
Yves a assez d'argent pour acheter un kilo d'abricots.

Mme Leroux a fait trois gâteaux. Elle a invité deux personnes à dîner.
Mme Leroux a fait beaucoup trop de gâteaux.

1. Un Walkman coûte 51 euros. Jean-Jacques a 43 euros.
2. Mme Barron a acheté douze croissants. Il y a deux personnes au petit déjeuner.
3. Anne a acheté trois tartelettes. Il y a trois personnes pour le déjeuner.
4. Un ordinateur IBM coûte 1715 euros. Nathalie a 1358 euros.
5. M. Riboux a acheté dix tranches de jambon. Il a invité cinq amis à dîner.

(answers, p. P50)

Deuxième étape

Le partitif (Text p. 232)

V. Add the appropriate partitive article to each noun.

Modèle: pain
du pain

1. salade	5. tarte	9. eau minérale
2. pâté	6. céréales	10. bananes
3. rôti	7. soupe	11. saucisses
4. jambon	8. gâteau	12. Coca

VI. Complete the sentences, using the appropriate articles (definite, indefinite, or partitive). Remember that the indefinite and partitive articles become **de** after a negative expression.

1. J'adore . . . . . pâtisseries. Ce matin j'ai acheté . . . . . éclair et . . . . . religieuses, mais je n'ai pas acheté . . . . . millefeuille.
2. M. Leblanc a pris . . . . . café parce qu'il n'aime pas . . . . . thé.
3. Adèle a . . . . . sœurs et . . . . . frères, mais elle n'a pas . . . . . cousins.
4. Ce sont . . . . . clés de Martine.
5. Dans mon frigo il y a . . . . . tarte, ... lait, ... fruits, ... confiture, ... beurre. Il n'y a pas . . . . . viande parce que je ne mange jamais . . . . . viande.

VII. **Goûts et habitudes.**   Complete the conversations, using the nouns provided and adding the appropriate articles.

1. pain / baguette / pain de campagne
—Nous prenons toujours . . . . . avec le dîner.
—Nous aussi. Moi, j'aime beaucoup . . . . .
—Voici la boulangerie. Entrons! Moi, je vais acheter . . . . .
—Et moi, je vais prendre . . . . .

2. pâtisseries / tartelette / millefeuille
—Je vais acheter . . . . .
—Attention! Quand on mange . . . . . , on grossit *(gets fat)*.
—Je ne résiste pas à la tentation. J'adore . . . . . Et toi, tu vas prendre quelque chose?
—Oui, pourquoi pas? Je voudrais bien manger . . . . .

3. Coca / eau minérale / citron pressé
—Vous désirez . . . . . ?
—Non, j'aime mieux . . . . .
—Je n'ai pas . . . . . , mais est-ce que vous voulez . . . . . ?

4. sandwich / jambon / fromage / omelette aux fines herbes
—Je vais manger . . . . .
—Moi aussi. Est-ce que vous avez . . . . . ?
—Non, mais nous avons . . . . .
—Je n'aime pas . . . . . Je vais prendre . . . . .

(answers, p. P50)

Troisième étape

Le présent et le passé composé du verbe irrégulier **devoir** *(Text p. 241)*

VIII. Complete the sentences, using the present tense of the verb **devoir**.

1. Qu'est-ce que tu . . . . . faire demain? Je . . . . . aller chez le dentiste.
2. Nous . . . . . $100 à nos parents. Paul leur . . . . . $35, et moi, je leur . . . . . $65.
3. Pourquoi est-ce qu'ils ne vont pas au cinéma avec nous? Parce qu'ils
. . . . . faire leurs devoirs.
4. Où est-ce que vous . . . . . aller aujourd'hui? Nous . . . . . aller au supermarché.
5. Et elle, qu'est-ce qu'elle . . . . . faire? Je ne sais pas. Elle . . . . . demander à ses parents.

IX. Traduisons! Give the English equivalents of the following sentences. Be careful of the translation of the verb **devoir**.

1. Nous devons parler au professeur. *(2 possibilities)*
2. Elle a dû avoir un accident.
3. Je dois 100 dollars à mes parents.
4. Il doit être malade.
5. Elles ont dû aller au laboratoire. *(2 possibilities)*
6. Je dois retrouver mes amis au café. *(2 possibilities)*

X. Parce que... Answer the questions, using either the present tense or the **passé composé** of the verb **devoir**.

Modèle: Pourquoi Marianne n'est-elle pas ici? (aller à la bibliothèque)
Parce qu'elle a dû aller à la bibliothèque.

1. Est-ce que Francine va au cinéma avec nous? (non, faire ses devoirs)
2. Les Merlier ne sont pas chez eux ce soir. Où sont-ils? (aller au travail)
3. Pourquoi ne dînez-vous pas souvent au restaurant? (faire des économies)
4. Pourquoi Anne-Louise est-elle allée en ville? (faire des courses)
5. Pourquoi vas-tu à la librairie? (acheter mon livre de français)
6. Pourquoi est-ce qu'ils font des économies? (devoir 150 dollars à leurs amis)

(answers, p. P50)

L'adjectif interrogatif **quel** *(Text p. 243)*

XI. Je ne comprends pas! You're very distracted, and when your friends say something, you have no idea what they're talking about. Get clarification by asking questions using a form of **quel.**

Modèle: Mon amie s'appelle Janine.
Quelle amie?

1. J'ai trouvé mes clés.
2. Nous avons visité le monument.
3. Il cherche son chat.
4. Donne-moi la calculatrice.

5. Ma mère a commandé l'ordinateur.
6. J'ai acheté les éclairs.
7. Elles aiment tes disques compacts.

8. Tu as mes vidéocassettes?
9. Ta petite amie a téléphoné.

(answers, p. P50)

Chapitre 7

Première étape

L'accord des adjectifs *(Text p. 266)*

I. Give the feminine form of each adjective.

1. français	**5.** dernier	**9.** lourd	**13.** vieux
2. petit	**6.** facile	**10.** brun	**14.** grand
3. ennuyeux	**7.** vert	**11.** cher	**15.** beau
4. marron	**8.** léger	**12.** blanc	**16.** rouge

II. Give the plural form of each adjective.

1. petit	**5.** intéressant	**9.** laide	**13.** beau
2. ennuyeuse	**6.** bon	**10.** dernier	**14.** orange
3. noir	**7.** mauvais	**11.** gris	**15.** vert
4. vieille	**8.** blanche	**12.** brun	**16.** vieux

III. De quelle couleur... ?   Give the color of the following items.

De quelle couleur est...

1. la neige?
2. le café?
3. votre maison?
4. votre bicyclette?

5. votre livre de francais?
6. votre chambre?
7. votre chaîne stéréo?
8. votre sac à dos (sac)?

De quelle couleur sont...

9. les pommes?
10. les épinards?
11. les citrons?

12. tes stylos?
13. tes cahiers?
14. les nuages?

(answers, p. P50)

La place des adjectifs *(Text p. 271)*

IV. Add the adjectives in parentheses to the sentences. First make each adjective agree in gender and number with the noun. Then place it correctly in the sentence (before or after the noun).

Modèle: J'ai une calculatrice. (noir / petit)
J'ai une petite calculatrice noire.

1. Nous avons acheté une vidéo. (nouveau / fantastique)
2. J'ai un vélo. (nouveau / japonais)
3. Nous avons mangé dans un restaurant. (italien)
4. J'ai trouvé un portefeuille. (brun / petit)
5. Elle a regardé la vidéo. (nouveau / allemand)
6. C'est un roman. (russe / long)
7. C'est une maison. (vieux / petit)
8. J'ai eu une note à l'examen. (mauvais)

(answers, p. P50)

Deuxième étape

Le comparatif (Text p. 283)

V. Make comparisons using the cues in parentheses.

Modèle: Jean est grand. (Marc +)
   Marc est plus grand que Jean.

1. Janine est intelligente. (Suzanne –)
2. Hervé est généreux. (Monique =)
3. Mes parents sont traditionnels. (les parents de Jacques –)
4. Le cours de français est difficile. (le cours de chinois +)
5. Mes amis sont amusants. (les amis de mes parents –)
6. Le prof de français est patient. (le prof de chinois =)
7. Simone est sympathique. (Isabelle +)

VI. Make comparisons using the cues in parentheses. Remember that **bon** becomes **meilleur** and **bien** becomes **mieux** when you want to say better.

Modèle: Les oranges de Californie sont bonnes. (Les oranges d'Espagne +)
   Les oranges d'Espagne sont meilleures que les oranges de Californie.

1. Jean chante bien. (Véronique +)
2. François travaille bien. (Alexandre =)
3. Annie mange bien. (Marcel –)
4. Le poulet est bon. (les légumes +)
5. Les notes de Marie sont bonnes. (les notes de Paul –)
6. Ce restaurant chinois est bon. (l'autre restaurant chinois =)
7. Mes amis dansent bien. (je +)
8. Le Perrier est bon. (le Vittel +)

VII. Et votre sœur? Using the cues, compare your possessions to those of other people you know. Use the expressions **plus de… que, autant de… que,** and **moins de… que.**

Modèle: disques compacts / votre père
   J'ai plus (moins) de disques compacts que mon père. or *J'ai autant de disques compacts que mon père.*

1. posters / votre frère
2. livres / votre père
3. plantes vertes / votre sœur

4. CD / vos amis
5. clés / votre mère
6. sœurs / votre ami(e)

VIII. Que pensent les étudiants de leurs cours? Students in the science department have been asked to evaluate their courses. Look at the results of their evaluations and make comparisons.

Cours	Difficulté	Heures de préparation	Nombre d'examens	Excellentes notes	Note moyenne
Biologie	difficile	3h	3	A = 6	B–
Physique	très diff.	5h	4	A = 3	C+
Chimie	assez diff.	4h	4	A = 8	B
Géologie	difficile	3h	5	A = 6	B
Astronomie	facile	2h	2	A= 15	B+

Modèle: être difficile / biologie / physique
Le cours de biologie est moins difficile que le cours de physique.

1. être difficile / géologie / biologie
2. être difficile / chimie / astronomie
3. on / travailler sérieusement en / physique / chimie
4. on / travailler sérieusement en / astronomie / biologie
5. il y a / examens en / géologie / biologie
6. il y a / examens en / chimie / physique
7. il y a / examens en / astronomie / chimie
8. on / donner des bonnes notes en / astronomie / chimie
9. on / donner des bonnes notes en / physique / biologie
10. en général / on / se débrouiller bien en / astronomie / chimie
11. en général / on / se débrouiller bien en / physique / biologie

(answers, pp. P50–P51)

Troisième étape

*Les verbes réguliers en **-ir** (Text p. 291)*

IX. Qu'est-ce que vous faites?   Someone always wants to know what you and your friends are doing or what you did. Answer the questions, using the cues in parentheses. Pay attention to the tense used in the question.

Modèle: Qu'est-ce que tu fais? (finir les devoirs)
Je finis mes devoirs.

1. Qu'est-ce qu'ils font? (choisir leurs cadeaux)
2. Qu'est-ce qu'elle fait? (choisir un pull-over)
3. Qu'est-ce que vous faites? (réfléchir à notre avenir)
4. Qu'est-ce qu'il a fait? (réussir à ses examens)
5. Qu'est-ce que tu fais? (réfléchir)
6. Qu'est-ce qu'elles ont fait? (obéir à leurs parents)
7. Qu'est-ce qu'ils font? (finir cet exercice)

X. La vie à l'université.   Your younger brother is curious about college life. Use the cues to give him some information.

Modèle: profs / choisir / livres difficiles
Les profs choisissent des livres difficiles.

1. on / choisir / cours
2. les étudiants / ne pas obéir toujours / profs
3. je / finir d'étudier / vers minuit *(midnight)*
4. nous / réussir / toujours / examens
5. amis / réfléchir / beaucoup / avenir

(answers, p. P51)

L'interrogation—l'inversion (Text p. 292)

XI. Une conversation.   Rewrite each question in the dialogue using **est-ce que.**

MARIE:	Pourquoi restes-tu à la maison aujourd'hui? Il fait si beau.
MICHEL:	J'ai beaucoup de travail. Et toi, n'as-tu pas de devoirs à faire?
MARIE:	J'ai déjà fait mes devoirs. Travailles-tu toujours le samedi?
MICHEL:	Non, mais j'ai un examen lundi.
MARIE:	Je comprends. Quel examen as-tu?

MICHEL: Un examen d'espagnol.
MARIE: Ah? Études-tu l'espagnol et le français?
MICHEL: Oui, j'adore les langues.

XII. Eh bien,... *(Well, . . .)*   For each statement, ask a follow-up question using inversion and the cues in parentheses. Pay attention to the tense of the verb.

Modèle: Je vais faire un voyage l'été prochain. (où / aller)
Ah, bon, où vas-tu aller?

1. Je n'habite pas à Madrid. (où / habiter)
2. Nous cherchons quelque chose. (que / chercher)
3. Mes parents ne sont pas allés au théâtre avec nous. (pourquoi / rester à la maison)
4. J'ai des frères et des sœurs. (combien de / avoir)
5. Marc veut un Coca. (pourquoi / ne pas prendre / lait)
6. Non, il ne va pas faire froid demain. (quel temps / faire)

(answers, p. P51)

Chapitre 8

Première étape

L'imparfait (Text p. 312)

I. Les soirs d'été.   Françoise Delain is remembering the summer evenings she used to spend at her grandparents' home in the mountains. Complete each sentence with the appropriate imperfect tense form of the verb in parentheses.

1. (passer) Nous . . . . . l'été avec mes grands-parents.
2. (avoir) Ils . . . . . une maison à la montagne.
3. (aimer) J' . . . . . les soirées chez mes grands-parents.
4. (faire) Après le dîner, ma mère et moi, nous . . . . . la vaisselle.
5. (s'installer) Mon père et mon grand-père . . . . . dans le jardin.
6. (être / vouloir) Mon frère, qui . . . . . le plus jeune de la famille, ... toujours que Pépé parle de sa jeunesse.
7. (habiter) «Pépé, où est-ce que tu . . . . . avant d'acheter cette maison?»
8. (jouer / être) «Est-ce que vous . . . . . ensemble, toi et Mémé, quand vous . . . . . petits?»

II. Vous vous rappelez?   Pierre Le Guiniec likes to reminisce with his old friends about what they did when they were young. Use the cues and the imperfect tense to compose sentences about Pierre's past.

Modèle: le samedi / on / jouer au football
Le samedi on jouait au football.

1. tous les jours / je / prendre l'autobus pour aller à l'école
2. à cette époque / nous / habiter très loin du lycée
3. je / aller souvent déjeuner chez un copain
4. mes sœurs / quitter la maison toujours après moi
5. mon petit frère / ne pas se lever avant 9h
6. d'habitude / nous / obéir à nos parents
7. ils / avoir beaucoup de patience avec nous
8. autrefois / tu / passer beaucoup de temps en ville
9. tes parents et toi, vous / sortir souvent ensemble

(answers, p. P51)

*Le verbe irrégulier **pouvoir*** *(Text p. 314)*

III. On ne peut pas sortir.   The following conversations take place at the home of your French family when people want to go out but can't. Complete each sentence with the appropriate form of the verb **pouvoir.** Items 1 through 6 require the present tense, item 7 the imperfect, and item 8 the **passé composé.**

1. Est-ce que je . . . . . aller chez Monique?
2. Non, tu ne . . . . . pas sortir cet après-midi.
3. Est-ce que nous . . . . . aller voir le nouveau film au Rex?
4. Non, vous ne . . . . . pas sortir ce soir.
5. Annick ne . . . . . pas aller à la soirée.
6. Tes cousins ne . . . . . pas y aller non plus.
7. Pourquoi est-ce que Martin ne . . . . . pas sortir?
8. Il n' . . . . . pas . . . . . finir ses devoirs.

IV. On refuse l'invitation.   Use **pouvoir** and the cues in parentheses to tell why people are unable to accept invitations.

Modèle: Est-ce que tu veux sortir ce soir? (devoir étudier)
Non, je ne peux pas sortir ce soir. Je dois étudier.

1. Est-ce que tu veux passer la journée à la plage? (devoir aider mes parents)
2. Est-ce que vous voulez aller au cinéma ce soir? (avoir trop de devoirs)
3. Est-ce que tes parents veulent faire du jogging? (être trop fatigués)
4. Est-ce que vous voulez dîner au restaurant ce soir? (ne pas avoir assez d'argent)
5. Est-ce que tu veux aller en ville? (devoir jouer avec mon petit frère)
6. Est-ce que Jean-Pierre veut regarder le film à la télé? (devoir sortir ce soir)

(answers, p. P51)

Deuxième étape

L'imparfait (suite) (Text p. 321)

V. Le bon vieux temps. *(The good old days.)*   Much has changed since your grandparents were young. Many people look back and think that things were better in the good old days. This is what happens when sixteen-year-old Madeleine describes her activities to her grandfather. Use the cues in parentheses and the imperfect tense to state the grandfather's memories.

Modèle: Je mange tous les jours à la cafétéria. (à la maison)
Je mangeais tous les jours à la maison.

1. Mes amis et moi, nous allons souvent au cinéma. (aller au café)
2. Je regarde la télé tous les jours. (écouter la radio)
3. Ma mère et mon père travaillent. (aussi)
4. Je fais de l'aérobic. (faire des promenades)
5. Je me lève à 10h du matin le week-end. (7h)
6. Mes amis et moi, nous avons des mobylettes. (vélos)
7. La famille mange rarement ensemble. (toujours)
8. Je veux quitter la maison à l'âge de 18 ans. (rester à la maison)

(answers, p. P52)

*Le verbe irrégulier **devoir** (suite) (Text p. 323)*

VI. Plusieurs sens. *(Several meanings.)*   The verb **devoir** has several meanings, depending on its tense and the context of the sentence. First, use the present tense of **devoir** to tell what people *have* to do today.

1. Georgette . . . . . rester chez elle ce soir.
2. Voici ce que vous . . . . . apprendre pour demain.

Now use the **passé composé** of **devoir** to tell what people *had* to do in the past.

3. Éric . . . . . attendre à la maison l'arrivée de ses cousins.
4. Moi, j' . . . . . passer une heure et demie chez le dentiste.

Now use the present of **devoir** to tell what people *are supposed* to do today.

5. Anne-Marie . . . . . nous retrouver au café à 6h.
6. Les autres . . . . . téléphoner s'ils ne peuvent pas nous accompagner.

Now use the imperfect of **devoir** to tell what people *were supposed* to do in the past.

7. Tu . . . . . être là avant nous, mais nous sommes arrivés les premiers.
8. Chantal . . . . . nous retrouver devant le cinéma, mais elle n'est pas venue.
9. Qu'est-ce que nous . . . . . apporter, les sandwichs ou les boissons?

Now use the present of **devoir** to tell what *is probably* true now about people.

10. Caroline est absente? Elle . . . . . être malade.
11. Tu as mal à la gorge et tu as de la fièvre. Tu . . . . . avoir une grippe.
12. Mme Vincent? Elle . . . . . avoir soixante ou soixante-cinq ans.

Finally, use the **passé composé** to tell what *was probably* true about people or what they *must have* done.

13. Les autres ne sont pas encore là? Ils . . . . . avoir des ennuis avec la voiture.
14. Monique n'est pas venue? Elle . . . . . oublier.
15. Ils n'étaient pas chez eux? Tu . . . . . te tromper d'adresse.

VII. Traduisons! Give the English equivalent of each sentence.

1. Nous devons être à la maison à 6h.
2. Nous devions être à la maison à 6h.
3. Elle doit avoir le mal de mer.
4. Elle a dû se tromper de numéro de téléphone.
5. Ils devaient téléphoner hier soir.
6. Il a dû aller à la banque. *(deux possibilités)*

(answers, p. P52)

Troisième étape

*Le verbe irrégulier **savoir*** (Text p. 330)

VIII. On ne sait pas. The following conversations take place at your house when people are trying to find out certain information—without much success. Complete each sentence with the appropriate form of the verb **savoir.** Items 1 through 6 require the present tense, item 7 the imperfect, and item 8 the **passé composé.**

1. Est-ce que tu . . . . . l'adresse de Maxime Le Quintrec?
2. Non, je ne . . . . . pas son adresse.
3. Est-ce que vous . . . . . jouer du piano?
4. Non, mais nous . . . . . jouer de la guitare.
5. Éliane ne . . . . . pas pourquoi on a remis l'examen jusqu'à lundi.
6. Jean-Jacques et François ne . . . . . pas la raison non plus.
7. Je ne . . . . . pas que tu avais des sœurs.
8. Quand est-ce que Marguerite . . . . . la date de ses vacances?

IX. Des talents.   Using the cues and the verb **savoir,** explain what talent each person has.

1. mes parents / nager
2. Philippe / jouer de la guitare
3. je / faire de la planche à voile
4. Hélène / danser
5. nous / chanter la Marseillaise
6. mon frère / faire du ski de piste
7. vous / parler allemand
8. tu / utiliser un ordinateur

(answers, p. P52)

*Les expressions **depuis quand, depuis combien de temps, depuis** (Text p. 332)*

X. Une question de temps.   Use the first cue to ask a question and the second cue to supply the answer. Remember to distinguish between **depuis combien de temps** and **depuis quand.**

Modèles: M. Parbot / travailler chez Renault / dix ans
Depuis combien de temps est-ce que M. Parbot travaille chez Renault?
Il travaille chez Renault depuis dix ans.

tu / être malade / lundi dernier
Depuis quand est-ce que tu es malade?
Je suis malade depuis lundi dernier.

1. vous / habiter en France /1985
2. tu / faire des études à l'université / deux ans
3. Anne-Marie / avoir mal à la gorge / trois jours
4. tu / se sentir mal / dimanche dernier

(answers, p. P52)

Chapitre 9

Première étape

Le superlatif (Text p. 356)

I. Que pensent les étudiants de leurs cours?   Use the cues to make statements in the superlative about a variety of courses.

Modèle: le cours / + difficile / physique
Le cours le plus difficile est le cours de physique.

1. le cours / + facile / biologie
2. le cours / où / il y a / + examens / français
3. le cours / où / on / donner / + bonnes notes / musique
4. le cours / où / il y a / – examens / gymnastique
5. le cours / où / on / donner / – bonnes notes / astronomie
6. le cours / – difficile / comptabilité

II. À mon avis...   Use the cues and the superlative to give your opinion.

Modèle: le grand bâtiment / Paris / la tour Eiffel / +
À mon avis, le plus grand bâtiment de Paris est la tour Eiffel.

1. le bâtiment moderne / Paris / le centre Beaubourg / +
2. la grande ville / États-Unis / New York / +
3. le bon acteur / Hollywood / Robert DeNiro / +
4. la bonne actrice / Hollywood / Meryl Streep / +
5. le film amusant / l'année / *Home Alone* / +

6. le grand bâtiment / ma ville / . . . . . / +
7. le restaurant cher / ma ville / . . . . . / +
8. la vieille église / Paris / Notre-Dame / +
9. la femme admirée / le monde / . . . . . / +
10. l'homme admiré / le monde / . . . . . / +
11. le bon chanteur de rock / le monde / . . . . . / +
12. la bonne vidéo / le monde / . . . . . / +

(answers, p. P52)

L'heure officielle (Text p. 360)

III. Quelle heure est-il? Convert the following official times into conversational time (in English).

Modèle: 13h45
1:45 P.M.

1. 9h15	**2.** 20h20	**3.** 12h	**4.** 18h50	**5.** 11h30
6. 15h40	**7.** 23h10	**8.** 4h05	**9.** 16h35	**10.** 21h25

(answers, p. P52)

Deuxième étape

Les nombres ordinaux (Text p. 367)

IV. Des francophones à New York. You're working as an information guide in New York. When French-speaking tourists ask where a place is, you explain in French on what corner **(coin)** it can be found.

Modèle: Où est l'Empire State Building? (5th / 33nd)
Il est au coin de la cinquième avenue et de la trente-troisième rue.

1. Où est la bibliothèque municipale de New York? (5th / 42nd)
2. Où est le restaurant P. J. Clarke? (3rd / 55th)
3. Où est cette librairie? (1st / 36th)
4. Où est cette pharmacie? (10th / 84th)
5. Où est ce théâtre? (8th / 52nd)

(answers, p. P52)

*Les verbes irréguliers **sortir** et **partir** (Text p. 370)*

V. Qu'est-ce que vous allez faire? Complete the following dialogues, using the appropriate tenses and forms of the verbs **sortir** and **partir.**

Dialogue 1: You question your classmate about his/her plans for this evening.

sortir

—Avec qui est-ce que tu . . . . . ce soir?
—Je . . . . . avec Paul et Martine.
—Ah, vous . . . . . tous ensemble?
—Oui, nous . . . . . en voiture.
—Mais quand est-ce que tu vas faire tes devoirs? Tu . . . . . hier soir aussi!

Dialogue 2: Classes are over for the year. Your teacher asks you about your plans for the summer.

partir

—Vous . . . . . aujourd'hui?
—Oui, je . . . . . pour la France.

—C'est formidable! Vous . . . . . seul(e) ou avec des amis?
—Mon ami et moi, nous . . . . . ensemble et mes parents vont nous retrouver à Paris.
—Et vos parents, quand est-ce qu'ils . . . . . ?
—Ma mère . . . . . le 15 juin et mon père . . . . . le 20.
—Allez, au revoir. Et bonnes vacances.

VI. Sortir, partir ou quitter?   Fill in the blanks using either **sortir, partir,** or **quitter** in the appropriate tense.

1. Hier matin, je . . . . . la maison avant 8h.
2. Nous ne . . . . . pas souvent le soir. Nous sommes trop fatigués.
3. Quand est-ce que tu . . . . . pour l'Angleterre?
4. Ils . . . . . de la salle de classe, ils . . . . . le bâtiment et ils . . . . . chez eux.
5. Je vais . . . . . en vacances la semaine prochaine.
6. Elle . . . . . du cinéma avant la fin du film.

(answers, p. P53)

Troisième étape

L'imparfait et le passé composé (Text p. 376)

VII. Qu'est-ce qu'ils ont fait hier?   Explain what each person did yesterday and what the situation was like. Decide which verbs should be in the **passé composé** and which ones should be in the imperfect.

Modèle: Marie / aller / jardin public—faire du soleil
Hier Marie est allée au jardin public. Il faisait du soleil.

1. nous / rester / maison—pleuvoir
2. Micheline / faire des courses—y avoir beaucoup de circulation *(traffic)*
3. Jean et Pierre / aller / Versailles—avoir envie / sortir
4. je / vouloir rendre visite / oncle—prendre / train
5. nous / prendre / métro—être pressés

VIII. Qu'est-ce qu'ils faisaient quand... ?   Answer the questions, using the cues in parentheses. Be careful to distinguish between the **passé composé** and the imperfect.

Modèle: Qu'est-ce qu'ils faisaient quand tu es arrivé(e)? (jouer aux cartes)
Quand je suis arrivé(e), ils jouaient aux cartes.

1. Qu'est-ce que tu faisais quand Jean-Claude a téléphoné? (prendre le petit déjeuner)
2. Qu'est-ce que vous faisiez quand elle est descendue? (faire la lessive)
3. Qu'est-ce qu'il faisait quand tu es sorti(e)? (travailler au jardin)
4. Qu'est-ce qu'elles faisaient quand il est rentré? (étudier)
5. Qu'est-ce que je faisais quand tu t'es couché(e)? (regarder la télé)
6. Qu'est-ce que nous faisions quand vous êtes allés au café? (faire les courses)
7. Qu'est-ce qu'il faisait quand elle a quitté la maison? (s'occuper des enfants)
8. Qu'est-ce que tu faisais quand Marc est tombé? (mettre la table)

IX. Une excursion à Versailles.   Use the **passé composé** or the imperfect of the verbs in parentheses to complete the paragraphs.

La première fois que je . . . . . (aller) en France, j' . . . . . (avoir) quinze ans. J' . . . . . (passer) un mois chez mon oncle Christian et ma tante Josette. Mes parents . . . . . (vouloir) que j'apprenne le français. Christian et Josette m' . . . . . (apprendre) beaucoup de choses. Nous . . . . . (visiter) des monuments, nous . . . . . (faire) des excursions en voiture et j' . . . . . (manger) beaucoup de bonnes choses. Un jour, Christian . . . . . (décider) que nous allions passer la journée à Versailles. Nous . . . . . . (faire) le voyage par le train et nous . . . . . (s'amuser bien).

Le château de Versailles . . . . . (être) très impressionnant. Je . . . . . (ne pas comprendre) l'histoire que . . . . . (raconter) le guide, mais je . . . . . (savoir) qu'il . . . . . (être) surtout question du roi (*King*) Louis XIV. On l' . . . . . (appeler) aussi le Roi Soleil et son règne . . . . . (durer) 72 ans, de 1643 à 1715. À mon avis, ce roi . . . . . (avoir) des habitudes assez bizarres. Il . . . . . (faire) sa toilette devant tout le monde, et la personne qui . . . . . (pouvoir) l'habiller . . . . . (être) très estimée des autres. Chaque jour, certains aristocrates . . . . . (participer) donc à la cérémonie du lever et du coucher du roi.

Maintenant que j' . . . . . (terminer) mes études de francais, je sais que mes idées sur Louis XIV . . . . . (être) très simplistes. Les idées et les actions de Louis XIV . . . . . (beaucoup influencer) le développement politique de la France.

X. La Révolution de 1789. Put the sentences into the past, using either the imperfect or the **passé composé** according to the context.

1. La Révolution commence au mois de mai 1789.
2. Le roi ne veut pas écouter les membres de la bourgeoisie.
3. La bourgeoisie n'est pas contente parce qu'elle paie trop d'impôts *(taxes)*.
4. Le 14 juillet 1789 les Parisiens prennent la Bastille (une prison).
5. En 1792, les révolutionnaires déclarent la France une république.
6. Le roi Louis XVI n'a plus d'autorité.
7. Le gouvernement révolutionnaire guillotine le roi et sa femme, Marie-Antoinette, en 1793.
8. Napoléon Bonaparte est général dans l'armée française quand la Révolution commence.
9. Il fait la guerre *(war)* en Égypte quand il apprend que le gouvernement français a besoin d'un «leader».
10. En 1799 il rentre en France, il prend le pouvoir *(power)* et enfin, en 1804, il se déclare empereur.
11. Malheureusement *(unfortunately)*, Napoléon ne donne pas aux Français la paix *(peace)* qu'ils cherchent.

XI. L'histoire d'un crime. In the following account of a bank holdup, change the present tense into either the imperfect or the **passé composé** according to the context.

Il y a deux hommes et une femme dans la banque. Ils arrivent vers 14h. Moi, je suis au guichet. Un des hommes est très grand; il a les cheveux noirs; il a une barbe; il est très mince. Il parle très fort et il a l'air impatient. Il a un pistolet.

L'autre homme n'est pas grand. Il est gros et il a une moustache. Il porte un T-shirt avec «Malibu» inscrit sur le dos. Il demande aux clients de lui donner leurs portefeuilles. Il prend aussi nos montres.

La femme est grande. Elle a les cheveux blonds. Elle porte un blue-jean et un T-shirt rouge. Elle a un sac à dos. Elle prend nos affaires. Ensuite elle sort de la banque. Elle est le chauffeur de la voiture.

La voiture est une Citroën. Elle est grise et elle est assez neuve.

Il y a beaucoup de clients dans la banque. Nous sommes très nerveux. Nous avons peur.

Les employés de la banque sont très courageux. Ils sont calmes. Une employée sonne l'alarme et les hommes quittent la banque très vite.

Heureusement, la police arrive quelques minutes plus tard. Mais les voleurs *(robbers)* ne sont plus là.

(answers, p. P53)

Chapitre 10

Première étape

Le verbe irrégulier **connaître** (Text p. 399)

I. Ils ont beaucoup voyagé. The members of Mireille Loiseau's family have traveled a great deal. Use the present tense of **connaître** to complete Mireille's statements about the places her family members know well.

1. Je . . . . . très bien les États-Unis.
2. Mes parents . . . . . bien l'Afrique.
3. Mon oncle . . . . . bien l'Extrême-Orient.
4. Nous . . . . . aussi l'Amérique du Sud.
5. Est-ce que tu . . . . . le nord de la France?
6. Vous . . . . . mieux le Midi, n'est-ce pas?

II. Nous connaissons...   Nous ne connaissons pas... Use either the present or the imperfect of **connaître** to write a sentence about each person's experiences.

Modèles: J'ai visité le Québec plusieurs fois.
  Je connais bien le Québec.

  Jusqu'à l'âge de sept ans, Michel a habité au Cameroun. Mais il n'y est pas retourné depuis son départ.
  Michel connaissait bien le Cameroun quand il était petit.

  Nous avons visité Londres une fois. Nous y avons passé deux jours.
  Nous ne connaissons pas très bien Londres.

1. Yves a passé deux ans à Lille.
2. J'ai visité Paris une fois. J'avais trois ans à l'époque.
3. Mireille a fait ses études secondaires à Grenoble. Elle y retourne souvent.
4. Moi, j'ai passé mes dix premières années en Belgique, mais la dernière fois que j'ai visité le pays, c'était il y a vingt ans.
5. Nous n'avons jamais été en Suisse.
6. Geneviève et Étienne sont maintenant à San Francisco. Ils y habitent depuis six ans.

(answers, p. P53)

Le verbe irrégulier **mettre** (Text p. 402)

III. Use the present tense, the imperative, or the **passé composé** of **mettre** to complete the sentences.

1. *(present)* Quand il fait chaud, je . . . . . un T-shirt.
2. *(passé composé)* Est-ce qu'elle . . . . . son pull-over?
3. *(présent)* Quand est-ce que vous . . . . . la table?
4. *(présent)* Nous . . . . . la table tout de suite.
5. *(impératif, tu)* . . . . . les couteaux dans le tiroir!
6. *(impératif, vous)* . . . . . les assiettes sur la table!
7. *(passé composé)* Est-ce qu'ils . . . . . un anorak?

IV. Use the cues to create sentences.

Modèle: je / mettre *(passé composé)* / livres / sac à dos
  J'ai mis les livres dans le sac à dos.

1. elle / mettre *(passé composé)* / sandales
2. tu / mettre *(présent)* / couvert / ?
3. ils / mettre *(présent)* / fauteuil / salle de séjour

4. je / mettre *(passé composé)* / asperges / frigo
5. nous / mettre *(présent)* / 800 euros / banque
6. vous / mettre *(passé composé)* / chaises / cuisine / ?
7. je / mettre *(présent)* / fleurs / table / ?
8. nous / mettre *(passé composé)* / lit / premier étage

(answers, p. P53)

Deuxième étape

Les pronoms interrogatifs (personnes) (Text p. 406)

V. Ils veulent savoir.   Georges and Annick were sick last night and couldn't go to the movies with their friends. Today, they ask one of their friends about the activities of last evening. Use an appropriate form of **qui** and a preposition (if necessary) to complete their questions.

1. — . . . . . est allé au cinéma hier soir?
   —Bertrand, Patrick, Solange et Denise.

2. — . . . . . vous avez vu en ville?
   —Marie-Claire, Christine et Frédéric.

3. — . . . . . Solange a parlé?
   —À Christine.

4. — . . . . . as-tu parlé?
   —À Marie-Claire et Frédéric.

5. — . . . . . a choisi le film?
   —Patrick.

6. — . . . . . êtes-vous allés après le film?
   —Chez Bertrand.

7. — . . . . . il a invité à passer la nuit?
   —Patrick.

8. — . . . . . Solange est rentrée?
   —Avec Denise.

VI. Qui?   Ask questions about the people mentioned in the paragraphs. In the first set of questions, the appropriate interrogative pronouns are provided. In the second set of questions, you have to select the appropriate forms of **qui**.

1. Hier après-midi Élisabeth a accompagné son amie Danielle à la gare. En route Danielle a rencontré deux copains, Richard et Vincent. Tous les quatre ont continué jusqu'à la gare. Quand ils y sont arrivés, Danielle a fait une réservation pour sa mère et Élisabeth a parlé avec les deux garçons.

   a. Qui est-ce qu' . . . . . ?

   b. Qui est-ce que . . . . . ?

   c. Pour qui est-ce que . . . . . ?

   d. Avec qui est-ce qu' . . . . . ?

2. Mes amies Cécile et Francine ont organisé une boum pour l'anniversaire de Simone. Elles ont décidé de faire la soirée chez Cécile. Elles ont invité Hélène, Yvonne, Martine et Josette. Elles ont demandé à la mère de Francine de faire un gâteau.

   a. . . . . . ?

   b. . . . . . ?

   c. . . . . . ?

   d. . . . . . ?

   e. . . . . . ?

(answers, p. P53)

*Le verbe irrégulier **venir** (Text p. 409)*

VII. Complete each sentence with the appropriate form of **venir, revenir, devenir,** or **se souvenir de.** Be careful to select the correct tense.

1. Tu . . . . . chez nous ce soir?
2. Mon frère . . . . . de France la semaine dernière.
3. Ma sœur . . . . . avocate et elle travaille maintenant à New York.
4. Quand est-ce que vous . . . . . ?

5. Est-ce qu'ils . . . . . de leur grand-père?
6. Vous . . . . . avec nous?
7. Pourquoi est-ce qu'elles . . . . . si tard hier soir?
8. Je . . . . . de cette ville.

VIII. Use the cues to form sentences.

1. nous / venir / aux États-Unis / 1968
2. elles / revenir / France pour visiter Paris
3. je / se souvenir de / mes dernières vacances / Portugal
4. après ses études, elle / devenir / astronaute
5. à quelle heure / ils / revenir / ?

(answers, pp. P53–P54)

Troisième étape

Les pronoms interrogatifs (choses) (Text p. 414)

IX. Un incendie. *(A fire.)*   There was a fire at a friend's house last night. Ask him about the fire and what the firefighters did. Complete each question using one of the following interrogative pronouns: **que, qu'est-ce que, qu'est-ce qui, de quoi, avec quoi.**

1. – . . . . . s'est passé chez toi hier soir?
　—Il y a eu un incendie.
2. — . . . . . les pompiers ont fait quand ils sont arrivés?
　—Ils ont éteint *(put out)* le feu.
3. — . . . . . ils ont éteint le feu?
　—Avec de l'eau tirée de la rivière.
4. — . . . . . a provoqué l'incendie?
　—On ne sait pas.
5. — . . . . . tu as perdu?
　—Mes vêtements, mes livres, tout.
6. — . . . . . as-tu besoin maintenant?
　—De vêtements chauds.
7. —Les pompiers sont toujours là? . . . . . cherchent-ils?
　—L'origine du feu.
8. — . . . . . tes parents vont faire?
　—Ils vont essayer de trouver une maison dans le même quartier.

X. Quoi?   Ask questions about the details mentioned in the paragraphs. In the first set of questions, the interrogative expression is provided. In the second set, it's up to you to select the appropriate interrogative pronoun.

1. Il s'est passé quelque chose de curieux hier. Mon frère faisait une promenade. Il a vu deux chiens qui se battaient *(were fighting)*. Mon frère a séparé les deux chiens avec une branche d'arbre. Ensuite les deux chiens ont attaqué mon frère.

a. Qu'est-ce qui . . . . . ?　　**c.** Qu'est-ce qu' . . . . . ?　　　**e.** Qu'est-ce que . . . . . ?
b. Que . . . . . ?　　　　　　**d.** Avec quoi est-ce que . . . . . ?

2. Mardi soir j'ai trouvé de l'argent. Je me promenais dans le parc avec mon ami Jean-Paul. Nous parlions de nos cours. Soudain un sac est tombé du ciel. Je l'ai ouvert. À l'intérieur il y avait cent billets de 100 euros!

a. . . . . . ?　　　　　　　　**c.** . . . . . ?　　　　　　　　　**e.** . . . . . ?
b. . . . . . ?　　　　　　　　**d.** . . . . . ?

XI. L'art de la conversation. To be an effective conversational partner, you have to know how to listen to people and ask appropriate follow-up questions. Develop the following conversations, using the elements in parentheses. Be sure to differentiate between questions that have a person as an answer **(qui? qui est-ce que? à qui?** etc.) and those that have a thing as an answer **(qu'est-ce qui? qu'est-ce que? de quoi?** etc.).

Modèles: Je suis allé dans les grands magasins. (acheter)
Qu'est-ce que tu as acheté?

Je suis allée faire mes devoirs à la bibliothèque. (rencontrer)
Qui est-ce que tu as rencontré à la bibliothèque?

1. Mes parents ont eu un accident. (se passer) . . . . .
2. Quand nous sommes allés à Paris, nous ne sommes pas descendus dans un hôtel. (descendre chez) . . . . .
3. Je ne vais pas travailler demain. (faire) . . . . .
4. J'ai proposé à Gérard d'y aller, mais il hésite. (avoir peur de) . . . . .
5. Voici mon nouveau vélo. C'est un cadeau. (te donner) . . . . .
6. Ma sœur va commencer ses études universitaires. (étudier) . . . . .
7. Michel a téléphoné. (vouloir) . . . . .
8. Nous sommes allés faire des courses en ville. (rencontrer) . . . . .

(answers, p. P54)

L'expression *venir de* (Text p. 418)

XII. Une émission télévisée. Your friend is in the kitchen preparing dinner while his favorite TV program is on. Use **venir de** to tell him what has just happened on the program

Modèle: Deux hommes déguisés entrent dans une banque.
Deux hommes déguisés viennent d'entrer dans une banque.

1. Un des hommes demande tout l'argent.
2. Ils prennent deux personnes en otages.
3. Ils quittent la banque et partent dans une vieille voiture noire.
4. L'employée de la banque téléphone à la police.
5. Les agents de police arrivent.
6. Un client leur donne le numéro d'immatriculation de la voiture.
7. On annonce que cette histoire va continuer la semaine prochaine.

XIII. Un tremblement de terre. *(An earthquake.)* The following people were interviewed about their activities and whereabouts just before an earthquake. Use the imperfect of **venir de** and the cues to tell what each person had just finished doing when the earthquake struck.

Modèle: je / faire le ménage
Je venais de faire le ménage.

1. Hervé et Denise / manger leur dîner
2. Mme Lecoindre / rentrer chez elle
3. je / regarder un film
4. nous / faire les courses
5. Monique / rendre visite à ses parents
6. tu / décorer ta chambre
7. vous / téléphoner à votre cousine

(answers, p. P54)

Chapitre 11

Première étape

L'emploi du subjonctif pour exprimer la nécessité (Text p. 440)

I. Fill in each blank with the appropriate subjunctive form of the verb in parentheses.

   1. (être) Il faut que tu . . . . . toujours honnête.
   2. (parler) Il est essentiel que vous . . . . . à vos enfants.
   3. (finir) Il vaut mieux que tu . . . . . tes devoirs avant le dîner.
   4. (mettre) Il faut que vous . . . . . un anorak pour sortir.
   5. (savoir) Il est préférable que nous . . . . . la vérité.
   6. (manger) Pour être en bonne santé, il faut qu'on . . . . . beaucoup de fruits et de légumes.
   7. (réussir) Il est important qu'elles . . . . . à leurs examens.
   8. (avoir) Il faut que nous . . . . . beaucoup de patience avec nos étudiants.
   9. (regarder) Il faut que tu . . . . . des deux côtés avant de traverser la rue.
  10. (acheter) Avant de partir il faut que nous . . . . . les billets.

II. Conseils personnels.   Change each general statement of advice into a personal one by using the cues in parentheses and the subjunctive.

   Modèle: Il faut étudier. (il est important / tu)
                Il est important que tu étudies.

   1. Il faut apprendre une langue étrangère. (il est essentiel / nous)
   2. Il faut aller en classe. (il vaut mieux / tu)
   3. Il faut faire vos devoirs. (il est nécessaire / vous)
   4. Il faut étudier. (il faut / nous)
   5. Il faut écouter le professeur. (il est important / vous)
   6. Il faut réussir aux examens. (il est préférable / elles)
   7. Il faut avoir de la patience. (il est important / il)
   8. Il faut être honnête. (il faut / nous)

III. Pour réussir...   Explain what you have to do to be successful at the university. Use the expressions **il faut que** or **il est nécessaire que** and the subjunctive to transform the sentences.

   Modèle: On réussit aux examens.
                Il est nécessaire qu'on réussisse aux examens.

   1. Nous étudions le week-end.
   2. On va souvent à la bibliothèque.
   3. Vous avez beaucoup d'amis.
   4. Je suis toujours en classe.
   5. Nous parlons aux professeurs.
   6. Vous êtes en bonne santé.
   7. Tu sais choisir tes professeurs.
   8. On prend des cours de sciences.
   9. Nous faisons nos devoirs.
  10. Vous sortez de temps en temps.

IV. Que faire? Your friends have problems. Use **il faut que** and the cues in parentheses to give them advice.

Modèle: Je me dispute souvent avec mes parents. (avoir de la patience)
Il faut que tu aies de la patience.

1. Elle a toujours mal à la tête. (consulter le médecin)
2. Nous travaillons trop. (prendre des vacances)
3. Mes amis ne s'amusent pas beaucoup. (sortir de temps en temps)
4. Mes vêtements ne me vont pas bien. (maigrir un peu)
5. Il a mal aux dents. (aller chez le dentiste)
6. Nous nous irritons facilement. (être plus calmes)
7. J'ai des difficultés en chimie. (avoir confiance en toi)
8. J'ai besoin d'exercice. (faire de l'aérobic)

(answers, p. P54)

L'emploi de l'infinitif pour exprimer la nécessité (Text p. 440)

V. Je vais à l'université. Your younger sister is about to go to college. Because you know all about college life, you give her some advice. Use **il faut** or **il est nécessaire** first with the subjunctive and then with the infinitive to tell her what to do.

Modèle: beaucoup étudier
Il faut que tu étudies beaucoup.
Il faut beaucoup étudier.

1. s'amuser aussi
2. étudier des langues étrangères
3. faire les devoirs régulièrement
4. se reposer assez
5. se faire des amis
6. avoir des bonnes notes
7. réussir aux examens
8. réfléchir à l'avenir

(answers, pp. P54–P55)

L'emploi du subjonctif et de l'infinitif pour exprimer l'émotion et la volonté (Text p. 448)

VI. C'est bien dommage! The following sentences are excerpts from letters you've received. Use the cues to express people's reactions.

Modèle: Je ne peux pas aller à la soirée. (je regrette)
Je regrette que tu ne puisses pas aller à la soirée.

1. Je suis malade. (nous sommes désolés)
2. Michel ne peut pas aller à l'université. (mes parents regrettent)
3. Nous partons demain. (je suis triste)
4. Danielle n'a pas l'argent pour aller en Afrique. (nous sommes navrés)
5. Il apprend l'anglais. (nous sommes contents)
6. Nous étudions le français. (mes parents sont surpris)
7. Mes parents vont en vacances. (je suis content[e])
8. Henri part. (nous sommes étonnés)
9. Michèle ne va pas au concert. (Philippe est fâché)

VII. Le cours de français. Use the cues to tell people's reactions to what happens in your French class.

Modèles: Nous arrivons au cours à l'heure. (le prof est content)
Le prof est content que nous arrivions au cours à l'heure.

Nous partons. (nous sommes désolés)
Nous sommes désolés de partir.

1. Nous étudions la grammaire. (le prof est heureux)
2. Le prof ne veut pas finir la leçon. (je suis étonné[e])
3. Il nous fait passer beaucoup d'examens. (Marc est fâché)
4. L'examen de fin d'année est facile. (les étudiants sont étonnés)
5. Une seule étudiante réussit toujours aux examens. (le prof est surpris)
6. Demain il n'y a pas de cours. (nous sommes ravis)
7. Nous allons passer toute la journée au centre commercial. (nous sommes heureux)
8. Le prof ne peut pas nous obliger à faire des devoirs le samedi. (le prof regrette)

VIII. Complétez les phrases. Complete the sentences using either the infinitive or the subjunctive of the verbs in parentheses.

1. (visiter) Je voudrais . . . . . la cathédrale ce matin.
2. (visiter) Je voudrais que vous . . . . . la cathédrale avec moi.
3. (venir) Nous aimerions qu'elle . . . . . nous voir demain.
4. (venir) Elle aimerait . . . . . vous voir demain.
5. (finir) Mon père insiste pour que nous . . . . . nos devoirs avant de sortir.
6. (finir) Moi, je préfère . . . . . mes devoirs très tôt le matin.
7. (rester) Mes frères et moi, nous n'aimons pas . . . . . à la maison le dimanche après-midi.
8. (rester) Ma mère exige que nous . . . . . à la maison avec elle et mon père.

IX. On n'est pas d'accord. You and your friends are always disagreeing about something. You oppose their wishes when you speak to each other **(je / tu)** and when speaking about others **(je / il** or **elle).** Follow the models.

Modèles: manger de la glace maintenant (je / tu)
—*Je veux manger de la glace maintenant.*
—*Mais moi, je ne veux pas que tu manges de la glace maintenant.*

partir en vacances avec ses amis (je / il ou elle)
—*Il (elle) veut partir en vacances avec ses amis.*
—*Mais moi, je ne veux pas qu'il (elle) parte en vacances avec ses amis.*

1. sortir avec mes parents samedi soir (je / tu)
2. savoir le numéro de téléphone de Michel (je / tu)
3. y aller (je / tu)
4. faire un voyage en Afrique (je / il ou elle)
5. choisir la nouvelle voiture (je / il ou elle)
6. se coucher (je / il ou elle)

(answers, p. P55)

Deuxième étape

*Les pronoms d'objet direct et indirect **me, te, nous, vous** (Text p. 459)*

X. En famille. Family members frequently ask one another questions. Use the cues in parentheses to answer the following questions. Pay attention to who is speaking to whom.

Les parents parlent à leurs enfants.

1. Alors, les enfants, vous nous cherchez? (oui)
2. Vous voulez nous demander quelque chose? (oui)
3. Nous allons vous voir pour le dîner? (non)

L'enfant parle à sa mère.

4. Maman, je peux te parler un moment? (oui)
5. Tu veux me donner 40 euros? (non)
6. Papa et toi, vous m'aimez, n'est-ce pas? (oui)

Le père parle à son enfant.

7. Tu me comprends bien? (oui)
8. Tu vas nous écrire toutes les semaines? (oui)
9. Je peux te téléphoner de temps en temps? (oui)

XI. Demandez à...   Ask each person the indicated questions.

Demandez à une femme que vous voyez chez des amis...

Modèle: si vous la connaissez.
   Est-ce que je vous connais?

1. si vous l'avez rencontrée chez les Dupont.
2. si elle vous reconnaît *(recognizes)*.
3. si elle vous a parlé de sa famille.
4. si elle vous a téléphoné l'autre jour.

Demandez à un ami...

Modèle: s'il vous cherchait.
   Tu me cherchais?

5. s'il vous a téléphoné.
6. s'il veut vous accompagner au cinéma.
7. si vous lui avez montré votre nouvelle vidéo.
8. s'il va vous montrer son nouvel ordinateur.

XII. Fais comme ça.   Tell your friend to do the following activities.

Modèle: me / donner / cahiers
   Donne-moi les cahiers.

1. me / téléphoner à 6h
2. me / prêter / ton pull-over
3. nous / acheter / des bonbons
4. ne / me / parler
5. ne / nous / téléphoner

Les pronoms d'objet direct **le, la, l', les** *(Text p. 465)*

XIII. Qui?   You're discussing weekend activities with some friends. When they ask you questions, answer according to the cues: + = affirmative answer, – = negative answer, and ? = ask another question. Use direct-object pronouns in your answers.

Modèle: Qui écoute souvent la radio? je (+) / Georges (–) / Christophe (?)
   Moi, je l'écoute souvent, mais Georges ne l'écoute pas. Et toi, Christophe, est-ce que tu l'écoutes souvent?

1. Qui regarde souvent la télé? je (+) / Isabelle (–) / Vincent (?)
2. Qui regarde les matchs de football à la télé? je (–) / mes frères (+) / Éric et Chantal (?)
3. Qui a vu le film *Trois hommes et un couffin?* je (+) / ma sœur (–) / Renée et Sylviane (?)
4. Qui va aller voir le nouveau film de Woody Allen? je (–) / mes parents (+) / Jeanne (?)

XIV. L'accord du participe passé.   Use direct-object pronouns to answer the following questions. Remember that a past participle must agree with a preceding direct object.

Modèle: Tu as invité Isabelle? (oui)
Oui, je l'ai invitée.

1. Elle a apporté ses disques compacts? (oui)
2. Vous avez regardé le film? (non)
3. Tu as acheté les tartes? (oui)
4. Ils ont fini les devoirs? (non)
5. Vous avez trouvé les enfants? (oui)
6. Tu as acheté les chaussures? (non)

XV. La vérité. *(The truth.)*   Use the cue and a direct-object pronoun to answer each question.

Modèle: Est-ce que tu fais la vaisselle tous les jours? (oui)
Oui, je la fais tous les jours.

1. Est-ce que tu fais ta lessive de temps en temps? (oui)
2. Est-ce que tu aides tes amis avec leurs devoirs? (non)
3. Est-ce que tu fais toujours tes devoirs? (oui)
4. Est-ce que tu prépares le dîner de temps en temps? (oui)
5. Est-ce que tu as écouté la radio ce matin? (non)
6. Est-ce que tu as compris la leçon sur les objets directs? (oui)
7. Est-ce que tu vas faire les courses ce week-end? (non)
8. Est-ce que tu vas étudier le français l'année prochaine? (oui)

(answers, p. P55)

Les pronoms d'objet indirect **lui** *et* **leur** *(Text p. 465)*

XVI. Replace each noun in italics by the indirect-object pronoun **lui** or **leur**.

Modèles: J'apprends le français *à ma petite sœur.*
Je lui apprends le français.

Montrez vos photos *aux étudiants.*
Montrez-leur vos photos.

1. Dites *aux enfants* de faire attention aux voitures.
2. Qu'est-ce que tu as acheté *pour Micheline?*
3. Est-ce qu'elle donne quelque chose *au prof de français?*
4. Explique ton problème *à ta mère.*
5. Téléphonez *à vos grands-parents.*
6. Nous avons raconté des histoires *aux enfants.*
7. Quelquefois je prête mes CD *à mon frère.*
8. Ils obéissent toujours *à leurs parents.*
9. Je ne parle pas souvent *à mes voisins.*
10. Je vais apprendre *à Suzanne* à jouer aux échecs.

XVII. Qu'est-ce que tu leur as acheté?   Tell what you bought family members and friends on various occasions. Use **lui** or **leur** as appropriate.

Modèle: sœur / anniversaire / des cassettes
Pour son anniversaire, je lui ai acheté des cassettes.

1. mère (belle-mère, femme) / anniversaire / un bracelet
2. père (beau-père, mari) / anniversaire / une cravate
3. sœur (frère) / Noël (Hanouka) / une vidéo
4. grands-parents / Noël (Hanouka) / des livres

5. parents / Noël (Hanouka) / un appareil ménager

6. mon meilleur ami / anniversaire / un porte-monnaie

7. ma meilleure amie / anniversaire / un sac

8. mes cousins / Noël (Hanouka) des disques compacts

XVIII. Des questions personnelles. Answer the following questions, replacing the nouns used as direct and indirect objects by their corresponding pronouns.

1. As-tu fait tes devoirs aujourd'hui?

2. Combien de fois par mois est-ce que tu téléphones à tes parents?

3. Quand est-ce que tu as rendu visite à ta grand-mère la dernière fois?

4. Quand achètes-tu les livres pour tes cours?

5. Est-ce que tu connais le président des États-Unis?

6. Quand vas-tu terminer tes études?

7. Pourquoi étudies-tu le français?

8. Est-ce que tu regardes souvent la télé?

XIX. Qu'est-ce que vous avez fait? Answer the following questions by using the cues in parentheses and a direct or indirect object pronoun.

Modèle: Qu'est-ce que vous avez fait avec les livres? (rendre à Hélène)
Nous les avons rendus à Hélène.

1. Qu'est-ce que tu vas faire avec cet anorak? (vendre)

2. Qu'est-ce qu'ils ont fait avec leurs photos? (montrer au professeur)

3. Qu'est-ce qu'elle fait avec la robe? (raccourcir)

4. Qu'est-ce que vous avez demandé à votre voisin? (de me prêter son aspirateur)

5. Qu'est-ce qu'elles ont dit à Jacques? (de dépenser moins)

6. Qu'est-ce que tu as fait de ton foulard? (perdre)

7. Quand va-t-elle mettre ce manteau? (en hiver)

8. Qu'est-ce qu'ils font avec ces vêtements? (donner à des œuvres charitables)

(answers, p. P56)

Troisième étape

Les expressions négatives **ne... rien, ne.... personne, ne... plus, ne.... pas encore, ne.... jamais** *(Text p. 474)*

XX. Des contraires. Answer each question using a negative expression that is the opposite of the term in italics.

Modèle: Est-ce qu'il va *souvent* à la bibliothèque?
Non, il ne va jamais à la bibliothèque.

1. Est-ce que tu as vu *quelqu'un* dans le jardin?

2. Est-ce que *quelqu'un* vous a appelé?

3. Est-ce qu'ils ont fait *quelque chose* ce week-end?

4. Est-ce que *quelque chose* d'intéressant est arrivé?

5. Est-ce qu'il a parlé à *quelqu'un* ce matin?

6. Est-ce qu'il est *encore* à l'hôpital?

7. Est-ce que tu as *déjà* fait tes devoirs?

8. Quand il est à la Martinique, est-ce qu'il mange *toujours* des bananes? (Recall that **des** becomes **de** after a negative expression.)

9. Est-ce qu'elles ont *déjà* trouvé un job?

10. Est-ce que vous avez *encore* faim?

XXI. Esprit de contradiction.   You're not in a very good mood today. Each time someone says something, you say the opposite. Use negative expressions to contradict the statements.

Modèle: Je suis toujours à l'heure.
Ce n'est pas vrai. Tu n'es jamais à l'heure.

1. Nous allons souvent au restaurant.
2. Elle est encore en France.
3. Il comprend tout.
4. Quelqu'un t'attend.
5. Ses parents ont déjà fait de l'alpinisme.
6. J'ai besoin de beaucoup de choses.
7. J'ai rencontré beaucoup de gens en ville hier.
8. Elle pense à tout.
9. J'ai tout fait.
10. Ils sont encore au centre commercial.

XXII. Chez les Français.   You're spending a week with a French family. As the family members ask you questions, answer using appropriate negative expressions.

Modèle: Vous avez mangé quelque chose avant de vous coucher?
Non, je n'ai rien mangé (avant de me coucher).

1. Vous êtes encore fatigué(e)?
2. Vous avez déjà mangé ce matin?
3. Vous avez entendu quelqu'un ce matin?
4. Vous avez besoin de quelque chose pour votre chambre?
5. Vous vous couchez toujours avant 10h?
6. Vous avez laissé quelque chose dans la voiture?
7. Vous voulez téléphoner à quelqu'un aujourd'hui?

(answers, p. P56)

*Les verbes réguliers en **-re** (Text p. 480)*

XXIII. Use the verbs in parentheses to complete the following sentences.

1. (vendre / *présent*) Est-ce que Janine . . . . . sa maison?
2. (entendre / *présent*) Qu'est-ce qu'il y a? J' . . . . . un bruit.
3. (attendre / *présent*) Qu'est-ce que vous faites ici? Nous . . . . . nos parents.
4. (perdre / *passé composé*) Ils . . . . . leurs billets.
5. (vendre / *subjonctif*) Il faut que tu . . . . . ton auto.
6. (descendre / *imparfait*) Autrefois, il . . . . . toujours au Sheraton.
7. (entendre parler de / *passé composé*) Est-ce qu'elle . . . . . ce film?
8. (répondre / *passé composé*) Vous n' . . . . . pas . . . . . aux questions?
9. (perdre / *présent*) Pourquoi est-ce que tu . . . . . toujours tes affaires?
10. (rendre / *subjonctif*) Il faut que vous . . . . . ces livres tout de suite!

XXIV. Un voleur. *(A robber.)*   Someone just robbed a small clothing store. The police interrogate the salesperson and a couple that had just left the store. Use the cues in parentheses to complete the dialogue.

L'agent de police parle d'abord avec la vendeuse.

L'AGENT: Qu'est-ce que vous vendez ici?
LA VENDEUSE: (nous / vendre) (. . . . .)
L'AGENT: Eh bien, qu'est-ce qui est arrivé?
LA VENDEUSE: (je / entendre / bruit) (je / descendre / sous-sol)
L'AGENT: Vous avez observé quelque chose d'extraordinaire?

LA VENDEUSE:	Non.
L'AGENT:	Qu'est-ce que le voleur a pris?
LA VENDEUSE:	(nous / perdre / 400 euros / trois anoraks)

Ensuite, l'agent parle avec M. et Mme Oreillon.

L'AGENT:	Pourquoi étiez-vous ici aujourd'hui?
LES OREILLON:	(nous / rendre / cadeau)
L'AGENT:	Et ensuite?
M. OREILLON:	(je / perdre / patience) (nous / partir)
L'AGENT:	Vous avez reconnu le voleur?
LES. OREILLON:	(nous / entendre dire / que le voleur est jeune et grand)

(answers, p. P56)

Chapitre 12

Première étape

Les noms géographiques et les prépositions (Text p. 498)

I. Où vont-ils? Complétez chaque phrase en utilisant la préposition convenable **(à, en, au, aux)**.

1. Guy Collet va . . . . . Belgique.
2. Sa sœur Claudine va . . . . . Danemark.
3. Jean-François Rouget va . . . . . Australie.
4. Ses parents vont . . . . . Washington, D.C.
5. Marguerite Audon va . . . . . Tunisie.

6. Ses amis vont . . . . . Philippines.
7. Philippe Barbet va . . . . . Suède.
8. Jean-Louis Guillemin va . . . . . Allemagne.
9. Sa cousine Annick va . . . . . Vénézuela.
10. Les Lellouche vont . . . . . Mexique.

II. D'où viennent-ils? Complétez chaque phrase en utilisant la préposition convenable **(de, d', du, des)**.

1. Les parents de Victor viennent . . . . . France.
2. Les grands-parents de Micheline viennent . . . . . Canada.
3. Le père d'Annie vient . . . . . États-Unis.
4. Les cousins de Marcel viennent . . . . . Grèce.
5. Les grands-parents de Bernard viennent . . . . . Nouvelle-Zélande.
6. La mère de Roger vient . . . . . Montréal.
7. Les parents d'Ahmed viennent . . . . . Maroc.
8. Les amis de Raymonde viennent . . . . . Argentine.
9. Les cousins de Georgette viennent . . . . . Pays-Bas.

III. Pour voir... Vous apprenez à des jeunes personnes les pays où se trouvent certains monuments et lieux d'intérêt. Rédigez les phrases en utilisant les éléments donnés.

Modèle: la tour Eiffel / France
Pour voir la tour Eiffel, il faut aller en France.

1. la tour penchée de Pise / Italie
2. le mur des Lamentations / Israël
3. le Sphinx de Guizèh / Égypte
4. Dakar / Sénégal
5. Casablanca / Maroc

6. la Grande Muraille / Chine
7. l'Acropole / Grèce
8. la statue de la Liberté / États-Unis
9. l'Amazone / Pérou ou Brésil
10. la cathédrale de Westminster / Angleterre

IV. Les unités monétaires. Un de vos amis va bientôt faire le tour du monde. Vous lui expliquez les unités monétaires dont il va avoir besoin dans les pays suivants.

Modèle: France / euros
En France, tu vas avoir besoin d'euros.

1. Japon / yens
2. Angleterre / livres sterling
3. Portugal / escudos
4. Canada / dollars canadiens
5. Suisse / francs suisses

6. Russie / nouveaux roubles
7. Inde / roupies
8. Algérie / dinars
9. Mexique / pesos
10. Viêt-nam / dongs

V. Ces gens-là arrivent de... En écoutant les annonces à l'aéroport, vous identifiez les pays d'où arrivent les voyageurs. Faites des phrases en utilisant les éléments donnés.

Modèle: Compagnie Air France annonce l'arrivée du vol 068 en provenance d'Athènes.
Ah, ces gens-là arrivent de Grèce.

1. en provenance de Genève
2. en provenance d'Acapulco
3. en provenance de Moscou
4. en provenance de Francfort
5. en provenance de Chicago

6. en provenance du Caire
7. en provenance de Barcelone
8. en provenance de Beijing
9. en provenance de Lisbonne
10. en provenance de Dakar

(answers, pp. P56–P57)

*Les pronoms **y** et **en*** *(Text p. 504)*

VI. Pour éviter la répétition. *(To avoid repeating.)* Récrivez les phrases suivantes en remplaçant les mots en italique par le pronom **y**. Attention à la place du pronom.

1. Ma famille et moi, nous aimons beaucoup la Normandie. Nous allons *en Normandie* tous les étés.
2. Nous passons les vacances *en Normandie* depuis des années.
3. Nous sommes allés *en Normandie* pour la première fois en 1985.
4. Nous allons retourner *en Normandie* l'été prochain.
5. Nous avons une grande salle de séjour dans notre maison. Mes parents regardent la télé *dans la salle de séjour* tous les soirs.
6. Moi, j'aime faire mes devoirs *dans la salle de séjour.*
7. Hier soir ma sœur a écouté des disques compacts *dans la salle de séjour* avec ses copines.
8. Mais le dimanche après-midi mon père travaille *dans la salle de séjour.*
9. Mes parents aiment aller au parc. Le samedi matin mon père dit à ma mère: «On nous attend au parc. Allons *au parc* tout de suite!»
10. Et ma mère répond toujours: «Oui. Mais n'allons pas *au parc* à pied! Prenons nos vélos!»

VII. L'itinéraire de Jeanne, d'Henri et de Mireille. Trois amis vont faire un voyage en Bretagne et en Normandie. En consultant leur itinéraire, répondez aux questions. Utilisez le pronom **y** chaque fois que c'est possible.

17 avril—départ de Paris (8h34); arrivée à Rennes (11h45); louer un vélo pour Jeanne; Rennes–St-Malo à vélo (coucher à St-Malo)
18 avril—St-Malo–le Mont-Saint-Michel à vélo (coucher à Caen)
19 avril—visite de Caen et de ses environs
20 avril—visite de Caen et de ses environs
21 avril—Caen–Deauville en autocar; arrivée à Deauville (16h)
22 avril—journée sur la plage à Deauville
23 avril—journée sur la plage à Deauville
24 avril—retour à Paris par le train; arrivée à Paris (18h30)

1. Quel jour est-ce qu'ils vont à Rennes?
2. À quelle heure est-ce qu'ils arrivent à Rennes?
3. Est-ce qu'on peut louer un vélo à Rennes?
4. Quelle nuit est-ce qu'ils vont coucher à St-Malo, la première ou la deuxième?
5. Combien de jours est-ce qu'ils vont passer à Caen?
6. Est-ce que l'autocar arrive à Deauville à midi?
7. Où est-ce que les touristes passent le temps à Deauville?
8. À quelle heure est-ce qu'ils rentrent à Paris le 24?

VIII. Les parents de Jean-Jacques.   Votre ami Jean-Jacques vous parle de sa famille. Vous lui posez des *questions* sur les membres de sa famille en utilisant les expressions données et le pronom **y**. Mettez les verbes au temps indiqué.

Mes parents habitent à Orléans.

1. habiter / depuis longtemps *(présent)*
2. être nés *(passé composé)*
3. avoir une maison ou un appartement *(présent)*

Ma mère travaille chez Bull.

4. depuis combien de temps / travailler *(présent)*
5. pouvoir aller en voiture *(présent)*
6. qu'est-ce que / faire *(présent)*

Mes parents sont actuellement en vacances en Belgique.

7. être / depuis longtemps *(présent)*
8. quand / aller *(passé composé)*
9. combien de temps / passer *(futur immédiat)*

IX. Le pronom *en*.   Remplacez les mots en italique par le pronom **en**. Attention à la place du pronom.

1. Il a *des timbres*.
2. Elle ne veut pas *de fromage*.
3. Nous avons acheté *des chaussures*.
4. J'ai trois *sœurs*.
5. Elle a lu cinq *livres*.
6. Nous avons assez *d'argent*.
7. Je vais acheter une douzaine *d'œufs*.
8. Ils ont mangé beaucoup *de pizza*.
9. Tu as besoin *de mon ordinateur?*
10. Nous discutions *de politique* avec nos profs.

X. Un accident.   Vous avez eu un petit accident. Vous n'avez pas été blessé(e), mais vous avez perdu votre sac à dos. Un(e) ami(e) vous pose des questions au sujet de l'accident. Répondez à ses questions en utilisant le pronom **en**.

Modèle: Tu as eu un accident? (oui)
   Oui, j'en ai eu un.

1. Il y avait combien de voitures? (trois)
2. Tu as vu des motocyclettes aussi? (non)
3. Est-ce qu'il y avait des témoins *(witnesses)?* (plusieurs)
4. Tu as un autre sac à dos? (deux)
5. Tu veux du thé? (non, merci)
6. Tu veux parler de l'accident? (oui, je veux bien)
7. Tu vas avoir peur des voitures? (non)

XI. Un interrogatoire. Il y a eu un hold-up au bureau de poste et vous en avez été témoin. La police vous interroge à ce sujet. Répondez aux questions en utilisant des pronoms d'objet direct **(le, la, les)**, des pronoms d'objet indirect **(lui, leur)** et le pronom **en.**

1. Vous étiez au bureau de poste au moment du crime, non? Bon, est-ce que vous avez vu les deux hommes au guichet douze? (oui)
2. Est-ce que les deux hommes ont parlé à l'employé? (oui)
3. Est-ce que vous avez parlé aux deux hommes? (non)
4. Est-ce qu'il y avait beaucoup de personnes au bureau de poste? (oui, quatre ou cinq)
5. Est-ce qu'ils se rendaient compte de ce qui se passait? (non)
6. Est-ce que vous avez vu des pistolets? (oui / un)
7. Est-ce que vous pouvez faire une description des voleurs? (oui)
8. Est-ce que vous pouvez identifier ces hommes? (oui)

(answers, p. P57)

Deuxième étape

Le futur (Text p. 514)

XII. Le futur.   Mettez le verbe entre parenthèses à la forme convenable du futur.

1. Nous (écouter) du jazz au festival.
2. Elle (choisir) bientôt ses cours pour l'année prochaine.
3. Ils (vendre) leur maison dans quelques années.
4. Est-ce que tu (partir) avec nous?
5. Je (être) très heureuse de vous revoir.
6. Est-ce que vous (avoir) le temps de nous rendre visite?
7. Qui (faire) la vaisselle?
8. Malheureusement nous ne (pouvoir) pas vous accompagner.
9. Je pense qu'elle (prendre) le train.
10. Il (falloir) que vous y fassiez attention.

XIII. En l'an 2025…   Imaginez le monde en l'an 2025. Mettez les phrases suivantes au futur.

Modèle: Nous habitons d'autres planètes.
Nous habiterons d'autres planètes.

1. Les hommes et les femmes sont égaux *(equals)*.
2. On vend le biftek sous forme de pilule.
3. Nous n'avons pas de guerres.
4. Il n'y a pas de pollution.
5. Nous faisons des voyages interplanétaires.
6. Nous rencontrons des habitants d'autres planètes.
7. On peut passer ses vacances sur la lune.
8. Les enfants apprennent un minimum de quatre langues à l'école.
9. Nous savons guérir le cancer.

XIV. Le premier jour d'école.   Utilisez le futur pour dire que les enfants suivants feront exactement ce que leurs parents leur demanderont le premier jour d'école.

Modèle: Il faut que tu arrives à l'heure.
J'arriverai à l'heure.

1. Il faut que tu te présentes à Mlle Chartrand.
2. Il faut que vous preniez du lait au déjeuner.
3. Il faut que Michel soit très calme en classe.
4. Il faut que tes frères fassent bien attention en classe.

5. Il faut que vous apportiez un crayon et un cahier.

6. Il faut que tu obéisses à Mlle Chartrand.

7. Il faut que tu mettes ton nouveau pantalon.

8. Il faut que tes sœurs apprennent à écrire.

9. Il faut que vous ayez beaucoup de patience.

10. Il faut que tu joues gentiment avec tes copains.

(answers, p. P57)

Le verbe irrégulier **voir** *(Text p. 518)*

XV. Complete the sentences with the appropriate tenses and forms of the verb **voir.**

—Est-ce que tu . . . . . Georges le week-end dernier?

—Bien sûr. Je le . . . . . tous les week-ends. Le week-end dernier nous . . . . . un très bon film ensemble.

—Qu'est-ce que vous avez fait d'autre? Vous . . . . . Janine et Philippe?

—Non, nous ne les . . . . . plus très souvent. Et toi, tu les . . . . . régulièrement?

—Non. Autrefois je les . . . . . souvent, mais maintenant qu'ils sont mariés, on ne les . . . . . plus.

XVI. Questions et réponses.   Complete each question with the correct tense and form of the verb **voir.** Then answer the questions you have created.

1. Quelle est la dernière fois que tu . . . . . tes grands-parents?

2. Est-ce que tu . . . . . souvent des bons films?

3. Est-ce que vous . . . . . des montagnes de votre maison?

4. Quelle est la dernière fois que tes amis . . . . . une pièce de théâtre?

5. Est-ce que tes amis . . . . . le film *Good Will Hunting?*

6. Quand tu étais jeune, quels amis est-ce que tu . . . . . régulièrement?

(answers, p. P57)

Troisième étape

Le conditionnel (Text p. 525)

XVII. Au restaurant.   Vous dînez au restaurant avec des amis. Complétez les commandes que vous faites en utilisant le conditionnel du verbe **vouloir.**

1. Henri . . . . . le menu à 10 euros.

2. Janine et Annette . . . . . un steak frites et une salade.

3. Je . . . . . le saumon fumé.

4. Noëlle, est ce que tu . . . . . une salade?

5. Qu'est-ce que vous . . . . . , Marc?

6. Et nous . . . . . deux bouteilles d'eau minérale.

XVIII. Quelle trouvaille! *(What a find!)*   Vous venez de lire un article au sujet de quelqu'un qui a trouvé une valise pleine d'argent. Imaginez ce que vous et vos amis feriez si vous aviez cet argent. Utilisez le conditionnel du verbe indiqué.

Avec tout cet argent...

1. je / acheter des cadeaux pour tous mes amis

2. Paul / mettre de l'argent à la banque

3. mes parents / ne plus travailler

4. vous / inviter tous vos amis au restaurant

5. tu / voyager partout en Europe

6. Philippe / aller au Mexique

7. nous / faire le tour du monde

8. mes amis / s'amuser

XIX. Au restaurant. Vous êtes au restaurant avec votre famille. Vous êtes le (la) seul(e) à parler français. Par conséquent, on vous demande de parler au garçon. Utilisez le conditionnel pour être poli(e).

1. Ask the waiter if we could have a table near the window.
2. Tell him that your parents would like the 15 euros menu.
3. Ask him for a Coke.
4. Ask him if it's possible to pay with a traveler's check.
5. Ask him if he can recommend a good hotel nearby.

(answers, p. P58)

Les pronoms relatifs **qui** et **que** *(Text p. 530)*

XX. Donne-moi! Employez les éléments donnés pour créer des phrases avec **qui**.

Modèle: le livre / sur la table
Donne-moi le livre qui est sur la table.

1. le stylo / dans mon sac à dos
2. les CD / sur l'étagère
3. la fourchette / dans le tiroir
4. les assiettes / dans la salle à manger
5. la recette / sur la table

XXI. Des souvenirs. Refaites les phrases selon le modèle. Employez le pronom relatif **que** et faites attention à l'accord du participe passé.

Modèle: J'ai acheté des disques compacts.
Montre-moi les disques compacts que tu as achetés.

1. J'ai acheté un portefeuille.
2. Paul a acheté des cartes postales.
3. Nous avons acheté une peinture.
4. J'ai acheté des livres de poésie camerounaise.
5. Elles ont acheté une carte de Yaoundé.

XXII. À l'université. Employez **qui** ou **que** pour créer une seule phrase à partir des deux phrases données.

Modèle: J'ai aimé le livre. Le professeur m'a donné ce livre.
J'ai aimé le livre que le professeur m'a donné.

1. J'ai fait des photocopies de tes notes. Tu m'as prêté ces notes hier.
2. Marc a lu l'article. J'ai trouvé l'article dans le journal.
3. C'est le prof d'histoire. Elle donne un examen toutes les semaines.
4. Je viens de trouver ton livre de français. Tu l'as perdu il y a huit jours.
5. As-tu réussi à l'examen? Cet examen était sur les verbes irréguliers.
6. Notre prof de français nous raconte des histoires. J'aime bien ses histoires.
7. Qui est l'étudiant? Tu parlais à cet étudiant ce matin après le cours de physique.

XXIII. De la curiosité. Posez une question pour trouver le renseignement que vous avez oublié. Utilisez un pronom relatif **(qui** ou **que)**.

Modèle: Ce jeune homme travaille au magasin de disques, mais je ne me souviens pas de son nom.
Comment s'appelle le (Quel est le nom du) jeune homme qui travaille au magasin de disques?

1. Georgette lit *(is reading)* un très bon roman, mais j'ai oublié son titre.
2. Didier sort avec une jeune femme très sympathique, mais je ne sais pas son nom.
3. Le train arrive à Cassis à 12h30, mais je ne sais pas à quelle heure il part de Marseille.
4. J'ai acheté un pull hier, mais je ne me rappelle pas combien il coûte.
5. Nous avons parlé à un jeune homme très intéressant, mais nous avons oublié son nom.
6. J'ai acheté mon billet hier, mais je ne sais pas où il se trouve.
7. Elle a visité plusieurs pays francophones, mais je ne me rappelle pas quels pays.

(answers, p. P58)

Answers to
Pratique de la grammaire

Chapitre 1

Première étape

I. 1. **a.** chante **b.** chantes **c.** chantons **d.** chantez 2. **a.** étudies **b.** étudions **c.** étudiez **d.** étudie 3. **a.** voyagez **b.** voyage **c.** voyages **d.** voyageons

II. 1. **a.** Oui, je parle anglais. **b.** Oui, j'habite à . . . . . **c.** Oui, je voyage beaucoup. 2. **a.** j'étudie beaucoup **b.** je ne travaille pas **c.** je chante bien *or* je ne chante pas bien (je chante mal) 3. **a.** nous nageons **b.** nous parlons anglais **c.** nous ne mangeons pas beaucoup (nous mangeons très peu)

III. 1. **a.** Vous habitez à Paris? **b.** Tu habites à Paris? **c.** Vous habitez à Paris? 2. **a.** Vous nagez souvent? **b.** Tu nages souvent? **c.** Vous nagez souvent? 3. **a.** Vous parlez français? **b.** Vous parlez français? **c.** Tu parles français?

Deuxième étape

IV. 1. **a.** parle **b.** parle **c.** parlent 2. **a.** étudie **b.** étudie **c.** étudient 3. **a.** aime **b.** aiment **c.** aime

V. 1. Mais non, elles ne parlent pas espagnol. 2. Mais non, ils n'habitent pas à Grenoble. 3. Mais non, elle ne chante pas bien. 4. Mais non, ils n'étudient pas l'espagnol. 5. Mais non, vous ne parlez pas italien. 6. Mais non, tu ne voyages pas beaucoup.

VI. 1. le, le 2. la, le 3. les, la 4. l', les 5. les, le, le 6. la, les

Troisième étape

VII. 1. est 2. sont 3. suis 4. êtes 5. sommes 6. es

VIII. 1. Non, elle n'est pas professeur; elle est avocate. 2. Non, il n'est pas ingénieur; il est mécanicien. 3. Non, je ne suis pas secrétaire; je suis journaliste. 4. Non, elles ne sont pas étudiantes; elles sont assistantes. 5. Non, elle n'est pas dentiste; elle est architecte. 6. Non, nous ne sommes pas médecins; nous sommes comptables.

IX. 1. Ah, bon. Il est italien. 2. Ah, bon. Elle est canadienne. 3. Ah, bon. Ils sont russes. 4. Ah, bon. Elles sont portugaises. 5. Ah, bon. Il est allemand. 6. Ah, bon. Elle est chinoise. 7. Ah, bon. Ils sont américains. 8. Ah, bon. Elles sont françaises.

Chapitre 2

Première étape

I. 1. a 2. avons 3. as 4. ont 5. ai 6. a

II. 1. Oui, mais tu n'as pas d'ordinateur. 2. Oui, mais il n'a pas de magnétoscope. 3. Oui, mais je n'ai pas de livres. 4. Oui, mais vous n'avez pas de maison. 5. Oui, mais elle n'a pas de chaîne stéréo. 6. Oui, mais elles n'ont pas de vélomoteur.

III. 1. Oui, c'est mon cahier. 2. Oui, ce sont mes clés. 3. Oui, c'est ma calculatrice. 4. Oui, c'est notre (ma) maison. 5. Oui, c'est notre (mon) magnétoscope. 6. Oui, ce sont nos (mes) chiens. 7. Oui, c'est ta (votre) chambre. 8. Oui, ce sont tes (vos) livres. 9. Oui, c'est votre (notre) appartement. 10. Oui, ce sont vos (nos) disques compacts.

vous: mon / ma / mes / mon / ta / tes / ton

VOTRE CAMARADE DE CHAMBRE: notre / nos / notre

VOTRE PROPRÉTAIRE: vos / votre / mes

Deuxième étape

V. 1. fais **2.** fais **3.** faites **4.** faisons **5.** fait **6.** font **7.** fait

VI. 1. Pourquoi est-ce que tu es étudiant? **2.** Qu'est-ce qu'il y a dans ton sac à dos? **3.** Où est-ce que tu travailles? **4.** Où est l'aéroport? **5.** Qui travaille avec toi (à l'aéroport)? **6.** Qu'est-ce que vous avez pour aller au travail?

VII. 1. Où est-ce que tu habites? **2.** Pourquoi est-ce qu'elle déteste les chiens? **3.** Pourquoi est-ce que tu as un vélomoteur et une motocyclette? **4.** Qu'est-ce qu'il y a dans votre chambre? (Pourquoi est-ce qu'il n'y a pas de livres dans votre chambre?) **5.** Qu'est-ce que tu cherches? (Pourquoi est-ce que tu cherches quelque chose?) **6.** Qui n'aime pas le rock? (Pourquoi est-ce qu'ils n'aiment pas le rock?)

Troisième étape

VIII. 1. Bien sûr, c'est son sac. **2.** Bien sûr, c'est leur maison. **3.** Bien sûr, ce sont ses clés. **4.** Bien sûr, ce sont leurs disques compacts. **5.** Bien sûr, c'est sa voiture. **6.** Bien sûr, c'est leur adresse. **7.** Bien sûr, ce sont leurs plantes. **8.** Bien sûr, ce sont ses posters.

IX. 1. sa calculatrice / sa calculatrice **2.** ses clés / ses clés **3.** son magnétoscope / son magnétoscope **4.** son stylo / son stylo **5.** sa chaise / sa chaise **6.** son adresse / son adresse

X. 1. son / sa / ses / son **2.** sa / son / ses / son **3.** leur / leurs / leur / leur

Chapitre 3

Première étape

I. 1. va **2.** allez **3.** vont **4.** vas **5.** vont

II. 1. Je vais souvent à Paris. **2.** Annick va à Paris de temps en temps. (De temps en temps . . .) **3.** Nous allons rarement à Paris. **4.** Quelquefois tu vas à Paris. (. . . quelquefois.) **5.** M. et Mme Santerre ne vont jamais à Paris.

III. 1. Au **2.** Au **3.** À la **4.** Au **5.** À l' **6.** Au **7.** Au **8.** Au **9.** À la **10.** À l'

IV. 1. Tu vas au théâtre, tu ne vas pas au cinéma. **2.** Vous allez à la pharmacie, vous n'allez pas au bureau de poste. **3.** Jean et Martine vont au lycée, ils ne vont pas à l'université. **4.** Je vais au café, je ne vais pas au restaurant. **5.** Claire va à la banque, elle ne va pas à la librairie. **6.** Nous allons à la gare, nous n'allons pas à l'aéroport. **7.** Philippe et Raymond vont au musée, ils ne vont pas au parc. **8.** Pierre va à la maison de Rabelais, il ne va pas à l'hôtel.

V. 1. Je vais visiter le musée demain. **2.** Jean-Paul va aller en ville demain. **3.** Nous allons faire un tour à vélo demain. **4.** Mes amis vont faire leurs devoirs demain. **5.** Tu vas regarder le film demain. **6.** Mes frères vont rester à la maison demain. *(You can also place **demain** at the beginning of the sentence.)*

Deuxième étape

VI. 1. de l' **2.** de la **3.** de la **4.** du **5.** du **6.** de la **7.** des **8.** du **9.** des

VII. *(Sample answers; other variations are possible.)* **1.** L'hôtel Villages est près du cinéma Vauban. **2.** La bibliothèque municipale est à côté du restaurant Les Trois Frères. **3.** Le bureau de Tourisme est au coin de la rue Chabot et de l'avenue de Bourgogne.

4. Le parc de la Colombière est près de l'hôpital psychiatrique.   **5.** L'église Notre-Dame est au bout de la rue de la Chouette.   **6.** L'hôtel St-Bernard est en face du cinéma Royal.

VIII. 1. a. Parle lentement!   **b.** Sois sage!   **2. a.** Fais attention!   **b.** Mange lentement!   **3. a.** Ne regardez pas la télé!   **b.** Ayez de la patience!   **4. a.** Allons au parc (ensemble)!   **b.** Chantons (ensemble)!

Troisième étape

IX. 1. prend   **2.** prenons   **3.** prends   **4.** prends   **5.** prennent   **6.** prenez

X. 1. apprend, comprend   **2.** apprenons, comprenons   **3.** apprendre   **4.** apprenez, comprenez   **5.** apprennent

XI. 1. 6:15 A.M.   **2.** 1:30 P.M.   **3.** 8:45 P.M.   **4.** 12:05 A.M.   **5.** 4:35 A.M.   **6.** 11:50 A.M.

Chapitre 4

Première étape

I. 1. Il va à l'école (Il y va) le lundi, le mardi, le jeudi, le vendredi et le samedi.   **2.** Il ne va pas à l'école (Il n'y va pas) le mercredi et le dimanche.   **3.** Il va à l'église (Il y va) le dimanche.   **4.** Il va au parc (Il y va) mercredi.   **5.** Il va visiter le musée samedi (après-midi).   **6.** Il va aller au cinéma (Il va y aller) vendredi (soir).

II. 1. veut   **2.** veux   **3.** voulons   **4.** veulent   **5.** veux

III. 1. Pourquoi est-ce que tu veux apprendre le français? Parce que je veux visiter Paris.   **2.** Pourquoi est-ce que ta sœur ne veut pas faire une promenade? Parce qu'elle veut étudier son français.   **3.** Pourquoi est-ce que (toi et ton ami) vous ne voulez pas manger à la maison? Parce que nous voulons déjeuner au restaurant.   **4.** Pourquoi est-ce que tes parents veulent aller à Chamonix? Parce qu'ils veulent faire du ski.

Deuxième étape

IV. 1. Ce matin il va travailler à la maison.   **2.** Jeudi soir il va aller en discothèque.   **3.** Cet après-midi il va aller en ville.   **4.** La semaine prochaine il va aller à Londres.   **5.** Lundi prochain il va faire des achats.   **6.** Ce soir il va aller au cinéma avec des amis.   **7.** Dimanche matin il va aller à l'église.   **8.** Mercredi après-midi il va faire des courses en ville.

V. 1. espère   **2.** espérons   **3.** espèrent   **4.** espères   **5.** espère   **6.** espérez

VI. 1. Demain matin Martine va faire des courses en ville. Qu'est-ce que tu vas faire (demain matin)?   **2.** La semaine prochaine Jacques a l'intention de parler à son prof de maths. Qu'est-ce que vous avez l'intention de faire (la semaine prochaine)?   **3.** L'année prochaine mes parents veulent aller en Europe. Où est-ce que tes parents veulent aller (l'année prochaine)?   **4.** Ma sœur espère être une actrice célèbre un jour. Qu'est-ce que ta sœur espère être (un jour)?

Troisième étape

VII. 1. se couche   **2.** se couchent   **3.** nous couchons   **4.** me couche   **5.** vous couchez   **6.** te couches

VIII. 1. Ma mère et mon frère se lèvent à 7h.   **2.** Je ne me lève pas avant 8h.   **3.** Ma mère prépare le petit déjeuner.   **4.** Mon frère et moi, nous nous préparons pour aller à l'école.   **5.** Ma mère et mon père ne se parlent pas le matin.   **6.** Mon frère se dépêche pour prendre l'autobus.   **7.** Moi, je vais à l'école à pied.   **8.** Ma famille et moi, nous ne nous amusons pas le matin.

IX. 1. Dominique et Sylviane vont se parler au téléphone ce matin.   **2.** Moi, je vais me lever à 6h.   **3.** Jean-Pierre et Martine vont se promener à vélo.   **4.** Bernard et moi, nous allons nous retrouver à la bibliothèque.   **5.** Vous autres, vous allez vous amuser au festival.   **6.** Hervé va se reposer cet après-midi.

X. 1. Levez-vous! **2.** Dépêche-toi!
3. Calme-toi! (Ne t'inquiète pas! Ne t'énerve pas!) **4.** Asseyez-vous! (Dépêchez-vous!) **5.** Amuse-toi bien! **6.** Calmez-vous! (Ne vous énervez pas!)

XI. 1. a. parler **b.** se parlent **2. a.** se trouve **b.** trouver **3. a.** se retrouver **b.** retrouver **4. a.** promenons **b.** nous promener

Chapitre 5

Première étape

I. 1. le douze janvier **2.** le trente septembre **3.** le vingt-trois mai **4.** le premier mars **5.** le six décembre **6.** (le . . . . .)

II. 2. décembre **3.** février **4.** mars / avril **5.** juillet **6.** novembre **7.** janvier **8.** mai **9.** juin **10.** octobre

III. 1. en automne **2.** en été **3.** en hiver **4.** au printemps

IV. ai passé / avons commencé / avons étudié / a écouté / ont regardé / a téléphoné / avons mangé / ai quitté

V. 1. ai eu **2.** avons été, avons fait (appris) **3.** as compris **4.** ont pris **5.** a fait

VI. 1. Quand est-ce que vous avez été à Paris? **2.** Quand est-ce qu'elle a eu son (un) accident? **3.** Qu'est-ce qu'ils ont fait hier? **4.** Pourquoi est-ce qu'elle n'a pas appris le français? **5.** Est-ce que tu as pris le métro?

Deuxième étape

VII. 1. Ils sont allés au théâtre samedi dernier (il y a cinq jours). **2.** Ils sont restés à la maison dimanche dernier (il y a quatre jours). **3.** Ils ont acheté leur voiture il y a quinze jours (deux semaines). **4.** Ils ont fait un voyage à Londres la semaine dernière. **5.** Ils sont rentrés de Londres vendredi dernier (il y a six jours). **6.** Ils sont restés à Londres pendant cinq jours. **7.** Ils sont allés au musée mardi dernier. **8.** Ils ont téléphoné à Marc hier.

VIII. 1. est allée **2.** sommes allé(e)s **3.** sont allés **4.** suis allé(e) **5.** sont allées **6.** es allé(e) **7.** êtes allé(e)(s)

IX. 1. e, X **2.** s, X **3.** X, es **4.** X, e **5.** X, s **6.** X, X

X. 1. Où est-ce que tu es allée? **2.** Est-ce que tu as pris le métro? **3.** Où est-ce que tu es descendue? **4.** Combien de temps est-ce que tu es restée à la librairie? **5.** Qu'est-ce que tu as acheté? **6.** Où est-ce que vous êtes allé(e)s? **7.** Avec qui est-ce que vous avez dîné? **8.** Est-ce que vous avez eu un accident? **9.** Pourquoi est-ce que vous n'avez pas téléphoné? **10.** À quelle heure est-ce que vous êtes rentré(e)s?

Troisième étape

XI. 1. s'est levée **2.** se sont levés **3.** me suis levée **4.** me suis levé **5.** nous sommes levés **6.** ne s'est pas levé **7.** t'es levé(e)

XII. 1. Je me suis levé à 8h. **2.** Je me suis levée à 7h30. **3.** Non, nous ne nous sommes pas couchés de bonne heure hier soir. **4.** Non, je ne me suis pas dépêchée pour aller à mes cours ce matin. **5.** Oui, nous nous sommes très bien amusés. **6.** Non, nous ne nous sommes pas disputés la semaine dernière. **7.** Je me suis trompé de jour.

XIII. 1. Lundi matin mon amie Diane ne s'est pas levée à temps pour aller en classe. **2.** Mardi mes amis et moi, nous nous sommes amusés à la piscine. **3.** Mercredi, je me suis disputée avec mon petit ami. **4.** Jeudi mes amis et moi, nous nous sommes retrouvés à la bibliothèque. **5.** Vendredi mes parents se sont levés de très bonne heure. **6.** Samedi mon frère s'est reposé pendant toute la journée. **7.** Dimanche je me suis couchée très tard.

Chapitre 6

Première étape

I. 1. ces **2.** ce **3.** ce **4.** ce **5.** cet **6.** cette **7.** ces **8.** ces **9.** cet **10.** cette **11.** ce **12.** cette **13.** cette **14.** cet **15.** ces

II. 1. Mon père a très peu de livres. **2.** Mon frère a quelques CD. **3.** Ma sœur n'a pas beaucoup de cahiers. **4.** Mes amis ont beaucoup de disques. **5.** Ma mère a peu de stylos. **6.** Mon (Ma) petit(e) ami(e) n'a pas beaucoup de frères.

III. 1. Mon père a acheté deux kilos de pommes. **2.** J'ai acheté un litre de Coca. **3.** Mlle Lecuyer a acheté quatre tranches de jambon. **4.** Nous avons acheté une douzaine de croissants. **5.** M. Robichou a acheté cinquante grammes de pâté. **6.** Mes cousins ont acheté un bout de saucisson.

IV. 1. Jean-Jacques n'a pas assez d'argent pour acheter un Walkman. **2.** Mme Barron a acheté beaucoup trop de croissants. **3.** Anne a acheté assez de tartelettes. **4.** Nathalie n'a pas assez d'argent pour acheter un ordinateur IBM. **5.** M. Riboux a acheté trop (assez) de jambon pour cinq personnes.

Deuxième étape

V. 1. de la **2.** du **3.** du **4.** du **5.** de la **6.** des **7.** de la **8.** du **9.** de l' **10.** des **11.** des **12.** du

VI. 1. les / un / des / de **2.** un (du) / le **3.** des / des / de **4.** les **5.** une / du / des / de la / du / de / de

VII. 1. du pain / le pain / une baguette / un pain de campagne **2.** des pâtisseries / des pâtisseries / les tartelettes / un millefeuille **3.** un Coca / l'eau minérale / d'eau minérale / un citron pressé **4.** un sandwich / du jambon / du fromage / le fromage / une omelette aux fines herbes

Troisième étape

VIII. 1. dois / dois **2.** devons / doit / dois **3.** doivent **4.** devez / devons **5.** doit / doit

IX. 1. We have to talk to the professor. We're supposed to talk to the professor. **2.** She must have had an accident. **3.** I owe my parents $100. **4.** He must be sick. **5.** They probably went to the lab. (They had to go to the lab.) **6.** I'm supposed to meet my friends at the café. (I have to meet my friends at the café.)

X. 1. Non, elle doit faire ses devoirs. **2.** Ils ont dû aller au travail. **3.** Parce que nous devons faire des économies. **4.** Parce qu'elle a dû faire des courses. **5.** Parce que je dois acheter mon livre de français. **6.** Parce qu'ils doivent $150 à leurs amis.

XI. 1. Quelles clés? **2.** Quel monument? **3.** Quel chat? **4.** Quelle calculatrice? **5.** Quel ordinateur? **6.** Quels éclairs? **7.** Quels disques compacts? **8.** Quelles vidéocassettes? **9.** Quelle petite amie?

Chapitre 7

Première étape

I. 1. française **2.** petite **3.** ennuyeuse **4.** marron **5.** dernière **6.** facile **7.** verte **8.** légère **9.** lourde **10.** brune **11.** chère **12.** blanche **13.** vieille **14.** grande **15.** belle **16.** rouge

II. 1. petits **2.** ennuyeuses **3.** noirs **4.** vieilles **5.** intéressants **6.** bons **7.** mauvais **8.** blanches **9.** laides **10.** derniers **11.** gris **12.** bruns **13.** beaux **14.** orange **15.** verts **16.** vieux

III. 1. blanche **2.** brun **3.** *personalized answer* **4.** *personalized answer* **5.** bleu, blanc, noir, rouge, gris **6.** *personalized answer* **7.** *personalized answer* **8.** *personalized answer* **9.** rouges, jaunes ou vertes **10.** verts **11.** jaunes **12.** *personalized answers* **13.** *personalized answers* **14.** blancs ou gris

IV. 1. Nous avons acheté une nouvelle vidéo fantastique. **2.** J'ai un nouveau vélo japonais. **3.** Nous avons mangé dans un restaurant italien. **4.** J'ai trouvé un petit portefeuille brun. **5.** Elle a regardé la nouvelle vidéo allemande. **6.** C'est un long roman russe. **7.** C'est une vieille petite maison. **8.** J'ai eu une mauvaise note à l'examen.

Deuxième étape

V. 1. Suzanne est moins intelligente que Janine. **2.** Monique est aussi généreuse qu'Hervé. **3.** Les parents de Jacques sont moins traditionnels que mes parents.

4. Le cours de chinois est plus difficile que le cours de français.   **5.** Les amis de mes parents sont moins amusants que mes amis.   **6.** Le prof de chinois est aussi patient que le prof de français.   **7.** Isabelle est plus sympathique que Simone.

VI. 1. Véronique chante mieux que Jean.   **2.** Alexandre travaille aussi bien que François.   **3.** Marcel mange moins bien qu'Annie.   **4.** Les légumes sont meilleurs que le poulet.   **5.** Les notes de Paul sont moins bonnes que les notes de Marie.   **6.** L'autre restaurant chinois est aussi bon que ce restaurant chinois.   **7.** Je danse mieux que mes amis.   **8.** Le Vittel est meilleur que le Perrier.

VII. 1. J'ai moins (plus/autant) de posters que mon frère.   **2.** J'ai moins (plus/autant) de livres que mon père.   **3.** J'ai moins (plus/autant) de plantes vertes que ma sœur.   **4.** J'ai moins (plus/autant) de CD que mes amis.   **5.** J'ai moins (plus/autant) de clés que ma mère.   **6.** J'ai moins (plus/autant) de sœurs que mon ami(e).

VIII. 1. Le cours de géologie est aussi difficile que le cours de biologie.   **2.** Le cours de chimie est plus difficile que le cours d'astronomie.   **3.** On travaille plus sérieusement en (cours de) physique qu'en (cours de) chimie.   **4.** On travaille moins sérieusement en (cours d') astronomie qu'en (cours de) biologie.   **5.** Il y a plus d'examens en (cours de) géologie qu'en (cours de) biologie.   **6.** Il y a autant d'examens en chimie qu'en physique.   **7.** Il y a moins d'examens en astronomie qu'en chimie.   **8.** On donne plus de bonnes notes en astronomie qu'en chimie.   **9.** On donne moins de bonnes notes en physique qu'en biologie.   **10.** En général, on se débrouille mieux en astronomie qu'en chimie.   **11.** En général, on se débrouille moins bien en physique qu'en biologie.

Troisième étape

IX. 1. Ils choisissent leurs cadeaux.   **2.** Elle choisit un pull-over.   **3.** Nous réfléchissons à notre avenir. (Je réfléchis à mon avenir.)   **4.** Il a réussi à ses examens.   **5.** Je réfléchis.   **6.** Elles ont obéi à leurs parents.   **7.** Ils finissent cet exercice.

X. 1. On choisit des cours.   **2.** Les étudiants n'obéissent pas toujours à leurs (aux) profs.   **3.** Je finis d'étudier vers minuit.   **4.** Nous réussissons toujours aux examens.   **5.** Mes amis réfléchissent beaucoup à l'avenir.

XI. Pourquoi est-ce que tu restes à la maison? Et toi, est-ce que tu n'as pas de devoirs à faire? Est-ce que tu travailles toujours le samedi? Quel examen est-ce que tu as? Est-ce que tu étudies l'espagnol et le français?

XII. 1. Où habites-tu (habitez-vous)?   **2.** Que cherchez-vous?   **3.** Pourquoi sont-ils restés à la maison?   **4.** Combien de frères et de sœurs as-tu (avez-vous)?   **5.** Pourquoi ne prend-il pas de lait?   **6.** Quel temps va-t-il faire demain?

Chapitre 8

Première étape

I. 1. passions   **2.** avaient   **3.** aimais   **4.** faisions   **5.** s'installaient   **6.** était / voulait   **7.** habitais   **8.** jouiez / étiez

II. 1. Tous les jours je prenais l'autobus pour aller à l'école.   **2.** À cette époque nous habitions très loin du lycée.   **3.** J'allais souvent déjeuner chez un copain.   **4.** Mes sœurs quittaient toujours la maison après moi.   **5.** Mon petit frère ne se levait pas avant 9h.   **6.** D'habitude, nous obéissions à nos parents.   **7.** Ils avaient beaucoup de patience avec nous.   **8.** Autrefois tu passais beaucoup de temps en ville.   **9.** Tes parents et toi, vous sortiez souvent ensemble.

III. 1. peux   **2.** peux   **3.** pouvons   **4.** pouvez   **5.** peut   **6.** peuvent   **7.** pouvait   **8.** a / pu

IV. 1. Je ne peux pas passer la journée à la plage. Je dois aider mes parents.   **2.** Nous ne pouvons pas (Je ne peux pas) aller au cinéma ce soir. Nous avons (J'ai) trop de devoirs.   **3.** Ils ne peuvent pas faire de jogging. Ils sont trop fatigués.   **4.** Nous ne pouvons pas (Je ne peux pas) dîner au restaurant ce soir. Nous n'avons pas (Je n'ai pas) assez d'argent.   **5.** Je ne peux pas aller en ville. Je dois jouer avec mon petit frère.   **6.** Il ne peut pas regarder le film à la télé. Il doit sortir ce soir.

Deuxième étape

V. 1. Mes amis et moi, nous allions souvent au café. **2.** J'écoutais la radio tous les jours. **3.** Ma mère et mon père travaillaient aussi. **4.** Je faisais des promenades. **5.** Je me levais à 7h le week-end. **6.** Mes amis et moi, nous avions des vélos. **7.** La famille mangeait toujours ensemble. **8.** À l'âge de 18 ans, je voulais rester à la maison.

VI. 1. doit **2.** devez **3.** a dû **4.** ai dû **5.** doit **6.** doivent **7.** devais **8.** devait **9.** devions **10.** doit **11.** dois **12.** doit **13.** ont dû **14.** a dû **15.** as dû

VII. 1. We are supposed to (have to) be home at 6 o'clock. **2.** We were supposed to be home at 6 o'clock. **3.** She is probably (must be) seasick. **4.** She must have called the wrong number. (She probably called the wrong number.) **5.** They were supposed to call last night. **6.** He had to go to the bank. (He must have gone to the bank.)

Troisième étape

VIII. 1. sais **2.** sais **3.** savez **4.** savons **5.** sait **6.** savent **7.** savais **8.** a su

IX. 1. Mes parents savent nager. **2.** Philippe sait jouer de la guitare. **3.** Je sais faire de la planche à voile. **4.** Hélène sait danser. **5.** Nous savons chanter la Marseillaise. **6.** Mon frère sait faire du ski de piste. **7.** Vous savez parler allemand. **8.** Tu sais utiliser un ordinateur.

X. 1. Depuis quand est-ce que vous habitez en France? Nous habitons en France depuis 1985. **2.** Depuis combien de temps est-ce que tu fais des études à l'université? Je fais des études à l'université depuis deux ans. **3.** Depuis combien de temps est-ce qu'Anne-Marie a mal à la gorge? Elle a mal à la gorge depuis trois jours. **4.** Depuis quand est-ce que tu te sens mal? Je me sens mal depuis dimanche dernier.

Chapitre 9

Première étape

I. 1. Le cours le plus facile est le cours de biologie. **2.** Le cours où il y a le plus d'examens est le cours de français. **3.** Le cours où on donne le plus de bonnes notes (les meilleures notes) est le cours de musique. **4.** Le cours où il y a le moins d'examens est le cours de gymnastique. **5.** Le cours où on donne les moins bonnes notes est le cours d'astronomie. **6.** Le cours le moins difficile est le cours de comptabilité.

II. 1. À mon avis, le bâtiment le plus moderne de Paris est le centre Beaubourg. **2.** À mon avis, la plus grande ville des États-Unis est New York. **3.** À mon avis, le meilleur acteur d'Hollywood est Robert DeNiro. **4.** À mon avis, la meilleure actrice d'Hollywood est Meryl Streep. **5.** À mon avis, le film le plus amusant de l'année est *Home Alone.* **6.** À mon avis, le plus grand bâtiment de ma ville est . . . . . **7.** À mon avis, le restaurant le plus cher de ma ville est . . . . . **8.** À mon avis, la plus vieille église de Paris est Notre-Dame. **9.** À mon avis, la femme la plus admirée du monde est . . . . . **10.** À mon avis, l'homme le plus admiré du monde est . . . . . **11.** À mon avis, le meilleur chanteur de rock du monde est . . . . . **12.** À mon avis, la meilleure vidéo du monde est . . . . .

III. 1. 9:15 A.M. **2.** 8:20 P.M. **3.** 12:00 noon **4.** 6:50 P.M. **5.** 11:30 A.M. **6.** 3:40 P.M. **7.** 11:10 P.M. **8.** 4:05 A.M. **9.** 4:35 P.M. **10.** 9:25 P.M.

Deuxième étape

IV. 1. Elle est au coin de la cinquième avenue et de la quarante-deuxième rue. **2.** Il est au coin de la troisième avenue et de la cinquante-cinquième rue. **3.** Elle est au coin de la première avenue et de la trente-sixième rue. **4.** Elle est au coin de la dixième avenue et de la quatre-vingt-quatrième rue. **5.** Il est au coin de la huitième avenue et de la cinquante-deuxième rue.

V. **1.** sors / sors / sortez / sortons / es sorti(e)
2. partez / pars / partez / partons / partent / part / part

VI. **1.** j'ai quitté   **2.** sortons   **3.** pars
4. sortent / quittent / partent   **5.** partir
6. est sortie

Troisième étape

VII. **1.** Nous sommes restés à la maison. Il pleuvait.   **2.** Micheline a fait des courses. Il y avait beaucoup de circulation.
3. Jean et Pierre sont allés à Versailles. Ils avaient envie de sortir.   **4.** Je voulais rendre visite à mon oncle. J'ai pris le train.
5. Nous avons pris le métro. Nous étions pressés.

VIII. **1.** Quand Jean-Claude a téléphoné, je prenais le petit déjeuner.   **2.** Quand elle est descendue, nous faisions (je faisais) la lessive.   **3.** Quand je suis sorti(e), il travaillait au jardin.   **4.** Quand il est rentré, elles étudiaient.   **5.** Quand je me suis couché(e), tu regardais la télé.
6. Quand nous sommes allés au café, vous faisiez les courses.   **7.** Quand elle a quitté la maison, il s'occupait des enfants.
8. Quand Marc est tombé, je mettais la table.

IX. suis allé(e) / avais / ai passé / voulaient / ont appris / avons visité / avons fait / ai mangé / a décidé / avons fait / nous sommes bien amusés / était / n'ai pas compris / racontait / savais / était / appelait / a duré / avait / faisait / pouvait / était / participaient / ai terminé / étaient / ont beaucoup influencé

X. **1.** a commencé   **2.** ne voulait pas   **3.** n'était pas / payait   **4.** ont pris   **5.** ont déclaré   **6.** n'avait plus   **7.** a guillotiné   **8.** était / a commencé   **9.** faisait / a appris / avait besoin   **10.** est rentré / a pris / s'est déclaré   **11.** n'a pas donné / cherchaient

XI. avait / sont arrivés / étais / était / avait / avait / était / parlait / avait / avait / était / était / avait / portait / a demandé / a aussi pris / était / avait / portait / avait / a pris / est sortie / était / était / était / était / avait /

étions / avions / ont été / étaient / a sonné / ont quitté / est arrivée / étaient

Chapitre 10

Première étape

I. **1.** connais   **2.** connaissent   **3.** connaît
4. connaissons   **5.** connais
6. connaissez

II. **1.** Il connaît bien Lille.   **2.** Je ne connais pas Paris.   **3.** Mireille connaît très bien Grenoble.   **4.** Je ne connais pas très bien la Belgique. (Je connaissais bien la Belgique quand j'étais petit[e]).   **5.** Nous ne connaissons pas la Suisse.   **6.** Ils connaissent très bien San Francisco.

III. **1.** mets   **2.** a mis   **3.** mettez
4. mettons   **5.** Mets   **6.** Mettez   **7.** ont mis

IV. **1.** Elle a mis des sandales.   **2.** Tu mets le couvert?   **3.** Ils mettent le fauteuil dans la salle de séjour.   **4.** J'ai mis les asperges dans le frigo.   **5.** Nous mettons 800 euros à la banque.   **6.** Vous avez mis les chaises dans la cuisine?   **7.** Je mets les fleurs sur la table?   **8.** Nous avons mis le lit au premier étage.

Deuxième étape

V. **1.** Qui   **2.** Qui est-ce que   **3.** À qui est-ce que   **4.** À qui   **5.** Qui   **6.** Chez qui
7. Qui est-ce qu'   **8.** Avec qui est-ce que

VI. **1. a.** Qui est-ce qu'Élisabeth a accompagné à la gare?   **b.** Qui est-ce que Danielle a rencontré?   **c.** Pour qui est-ce que Danielle a fait une réservation?   **d.** Avec qui est-ce qu'Élisabeth a parlé?   **2. a.** Qui a organisé une boum?   **b.** Pour qui est-ce qu'elles ont organisé la boum?   **c.** Chez qui est-ce qu'elles ont décidé de faire la soirée?   **d.** Qui est-ce qu'elles ont invité?
e. À qui est-ce qu'elles ont demandé de faire un gâteau?

VII. **1.** viens   **2.** est revenu   **3.** est devenue
4. revenez (venez)   **5.** se souviennent

6. venez   7. sont (re)venues   8. me souviens (reviens)

VIII. 1. Nous sommes venus aux États-Unis en 1968.   2. Elles sont revenues en France pour visiter Paris.   3. Je me souviens de mes dernières vacances au Portugal.   4. Après ses études, elle est devenue (va devenir) astronaute.   5. À quelle heure est-ce qu'ils reviennent (ils sont revenus, ils vont revenir, reviennent-ils)?

Troisième étape

IX. 1. Qu'est-ce qui   2. Qu'est-ce que   3. Avec quoi est-ce qu'   4. Qu'est-ce qui   5. Qu'est-ce que   6. De quoi   7. Que   8. Qu'est-ce que

X. 1. **a.** Qu'est-ce qui s'est passé hier?   **b.** Que faisait ton frère?   **c.** Qu'est-ce qu'il a vu?   **d.** Avec quoi est-ce qu'il a séparé les deux chiens?   **e.** Qu'est-ce que les deux chiens ont fait ensuite?   2. **a.** Qu'est-ce que tu as trouvé mardi soir?   **b.** Qu'est-ce que tu faisais?   **c.** De quoi est-ce que vous parliez?   **d.** Qu'est-ce qui est tombé du ciel?   **e.** Qu'est-ce qu'il y avait à l'intérieur?

XI. 1. Qu'est-ce qui s'est passé?   2. Chez qui est-ce que vous êtes descendus?   3. Qu'est-ce que tu vas faire?   4. De quoi est-ce qu'il a peur?   5. Qui t'a donné le vélo?   6. Qu'est-ce qu'elle va étudier?   7. Qu'est-ce qu'il voulait?   8. Qui avez-vous rencontré? (Qui est-ce que vous avez rencontré?)

XII. 1. Un des hommes vient de demander tout l'argent.   2. Ils viennent de prendre deux personnes en otages.   3. Ils viennent de quitter la banque et ils viennent de partir dans une vieille voiture noire.   4. L'employée de la banque vient de téléphoner à la police.   5. Les agents de police viennent d'arriver.   6. Un client vient de leur donner le numéro d'immatriculation de la voiture.   7. On vient d'annoncer que cette histoire va continuer la semaine prochaine.

XIII. 1. Hervé et Denise venaient de manger leur dîner.   2. Mme Lecoindre venait de

rentrer chez elle.   3. Je venais de regarder un film.   4. Nous venions de faire les courses.   5. Monique venait de rendre visite à ses parents.   6. Tu venais de décorer ta chambre.   7. Vous veniez de téléphoner à votre cousine.

Chapitre 11

Première étape

I. 1. sois   2. parliez   3. finisses   4. mettiez   5. sachions   6. mange   7. réussissent   8. ayons   9. regardes   10. achetions

II. 1. Il est essentiel que nous apprenions une langue étrangère.   2. Il vaut mieux que tu ailles en classe.   3. Il est nécessaire que vous fassiez vos devoirs.   4. Il faut que nous étudiions.   5. Il est important que vous écoutiez le professeur.   6. Il est préférable qu'elles réussissent aux examens.   7. Il est important qu'il ait de la patience.   8. Il faut que nous soyons honnêtes.

III. 1. . . . que nous étudiions . . . 2. . . . qu'on aille . . . 3. . . . que vous ayez . . . 4. . . . que je sois . . . 5. . . . que nous parlions . . . 6. . . . que vous soyez . . . 7. . . . que tu saches . . . 8. . . . qu'on prenne . . . 9. . . . que nous fassions . . . 10. . . . que vous sortiez . . .

IV. 1. Il faut qu'elle consulte le médecin.   2. Il faut que vous preniez des vacances.   3. Il faut qu'ils sortent de temps en temps.   4. Il faut que tu maigrisses un peu.   5. Il faut qu'il aille chez le dentiste.   6. Il faut que vous soyez plus calmes.   7. Il faut que tu aies confiance en toi.   8. Il faut que tu fasses de l'aérobic.

V. 1. . . . que tu t'amuses aussi. / . . . t'amuser aussi. 2. . . . que tu étudies des langues étrangères. / . . . étudier des langues étrangères. 3. . . . que tu fasses les devoirs régulièrement. / . . . faire les devoirs régulièrement. 4. . . . que tu te reposes assez. / . . . te reposer assez. 5. . . . que tu te fasses des amis. / . . . te faire des amis. 6. . . . que tu aies des bonnes notes. / . . . avoir des bonnes notes. 7. . . . que tu réussisses aux examens. / . . . réussir aux examens. **8.** . . . que tu réfléchisses à l'avenir. / . . . réfléchir à l'avenir.

VI. 1. Nous sommes désolés que tu sois malade. **2.** Mes parents regrettent que Michel ne puisse pas aller à l'université. **3.** Je suis triste que vous partiez demain. **4.** Nous sommes navrés que Danielle n'ait pas l'argent pour aller en Afrique. **5.** Nous sommes contents qu'il apprenne l'anglais. **6.** Mes parents sont surpris que vous étudiiez le français. **7.** Je suis content(e) que mes parents aillent en vacances. **8.** Nous sommes étonnés qu'Henri parte. **9.** Philippe est fâché que Michèle n'aille pas au concert.

VII. 1. Le prof est heureux que nous étudiions la grammaire. **2.** Je suis étonné(e) que le prof ne veuille pas finir la leçon. **3.** Marc est fâché qu'il nous fasse passer beaucoup d'examens. **4.** Les étudiants sont étonnés que l'examen de fin d'année soit facile. **5.** Le prof est surpris qu'une seule étudiante réussisse toujours aux examens. **6.** Nous sommes ravis qu'il n'y ait pas de cours demain. **7.** Nous sommes heureux de passer toute la journée au centre commercial. **8.** Le prof regrette de ne pas pouvoir nous obliger à faire des devoirs le samedi.

VIII. 1. visiter **2.** visitiez **3.** vienne **4.** venir **5.** finissions **6.** finir **7.** rester **8.** restions

IX. 1. —Je veux sortir avec mes parents samedi soir.—Mais moi, je ne veux pas que tu sortes avec tes parents samedi soir. **2.** —Je veux savoir le numéro de téléphone de Michel. —Mais moi, je ne veux pas que tu saches le numéro de téléphone de Michel. **3.** —Je veux y aller.—Mais moi, je ne veux pas que tu y ailles. **4.** —Il (Elle) veut faire un voyage en Afrique.—Mais moi, je ne veux pas qu'il (elle) fasse un voyage en Afrique. **5.** —Il (Elle) veut choisir la nouvelle voiture.— Mais moi, je ne veux pas qu'il (elle) choisisse la nouvelle voiture. **6.** —Il (Elle) veut se coucher.—Mais moi, je ne veux pas qu'il (elle) se couche.

Deuxième étape

X. 1. Oui, nous vous cherchons. **2.** Oui, nous voulons vous demander quelque chose. **3.** Non, vous n'allez pas nous voir pour le dîner. **4.** Oui, tu peux me parler un moment. **5.** Non, je ne veux pas te donner 40 euros. **6.** Oui, nous t'aimons. **7.** Oui, je te comprends bien. **8.** Oui, je vais vous écrire toutes les semaines. **9.** Oui, tu peux me téléphoner de temps en temps.

XI. 1. Est-ce que je vous ai rencontrée chez les Dupont? **2.** Est-ce que vous me reconnaissez? **3.** Est-ce que vous m'avez parlé de votre famille? **4.** Est-ce que vous m'avez téléphoné l'autre jour? **5.** Tu m'as téléphoné? **6.** Tu veux m'accompagner au cinéma? **7.** Je t'ai montré ma nouvelle vidéo? **8.** Tu vas me montrer ton nouvel ordinateur?

XII. 1. Téléphone-moi à 6h. **2.** Prête-moi ton pull-over. **3.** Achète-nous des bonbons. **4.** Ne me parle pas. **5.** Ne nous téléphone pas.

XIII. 1. Je la regarde souvent, mais Isabelle ne la regarde pas. Et toi, Vincent, est-ce que tu la regardes souvent? **2.** Je ne les regarde pas, mais mes frères les regardent. Et vous, Éric et Chantal, vous les regardez? **3.** Je l'ai vu, mais ma sœur ne l'a pas vu. Et vous, Renée et Sylviane, est-ce que vous l'avez vu? **4.** Je ne vais pas aller le voir, mais mes parents vont aller le voir. Et toi, Jeanne, est-ce que tu vas aller le voir?

XIV. 1. Oui, elle les a apportés. **2.** Non, nous ne l'avons pas regardé. **3.** Oui, je les ai achetées. **4.** Non, ils ne les ont pas finis. **5.** Oui, nous les avons trouvés. **6.** Non, je ne les ai pas achetées.

XV. 1. Oui, je la fais de temps en temps. **2.** Non, je ne les aide pas avec leurs devoirs. **3.** Oui, je les fais toujours. **4.** Oui, je le prépare de temps en temps. **5.** Non, je ne l'ai pas écoutée. **6.** Oui, je l'ai comprise. **7.** Non, je ne vais pas les faire. **8.** Oui, je vais l'étudier.

XVI. 1. Dites-leur de faire attention aux voitures. **2.** Qu'est-ce que tu lui as acheté? **3.** Est-ce qu'elle lui donne quelque chose? **4.** Explique-lui ton problème. **5.** Téléphonez-leur. **6.** Nous leur avons raconté des histoires. **7.** Quelquefois je lui prête mes CD. **8.** Ils leur obéissent toujours. **9.** Je ne leur parle pas souvent. **10.** Je vais lui apprendre à jouer aux échecs.

XVII. 1. Pour son anniversaire, je lui ai acheté un bracelet. **2.** Pour son anniversaire, je lui ai acheté une cravate. **3.** Pour Noël (Hanouka), je lui ai acheté une vidéo. **4.** Pour Noël (Hanouka), je leur ai acheté des livres. **5.** Pour Noël (Hanouka), je leur ai acheté un appareil ménager. **6.** Pour son anniversaire, je lui ai acheté un porte-monnaie. **7.** Pour son anniversaire, je lui ai acheté un sac. **8.** Pour Noël (Hanouka), je leur ai acheté des disques compacts.

XVIII. 1. Oui, je les ai faits. (Non, je ne les ai pas faits.) **2.** Je leur téléphone . . . . . par mois. **3.** Je lui ai rendu visite il y a . . . . . jours (mois). **4.** Je les achète au début du semestre (trimestre). **5.** Oui, je le connais. (Non, je ne le connais pas.) **6.** Je vais les terminer. . . . **7.** Je l'étudie parce que . . . . . **8.** Oui, je la regarde souvent. (Non, je ne la regarde pas souvent.)

XIX. 1. Je vais le vendre. **2.** Ils les ont montrées au professeur. **3.** Elle la raccourcit. **4.** Je lui ai demandé de me prêter son aspirateur. **5.** Elles lui ont dit de dépenser moins. **6.** Je l'ai perdu. **7.** Elle va le mettre en hiver. **8.** Ils les donnent à des œuvres charitables.

Troisième étape

XX. 1. Non, je n'ai vu personne dans le jardin. **2.** Non, personne ne m'a (nous a) appelé. **3.** Non, ils n'ont rien fait ce week-end. **4.** Non, rien d'intéressant n'est arrivé. **5.** Non, il n'a parlé à personne ce matin. **6.** Non, il n'est plus à l'hôpital. **7.** Non, je n'ai pas encore fait mes devoirs. **8.** Non, quand il est à la Martinique, il ne mange jamais de bananes. **9.** Non, elles n'ont pas encore trouvé de job. **10.** Non, nous n'avons (je n'ai) plus faim.

XXI. 1. Ce n'est pas vrai. Vous n'allez jamais au restaurant. **2.** Ce n'est pas vrai. Elle n'est plus en France. **3.** Ce n'est pas vrai. Il ne comprend rien. **4.** Ce n'est pas vrai. Personne ne m'attend. **5.** Ce n'est pas vrai. Ses parents n'ont pas encore fait d'alpinisme. **6.** Ce n'est pas vrai. Tu n'as besoin de rien. **7.** Ce n'est pas vrai. Tu n'as rencontré personne en ville hier. **8.** Ce n'est pas vrai. Elle ne pense à rien. **9.** Ce n'est pas vrai. Tu n'as rien fait. **10.** Ce n'est pas vrai. Ils ne sont plus au centre commercial.

XXII. 1. Non, je ne suis plus fatigué(e). **2.** Non, je n'ai pas encore mangé ce matin. **3.** Non, je n'ai entendu personne ce matin. **4.** Non, je n'ai besoin de rien pour ma chambre. **5.** Non, je ne me couche jamais avant 10h. **6.** Non, je n'ai rien laissé dans la voiture. **7.** Non, je ne veux téléphoner à personne aujourd'hui.

XXIII. 1. vend **2.** entends **3.** attendons **4.** ont perdu **5.** vendes **6.** descendait **7.** a entendu parler de **8.** n'avez / répondu **9.** perds **10.** rendiez

XXIV. Nous vendons . . . . . *(student choice of clothing)*. J'ai entendu un bruit. Je suis descendue au sous-sol. Nous avons perdu 400 euros et trois anoraks. Nous avons rendu un cadeau. J'ai perdu patience et nous sommes partis. Nous avons entendu dire que le voleur était jeune et grand.

Chapitre 12

Première étape

I. 1. en **2.** au **3.** en **4.** à **5.** en **6.** aux **7.** en **8.** en **9.** au **10.** au

II. 1. de **2.** du **3.** des **4.** de **5.** de **6.** de **7.** du **8.** d' **9.** des

III. 1. Pour voir la tour penchée de Pise, il faut aller en Italie. **2.** . . . en Israël. **3.** . . . en Égypte. **4.** . . . au Sénégal. **5.** . . . au Maroc. **6.** . . . en Chine. **7.** . . . en Grèce. **8.** . . . aux États-Unis. **9.** . . . au Pérou ou au Brésil. **10.** . . . en Angleterre.

IV. 1. Au Japon tu vas avoir besoin de yens. **2.** En Angleterre . . . de livres sterling. **3.** Au Portugal . . . d'escudos. **4.** Au Canada . . . de dollars canadiens. **5.** En Suisse . . . de francs suisses. **6.** En Russie . . . de nouveaux roubles. **7.** En Inde . . . de roupies. **8.** En Algérie . . . de dinars. **9.** Au Mexique . . . de pesos. **10.** Au Viêt-nam . . . de dongs.

V. 1. Ah, ces gens-là arrivent de Suisse. **2.** . . . du Mexique. **3.** . . . de Russie. **4.** . . . d'Allemagne. **5.** . . . des États-Unis. **6.** . . . d'Égypte. **7.** . . . d'Espagne. **8.** . . . de Chine **9.** . . . du Portugal. **10.** . . . du Sénégal.

VI. 1. Nous y allons tous les étés. **2.** Nous y passons les vacances depuis des années. **3.** Nous y sommes allés pour la première fois en 1985. **4.** Nous allons y retourner l'été prochain. **5.** Mes parents y regardent la télé tous les soirs. **6.** Moi, j'aime y faire mes devoirs. **7.** Hier soir ma sœur y a écouté des disques compacts avec ses copines. **8.** Mais le dimanche après-midi mon père y travaille. **9.** Allons-y tout de suite! **10.** Mais n'y allons pas à pied!

VII. 1. Ils y vont le 17 avril. **2.** Ils y arrivent à 11h45. **3.** Oui, on peut y louer un vélo. (Jeanne va y louer un vélo.) **4.** Ils vont y coucher la première nuit. **5.** Ils vont y passer deux jours. **6.** Non, il y arrive à 4h de l'après-midi. **7.** Ils y passent le temps sur la plage. **8.** Ils y rentrent à 18h30 le 24.

VIII. 1. Est-ce qu'ils y habitent depuis longtemps? **2.** Est-ce qu'ils y sont nés? **3.** Est-ce qu'ils y ont une maison ou un appartement? **4.** Depuis combien de temps est-ce qu'elle y travaille? **5.** Est-ce qu'elle peut y aller en voiture? **6.** Qu'est-ce qu'elle y fait? **7.** Est-ce qu'ils y sont depuis longtemps? **8.** Quand est-ce qu'ils y sont allés? **9.** Combien de temps est-ce qu'ils vont y passer?

IX. 1. Il en a. **2.** Elle n'en veut pas. **3.** Nous en avons acheté. **4.** J'en ai trois. **5.** Elle en a lu cinq. **6.** Nous en avons assez. **7.** Je vais en acheter une douzaine. **8.** Ils en ont mangé beaucoup. **9.** Tu en as besoin? **10.** Nous en discutions avec nos profs.

X. 1. Il y en avait trois. **2.** Non, je n'en ai pas vu. **3.** Oui, il y en avait plusieurs. **4.** Oui, j'en ai deux. **5.** Non, merci, je n'en veux pas. **6.** Oui, je veux bien en parler. **7.** Non, je ne vais pas en avoir peur.

XI. 1. Oui, je les ai vus. **2.** Oui, ils lui ont parlé. **3.** Non, je ne leur ai pas parlé. **4.** Oui, il y en avait quatre ou cinq. **5.** Non, ils ne s'en rendaient pas compte. **6.** Oui, j'en ai vu un. **7.** Oui, je peux en faire une description. **8.** Oui, je peux les identifier.

Deuxième étape

XII. 1. écouterons **2.** choisira **3.** vendront **4.** partiras **5.** serai **6.** aurez **7.** fera **8.** pourrons **9.** prendra **10.** faudra

XIII. 1. Les hommes et les femmes seront égaux. **2.** On vendra le biftek sous forme de pilule. **3.** Nous n'aurons pas de guerres. **4.** Il n'y aura pas de pollution. **5.** Nous ferons des voyages interplanétaires. **6.** Nous rencontrerons des habitants d'autres planètes. **7.** On pourra passer ses vacances sur la lune. **8.** Les enfants apprendront un minimum de quatre langues à l'école. **9.** Nous saurons guérir le cancer.

XIV. 1. Je me présenterai à Mlle Chartrand. **2.** Nous prendrons du lait au déjeuner. **3.** Michel sera très calme en classe. **4.** Mes frères feront bien attention en classe. **5.** Nous apporterons un crayon et un cahier. **6.** J'obéirai à Mlle Chartrand. **7.** Je mettrai mon nouveau pantalon. **8.** Mes sœurs apprendront à écrire. **9.** Nous aurons beaucoup de patience. **10.** Je jouerai gentiment avec mes copains.

XV. as vu / vois / avons vu / avez vu / voyons / vois / voyais / voit

XVI. 1. as vu / Je les ai vus . . . **2.** vois / Oui (Non) Je vois . . . **3.** voyez / Oui (Non) Nous en voyons . . . **4.** ont vu / Ils ont vu . . . **5.** ont vu / Oui (Non) Ils l'ont vu **6.** voyais / Je voyais souvent

Troisième étape

XVII. 1. voudrait 2. voudraient 3. voudrais 4. voudrais 5. voudriez 6. voudrions

XVIII. 1. J'achèterais des cadeaux pour tous mes amis. 2. Paul mettrait de l'argent à la banque. 3. Mes parents ne travailleraient plus. 4. Vous inviteriez tous vos amis au restaurant. 5. Tu voyagerais partout en Europe. 6. Philippe irait au Mexique. 7. Nous ferions le tour du monde. 8. Mes amis s'amuseraient.

XIX. 1. Est-ce que nous pourrions avoir une table près de la fenêtre? 2. Ils voudraient le menu à 15 euros. 3. Je voudrais (prendrais bien) un Coca. 4. Est-ce qu'il serait possible de payer par chèque de voyage? 5. Est-ce que vous pourriez recommander un bon hôtel dans le quartier?

XX. 1. Donne-moi le stylo qui est dans mon sac à dos. 2. Donne-moi les CD qui sont sur l'étagère. 3. Donne-moi la fourchette qui est dans le tiroir. 4. Donne-moi les assiettes qui sont dans la salle à manger. 5. Donne-moi la recette qui est sur la table.

XXI. 1. Montre-moi le portefeuille que tu as acheté. 2. Montre-moi les cartes postales que Paul a achetées. 3. Montre-moi la peinture que vous avez achetée. 4. Montre-moi les livres de poésie camerounaise que tu as achetés. 5. Montre-moi la carte de Yaoundé qu'elles ont achetée.

XXII. 1. J'ai fait des photocopies des notes que tu m'as prêtées hier. 2. Marc a lu l'article que j'ai trouvé dans le journal. 3. C'est le prof d'histoire qui donne un examen toutes les semaines. 4. Je viens de trouver le livre de français que tu as perdu il y a huit jours. 5. As-tu réussi à l'examen qui était sur les verbes irréguliers? 6. J'aime bien les histoires que notre prof de français nous raconte. *or* Notre prof de français nous raconte des histoires que j'aime bien. 7. Qui est l'étudiant à qui tu parlais ce matin après le cours de physique?

XXIII. 1. Quel est le titre du roman que Georgette lit? 2. Comment s'appelle (Quel est le nom de) la jeune femme avec qui Didier sort? 3. À quelle heure part de Marseille le train qui arrive à Cassis à 12h30? 4. Combien coûte le pull que j'ai acheté hier? 5. Comment s'appelle le (Quel est le nom du) jeune homme à qui nous avons parlé? 6. Où se trouve le billet que j'ai acheté hier? 7. Quels sont les pays francophones qu'elle a visités?